空から見た安土城天主台

（滋賀県教育委員会提供，「安土城」88 ページ参照）

『天橋立図』に描かれた今熊野城・阿弥陀峰城

（京都国立博物館所蔵，「今熊野城・阿弥陀峰城」152 ページ参照）

田辺城跡枡形虎口の瓦を敷き詰めた石垣脇の側溝

（京都府埋蔵文化財調査研究センター提供，「田辺城」238 ページ参照）

平山城跡畝状竪堀群

（京都府埋蔵文化財調査研究センター提供，「平山城」161 ページ参照）

周山城跡の大規模な石垣

（福島克彦撮影，「周山城」182 ページ参照）

発掘調査中の郡山城天守台

（大和郡山市教育委員会提供，「郡山城」260 ページ参照）

宇陀松山城跡天守閣　東石垣

（宇陀市教育委員会提供，「秋山城（宇陀松山城）」308 ページ参照）

仁木 宏・福島克彦［編］

近畿の名城を歩く

滋賀・京都・奈良編

吉川弘文館

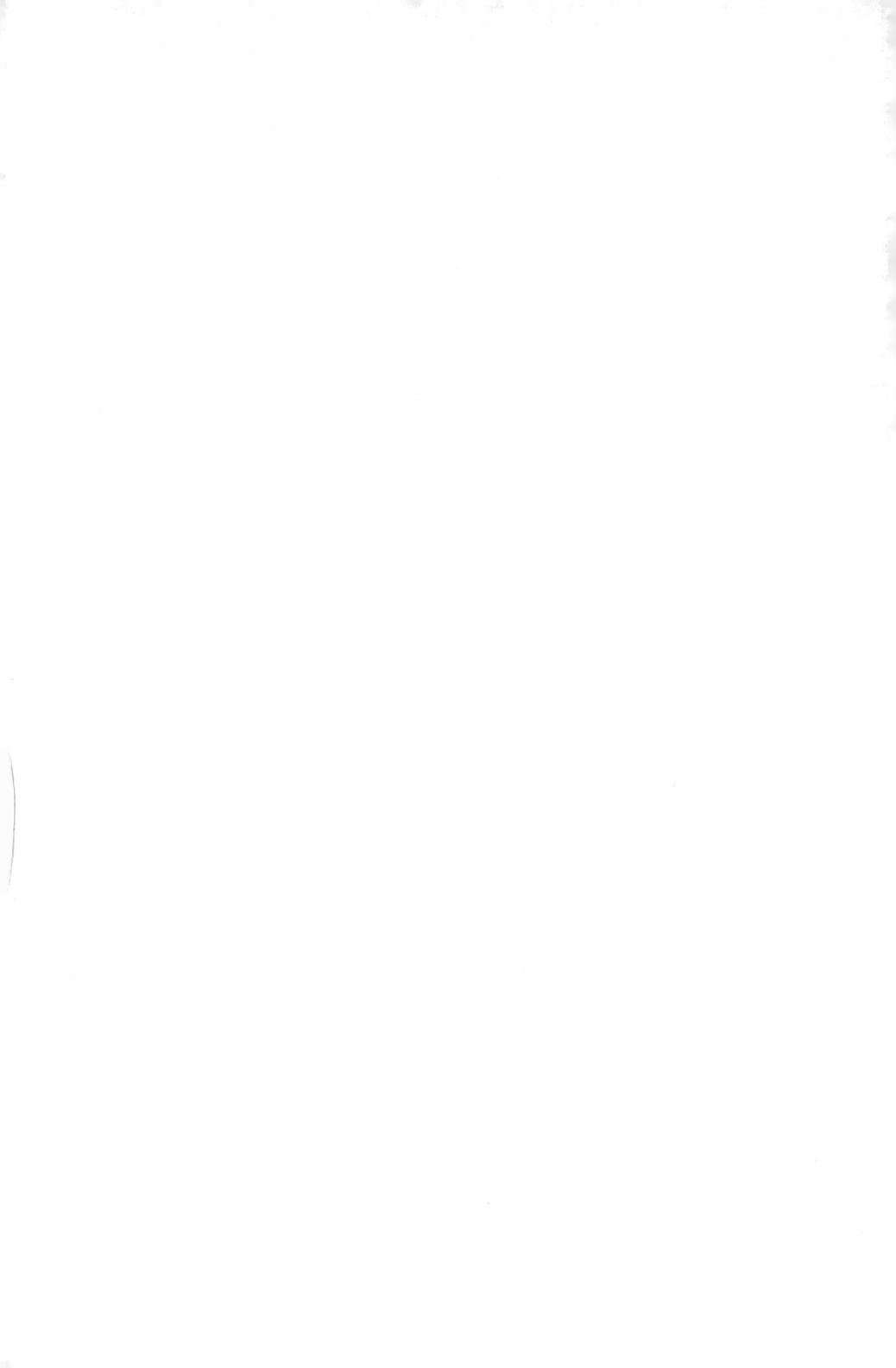

刊行のことば

近畿地方といえば、全国でも有数の文化財集中地域である。奈良・京都周辺の寺社には、建造物・彫刻・典籍・古文書などが伝わり、その多くが国宝、重要文化財に指定されている。さらに考古学の分野でも、弥生時代の集落遺跡、古墳時代の大型墳墓、歴史時代の平城京、平安京などの都城と、古代遺跡の豊富さでも事欠かない。そして、近世の建築物についても姫路城、彦根城などが突出しており、多くの観光客・見学者を集めている。

既知の文化財が多数残るなか、当地域の中世城館跡は、一般の方々に顧みられることが少なかったように思う。いうまでもなく、建物も残っておらず、土木遺構の評価も充分でなかったためである。さらに、史跡指定された城跡といえば、笠置山や千早城、赤坂城のような南朝顕彰遺跡が多く、戦後歴史学としては、むしろ克服すべき存在として認識されてきた。一九七〇年代に、研究者が作成・編集した史跡ガイドにおいても、城跡をどのように盛り込めばいいか、手をこまねいている場面も見られた。

しかし、同じ七〇年代後半に各地の城跡保存運動が起こり、郷土の城跡に対する関心が大きく広がった。関西の日本史学会でも城跡調査の再認識が進み、『日本城郭大系』の刊行、兵庫県・滋賀県における城館跡悉皆調査などが進展するようになった。こうした変化によって、一般の人々にも次第に城跡のイメージと研究の重要性が認識されるようになった。比較的調査面積の小さかった近畿地方の発掘調査も、昨今は山城跡の全面発掘事例が増えてきた。さらに、混乱・低迷の時代といわれた畿内、近国の戦国期も、最近研究が飛躍的に進展し、イメージを克服しつつある。ようやく政治史のなかで城跡を位置づけられることが可能になりつつある。

近畿の城跡は、他地域では見られない多様なタイプの城跡、防御施設が展開した。将軍の城から守護権力、国衆の居館跡や山城、さらに寺内町や環濠集落など、実に多様な防御施設が残っている。一般に、城といえば武家権力というものとイメージが強いが、さまざまな勢力が防御施設を使いこなしているのが、近畿地方の特徴である。そのため、本書では一般向きの概説書のなかでは、著名な城跡はもちろん、さまざまなタイプの城跡、防御施設を取り上げている。本書を多くの皆さんに手を取っていただき、現地を歩いていただきつつ、少しでも戦国期の近畿地方について、考えるきっかけになっていただければと思う。

一方、貴重な発掘調査でありながら、現状変更のため破壊されてしまい、現在は何も残っていないものも、あえて本書では掲載した。現地へ行っても、遺構が残っておらず、がっかりされる読者もおられると思う。ただ、こうした遺構の改変から、何かを感じ取っていただくものがあれば、と思う次第である。

二〇一五年三月

仁木　宏
福島克彦

目次

刊行のことば　仁木 宏・福島克彦——iii
室町・戦国時代の城下町　仁木 宏——1
滋賀県・京都府・奈良県の城館　福島克彦——26
各府県別名城マップ——41

滋賀県——43
■玄蕃尾城 44／■小谷城 48／■下坂氏館・三田村氏館 54／■上平寺城 58／■男鬼入谷城 64／■鎌刃城 66／■佐和山城 70／■彦根城 76／■山崎山城 80／■敏満寺城 84／■安土城 88／■観音寺城 94／■八幡山城 100／■後藤氏館 104／■井元城 106／■小脇館 108／■小堤城山城 110／■佐久良城 112／■中野城 114／■新宮城 116／■土山城 118／■水口岡山城 122／■上鈎寺内 126／■大津城 130／■宇佐山城 134／■壺笠山城 138／■坂本城 140／■清水山城 145

京都府——149
■大俣城 150／■今熊野城・阿弥陀峰城 152／■金屋城・三縁廃寺 156／■大内城 158／■平山城 161／■日置谷城 164／■栗城 166／■位田城 168／■宍人城

170／■八木城
172／■法貴山城
176／■笑路城
178／■神尾山城
180／■周山城
182／■一乗寺城
186／■北白川城
188／■中尾城
194／■如意岳城
196／■霊山城
198／■峰ヶ堂城
200／■聚楽第
202／■御土居
206／■伏見城
212／■山科本願寺
218／■物集女城
222／■勝龍寺城
226／■山崎城
230／■槙島城
236／■田辺城
238／■鹿背山城
241／■笠置山城
245／■田山西の城
249

奈良県——251

■多聞城
252／■西方院山城
256／■古市城
258／■郡山城
260／■筒井城
264／■番条環濠
268／■立野城
270／■竜王城
272／■布留遺跡居館
276／■菅田遺跡
280／■信貴城
282／■今井寺内町
288／■十市平城
292／■布施城
294／■楢原城
296／■佐味城
298／■佐比山城・多田北城
300／■赤埴城
302／■沢城
304／■秋山城（宇陀松山城）
308

城郭用語一覧——314

室町・戦国時代の城下町

仁木　宏

はじめに

室町・戦国時代の城郭には、城下町を伴うものもあれば、伴わないものもある。伴わないものの方が圧倒的に多いのだが、中世城郭の長い歴史の中で、戦国期を特徴づけるのは城下町を伴う城郭である。ただし、室町・戦国時代の「城下町」は、私たちが普通にイメージする江戸時代の城下町とはずいぶん様相が異なる。一番の違いは、交易の場である町、つまり町屋、常設店舗があるとは限らない点である。

城郭に付属する「場」であるので、家臣団の屋敷、城主の菩提寺や氏神などの寺社、食料や領地から集めた物資を保管する蔵、城主や家臣たちが必要とする物資を製造する鍛冶・皮革・酒造などの工房が、雑然と建ち並んでいたであろう。しかし、町や市が付属したとは限らない。武士たちの需要だけではたかがしれており、そうした「場」が地域住民の結集核ともなっていなかったので、そこが交易の場となりえなかったのである。

このような交易の場を伴わないものは、「町」という語をはずして「城下」と呼んだ方が正確かもしれない。ただ実際には、交易の場を伴うかどうかは不明な所が多く、単なる「城下」か、城下町かを判断するのは困難である。そのため本章では「城下町」という表現で統一するが、実際には「町」を伴わないものも扱うこととしたい。

ところで、城下にせよ、城下町にせよ、城郭にそうした「場」が付属することは自然なことではない。先にも述べたように、戦国時代のごく限られた城郭のみに見られる現象である。城主が一定の権力を獲得することで、直臣のみならずある程度、広範囲な家臣を城下に集めることができるようになり、はじめて家臣団屋敷群は成り立つ。さらに、城下が地域社会における中心核としての地位を得ることでそこに町人が集住し、城下町ができる。初期の城下町においては、商人は強制されてそこに移り住むことはない。そこに住むメリットを感じて初めて商人はそこを本拠とするのである。

つまり、城郭が城下町を伴うようになるということは、その城郭が単なる軍事拠点、支配拠点であるだけでなく、地域の中核になることを意味する。これは城郭の歴史の中でもっとも重要なターニングポイントであるといえよう。なぜならこれは、城郭の増加傾向がストップし、城下町をもつ限られた城郭以外は淘汰されてゆくことにつながるからである。すなわち中世城郭から近世城郭への転換を象徴するのである。

本章では、城下町の発生から展開を見ることを通じて、城郭の歴史におけるこのターニングポイントについて述べるとともに、その意義について明らかにしたい。

なお、本章における時代区分は以下の通りである。

Ⅰ　室町時代　　……一四六七年に勃発する応仁文明の乱まで

Ⅱ　戦国時代前期……一五四〇年ころ（十六世紀第２四半期、天文年間なかば）まで

Ⅲ　戦国時代後期……一五八五年ころ（秀吉が信長の枠組みを脱し、天下統一）まで

一　守護所・戦国期城下町の研究史

一九七〇年代までは、戦国大名段階の武家権力は、顕著な城下町を形成しなかったとするのが文献史学の一般的な理解であった。そうした中で、松山宏は文献史料を博捜し、多数の地方政治都市を析出した（松山　一九八二）。小川信は、「府中」との関係から守護所をとりあげ、空間構造をもふくめて研究した（小川　二〇〇一）。さらに、今谷明は、畿内近国の守護所をとりあげ、それぞれの立地と性格分析を通じて、守護権力の特徴を浮き彫りにした（今谷　一九八六）。

戦国期における地域権力の城下町形成については、市村高男が一九七〇年代後半から関東地方を中心に研究を進めた（市村　一九九四）。一方、歴史地理学においては、それ以前から、松本豊寿・小林健太郎らによって戦国期城下町の復原研究が試みられていた（松本　一九六七、小林　一九八五）。さらに、越前国一乗谷朝倉氏遺跡の発掘調査が、一九八〇年代以降、本格化してくる。

こうした研究動向をさらに進めたのが、小島道裕（文献史）・千田嘉博（城郭史）・前川要（考古学）の共同研究であった。小島は、一九八〇年代半ばから精力的に研究を発表し、二元的な戦国期城下町が一元的な織豊期城下町へ展開するとした。戦国期の城下凝集域＝主従制的な場と、周縁の市庭＝「楽」を対比的に示し、それらが一元化するとともに、城郭―家臣団居住区―商工業者居住区という求心的、同心円的な構造が成立するのが織豊期城下町であるとした（小島　一九九三・二〇〇五）。権力意志がストレートに都市構造に反映されると見るのは千田も同じであった。前川は、長方形街区と短冊《たんざく》形地割のセット、惣構《そうがまえ》、家臣団の城下町への集住と身分分離などを指標として、織豊系城下町の変遷模式図を作成した（前川一九九一)。

三人の研究は、文献史料、地名・地図資料の歴史地理学的活用、発掘調査成果の利用などを通じて城下町の空間構造を立体的に解明する学際的な方法論を確立させた。また、二元から一元へ、長方形街区と短冊形地割など、特定の指標による変遷モデルを強調し、武家権力の「上からの」都市形成の動向を際立たせるものであった。

一九九三年に開催された日本考古学協会新潟大会(金子・前川 一九九四)は、こうした研究の風向きを変えるものであった。戦国城下町に先行する守護所が一定の都市的実態をもっており、しばしば平地に複数の方形館が建ちならぶこと、守護所は多核的な都市の一構成要素であることなどが解明された。主従制や権力意志だけで中世後期の地方政治都市が論じられないことが明らかになった。また、城下町のルーツが主従制の源である武家のイエだけにあるのではなく、先行する府中、守護所などにも求められることに留意されるようになった。

さらに筆者は、京都・自治都市・寺内町・城下町など、十六世紀に発達した都市の共通性に注目し、それらが相互に密接な関連をもって発達していることを解明した。城下町の本質を明らかにするためには、城下町だけを対象に研究していたのでは不十分であり、当該期の都市全体の展開動向の中で城下町を位置づける必要があることを主張した(仁木 二〇〇三・二〇〇四)。このように、戦国城下町を、主従制に代表される武家権力の意志のみが具現化し、固有の原理にのっとって一本調子に発展した都市と見るのではなく、前代からの継承性、他種の都市との相互関係、地域社会における位置づけ、多様な都市構造のあり方などに注目して評価するべきことが明らかになってきたのである。

そうした研究の進展を画するものとして「守護所シンポジウム@岐阜」が二〇〇四年、開催され、大きな成果をあげた（内堀信雄ほか 二〇〇六）。次章では、この成果をもとに守護所から戦国期城下町への展開を分析する。

二　室町時代の守護所から戦国時代の城下町へ

守護所から戦国期城下町に遷移する地方政治拠点については、「発展段階」の共通性が認められる一方、戦国後期城下町の豊かな「個性」が特徴である。ここではまず、共通する発展段階、類型に注目しながら三つの時代を説明したい。

［室町時代の守護所］　室町時代の守護所は大概、遺跡として明確な姿を示さない。地籍図や地名・伝承など歴史地理学的には守護居館は確認されても、考古学的にその遺跡・遺物が顕著にみられることはめったにない。また周辺に「都市的な」広がりが認められない。

当時は守護在京が原則であった。おおよそ越中・駿河以西、長門・伊予以東の守護大名は日常的には京都で暮らし、多くは幕閣の一員となっていた。しかし、このことのみが守護所が明確化しなかった理由とは考えにくい。なぜならば、守護在京しなかった豊後国でも、この段階の守護所の都市的な発展は必ずしも認められないからである。室町時代の守護所の発展度合いの低さは、守護在国かどうかとは別に、地域社会のあり方から考える必要があるだろう。

では、守護所の社会的機能や地位はどのようなものだったのであろうか。中心居館の主は、守護在京の場合、守護代や又守護代である。主要な行政執行は、幕府から在京する守護に伝えられるのが常で、それが文書になって守護所に下りてくるのである。治安維持は守護権力の重要な権能であったが、使節とよばれる国内有力武士が幕府の命令を執行することもあり、必ずしも守護権力が表に出るとは限らない。

守護所の機能が以上のようなものである以上、そこに多人数の武士が常時、詰めている必要はない。国内武士の集住はなかった。ただ、守護所には守護役（税）が集約されたであろう。人夫が集まったり、米銭が蓄積されたりしたと推定されるので交換の場は必要である。とはいえ、守護権力がそれを独自に設けるのは困難であり、多くの守護所は寺社門前市、港湾・宿などに「寄生」した。それゆえ、守護所が都市・流通構造の主導権をにぎることは難しかった。

室町時代の社会構造は、川岡勉の幕府―守護体制（川岡 二〇〇二）や伊藤俊一の中世後期荘園制（伊藤 二〇〇三）によって説明可能であると考えている。すなわち、幕府の天下成敗権と守護の国成敗権が重層的に機能しているが、地域秩序を掌握した守護が基本的に在京していたために首都求心的な構造が実現していたと考えるのである。ただし、守護の管国支配の強化は守護所の充実には結果しなかったようである。大名権力の地域支配の質が、室町時代と戦国時代でちがうのであろう。

一方、榎原雅治は、寺社門前市の一国商業ネットワークを掌握することで、守護は公権を獲得したとしている（榎原 二〇〇〇）。ただ、榎原の解明した門前市やネットワークと、村・住人との間に緊密な連関は見出しにくく、やはりネットワークの質が戦国時代と異なると考えられる。

［戦国前期の城下町］ 十五世紀後半から十六世紀前半までの大名や有力国衆（国人）の居館は方形館で、主殿・会所・常御殿などの主要建物群と庭園からなる。しばしば京都系土師器《かわらけ》皿が大量に出土することから宴会が頻繁に開催されたことがわかるが、それは室町幕府の権威・権力を地方において体現するもので

あった。こうしたあり方を花の御所体制、方形館体制などと呼ぶことがある。

大名の城下の場合、如上の大規模方形館とは別に、守護代や有力家臣、一族などの中規模方形館が立地する。国外からの賓客を接待する迎賓館的な寺院もこれらと並存する。さらに、より小規模な方形館が周縁に展開する場合があり、これらは大名の直臣《じきしん》クラスの居所と推定されている。これら大小さまざまな規模の方形館が、一定の範囲の中に散在している。館の方向性（軸線）は必ずしも統一されていなかった。

直線道路が城下空間を貫通する事例も多く見られる。複数の交差する直線道路がひかれている場合も少なくない。これらの道路が大名権力によって設定されたかどうかを確認することは容易ではないが、これは大名がみずからの権力支配を地上に表現するものであると考えたい。すなわち、中世の道路が基本的に自然地形に規定されて曲線を描くのに対し、地形を克服して見せることで大名の権威や大名主導の秩序を示そうとしたのであろう。方形館と直線道路で構成されるこうしたあり方を著者は「方形プラン」とよぶ。

さらにいくつかの城下町では、並行する複数の直線道路がほぼ直交して広がりを示し、方格地割を形作ることがある。これを「方格プラン」とよぶ。やはり大名の権威、大名が創出する秩序を示そうとしたものであろう。道路・地割を設定することに主目的があるのであり、方格地割の内部を建物が埋め尽くしたわけでは必ずしもない。

館群や道路網からなるこうした城下空間の周縁部に市や港町が立地したが、大規模に発展した交易の場をもつものは少ない。そうした場合、近隣に、比較的規模の大きい寺社門前町や港町がある場合が多い。また、城下空間に大規模な町場がある場合、そうした町場が先行して発達しており、大名城下があとづけでそれに接近し、取りこんだ事例がほとんどである。こうした町場は、正確な意味で城「下」（城に「付属する」）町とはいえないだろう。

戦国前期の城下の構造は、あくまで戦国後期との比較であるが、共通性が非常に高い。平野部に立地、方形館である大名（当主）居館を中心に館群が散在、町場の交易機能が低い（高い場合は先行する町場を取りこんだ場合である）などの特徴は、関東地方から九州地方までかなり共通していたといえよう。

こうした共通性の高さは、川岡勉の幕府―守護体制で説明することができる。川岡によれば、法制・官僚制度・書札礼（公式文書の形式）・文化など、さまざまな幕府モデルを当該期の大名権力は採用していた。これは幕府の権力が衰えたものの、あるいは幕府の権力が衰えたからこそ、各地の大名がそれに替わる権威をみずから創出する必要性にせまられていたからといえるだろう。当主館の周辺に家臣屋敷が散在するあり方、方格プランなどは、室町幕府と大名屋敷が碁盤目状の町割りのなかに散在する京都上京によく似ているといえるだろう。

ところで、戦国前期の城下町は、室町時代の守護所とくらべるとかなり「都市化」が進んでいた。すなわち、大小の館や寺院の数が増え、大規模でないとしても一定の町場が発達していた点などが確認できる。こうした変化の主たる要因が、守護在国にあることはまちがいない。十五世紀後半における地方社会の変動。具体的には、在地武士の活動の活発化にともなう守護権力の動揺に直面して、京都にいた多くの大名が管国に下り、城下町経営をはじめたのである。

ただし、守護在京していなかった豊後府内などでも、十五世紀後半以降、都市化が進む。このことは、守護在国のみが唯一の説明要素ではないことを示している。大名の支配拠点が都市化していなくても一国支配できた時代（室町時代）と、それでは支配が立ちゆかない時代（戦国時代）の違いから説明する必要があるだろう。すなわち、大名や武士たちだけの動向のみに注目する「上からの」契機だけでは城下町は説明できないのである。

［戦国後期の城下町］　戦国後期になると各地の大名権力はバラエティーに富んだ城郭・城下町を築造するようになる。そうしたなかでもある程度の共通性は確認できるので、ここでは多くの城下町に共通するあり方について述べておきたい。

大名の居所は山下《さんげ》の居館となる。これらの居館はたいていの場合、方形であり、平地の居館が山城の下に移動してきたと評価できるだろう。この山下の居館の背後の山の上に山城が築かれた。当初は籠城用であったが、やがて大名の政庁としての機能を果たすようになり、また大名の居住空間が伴った。山上空間は、方形居館群がそのまま山の上に移ったようなパターンもあるが、たいていの場合、地形に応じて多様な形態をとった。本丸部分が求心性をもつものもあれば、いくつかの曲輪に権力が分散しているように見える場合もある。

なお、山下の居館を「ハレ」の場（政庁）、山上を「ケ」の場（親しい客人、家族の場）とする見解もあるが、確かな史料によるかぎり、山下の居館のそうした利用の事例は少なく、むしろ山上が政治の場としても活用されている様子が顕著である。家臣たちの屋敷は、基本的に山下にあったが、一部が山上にあったと推定されている場合もある。

大名が山上を政務・生活の場としたのは、高度差、眺望によって大名の権力・権威を示すためであった。山上からは山下の家臣団屋敷や町場を見下ろしたり、広く領国を見渡したりできる場合が多い。これは逆に、山下の家臣団や町場の町人、町場へやってきた商人、さらには領国の民衆から大名の山城が見えることを意味する。宮本雅明は、城下町の主要街路が正面に城郭の天守をすえることに注目している（宮本 二〇〇五）。重要な指摘であるが、「見る」「見られる」ことは町場の主要街路に限定する必要はない。城下町から領国まで、より広い角度、より遠くまでの眺望において、山城の高さの意義は認めるべきだろう。

大名家臣の大半は在地領主であり、それぞれの本拠（領地）に居館を持ち、正妻や嫡子をはじめとする家族を置いていた。ところが、この段階になると、家臣の多くが大名の城下町に集住していたとされる。ただし、「集住」の具体的内容については注意が必要である。

文献史料はもとより、地籍図《ちせきず》・伝承地名・近世絵図などから、家臣の屋敷が城下町にあったことはまちがいない。しかし、①家臣本人（その屋敷の主）は、日常的には本拠に居住し、用務がある時に城下町の屋敷にやってくるだけかもしれない。この場合、家族は本拠に定住している。②家臣本人は城下町の屋敷に居住しているが、家族は本拠に住んでいるパターンもありえる。③家臣本人のみならず、家族も城下町に居住しているのが完全な意味で集住ということになるが、こうした集住が実現するのは豊臣政権時代であると考えられている（横田 二〇〇一）。豊臣政権になっても、完全な集住が実現していない事例もある。

天正六年（一五七八）、織田信長の安土城下の弓衆の家から火事が出たため調査したところ、多数の親衛隊（弓衆・馬廻ら）家臣が妻子を安土の屋敷に住まわせていなかったことがわかった。怒った信長は、妻らが住んでいた尾張の本宅を焼き払わせ、親衛隊とその家族の集住をようやく実現したという（『信長公記』）。城下町に家臣の屋敷が存在しているからといって、ただちに家臣団の集住が実現していると見ることはできないのである。

では、家臣たちはなぜ、城下町に集住するのであろうか。前記の天正六年の信長・安土の事例などを引き合いに、大名権力が主従制を嵩に強制的に家臣団を集住させたと考えられがちである。しかし、前記の事例は親衛隊（小身の家臣）の例である。いまだ独立性の強い戦国時代の中級以上の家臣たちが大名権力の主従制的な統制だけで、一所懸命の地である本拠から城下町へ集住するであろうか。

比較的信憑性の高い史料で、家臣たちの城下町への集住が確認できるのは、周防の大内氏や河内の畠山氏である。いずれも一般的には主従制がそれほど強固ではないと考えられている大名である。これらの大名は先進的な文書行政を進め、有力家臣たちは大名権力の官僚（宿老・奉行など）として合議に参加したり、権力意志を伝える文書に署判したりしていた。当時、こうした合議は月三回、あるいはそれ以上の頻度で開催されていた。そのため、彼らは必然的に政務の場がある大名城下町に日常的な生活の場を設定せざるをえなかったのである。

すなわち、有力家臣たちの城下集住は、主従制によるというより、行政制度の整備に伴い官僚として勤務しなければならなかったことが主たる理由であると考えられるのである。逆に言えば、有力家臣であったとしても、政務に関与せず、軍事面中心で大名に仕えるような家臣、独立性が強い家臣の場合には、城下町に屋敷を設けないことがありえる（新谷 二〇一四）。

以上、戦国後期の城下町に共通する空間構造のあり方を紹介するとともに、新しい分析視角についても若干の紹介を行った。

しかし、戦国後期の城下町は、共通性に括れない実に個性的な展開を果たすことこそが顕著な特徴である。

越前国一乗谷（福井市）は、平野から隔絶された狭い谷間に建物が密集し、人口が集中していた。かつてはこれが典型的な戦国期城下町であるかのように評価されていたが、その後、各地の城下町研究が進展するに従い、一乗谷のような城下町はきわめて希少であることが明確になってきた。

周防国山口（山口市）や駿河国府中（駿府、静岡市）のように、戦国時代になっても大名が平地の方形居館を本拠とし、山城に日常的な政務・生活の場を移さない場合も少なくない。摂津国**芥川山城**《あくたがわさん》（大阪府高槻市）、河内国**飯盛山城**《いいもりやま》（大阪府大東《だいとう》市・四條畷《しじょうなわて》市）のように、城下町を伴わない権力拠点も存在する。

このように戦国後期の城下町は、地域により、大名により大きな偏差を示している。では、こうした偏差の根源的な理由はどこに求めることができるのであろうか。さらには、偏差を超えて、列島の城下町に通底する何らかの基準を見出すことができるのであろうか。こうした課題にただちに答えることは難しい。

そこで、次に、上記のような偏差、すなわち個性豊かな城下町の空間構造を醸成する要素が何であるのか示しておきたい。

三　社会の全体構造を考察するための五つの視角

城下町は、十五世紀末から十六世紀末にかけて急速に発展を遂げ、都市としての規模においても、列島全体の分布にしても他に例を見ないような広がり方を示した。この時代が、日本の歴史において中世から近世への移行期にあたることから、守護所・城下町の展開がこうした社会構造の大規模な変容と密接にリンクしていることはまちがいない。だとすれば、城下町の構造やその展開の意義を解明するためには、社会の全体構造との連関を絶えず意識しなければならない。

本章では、守護所、戦国期城下町の構造とその変容に大いに関係すると考えられる五つのテーマから社会構造を見ておきたい。

［権力のあり方］　現在、戦国時代の地域支配権力をどのようにとらえるのかについて、二つの学説が対立している。

一つは川岡勉の幕府―守護体制論である。川岡によれば、十五世紀中葉、武家権力の秩序が大きく変質して地域権力が自立し、公権を各地域が担いうる条件が生まれた。地域支配の主導権を握ったのは守護で、守護が個別領主権を超えた公権を掌握し、一元化していった。戦国時代は、地域権力が乱立するアナーキーな世界ではなく、中世的な権力秩序、すなわち幕府―守護体制のなかで把握されるべきである。諸勢力の争いは、守護公権、国成敗権（幕府の天下成敗権が分割されたもの）を巡る争いであるとしている。

もう一つは、池享の大名領国制論である。応仁の乱を契機に幕府の全国支配は解体し、各地で多様な地域権力が成立した。地域社会には自力救済能力をもつ社会集団による自律的秩序が存在しており、大名の支配はその掌握を通じて公儀として権力支配を確立したと考える。池は、大名は在地領主制の拡大・展開の帰結であり、大名領国は中世の在地領主制の究極の姿であると見ている。戦争が領主層を広域的に結集させる契機になったとするなど、軍事が戦国大名の特質を強く規定するとしている。

在地領主制の拡大、展開の帰結として戦国大名権力をとらえようとする見方が長く規定的であったが、一九八〇年代後半以降、川岡説が台頭し、「戦国大名」ではなく、「戦国期守護」という用語を使うべきであるともしている。戦国期城下町を考察する際も、長く、在地領主の地域編成の延長線上に城下町を位置づけてきた。すなわち、領主館を中心に同心円的に展開する領主制のあり方（石井　一九七四）が、大名居館を中心に家臣団屋敷や町屋などを同心円的に配置する城下町のあり方に一致すると見られたのである。

しかし、城下町が同心円的な配置を示すのは十六世紀最末期以降、近世になってからである。戦国期城下町の実態が明らかになってくるにしたがい、中世の領主制の理念的な空間構造がそのまま近世城下町につながるわけではないことは明確になってきた。

さらに、戦国期城下町の前提に守護所があることが強く意識されるようになった。守護所のあり方、さらに戦国前期城下町のあり方は、川岡の幕府―守護体制論に適合的である。京都を意識したことの表れである土師皿の大量出土、方格プランの採用などにそれは確認できる。守護所・城下町が、大名権力にとってもっとも権威的存在であり、象徴的な儀礼空間であったが故に、幕府・将軍や京都とのつながりを示す必要性が最後まで「残った」のであろう。

だとすれば、戦国後期になって、城下町の空間構造が大きく変化し、山城の上に政庁が移動したことは権力のあり方の変化に対応したものといえよう。この段階でも、守護に出自を持つ大名である周防大内氏、駿河今川氏、甲斐武田氏などが本拠を方形館に置くことにこだわったのは、守護と方形館との間の密接な関係を示している。すなわち、城下町に注目する限り、戦国前期までは幕府―守護体制論は説明の論理としてすこぶる適合的である。しかし、戦国後期になると、幕府―守護体制で説明できる部分は残るものの、権力支配の本質はそれとは異なる論理で解明すべきであることがわかる。

ここで、大名が体現した公権についてもふれておきたい。戦国時代の公には「上からの公」と「下からの公」があったと考えられている。「上からの公」は根源的には天皇に由来するもので、それを征夷大将軍・幕府が預かって政治をしていた。すなわち、川岡勉の天下成敗権―国成敗権の見方である。

他方、組織の構成員が、ある理念（規範）がその組織全体にとって益あるものであると認め、たとえ一人ひとりの構成員の私権が制限されても、その全体の理念の実現のために努力しようとすることがある。その理念も「公」である。村や町の共同体はそうした「公」を守り、体現する組織としてあらわれる。村や町が第一義的な公権を保有し、村連合や惣町も公権をもっていることから重層的な「公」の成立が認められる（朝尾 二〇〇四）。これを「下からの公」とよぶ。こうした「公」の盛り上がりを取り込み、みずからの力量に組み込んだのが戦国大名である。戦国大名は「国」を体現し、しばしば「公方」「大途」などとよばれる（勝俣 一九九六）。

川岡は「上からの公」を重視し、池は「下からの公」の議論を援用しているように見える。しかし、現実の守護や戦国大名はいずれの公も身につけ、渾然一体とすることでみずからを公権として家臣や領民に示していると見るべきであろう。

このような権力のあり方が、第一に守護所・城下町のあり方を規定しているといえよう。

［寺院と城下町］ 近世城下町の多くでは、寺院は、城下町周縁部の「寺町」に集中し、惣構（最前線の防衛ライン）の役割を果たさせられるとともに、境内・門前の住民との間の密接な相互関係を切りさかれた。こうした「寺町」においては、その寺院の宗派が気にとめられることはほとんどない。

翻って、中世は宗教の時代であった。寺院（施設・組織）が人びとの信仰を司るのみならず、政治・軍事、経済、文化・技術など、社会の諸側面において主導的役割を果たした。とりわけ、文化、技術・産業の面においては、寺院勢力が公家・武家や都市を圧倒する蓄積を築いていた。寺院は時には領主として、時には結集の紐帯として民衆に対した。都市と寺院の関係も多様であり、それは時代により、宗派により偏差は大きい（仁木 二〇一五）。

ここでは、三つの側面から寺院と城下町の関係のあり方を示しておきたい。

（1）「山の寺」など先行する寺院の取り込み

地方には、「山の寺」とよばれる一山寺院が多く分布した。紀伊国**根来寺**や越前国平泉寺《へいせんじ》がその代表であるが、中小規模のものは列島のほぼすべての地域に存在する。「山の寺」は最新の技術力や莫大な富を蓄積しており、地域の武士や有力農民などの信仰を集めるとともに、聖地として巡礼者が訪れる存在でもあった。こうした寺院が武家の本拠地を誘引した。近江の場合、六角氏の本拠である**観音寺城**も、京極氏の**上平寺城**ももとは「山の寺」であった。武家が入ってきたのちもそのまま寺院が残っていた可能性が指摘されている。

武家が本拠を置き、軍事的な城郭とするのに適当な場所に先行する「山の寺」があったため、その場を「乗っ取った」と考えることもできる。しかし、それだけでなく、本来、「山の寺」がもっていた地域における中心地性、遠方からも人々を引き寄せる聖地性を武家は求めたのではなかろうか。このことは、城郭化する以前から**観音寺城**膝下の石寺が、寺への参詣者の宿所機能をもって発展していたことからも推測できる。六角氏は、観音寺―石寺のセットをそのまま、みずからの拠点城郭と城下町にスライドさせて取りこんだのである。

武家が、拠点を寺院の近くに設置することで、寺院が本来もっていた中心地性、聖地性を享受しようとした事例は多い。また守護所が、先行する寺院に間借りしていたと推定される例もある。なお、このようにして取りこまれた寺院の多くは天台宗・真言宗に属するが、律宗・禅宗などの例もある。

（2）城下の構成要素としての菩提寺・氏寺などの設定

大名が守護所・城下町にみずからの菩提寺・氏寺を設ける事例は多い。若狭の一色氏・武田氏は、西津ついで小浜に一族関連の寺院をたくさん開基した(下仲 二〇〇六)。新しい地域に進出してゆくのに先行して、目的地にゆかりの寺院を建立する場合もある。先に寺院を進出させて、その後に大名自身がその地に乗り込んでゆくパターンである。

なお、こうした寺院としては禅宗が圧倒的に多いが、時宗・法華宗など他宗派寺院も少なくない。

(3) 寺院を含む既存都市の取り込み

港町や市町・宿にはさまざまな宗派の寺院が立地しており、そうした状況は十六世紀後半にかけて加速した。大名の居館や山城が、これら先行する都市に隣接する地に築かれ、守護所・城下町がこれらの既存都市を取りこむ事例も多い。

十五世紀以降の都市、とりわけ港町で卓越したのは法華宗(日蓮宗)であった。有力商人の多くは法華宗を信仰し、それ故、大規模な寺院が各地の港町に建立された。十六世紀になると今度は一向宗(浄土真宗)の道場・寺院が次々と建立されてくる。港町では、船の積み荷の上げ下ろしのため大量の労働者が必要であるが、彼ら下層民衆の支持を集めたのが一向宗であった。禅宗・法華宗寺院が、港のなかでも微高地上に位置するのに対し、一向宗寺院は水際に近い低地にしばしば立地しており、こうした立地場所からも宗派による基盤階層の違いが想定される。

このように、守護所・城下町に取りこまれたにもかかわらず既存の都市の継続的な発展が認められる例では、都市中心部に複数の宗派の寺院が散在し、それぞれ境内・門前を経営するなど一定度の自律性を維持した。キリスト教もこれら法華宗・一向宗と同様の文脈で都市のなかでの位置づけを説明できるだろう。

以上を大雑把に総括すれば、守護所・城下町にとって外在的存在であった寺院が、徐々に内在化してゆく過程が城下町の発展経過と一致するといえるだろう。「山の寺」や法華宗・一向宗などを内在化できたのは、大名権力が公的な性格を高めたからであろう。

玉井哲雄は、日本近世の城下町がもつ世界史的にみて特異な性格の一つとして、都市の中心部から宗教施設を排除したことをあげている。こうした空間構成は十六世紀末期に一気に進み、寺町形成にいたるのである。

［土豪と村共同体によって構成される地域社会］ 十五世紀以降、列島の大部分の地域において、生産力が高まり、経済が徐々に活性化していったと考えられている。戦乱による一時的・局地的荒廃はあったが、農村の人口は増加していった。平野部では集村化によって水田に特化したまとまった耕地が確保され、集約的な農業が展開した。より近接した屋敷地で社会生活を営むことで、農民同士は絆を深め、共同性を向上させた。村として水路を整備したり、番水などの水利慣行を成立させた。

村は全体として力量を向上させる。相互扶助能力を確保し、政治的な権能を強化して領主との交渉力を高めた。軍事力、裁判能力も獲得し、村掟を制定して組織としての規律、自律性ももった。こうして惣村、「自力の村」とよばれる村落共同体が強くなってゆく。

村の力量向上は土豪の台頭を生む。土豪は村内のさまざまな問題解決に主導的な役割をはたした。土豪は村内の土地を集積するなど、小領主としての性格をもっていたが、一方で水利や祭祀においてリーダーとなり、領主との交渉や対峙に際しても先頭に立った。彼らの居館の蔵は、年貢などの一時的な集積場となり、そこに備蓄された米穀は非常用食料や種籾《たねもみ》としての役割を果たした。

十六世紀の農村には商人や職人もふくまれていた。土豪も農業経営以外に金融業を営んだり、商人・職人であったりした。さらに土豪は、大名や国衆の被官となることもある。こうした人々によって村は外部社会と深いつながりをもっていた。

社会生活において余裕を得た村の住民たちは、剰余生産物の販売を志向した。村では手に入らない奢侈品、食料などを購入できる場を欲した。こうして一定地域の広がりのなかに交易の場が立地することが求められてゆく。こうした地域社会の動向が、十五世紀後半以降、各地に都市を族生せしめる社会基盤となってゆく。

他方、村々の連合、土豪の結集はしばしば恒常化し、惣郷、郡中惣、国、惣国などと自称・他称される組織、領域を形作ってゆく。戦国大名は、こうした政治的結集を時には滅ぼし、時には権力内部にとりこみながら支配を展開してゆく。

土豪や村共同体によって構成された地域社会が生み出した経済・流通の新段階や、権力構造が、大名が経営する守護所・城下町のあり方にも大きな影響を与えたのである。

〔商業・流通における畿内と東国・西国〕 戦国時代になって、戦乱がつづき、国境が閉鎖され、都市や農村は疲弊し、経済が停滞したという歴史観はいまや通用しない。京都も戦乱で荒廃し、守護在京制の停廃にともなって武家人口が減少したため総人口が減り、都市としての活力を失ったという説もあるが、筆者は誤りであると考えている。十五世紀後半以降、各地の経済圏が活性化したため、それまでの京都の経済的な卓越性、中心地性が減退したことは間違いない。ただし、列島をめぐる経済流通の総量は加速度的に増加しており、京都ならびに周辺諸国の経済は活性化していったと考える。

楽市令をとりあげて、それが戦国大名の代表的な経済政策であると説く見解はいまでも強い。しかし、楽市令はもちろん、楽市という用語も、織田政権の上洛以前には、近江以東の東国にしか見られない。天下統一後まで通してみても、楽市令の西端は播磨国である。しかも畿内では楽市令の発令は確認されていない。つまり、楽市という経済慣行や楽市令という法概念は、基本的に東国でしか通用しなかったのである。その意味で、「楽市」という用語（経済慣行）は「東国方言」である。ちなみに、楽市と同じ意味と考えられている「十楽」は、近江・伊勢ならびに北陸地方でのみ確認される。

楽市とは、座などの特定の集団に所属していなくても自由に商売できること。商業税などを支払わなくてもその交易の場で商売できることを示す語である。では、畿内や西国では、座特権や商業税を守るために楽市がなされなかったのであろうか。従来はそのように考えられるのが主流であった。たしかに京都や奈良（大和）の実態を見ればその通りであろう。しかし、それ以外の地域には、楽市令はもとより、座などの独占的な組織の存在を示す事例は決して多くない。

では、楽市令を出すまで東国の大名はどのような商人・職人政策をとっていたのであろうか。大名は彼らに特権的な地位を安堵することで商業や生産を安定化させようとしたのであろう。そうした特定の人たちに特権を与えて保護しなければ、商業も生産も安定的に発達しえなかったのが十六世紀初頭までの東国であったのではなかろうか。逆に西国は、楽市令で保護されなくてももともと「楽市」（自由な商売、ものづくり）だったのだろう。

これは伝馬《てんま》制度についてもいえる。伝馬制度は、西国ではほとんど見られず、東国で卓越したシステムである。伝馬とは、大名権力が重要と考える使者・客人や物資を継ぎ馬によって次の宿まで順々に運ぶ制度である。おそらく畿内や西国では、大名がこうした制度を創生し、都市や宿に命令しなくても、十分な運輸体制がととのっていたため、既存のシステムを利用することで人や物が確実に目的地に運ばれたのであろう。

中世は、文書行政が発達していなかったわけではないが、文書による命令とならんで口頭（オーラル）によっても命令が発せられ、伝達される社会であった。東国にくらべて西国に、楽市令のみならず市庭宛の法令が少ないことは、西国に市庭が少なく、経済・流通が発達していなかったことを示すのではない。必要な伝達事項は口頭で伝えられていたのであろう。西国の市庭の多くは、大名権力の保護下ではなく、寺社の管理下にあったことも大名の市庭法の少なかった理由であろう。

東国では、西国にくらべて市庭法がより多く出されるからといって、より経済・流通が卓越していたとはいえない。市庭法は、成立してから時間が短かかったり、交易が不安定な市庭を興隆するために発布された。しかし、市庭とは別に常設店舗からなる町場ができている場合、そこが安定した交易空間であればあるほど、法令発給の対象とはならないのではないか。また寺社の管理下にある町場にはそもそも大名権力は手を出せない。

このように現存する楽市令や市庭法から見える世界、見えない世界を解釈できるとすれば、戦国時代の東国、西国の経済・流通の状況は以下のように想定できるであろう。西国は、多くの都市が発達し、国際貿易商をはじめとする大規模な商人も多数いたことから、経済・流通が自生的に発展していた。そうした都市・商人などを寺社勢力が掌握していた。このため、大名をはじめとする武家は、都市や流通に関与する余地が少ない。関与しなくても、みずからが必要とする都市の興隆や人・物の輸送などは従来から存在する社会システムによって遂行されたのである。一方、東国は、そうした経済・流通の発展が不十分であったため、大名は楽市令や市庭法を出したりして都市や経済の振興を積極的に図らねばならなかったのである。

こうした西国の特徴をより極端に体現していたのが畿内であった。三好氏の摂津**越水城**《こしみず》(兵庫県西宮市)は独自の城下町をもたず、広田神社の門前町で港町であった都市西宮を城下町として代用していた。畠山氏の河内**高屋城**《たかや》(大阪府羽曳野市)と陸上交通の要衝である古市との関係も同じであろう。さらに、三好氏が経営した摂津**芥川山城**や河内**飯盛山城**は城下町をもたなかった。畿内においてはすでに卓越した経済・流通が発達しており三好氏はそのシステムをそのまま使い、商人を直接掌握すれば、わざわざ「面倒くさい」城下町経営などしないでもすんだのである。

以上のように畿内、そして東国・西国の経済・流通状況を措定することができるなら、それと密接にかかわる城下町像もまたかわってくるといえよう。

[東アジア海域世界のインパクト] 中世後期を通じて、日本列島、琉球、朝鮮半島、中国沿海部の密接な相互関係は国境を越え、人や物資の往来を活発にさせていた。これに石見銀山で産出された銀貿易が加わり、また新たに参入したポルトガル人の進出が輪をかけて十六世紀の西国はまちがいなく東アジア海域世界の強い影響を受けていた。鉄砲伝来やキリシタン信仰の広がりもこうした国際的潮流の一環であった。

しかし、従来、戦国時代の大名権力論や城下町研究においてこうした要素が検討されることはほとんどなかった。そうしたなか鹿毛敏夫は、十五・十六世紀の西国の大名は、アジアの史的展開のなかに自らの領国制のアイデンティティを追求する国際的地域政権(アジアン大名)であるとした。国内史的には列島周縁部に位置する戦国大名が、実は東アジア海域世界秩序の中で活動していたとしている（鹿毛 二〇〇六）。さらに鹿毛は、豊後府内においては城下町の開放的性質のおかげで唐人《とうじん》町やキリシタン教会の異信仰性が包容されていたが、これは日本社会固有の特徴とは異なるとしている。

大名領国や城下町に関するこのような発想の転換をさらにどのように展開してゆくのか。こうした視点は、九州をはじめとする西国の城下町を考える際の焦点になるだろう。

おわりに

本章では、城下町の発生・展開を検証してきた。城郭にともなって城下町が成長することにより、城郭を中心とする場が地域社会の中核としての地位をえてゆく。これは城郭の主である大名・有力武士が権力として確立し、公権力として広く認められてゆく過程と一体のものであった。そうした意味で、城下町が発達した十六世紀後半は、城郭の歴史におけるターニングポイントだったのである。

【参考文献】
朝尾直弘　二〇〇四　『将軍権力の創出』朝尾直弘著作集三、岩波書店
石井　進　一九七四　『中世武士団』日本の歴史一二、小学館
市村高男　一九九四　『戦国期東国の都市と権力』思文閣出版
伊藤俊一　二〇〇三　「室町幕府と荘園制」『年報中世史研究』二八
今谷　明　一九八六　『守護領国支配機構の研究』法政大学出版局
内堀信雄・鈴木正貴・仁木宏・三宅唯美　二〇〇六　『守護所と戦国城下町』高志書院
榎原雅治　二〇〇〇　『日本中世地域社会の構造』校倉書房

小川　信　二〇〇一　『中世都市「府中」の展開』思文閣出版
鹿毛敏夫　二〇〇六　『戦国大名の外交と都市・流通—豊後大友氏と東アジア世界—』思文閣出版
勝俣鎮夫　一九九六　『戦国時代論』岩波書店
金子拓・前川要　一九九四　『守護所から戦国城下へ』名著出版
川岡　勉　二〇〇二　『室町幕府と守護権力』吉川弘文館
国史学会　一九九一　『国史学』一四三（シンポジウム　前近代における政治都市の形成）
小島道裕　一九九七　『城と城下』新人物往来社
小島道裕　二〇〇五　『戦国・織豊期の都市と地域』青史出版
小島道裕　二〇一一　「戦国期城下町と楽市令再考—仁木宏氏の批判に応えて—」『日本史研究』五八七
小林健太郎　一九八五　『戦国城下町の研究』大明堂
下仲隆裕　二〇〇六　「若狭国守護所と港湾都市西津・小浜—海を求める若狭の政治拠点—」内堀ほか『守護所と戦国城下町』高志書院
新谷和之　二〇一四　「戦国期近江における権力支配の構造—六角氏を中心に—」（大阪歴史学会大会報告）
東海埋蔵文化財研究会　一九八八　『清須』資料編
東海埋蔵文化財研究会　一九八九　『清須』研究報告編
仁木　宏　二〇〇三　「寺内町と城下町—戦国時代の都市の発展—」有光有學編『戦国の地域国家』（『日本の時代史』一二）、吉川弘文館
仁木　宏　二〇〇四　「近世都市の成立」歴史学研究会・日本史研究会編『日本史講座』五、東京大学出版会
仁木　宏　二〇〇六　「室町・戦国時代の社会構造と守護所・城下町」内堀ほか『守護所と戦国城下町』高志書院
仁木　宏　二〇〇九ａ　「美濃加納楽市令の再検討」『日本史研究』五五七
仁木　宏　二〇〇九ｂ　「書評　小島道裕著『戦国・織豊期の都市と地域』」『史学雑誌』一一八—一
仁木　宏　二〇一〇　「近江石寺『楽市』の再検討」千田嘉博・矢田俊文編『都市と城館の中世—学融合研究の試み—』高志書院
仁木　宏　二〇一五　「宗教一揆」岩波講座『日本歴史』九、岩波書店

前川　要　一九九一　『都市考古学の研究』柏書房
松本豊寿　一九六七　『城下町の歴史地理学的研究』吉川弘文館
松山　宏　一九八二　『守護城下町の研究』大学堂書店
宮本雅明　二〇〇五　『都市空間の近世史研究』中央公論美術出版
横田冬彦　二〇〇一　「豊臣政権と首都」日本史研究会編『豊臣秀吉と京都』文理閣

滋賀県・京都府・奈良県の城館

福島克彦

［滋賀県・京都府・奈良県の概況］　本巻が対象とする滋賀県・京都府・奈良県は旧国名でいえば、近江・山城・丹波（一部）・丹後・大和にあたり、山城のみが畿内で、それ以外は周辺部分にあたる。ただし、山城にあたる京都が朝廷・寺社などの権門の在所であったこと、さらに十四世紀中葉からは室町幕府が設置されたこともあって、隣接する近江や丹波においても、彼らの荘園、所領が数多く維持されていた。また、幕府を支える有力守護大名も近江や丹波・丹後に分国が配置された。幕府は守護の利害を調整しつつ、守護被官の押領も取り締まり、寺社の荘園制の維持に努めていた。しかし、応仁・文明の乱を境に、上級権力による利害調整が困難となり、逆に在地の国衆たちが台頭していった。それは、次第に複雑で錯綜した畿内、近国の戦いへと発展していく。これらの戦いは地域社会へと波及し、現地には、さまざまなタイプの中世の城館、防御施設が築かれた。以下、順を追ってみていきたい。

［中世前期の城館跡］　中世前期の城館が発掘調査で確認されることは珍しい。その中でもっとも貴重な事例が、十二世紀後半の遺構が確認された**大内城**《おおちじょう》跡である。微高の土塁《どるい》によって囲まれた区画で、地元六人部《むとべ》荘を見下ろす城館跡であった。六人部荘は一時期平氏の知行地となったところで、大量の中国製陶磁器破片が検出され、大型建物も確認されている。具体的な維持主体の様相は不明だが、少なくとも立地状況から、現地の荘園支配と関連した施設であったと思われる。ところで、この**大内城**は、西側に土塁、堀で区画された城館二基が残存している。これは十六世紀段階と想定されている。したがって、ほぼ同一

区域に中世前期と後期の城館跡が並んで存在したことになる。近年は山城国でも、堀に区画された中世前期の城館が発掘で確認されている。

近江国にも『吾妻鏡』から鎌倉時代の佐々木氏の館、御所として比定された**小脇館**《こわきやかた》がある。発掘調査によって、堀や遺構の範囲が確認できつつあることは、大きな成果となっている。ただし、中世後期の遺物も混じるため、後世に改変を受けた可能性も想定しておく必要がある。いずれにせよ、十三世紀の遺構については、今後の課題である。

［南北朝争乱と山城］ 十四世紀前半、後醍醐《ごだいご》天皇によって鎌倉幕府に対する倒幕運動が画策され、各地で火の手があがった。その際、後醍醐自身が籠城したのが、山城南部の**笠置山城**《かさぎやまじょう》である。笠置寺の霊山としても知られた場所で、近年の発掘調査で当該期の堀切なども検出された。十四世紀中頃の防御施設を知る貴重な事例である。

鎌倉幕府の滅亡後、後醍醐天皇によって建武の新政が行なわれたが、これがすぐに破綻した。建武五年（一三三八）に、不満くすぶる武家勢力を糾合した足利尊氏《あしかがたかうじ》が室町幕府を開設した。尊氏は持明院系の天皇を擁立し（北朝）、政権の安定化を図った。一方、後醍醐は吉野へ逃れ、みずからの正統性を主張した（南朝）。以後、北朝・南朝が対立する南北朝時代は、おおむね七十年続いたが、その間も各地に城が築かれた。特に、この当時は、**笠置山城**のような、山岳寺院を活用した事例が多いといわれている。

［室町幕府の安定と綻び］ 明徳三年（一三九二）、三代将軍足利義満《よしみつ》は南北朝の合一を進め、長く続いた内乱を収拾した。さらに彼は、本来一代限りだった守護職について、その世襲化を認めた。その際、みずからに近い守護を畿内、近国に配置し、幕政に参加させることで、政治的結集を図った。三管領《さんかんれい》の一つで

細川氏惣領の京兆家《けいちょう》は京都に近い摂津、丹波、四職《しき》の一色氏は丹後、同じく京極氏は近江北部を任国とした。一方、近江南部は六角氏が担当している。足利将軍は京都上京周辺に御座所を置き、「室町殿」と呼ばれた。将軍は在京した守護らを秩序立てて統率しようとしたため、日常における武家の儀礼が重視された。そのため、厳しい防御施設は、かえって安定を乱すものと認識されていた。有事や政治的緊張があった場合、門の補強などが行なわれることはあったが、それは時限的な構築物であり、継続的な維持はされなかったようである。

また、京都の周辺にある丹波や丹後、摂津などにおいても、十五世紀前半は大きな混乱や戦争は見られなかった。特に丹波地域では、政治的安定を背景に、幕府から保護を受けた禅宗寺院が各地に建立され、これらの寺院荘園も拡充された。京都周辺では、幕政の混乱期に土一揆が蜂起することはあったものの、長期の戦争や籠城《ろうじょう》戦は顕在化せず、史料的にも城の名は、あまり登場していない。

これに対して、大和では、南北朝内乱終息後も国衆たちによる戦いが続いていた。元来、大和は興福寺が事実上の守護を担っていたが、その主導権をめぐり一乗院と大乗院が対立していた。両者は膝下の大和国衆たちを僧体の衆徒、俗体の国民という形で編成していった。十五世紀中葉に大乗院門跡内部でも二つの派閥に分かれ、筒井氏と越智氏の対立へとつながった。この時、筒井《つつい》氏の**筒井城**、古市《ふるいち》氏の**古市城**なども、歴史の表舞台に登場しており、戦国期城館へと続く契機が生まれていた。さらに、この後、奈良の興福寺内でも戦火が広がり、**西方院山城**《さいほういんざんじょう》が築かれている。室町幕府はこうしたこの大和の戦いに介入し、事態の収拾を図ろうとするが、結局安定されるには至らなかった。十五世紀後半に記された記録では、大和における紛争の要因は、個々の「悪行条々」「殺害事」のほか、「境相論」「田地事」「水事」とあり（『大乗院寺社雑事記』）、村落境界や水論の行方が大きく作用していた。大和における戦争の要因は、村落も巻き込んで、相当根が深かったのである。

［応仁・文明の乱の波及］ 政治的安定を保持していた幕府も、十五世紀中葉に惹起した守護大名の家督争い、あるいは守護間の対立を収拾することができなかった。その対立は、足利将軍家の家督争いとも連動し、応仁元年（一四六七）、応仁・文明の乱という大乱へと発展した。この大乱によって京都の寺社の大半が焼けたことは知られているが、長期化するに及んで、戦いの場は乙訓《おとくに》・南山城・山科《やましな》、さらには畿内、近国から全国へと拡散していった。

大乱がいったん収拾した後も、守護大名たちの争いは続いた。南山城では、畠山氏の政長・義就《よしなり(ひろ)》の抗争が続き、多くの山城および大和の国衆たちを巻き込んだ。こうした混乱は国衆の利害とも大きく齟齬《そご》する場合があり、文明十七年（一四八五）の有名な山城国一揆などのように、結果的に畠山氏両軍を撤兵せしめた事件も起こった。その一方で、近江南部の守護六角氏は国衆たちの支持を得るため、京都権門の荘園、あるいは幕府奉公衆らの知行地を侵略し始めた。九代将軍義尚《よしひさ》は、これに対処するため、六角氏征伐を敢行したが、結果として失敗し、義尚も上鈎《かみまがり》の陣で病没した。

［分裂の時代］ このように幕府権威が衰退していくなか、明応二年（一四九三）、管領細川政元による明応の政変で十代将軍義稙が廃され、十一代義澄《よしずみ》が擁立された。この明応の政変を契機に、義澄系と義稙系に分かれ、将軍位をめぐる家督争いがこの後も続くことになる。さらに永正四年（一五〇七）には政元が暗殺され、細川京兆《けいちょう》家も澄元系と高国系に分かれて対立が続いた。前述した畠山氏も政長系・義就系の対立が代々にわたって続けられており、こうした各氏の家督対立は、内衆たちも巻き込んで、抗争と合《がっ》

従連衡《しょうれんこう》を繰り返した。以後、複雑な戦国期畿内、近国の政治史が打ち続くことになる。

そうしたなか、比較的長期にわたって続いた細川高国政権は特筆されるが、大永六年（一五二六）の**神《かん》尾山城《のおさんじょう》**の戦いで、敵対する柳本賢治《やなぎもとかたはる》に敗れ、もろくも政権も崩壊してしまう。一個の城の攻防戦が政権にも大きな綻びになることを、まざまざと見せつけた戦いであった。この後、阿波出身の細川晴元が十二代将軍義晴と結び、覇権を握ろうとする。当初晴元は本願寺と連携し、一向宗門徒を用いて戦いを優位に進めようと考えた。ところが、天文元年（一五三二）、両者は不和となり、**山科本願寺**を焼き討ちするに及んで対立は決定的となった。この大永・享禄から天文初年にかけての争乱は、一向一揆や法華一揆などを巻き込むようになり、畿内、近国の争乱のなかでも、さらに錯綜した時期となった。晴元は、**大坂本願寺**との和睦を図り、事態を収拾しようとしたが、天文十二年に高国系の氏綱が挙兵するに及んで、再び細川京兆家の戦いが続くことになる。

天文十八年になると、晴元の重臣三好長慶が台頭し始めた。彼は氏綱と結んで、晴元と袂《たもと》を分かち、江口合戦でこれを撃破した。以後、長慶方は、京都に入り、晴元方と激しい攻防戦を繰り返した。その戦いは、天文十九年・二十年・二十一年・永禄元年（一五五八）と、数度に及んだ。この間、京都洛東にある山城、**如意岳《にょいがたけ》城《じょう》**や**北白川城《きたしらかわじょう》**・**霊山城《りょうざんじょう》**などが戦いの舞台となっている。

長慶は、この晴元との戦いに耐え抜き、一度も敗れることなく京都掌握を堅持していた。これによって、同じく長慶と対立していた十三代将軍足利義輝との和睦を引き出していく。以後、政治的に安定した三好権力は、本格的な畿内、近国の制覇に乗り出すことになる。

［寺院勢力と城館］　前述したように、高国政権を崩壊へ追い込んだのが、**神尾山城**の戦いであった。こ

の**神尾山城**は山岳寺院金輪寺の傍に築かれた本格的な山城であった。また、山陰道と唐櫃越《からとごえ》の合流地点には法華山寺があり、天文三年頃に**峰ケ堂城**《みねがどうじょう》が築かれ、乙訓地域から半済《はんぜい》米が集められたという。このように、戦国時代は、交通の要衝となる山岳寺院と山城が結びつくケースが見られた。山岳寺院と立地的な近接性は南北朝時代の山城と共通する。しかし、戦国期は寺域と山城遺構が隣接しつつも、別個に曲輪などが築かれている点に特徴があった。

　こうした状況は各地の守護所でも見られた。たとえば近江北部の守護京極氏は、十六世紀前半に**上平寺**《じょうへいじ》**城**《じょう》と屋形を築き、守護所としていたが、この地は山岳寺院弥高寺《やたかじ》に隣接していた。また、近江南部の六角氏の拠点**観音寺城**《かんのんじじょう》も西国霊場の観音正寺の寺域に築かれ、その僧坊跡を活用したのではないかと推定されている。同じ西国霊場であるが、丹後の成相寺《なりあいじ》は傍にも守護所丹後府中の拠点**今熊野城**《いまくまのじょう》・**阿弥陀峰城**《あみだみねじょう》があった。雪舟の傑作『天橋立図』にも、成相寺の手前に、この城跡の場所が描かれているが、寺院らしい建物がみられる。元は寺院で、のちに城へ転化したのかもしれない。同じ丹後には**金屋城**《かなやじょう》・**三縁廃寺**《さんえんはいじ》という山岳寺院があり、僧坊跡と曲輪が絡み合った遺構となっている。

　宗派の一大拠点が、そのまま防御拠点になった事例がある。年代的に十五世紀末から十六世紀前半に絞られる**山科本願寺**は、高さ三〜五メートルの巨大な三重の土塁、堀が築かれ、まさしく城壁都市にふさわしい。横矢なども設置されており、当時もっとも進んだ防御施設であった。最近中枢だった第一郭が発掘され、まさに真宗信仰の中枢の様相も次第に明らかになりつつある。一方、真宗寺院の寺域を最小限に抑え、計画的に町屋を配置したのが、大和南部の**今井寺内町**《いまいじないまち》であった。興福寺の影響下では排除された真宗勢力は、次第に大和南部に根を下ろし、こうした寺内を建設していった。真宗の寺内町は織田権力との関係には苦慮したが、豊臣権力は保護する場合があった。**上鈎寺内**は、豊臣権力によって保護された寺内であり、一部土塁や、横矢・外堀が築かれている。豊臣氏段階以降も諸役免除もなされていた。こうした豊臣期創設の寺内町の築造の背景は何なのか、問う必要があろう。

〔国衆たちの城館〕 中世後期になると畿内、近国では、ほぼ村単位に国衆たちが登場していた。彼らは、現地では守護の被官などを担当しつつも、なかには足利将軍の直属となって奉公衆や御家人となっていた者もいた。そのため、近畿地方では村落に密着した国衆たちの城館が数多く分布する。山城乙訓郡の有力国衆物集女《もずめ》氏の**物集女城**は、土塁の残る貴重な平地城館跡である。近江北部の**下坂氏館**では、十四～十六世紀後半の生活遺物が検出され、長期にわたる下坂氏の活動が想定される。**三田村氏館**では土塁が発掘され、十五世紀末～十六世紀初頭と、十六世紀前半の二時期の改変が推定されている。大和の豊田氏の山城の麓に居館と推定される**布留《ふる》遺跡《いせき》居館**が確認されている。

大和では、前述したように衆徒・国民と呼ばれた国衆がいたが、戦国期に入ると、筒井、越智に加えて、古市、十市、箸尾氏らも勢力を伸ばした。拡張されていった**筒井城**、平地に痕跡を残す**十市平城《といちひらじょう》**、尾根の突端に位置する**古市城**など、維持主体の名を冠する城が築かれていった。これらは、平地でありながら、市場集落も付随しており、一種の城下町を形成した。

また、近江のうち、甲賀郡では土塁の発達した館城というタイプも確認されている。中心部は方形状になっており、高土塁と堀が囲繞するパターンであった。**新宮城《しんぐうじょう》**・**土山城《つちやまじょう》**は後世に改修、拡張されたパターンであるが、主郭部分は方形状を維持していた。こうしたパターンは蒲生郡の**中野城《なかのじょう》**・**佐久良城《さくらじょう》**でも共通であった。

〔畝状空堀群の発達〕　戦国時代に入ると、各地で特徴的な防御施設が築かれるようになった。この畿内、近国で、特筆されるのが畝状空堀群である。畝状空堀群とは、竪堀を斜面に連続配置して、斜面を登る敵兵の横移動を封じる防御施設である。九州北部では、天正十五年の豊臣秀吉による九州攻めの際に、抵抗の拠点などに築かれ、十六世紀後半に大きく発達したといわれている。これに対して、近畿地方では、十六世紀中葉には、すでに登場していたと推定されている。

この畝状空堀群の全容を検出したのが、丹波**平山城**《ひらやまじょう》である。計一四本の畝状空堀群が発掘調査で確認され、曲輪との関係が明らかになった。従来、**平山城**は、尾根の先端にある単郭山城であり、国衆の城であったと思われる。小規模のままで、畝状空堀群が築かれていたことは、在地の国衆でも、この防御施設が使いこなせたことを意味する。さらに重要なことは、畝状空堀群の上部において横堀を築き、城内の横矢施設から横堀を見通すことができるよう配置されている点である。これによって、万一敵兵が畝状空堀群を登りきった場合でも、城内から掃射できるよう工夫されている。われわれ現代人からすると、山城における戦いはイメージしにくいが、こうした畝状空堀群の巧妙な構造は、実際に斜面を登る敵兵を想定して施設が発達していたことをまざまざと見せ付けている。同じ丹波では**位田城**においても、数多くの畝状空堀群が確認されている。丹後**大俣城跡**の発掘では、畝状空堀群の底部が検出されており、曲輪配置と密接に関わっていた様子がわかる。

畝状空堀群は、大和国において天文・永禄年間頃には発達を遂げていた。**竜王城**《りゅうおうじょう》、**楢原城**《ならばらじょう》、**佐比山**《さひやま》**城**《じょう》・**多田北城**《ただきたじょう》などでも、畝状空堀群が確認されている。特に楢原城では、同じ城郭内部で、タイプの相違する畝状空堀群が使い分けられていたようである。在地勢力の城に、松永氏や筒井氏などの外来勢力が影響を与えたといわれている。

元亀元年（一五七〇）に朝倉・浅井連合軍が京都攻めの際、築いたと推定される**一乗寺城**《いちじょうじじょう》にも、京都側の斜面にのみ、細かい畝状空堀群を設置していた。畝状空堀群の発達した城は、虎口の発達や曲輪の機能分化が抑制されたといわれているが、丹波**日置谷城**のように、虎口の発達や機能分化に適応しつつ、構築されている事例も見られる。

【山城の大規模化】 こうしたなか、守護所では、山城の政庁化とそれに伴う大規模化が進展していく。京極氏に替わって近江北部の覇者となった浅井氏は**小谷城**《おだにじょう》を拠点としたが、その主郭部には大型建物が築かれていた。十六世紀中葉に入ると、近江国では百姓らの水論が数多く勃発し、一〇〇人単位の戦死者も生まれたという。そのため、その相論の裁定を下すため、百姓たちが**小谷城**へ登城し、裁定を仰いだという。こうした政庁機能を維持するため、城域、城下も含めて、家臣たちが詰める屋敷地、あるいは空間が形成されるようになった。

前述した六角氏の**観音寺城**も、文献史料から近江国衆たちが滞在していた様子が確認されている。実際、城は南斜面と山麓に無数の曲輪を配置し、大規模化を進めている。小谷城との相違は、ほぼ総石垣になっている点であり、後の織豊系城郭にも大きな影響を与えたものと考えられる。

松永久秀の**信貴城**《しぎじょう》も大規模化を遂げているが、山頂から放射状に広げる尾根上に大小さまざまな曲輪を配置した形態である。特に北麓の大規模な曲輪が松永屋敷といわれ、山岳寺院朝護孫子寺《ちょうごそんしじ》に背を向けている。また、丹波内藤氏の拠点、**八木城**《やぎじょう》も大規模化を遂げていくが、ここでは尾根ごとに曲輪を拡げた形態となっている。一見まとまりがないように見えるが、所々に櫓台・堀切・土塁を効果的に配置して、求心性を保持しようと努めていた。

［足利将軍の山城］　このように、十六世紀に入ると、戦国期守護たちの拠点は、山城に大型建物が作られ始め、政庁化していくようになる。こうした動向は、次第に京都の足利将軍にも影響を与えた。

前述したように、将軍や守護たちは京都に居を構え、身分秩序に基づく格式を重視していた。『洛中洛外図屏風』（歴博甲本、上杉本、東博模本）は、当時の景観を示すかどうかは議論があるにせよ、京都における治世の有り方を理想化した描写であった。このなかで、幕府や細川京兆家の屋敷は格式の高い正門と通用門で外部と通じていた。屋敷内部も塀などで仕切られており、機能のみならず、身分によって入場できる空間が定められていた。こうした格式によって、武家の秩序を保持しており、厳めしい防御施設は積極的に築かなかった。

ところが、前述してきたような戦乱の長期化で、将軍も次第に山城を築き始めるようになった。十二代将軍義晴は天文十五年頃から**北白川城**、あるいは**中尾城**《なかおじょう》を築いた。**北白川城**には奉公衆らの居住とともに、御殿が四棟並ぶような景観だったという。十三代義輝は**霊山城**を築き、政務を行なう一方、鉄砲の鋳造も進めていた。これらの将軍築造の城は「御城」「御要害」などと呼ばれた。今まで、京都における山城構築に背を向けてきた将軍も十六世紀中葉となり、いよいよ山城を維持するようになった訳である。

永禄元年末、京都の攻防戦が一段落して、義輝と三好長慶の間で和睦が結ばれると、義輝は上京へ戻った。この時「天下おさまりめでたしめでたし」と評されている（『御湯殿上日記』）。しかし、山城構築を経験した将軍義輝は、今までとは相違した御殿築造を計画する。公方主殿を建造するにあたり「御堀」「高塁」や石垣普請を伴わせ、防御機能を積極的に加味させた。しかし、義輝は永禄八年、普請途上で、松永久秀らの襲撃を受けて殺害される。のちに織田信長の後援を得て、上洛した十五代義昭は、この義輝御所の跡地に天守と石垣を持つ本格的な御殿を築いた。こうした御所の防御施設化の前提として、天文年間における山城構築の経験があったものと思われる。そして、武家の棟梁たる将軍が防御施設を取り入れていった事実こそ、十六世紀後半以降、公儀権力や武家の拠点において防御施設を集約させる契機になったといえる。

［織豊系城郭の展開］ 十六世紀中葉から、三好権力の山城、あるいは六角氏の**観音寺城**などのように、大規模化が進んだ城郭遺構が見られるようになった。こうしたなかで、より集約化しつつ、都市を抑える城が登場する。それが松永久秀の**多聞城**であった。石垣・瓦の使用に加え、高層建築物も見られた。松永氏段階では、「天主」表現は見られなかったが、明らかに興福寺、奈良を意識した高層建築物であったことは確かであろう。城は、織田権力下でも使用されるが、文献史料などの様相から、松永氏段階で、かなりの構築物が築かれていた様相が明らかになりつつある。

こうしたなか、永禄十一年（一五六八）九月、美濃の織田信長が十五代将軍足利義昭を奉じて上洛した。以後、信長は、畿内、近国の諸勢力を制圧しつつ、その版図を広げていった。このうち、京都防衛と志賀郡支配を兼ねた**宇佐山城**は、織田系の初源的な虎口が残存することで知られている。また、石垣による枡形状虎口が確認された**勝龍寺城**《しょうりゅうじじょう》跡には、織田時代と推定される外郭線（惣構）が残存する。織田時代まで遡及でき得る、こうした遺構は、意外に京都近郊に残っているのである。

一般に、戦国大名と呼ばれる領域権力の場合、本拠地よりも、敵対する勢力と接する領国の外縁部に、防御的に突出した城郭を築いたといわれている。新規に領域へと編入した地域に馬出を設置した武田氏、尼子氏攻めで虎口と畝状空堀群を融合させた毛利氏などは、その典型的な動向であった。これに対して、織田権力では、みずからの拠点的城郭で、こうした防御的に進んだ城を積極的に築いた。その代表的な事例が、安土城である。五層六階の天守を持ち、高石垣、外枡形状に突き出た虎口、曲輪を両脇に配置した大手道などが検出され、城郭史上画期な構築物であった。

そして、この上級支配者（織田信長、それを受け継いだ豊臣秀吉）の城をモデルにしつつ、配下の部将たちも、石垣を部分的に設けた城を築いていく。礎石を持つ瓦葺建物などを多用する、いわゆる織豊系城郭という流れが形成されていく。前述した織田段階の**宇佐山城**・**勝龍寺城**、織田・豊臣の移行期の**山崎山城**《やまざきやまじょう》・**周**《しゅう》**山城**《ざんじょう》などは、その好例にあたる。

天正十年六月、信長が本能寺の変で倒れると、明智光秀を山崎合戦で撃破した豊臣（羽柴）秀吉が統一事業を受け継いでいく。秀吉が当初築いた拠点的城郭は、京都と大坂の中間に位置し、淀川を眼下に収める天王山頂の**山崎城**であった。すでに、この時点から秀吉は、京都・大坂の両方の重要性を認識していたといえよう。秀吉は大坂城を築く一方、京都の大内裏の故地内野に**聚楽第**《じゅらくだい（てい）》を築造した。「〜城」とは積極的に表示せず、天皇の行幸も可能にした城であった。秀吉本人も関白職に就き、京都、朝廷を強く意識していた。**聚楽第**の周囲には、武家屋敷が築かれる一方、天正十九年には、**御土居**《おどい》が築造され、京都の都市機能を囲繞させていく。

当初より秀吉は畿内、近国をみずからの一族に振り分けていく政策を採った。大和**郡山城**《こおりやまじょう》には秀吉の弟、秀長が入った。**安土城**下町を受け継いだ**近江八幡山城**《おうみはちまんやまじょう》には秀吉の甥、秀次が入っている。これらも、また瓦を有する建物の配置、高石垣による虎口や天守台の築造が積極的になされていた。

その後、秀吉は、甥の秀次に関白職を譲り、聚楽第に入れた。秀吉本人は、関白を退いた太閤として、伏見城《ふしみじょう》（指月）を隠居所とする。ところが文禄三年（一五九四）頃から、当初伏見城が公儀の拠点としての機能が集約化されていく。特に文禄四年の秀次事件によって、聚楽第が破却されてしまうと、伏見城は聚楽第の機能も兼ねるようになり、まさしく武家の首都と位置づけられていく。ところが文禄五年の大地震によって、伏見城（指月）は倒壊する。すぐに木幡山に再建されるが、この時豊臣権力の中枢たる五奉行たちは、伏見城（木幡山）に各々の曲輪を構える一方、京都を守るかのように、畿内、近国の拠点に配置された。すなわち、石田三成は、伏見城に治部《じぶのしょう》少丸という曲輪を設けると同時に、近江佐和山城の城主にもなっている。ほかに、長束正家《なつかまさいえ》の水口岡山城《みなくちおかやまじょう》、増田長盛《ましたながもり》の郡山城、前田玄以の亀山城と、五奉行の知行地が京都をすっぽりと囲むように配置されている。豊臣期の城郭配置は、まさしく豊臣権力の中枢の動向と常に関わってきたといってよい。

【織豊系城郭の陣城】　織豊系城郭といえば、石垣・瓦・礎石建物というイメージが強いが、近畿地方には技巧的に突出した土の城も数多く残存している。特に、枡形や馬出など、特徴的な虎口が築かれている。

これらを象徴的に示すのが、天正十一年、秀吉と柴田勝家が激突した賤ヶ岳合戦の陣城群である。特に玄蕃尾城《げんばおじょう》は、主郭の南北に馬出を設け、タテに曲輪をつなげる構造になっている。石垣は用いないが、何度も通路を屈曲させており、平面構造（縄張り）の発達が著しい。このような馬出を設ける城としては、やはり天正十二年の小牧・長久手合戦頃と推定される近江土山城《つちやまじょう》、大和赤埴城《あかばねじょう》などがあげられる。また、馬出を二重にした重馬出を持つ井元城《いもとじょう》、さらに馬出と接続した主郭虎口に石垣を施す佐久良城《さくらじょう》なども注目されよう。

こうしたなか、大和立野城《たつのじょう》では、前面を石垣で補強された馬出が発掘で検出されている。立野城は、松永久秀の影響を持つと推定されているが、残念ながら現存していない。畿内、近国において、独自で発達を遂げたものか、注目されるところである。一般的に馬出は、東日本の文化圏に属するといわれてきたが、畿内、近国で熟成されてきたものかを問う重要な遺跡である。

[近世城郭の裾野]　十七世紀に入ると、徳川家康、秀忠は豊臣権力が用いた公儀の城、**伏見城**をそのまま継承し、将軍宣下をこの地で受けている。大坂の陣で、豊臣氏が滅亡すると、畿内、近国における幕府の拠点は徳川期大坂城へ移り、**伏見城**は破却された。家康も全国の不要な城を破却せしめるために、あえてみずからの**伏見城**を破却の手本としたようである。豊臣期に拡張された**秋山城**《あきやまじょう》（**宇多松山城**《うだまつやまじょう》）も、城下町は存続するものの、城は十七世紀前半までに使われなくなった。

一方、譜代大名の井伊氏は当初、**佐和山城**《さわやまじょう》へ入ったが、すぐ西側の丘陵に**彦根城**《ひこねじょう》を構築し、城下町を設けた。**彦根城**は、**平山城**と山麓の御殿を合体させた本格的な近世城郭である。特に竪堀や石塁で山麓部分を接続させている点に特徴がある。城を中核として、武家屋敷・町場が同心円状に広がり、外縁には足軽屋敷・寺社が配置されている。近世城下町の一つのモデルケースになっている。

さて、畿内、近国では「城」と称するか、しないかは別として、近世以降も村落の武士たちが城館、ないし城館跡に居住することがあった。元和五年（一六二〇）、大名の小出氏は丹波園部《そのべ》に転封となるが、その際、家臣らとともに地元の土豪小畠《こばたけ》氏の**宍人城**《ししうどじょう》に仮に居住している。現地には当時の遺構が残存している。また、山城南部の**田山西の城**《たやまにしのしろ》には地元の土豪西条氏が郷士として地元の城に住み続けた。土塁によって囲まれた土の城も、その後も存続し得たことになる。このように考えると、近世化以降も城跡や陣屋がどのように機能し、活用されてきたかを私たちは充分に認識しておく必要がある。中世からみれば、近世化は、統一や統制、集約などの概念で捉えがちだが、地域史から捉えなおせば、さまざまな動向があったことを私たちは知っておきたい。

【本書の方向性】本書では、中世期から織豊期までの著名な城館跡を取り上げた。ぜひ本書をもって現地の城跡を堪能してほしいと思う。こうした一般向きの城の本は、どちらかといえば著名で、かつ遺構残存度が良好な城を選択する場合が多い。本書も、やはりその傾向を免れないが、中世前期からの関連も含め、できるだけ、さまざまな時代がわかるように選択した。あるいは多様なタイプの防御施設（居館、山岳寺院との複合、寺内町、環濠など）を意識的に取り上げている。ただ、結果として著名な城跡でも掲載できなかったものも多々ある。その点はご容赦願いたい。

近年の近畿地方における中世城館調査の進展は目覚ましい。本書でも発掘、あるいは文献調査の最新成果をできるだけ取り入れている。ただし、発掘調査の場合、破壊されることが前提の緊急調査が大半であり、今回本書を持って見学しても、何も残っておらず肩すかしとなるケースも多々ある。本書は、一般の方々の現地遺構に触れたいというニーズに応えて編集したつもりだが、その現地遺構が必ず残っているとは限らないこともご理解いただきたい。現在は遺構を見ることができないけれども、この地域の城跡を考える上で、さまざまな視点を提出してくれる遺跡は積極的に取り上げた次第である。

そのかわり、遺構はないが、地表面観察・発掘・文献・地籍図・古地図など、さまざまな史・資料で迫り方があるんだということを、ぜひ実感していただきたい。皆さんの身近にある城跡も、光の当て方を代えれば、形が見えてくるかもしれない。本書がその契機になれば幸いである。

●各府県別名城マップ

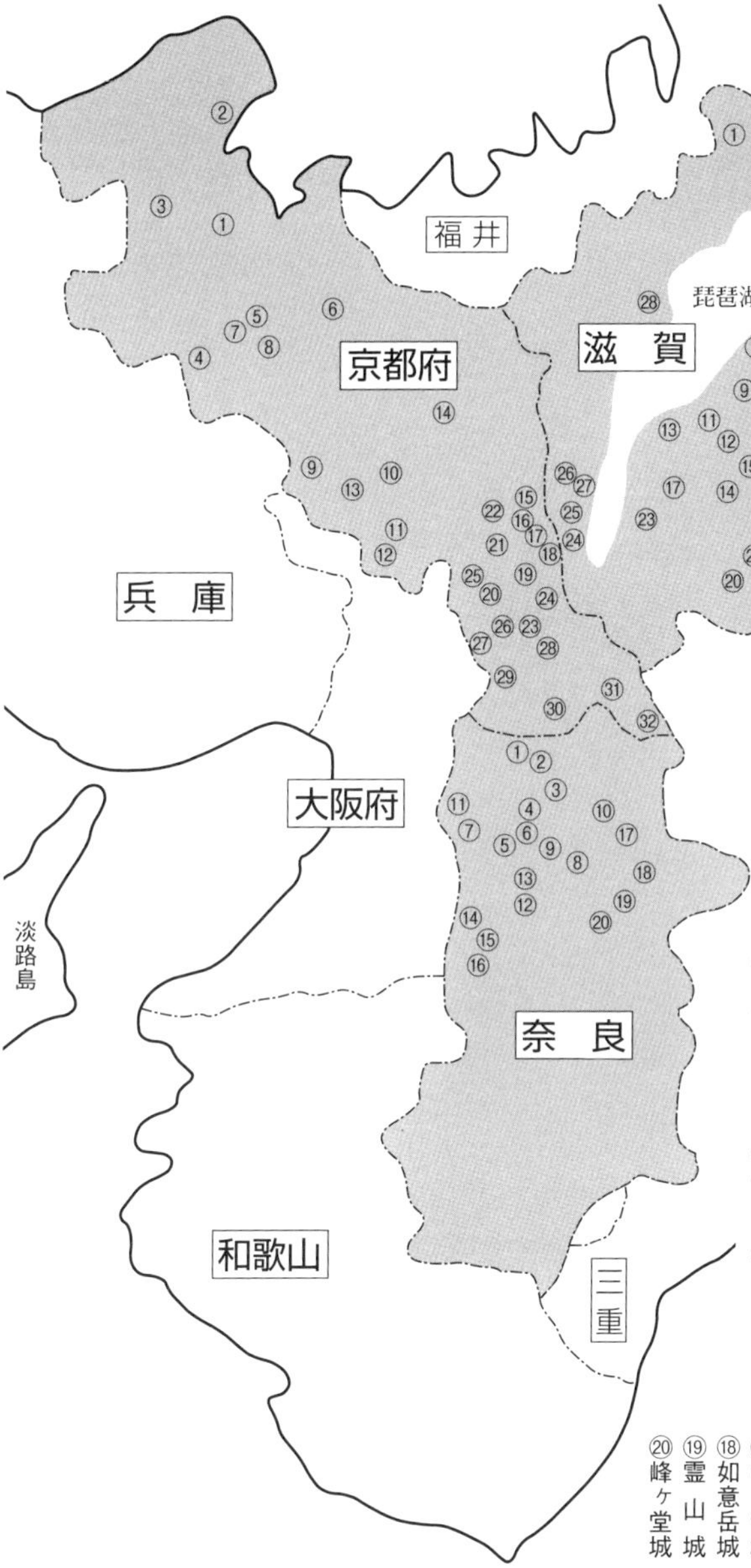

〔滋賀県〕
①玄蕃尾城
②小谷城
③下坂氏館・三田村氏館
④上平寺城
⑤男鬼入谷城
⑥鎌刃城
⑦佐和山城
⑧彦根城
⑨山崎山城
⑩敏満寺城
⑪安土城
⑫観音寺城
⑬八幡山城
⑭後藤氏館
⑮井元城
⑯小脇館
⑰小堤城山城
⑱佐久良城
⑲中野城
⑳新宮城
㉑土山城
㉒水口岡山城
㉓上鈎寺内
㉔大津城
㉕宇佐山城
㉖壺笠山城
㉗坂本城
㉘清水山城

〔京都府〕
①大俣城
②今熊野城・阿弥陀峰城
③金屋城・三縁廃寺
④大内城
⑤平山城
⑥日置谷城
⑦栗城
⑧位田城
⑨宍人城
⑩八木城
⑪法貴山城
⑫笑路城
⑬神尾山城
⑭周山城
⑮一乗寺城
⑯北白川城
⑰中尾城
⑱如意岳城
⑲霊山城
⑳峰ヶ堂城
㉑聚楽第
㉒御土居
㉓伏見城
㉔山科本願寺
㉕物集女城
㉖勝龍寺城
㉗山崎城
㉘槇島城
㉙田辺城
㉚鹿背山城
㉛笠置山城
㉜田山西の城

〔奈良県〕
①多聞城
②西方院山城
③古市城
④郡山城
⑤筒井城
⑥番条環濠
⑦立野城
⑧竜王城
⑨布留遺跡居館
⑩菅田遺跡
⑪信貴城
⑫今井寺内町
⑬十市平城
⑭布施城
⑮楢原城
⑯佐味城
⑰佐比山城・多田北城
⑱赤埴城
⑲沢城
⑳秋山城（宇陀松山城）

滋賀県

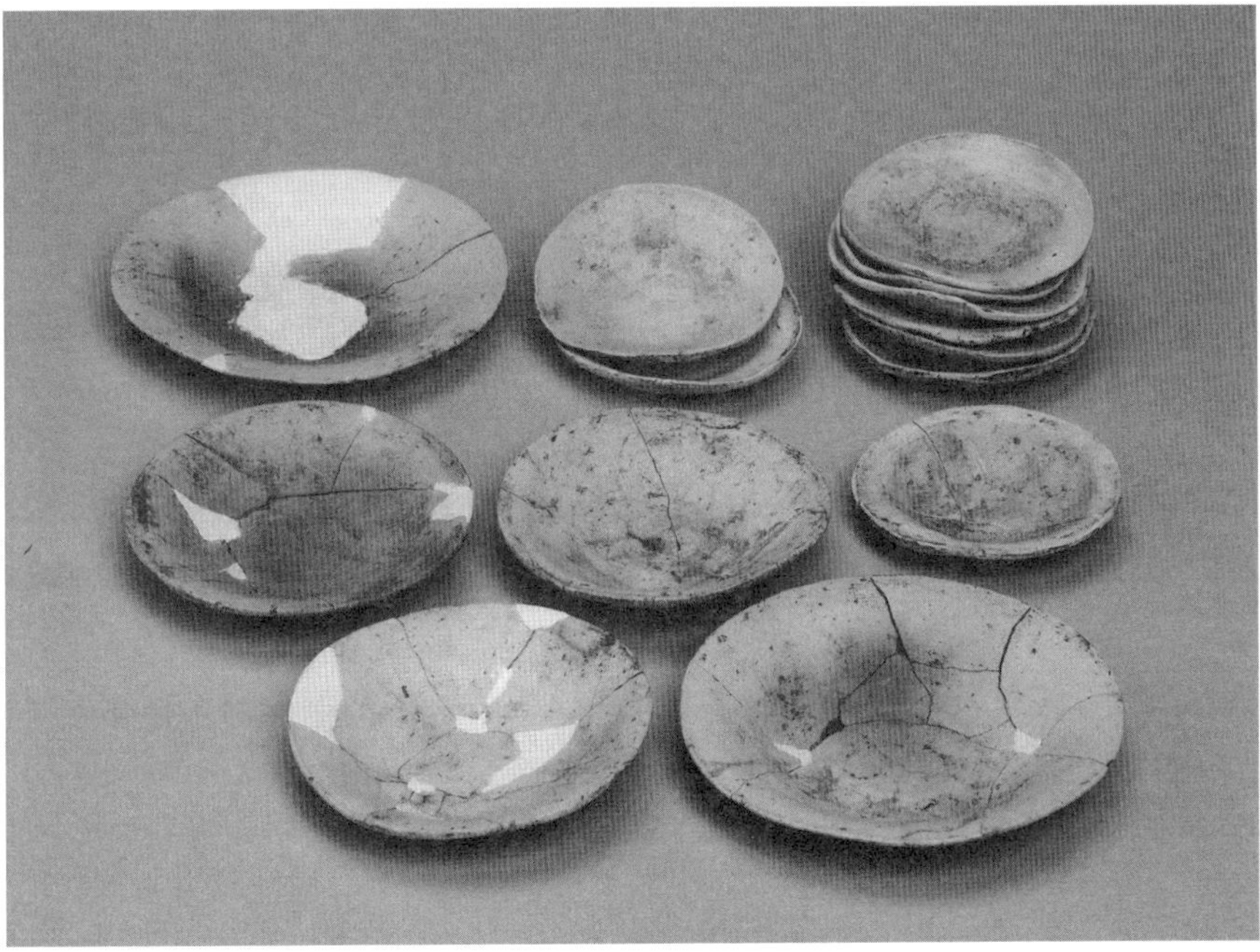

上平寺城：城跡から出土したかわらけ（米原市教育委員会提供）

●陣城の最高傑作

玄《げん》蕃《ば》尾《お》城《じょう》

〔国指定史跡〕

〔所在地〕長浜市余呉町柳ヶ瀬・福井県敦賀市刀根
〔比　高〕三〇〇メートル
〔分　類〕山城
〔年　代〕天正十年（一五八二）〜十一年
〔城　主〕柴田勝家
〔交通アクセス〕ＪＲ北陸本線「木之本駅」下車後、湖国バスで「柳ヶ瀬」下車、中尾山に向かって北へ徒歩約五キロ（駐車場あり）

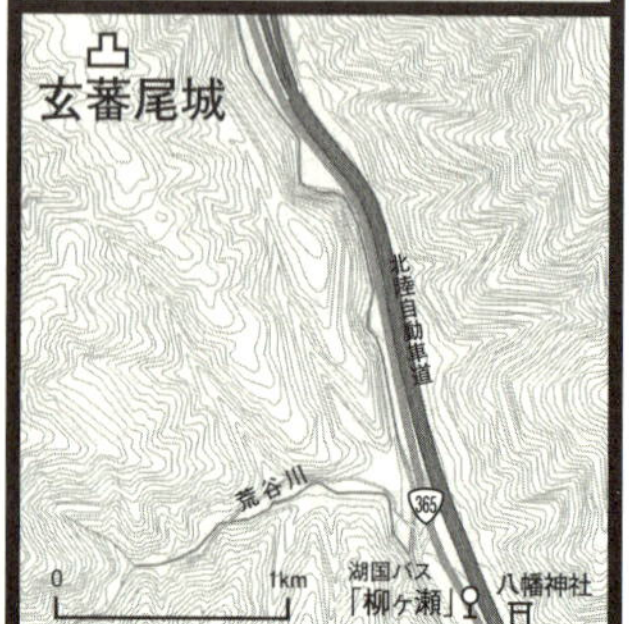

【賤ヶ岳合戦は築城戦】　天正十一年（一五八三）四月、江北賤《しず》ヶ《が》岳《たけ》周辺で、織田信長の後継をめぐって羽柴秀吉と柴田勝家が激突した。賤ヶ岳合戦である。この戦いでは秀吉方の七人の武将の活躍が有名で、世にいう賤ヶ岳の七本槍である。しかし実際には両軍が約二ヵ月にわたって対峙する戦いであった。この戦いの発端は前年の清洲会議にまで遡る。会議では領国に新城の築城を禁止したにも関わらず、秀吉は山城国で山崎・八幡に城を築くが、これが誓約違反であるとして、勝家は自らこれを破壊すると出陣することとなった。

まず先陣として二月二十八日に前田利家・利長が府中を出陣し、勝家は三月九日に北《きた》ノ《の》庄《しょう》城を出陣している。こうして勝家軍は三月上旬にはほぼ布陣が終了した。これに対して北伊勢で滝川一益と対峙していた秀吉は三月十一日に佐和山城に入り、翌十二日には長浜城に入城し、十七日には木之本へ到着し、前線の天神山を撤収させ、東野山〜堂木山ラインに防御線を設けて、勝家軍の南進を阻むこととした。秀吉が四月三日に弟の秀長に宛てた書状には、「惣構《そうがまえ》の堀」より外へ鉄砲を放つことを禁止、草刈りに至るまで堀を越えてはならないと記している。

【秀吉軍の布陣】　秀吉方は惣構の堀の南側の山々に陣城を築き、勝家軍に対処した。本陣を北国街道木之本宿に定め（浄信寺か）、その背後の田上山に弟秀長を、東野山に堀秀政を、堂木山に木下一元《きのしたかつもと》・山路正国を、神明山に大鐘藤八郎《おおがねとうはちろう》・木村隼人正、中之郷に小川祐忠を配し、とりわけ田上山、東野山、堂木山、神明山には枡形《ますがた》や馬出《うまだし》を設ける発達した縄張りの陣城が築かれている。これらが第一次防御ラインとなっている。

ところが、布陣当初勝家軍より尾根筋が続く賤ヶ岳には陣城が築かれていなかった。ここから廻り込まれると第一次防衛ラインは背面から衝かれることとなる。この弱点を阻止するための第二次防衛ラインとして賤ヶ岳砦に桑山重晴《くわやましげはる》・羽田《はね》正親《まさちか》・浅野弥兵衛を、大岩山砦に中川清秀を、岩崎山砦に高山重友をそれぞれ配置した。これらは第一次防衛ラインに築かれた諸砦に比べると、小規模かつ単純な構造の陣城であった。

こうした陣城群の存在は近代以降ほとんど忘れ去られてしまい、七本槍だけが有名になってしまったが、江戸時代に描かれた「賤ヶ岳合戦図屏風」には、賤ヶ岳砦や大岩山砦、岩崎山砦が描かれている。江戸時代人には賤ヶ岳合戦で陣城の築かれていたことが知られていたことを物語っている。ただし近世の絵師たちは陣城を石垣に天守のある城と描いてしまっている。

【柴田軍の布陣】　一方、柴田軍は余呉《よご》北方の山々に布陣していた。勝家の本陣は最も北に位置する中尾山に置かれ、佐久間盛政が行市山《ぎょういち》に、前田利家・利長父子が別所山に（四月二十日には茂山へ移動）、不破勝光が大谷山に、徳山秀現が柏谷山に、浅見対馬入道道西が池原山に、原房親が山寺山に、椽谷山には拝郷《はいごう》五左衛門・金森長近がそれぞれ布陣した。もちろんこうした陣も陣城として構えられたもので、行市山は単郭の曲輪《くるわ》に土塁《どるい》を巡らせ、尾根《おね》の両側を掘り切るだけの小規模で単純な構造の陣城が構えられ、別所山は方形の曲輪の周囲に横堀が巡らされる、やはり単純な構造で築かれている。このように羽柴軍の陣城に比べると柴田軍の陣城は概して小規模で、縄張り《なわば》もそう複雑には築かれていない。これは攻める側の柴田軍があくまでベースキャンプとして構えたものに対して、秀吉軍は南進を阻止するために構えられた差と考えられる。

さらに賤ヶ岳合戦が長期戦の様相を見せると、勝家はさらに広範囲にわたる陣城の構築を開始する。丹生方面からの攻撃に備え竹が鼻砦、柳ヶ瀬付近に打谷砦、雁ヶ谷に雁ヶ谷砦、椿坂に椿井砦、塩津街道には城の坂砦・城山砦・城が谷砦、集福寺には集福寺口砦などの諸砦が構えられ、塩津街道、今市以北の北国街道は完全に勝家軍によって固められた。

こうした柴田軍の陣のなかで突出した縄張りを示しているのが玄蕃尾城である。城名は柴田軍の猛将佐久間玄蕃盛政に

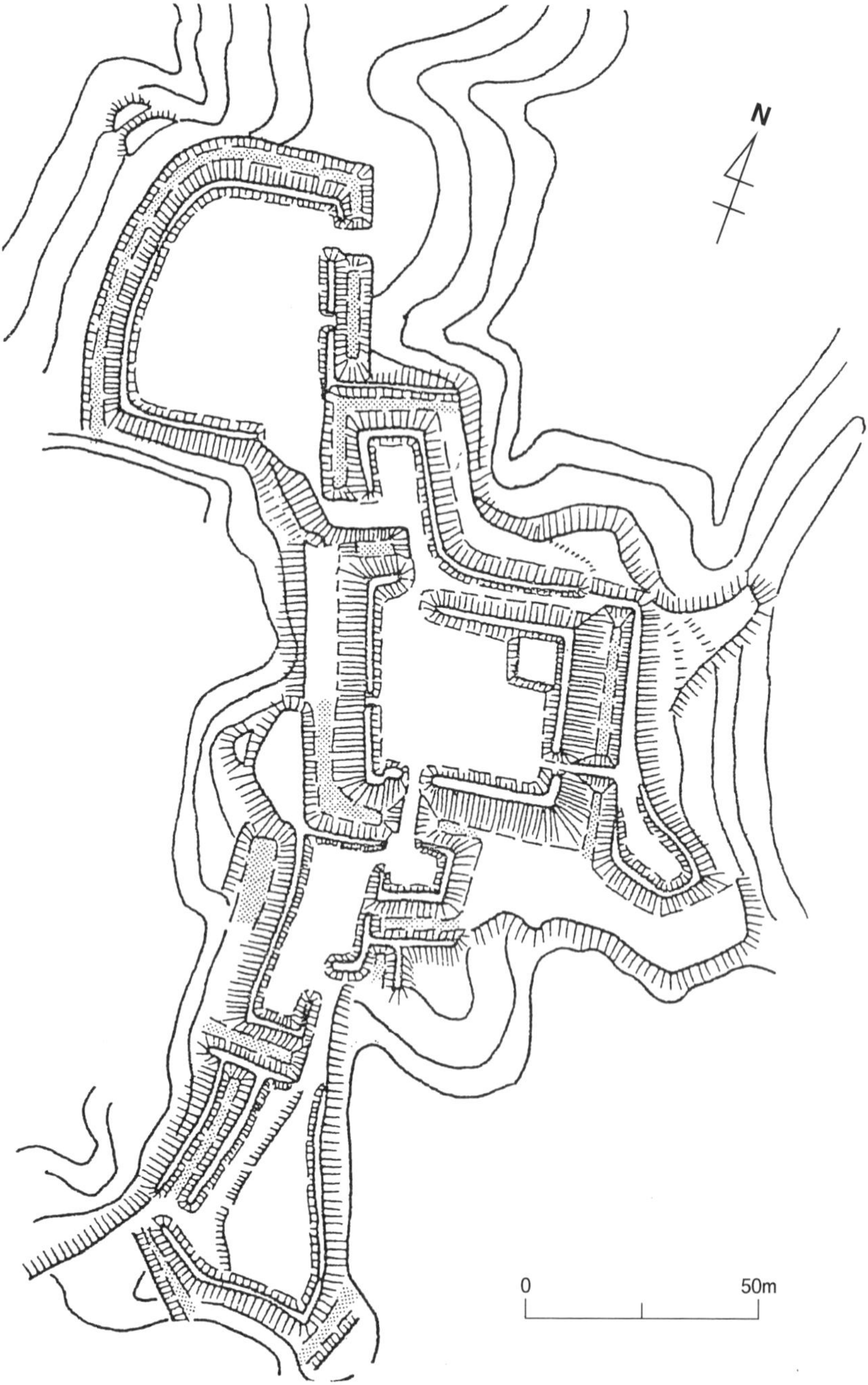

玄蕃尾城跡概要図（作図：中井均）

由来するが、実際にこの城に布陣していたのは盛政ではなく、柴田勝家である。江戸時代に記された賤ヶ岳合戦に関する書物には、中尾山城、内中尾山城と記されている。

【巧妙な縄張り】　玄蕃尾城は柴田軍だけではなく、秀吉軍の陣城と比べても突出した規模、構造を示している。主郭はほぼ方形で、土塁を巡らせ、北東隅には天守台に相当するような方形の櫓台が構えられている。ここには実際に櫓が構えられていたようで、礎石が残されている。もちろん近世城郭の櫓のように漆喰壁に瓦が葺かれているようなものではなく、井楼組の簡易な櫓であったと考えられる。主郭の北・南・東の三方に虎口が設けられているが、いずれも虎口の外方には土塁を巡らす小曲輪が付属している。特に南北の小曲輪は方形に整えられた形状を呈しており、角馬出として構えられたものであることがわかる。さらに南側ではこの角馬出のさらに外方に長方形の曲輪が設けられており、重ね馬出としている。馬出の出入り口は外方では東側に、内側の馬出では西側に構えられており、直進できないように工夫されている。

一方、北側では馬出の外方に扇形の曲輪が配置されている。面積的には主郭よりも大きいこの曲輪は、兵糧や武器などを保管する兵站《へいたん》基地として機能していたものと考えられる。このため曲輪面の造成は極めて雑で、平坦とはならない。虎口は東側に構えられているが、ここだけは物資を入れやすくするために幅の広い土橋が架けられた平虎口となる。しかし主郭北方の角馬出からは見事に横矢が効く。このあたりが絶妙の縄張りであり、玄蕃尾城跡の魅力である。

ところで、玄蕃尾城跡は縄張りが巧妙であるだけではなく、賤ヶ岳合戦の陣城群中、突出した規模を誇る。それは三月に布陣して築かれたものでないことを示している。清須会議によって勝家の養子勝豊は長浜城主となる。柴田側としては畿内への足掛かりといってもよい長浜城獲得である。しかし北ノ庄城と長浜城では距離がありすぎる。そこでその間の繋ぎの城として築かれた可能性が高い。さらにその築城目的は秀吉の山崎築城に対する手段として築かれた可能性が高い。勝家が出陣して迷わず内中尾山に布陣していることも、合戦前より築かれていたことを示している。

城跡はほぼ築城当初の遺構を残しており、その姿は圧巻である。さらに樹木もほどよく間伐され、下草が刈られており、年間を通して見学できるのも玄蕃尾城跡の魅力のひとつである。

（中井　均）

【参考文献】　高田徹「玄蕃尾城」（『近江の山城ベスト50を歩く』所収、サンライズ出版、二〇〇六）

●江北の戦国大名、浅井氏の本拠

小《お》谷《だに》城《じょう》

〔国指定史跡〕

〔所在地〕長浜市小谷郡上町・小谷丁野町、須賀谷町、湖北町伊部ほか
〔比　高〕二〇〇〜三九〇メートル
〔分　類〕山城
〔年　代〕永正十三年（一五一六）〜天正四年（一五七六）
〔城　主〕浅井亮政・久政・長政、羽柴秀吉
〔交通アクセス〕ＪＲ北陸線「河毛駅」下車、東へ徒歩二キロ

【立　地】小谷城は伊吹山《いぶきやま》系から湖北平野へ突き出た標高四九五メートルの小谷山に位置する。小谷山は山麓からみれば独立した峰に映り、とりわけ湖北南部一帯からは三角形の際だった山容を遠望することができる。その山塊は大きく、城の遺構は、山頂の大嶽《おおずく》や、南東尾根上に本丸や京極《きょうごく》丸・山王《さんのう》丸、南西尾根上に山崎丸・福寿丸など各所に点在している。南側へ開けた清水谷には城主や重臣の屋敷地が営まれ、谷の出口には北は越前、東は美濃へ連絡する近世の北国脇往還が通過しており、それに沿って城下町が想定されている。

【浅井氏による築城】小谷城の史料上の初見は大永五年（一五二五）で、在地の国人、浅井亮政《すけまさ》によって築城されたとみられる。その一昨年「大吉寺梅本坊の公事」以降に北近江の守護・京極氏家臣の中で台頭した亮政は、小谷城を本拠に京極氏の存在を尊重しながら、子の久政、孫の長政と三代を経て戦国大名化していく。

大永五年には南近江の守護・六角《ろっかく》高頼に湖北深く侵入され、一時は亮政・京極高清親子とも国外へ逃亡するが翌年には復帰し、以後も内保《うちぼ》合戦（享禄元年〈一五二八〉）、箕浦《みのうら》合戦（同四年）、国友《くにとも》合戦（天文七年〈一五三八〉）など苦戦しながらも、越前の朝倉氏などの支援を受けつつ六角氏との軍事衝突を重ねる。一方で天文三年には小谷城清水谷の館で主君・京極高清親子を饗応しその力を内外へ示すなど、湖北支配を固めていった。これらの過程で小谷城も浅井氏の居城＝湖北の中心として徐々に整備されていったとみられる。

久政の代には六角氏との融和路線をとった浅井氏だったが、長政の代には尾張の織田信長と同盟関係を結び六角氏への攻勢を強め、湖東・湖西まで版図を拡大した。

小谷城遠景（南から・奥が大嶽、右手前の稜線が本丸～山王丸）

【元亀争乱と落城】　永禄十一年（一五六二）の織田信長の上洛には協力した浅井長政であったが、同十三年四月に信長による越前・朝倉氏の討伐中に反旗を翻す。同年六月には姉川合戦（浅井・織田側の史料では「野村合戦」）が生じ、敗北した浅井勢は小谷城・佐和山城に入って籠城《ろうじょう》戦に入る。浅井勢は籠城しながらも朝倉氏や六角氏など反信長勢力と連携しながら攻勢をかけ、合戦後の九月から年末にかけて湖西を南下して比叡山・京都へ進出し、坂本・堅田の合戦で織田勢を破り宇佐山城を攻めている（志賀の陣）。また、元亀二年（一五七二）には一向一揆と連合して湖北南部で攻勢をかけるが敗北する。このように籠城を行ないつつ一進一退の攻防を繰り返したが、反信長包囲網の崩壊とともに徐々に織田勢が攻勢を強め、元亀三年七月には小谷城の目前にある虎御前山へ築城して小谷城への包囲網を大幅に狭めた。

その翌年には甲斐の武田氏による上洛戦が頓挫するなど、織田勢にとって有利に状況が推移し、同年七月には小谷城の西側にある山本山城が落城、八月八日には信長自身が小谷城攻めに加わる。小谷城へは朝倉氏が援軍を入れるが、織田勢の攻勢によって小谷山最高峰の大嶽が落城、これを受けて越前へ退却し始めた朝倉勢を織田勢が追撃・大勝し、そのまま朝倉氏は滅亡してしまう。

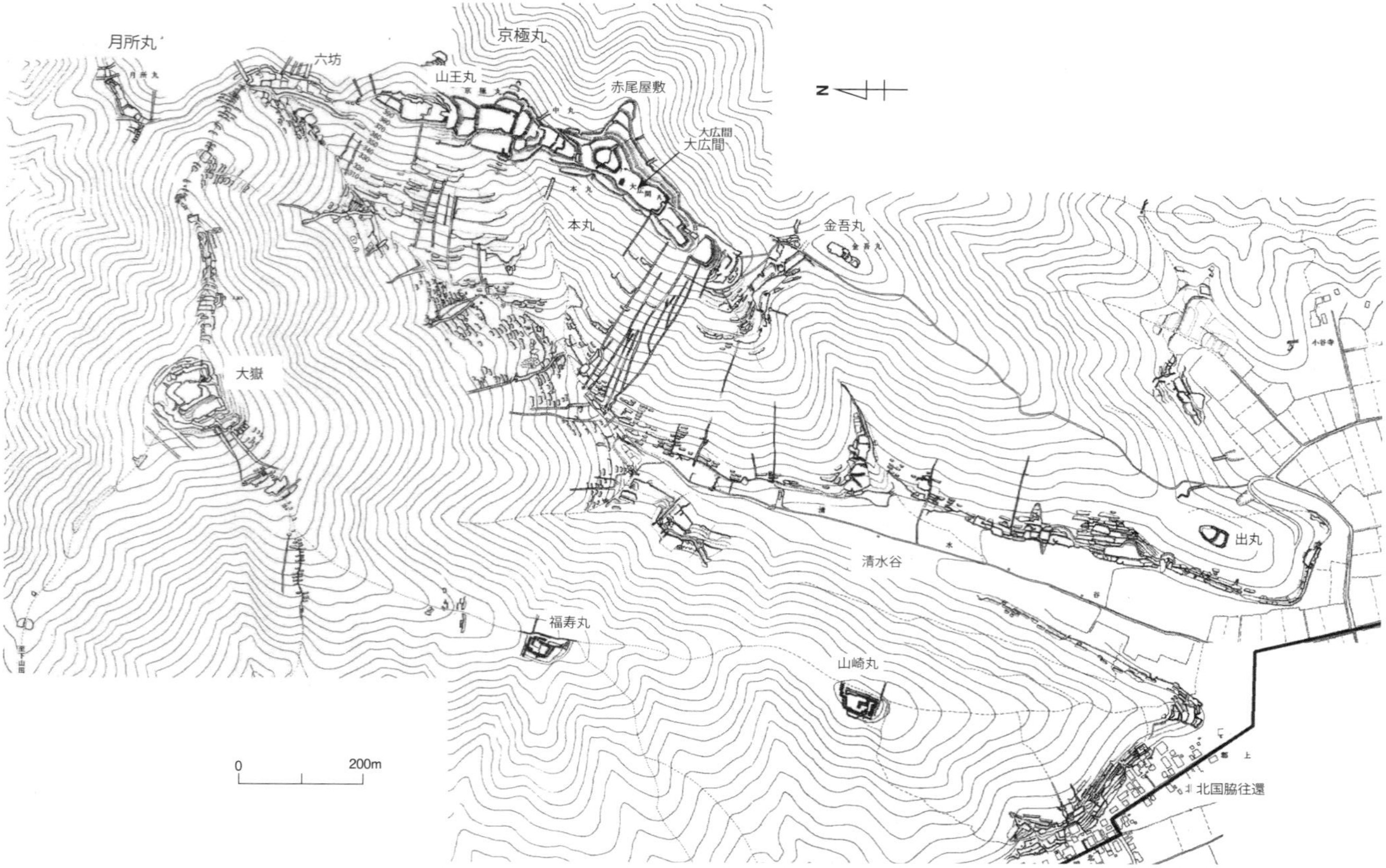

小谷城縄張図（『滋賀県中世城郭分布図調査 7』に加筆）

越前平定後の八月二十六日に小谷城への攻撃が再開され、二十七日には木下秀吉が山麓の清水谷から「京極つぶら」＝京極丸へ攻め上がって本丸の浅井長政と小丸の父・久政の間を分断した。二十八日にかけては本丸への攻撃が行なわれ、長政は妻のお市の方（信長妹）と三人の娘を引き渡した後に本丸東下の赤尾《あかお》屋敷で自刃、小谷城は落城し、戦国大名浅井氏は滅亡した。その後の小谷城は、浅井氏の旧領・北近江三郡を任された羽柴（木下）秀吉が入城するが、天正四年（一五七六）頃には長浜城へ移り、廃城となったようである。

小谷城大嶽遠望（山王丸から）

小谷城黒金門

【遺構の概要】　城の主要部は小谷山の最高所大嶽から派生した南東の尾根上、標高三〇〇～四〇〇メートル付近に連郭式に築かれ、本丸・大広間や京極丸・山王丸など大規模な曲輪《くるわ》群が連なっている。このうち大広間からは広大な礎石建物群と大量の出土遺物が発掘調査で確認されており、山上に御殿建築が設けられ、生活空間として使用されていたことが明らかとなっている。また、大広間の南側の黒金門《くろがねもん》や京極丸・山王丸に石塁や枡形の虎口が築かれ、本丸や山王丸には巨石を用いた石垣がみられることからも小谷城の主要部が恒常的に維持される施設として築城されていることがわかる。山王丸から北へ下った位置には六坊《ろくぼう》と呼ばれる平坦面があり、領内の寺院の出張所が存在した。そのさらに奥には月所《げっしょ》丸があり、小谷山背後にあたる北尾根続きを三本の堀切と土塁《どるい》囲いの曲輪、畝状空堀群《うねじょうからぼり》で遮断している。

　小谷山最高所の大嶽は、築城した当時はここに主郭があったと考えられている。山頂付近は緩い傾斜地に削平が施された曲輪が土塁で囲まれており、横堀も一部でみることができる。元亀争乱の籠城戦の中で、主要部を見下ろすことができるこの要衝を改修したとみられる。その南西尾根上にも屈曲した土塁線や枡形虎口《こぐち》・横堀がみられる福寿丸・山崎丸が残されている。

山麓の清水谷は平時の居館と屋敷地があって、城主浅井氏の「御屋敷跡」や高い石積みが残されている大野木屋敷や三田村屋敷、寺院跡などが伝わっている。当時は谷の開口部に堀を設けて、谷奥へ伸びる道の両側に屋敷・寺院が並んでいたと想定される。

清水谷の外には近世に北国脇往還と呼ばれる越前と美濃を結ぶ街道が通過している。町場と考えられる地名や長浜に移ったとみられる町名などからの推定によって、街道に沿った郡上や伊部に城下町が想定されている。

【小谷城の構造と変遷】 さて、これら山上の遺構のうち、最も古く記録にみられるのは、大永五年に『長享年後畿内兵乱記』に「浅城大津見（具）江発向」とあり、浅井亮政が最初に築城したのが山頂の大嶽（＝大津具）であったとみられる。その後、時期は不明ながら城の中心は最終的に南東尾根へ移っているが、これは山麓からの比高が高過ぎて不便かつ狭隘《きょうあい》な大嶽から、比高が低く広い空間を本丸周辺へ求めたためと考えられる。おそらく戦国時代前半には純軍事的な詰城として最高所・大嶽が、後半には一定の軍事性を有した上で政治・生活空間として南東尾根が用いられたのであろう。

また、その戦国時代後半とみられる南東尾根の遺構でも遺構に新旧があることが垣間みえる。それは本丸の北側にある大堀切で、当初から南東尾根全体を縄張りに含めるならば中途半端に分断するこの位置に堀切を設けることは考えにくい。北側の京極丸・山王丸側、または南側の本丸・大広間側のいずれかに旧の城域があり、反対側へ向かって後に拡張されたと理解できるのではないだろうか。

なお、石垣や広大な平坦面をもつ曲輪が連なる本丸周辺の南東尾根に比べて、遺構が小谷山に散在する月所丸、大嶽、山崎丸、福寿丸は土塁囲いの比較的狭い曲輪が目立つ。後者は狭隘ながらも塁線は屈曲しており、縄張り的には前者に比べて軍事性の高い構造となっている。これらの構造の違いは、平時から維持・使用していた部分と、籠城戦に伴う軍事的緊張下で臨時的に構築された部分との違いを示しているのかもしれない。山崎丸や福寿丸については、小谷落城後の天正十一年（一五八三）の賤ヶ岳合戦の際に羽柴・柴田両軍が陣城として改修したと想定する説もある。

小谷城では昭和四十五年（一九七〇）から環境整備に伴っ

て発掘調査が行なわれた。南東尾根上の主要な曲輪が対象となったが、このうち大広間周辺では柱間を六尺五寸とする大規模な礎石建物群や石組の貯水槽などが検出され、それとともに三万点以上の遺物が出土している。これにより大広間が山上における政治・生活空間としての機能を果たしていたことが明らかとなった。遺物についても土師器《はじき》皿が九割以上を占めるものの、青磁・白磁など貿易陶磁器から国産陶器、在地土器まで含まれ、供膳・調理・貯蔵具が揃うとともに、擂鉢《すりばち》には瀬戸美濃・越前・信楽など複数の産地が並存し、北陸・近畿・東海圏の土器が競合する湖北地域の様相を示していた。山王丸や京極丸でも発掘調査が行なわれているものの、遺構・遺物ともに大広間周辺が突出していることから小谷城の山上における居住空間が本丸・大広間にあったことは明らかであろう。

小谷城から丁野山・山本山城を望む

　このように小谷城は築城から廃城までの半世紀の間に、拡張・改修や主要部の移転が繰り返されたとみられる。広い城域の各所に散在する遺構、本丸よりも高所にある大嶽や山王丸・京極丸など、けっして軍事的に洗練された構造とは言えないものの、三年にわたる元亀争乱の長期籠城やそれを含めた築城・改修など、戦国大名による大規模な拠点城郭の構造と変遷を今日に伝えている。

　平成十九年（二〇〇七）からは山麓清水谷に小谷城戦国歴史資料館が開館し、城の絵図、出土品などを見学することができる。

【参考文献】湖北町教育委員会編『史跡小谷城跡環境整備事業報告書』（一九七六）、湖北町教育委員会・小谷城址保勝会編『史跡小谷城跡』（一九八八）、長浜市長浜城博物館編『戦国大名浅井氏と北近江』（二〇〇八）

（早川　圭）

●北近江国人の城館

下坂氏館《しもさかしやかた》・三田村氏館《みたむらしやかた》〔国指定史跡〕

〔所在地〕長浜市下坂中町
〔比　高〕〇メートル
〔分　類〕平地居館
〔年　代〕十四～十六世紀
〔城　主〕下坂氏
〔交通アクセス〕JR北陸線「田村駅」下車、北東へ徒歩一キロ

【立　地】下坂氏館は、琵琶湖《びわこ》の北東に広がる湖北平野に立地する平地城館である。長浜市街の南郊にあって東に横山丘陵、西に琵琶湖岸を遠望できる。周辺は水田地帯が広がり、下坂中町の集落北側にひときわ大きな木立を成している。下坂中町は中世の荘園・下坂庄の中心にあたる村落で、その最も外側に館が位置している。

【遺構の概要】館跡は堀と土塁に囲まれた約一〇〇メートル四方の主郭と東側の腰郭からなる。高さ一～二メートル・幅二～五メートルの土塁《どるい》に囲まれた主郭の内部は単郭ではなく、現在建っている主屋および庭園の面より一段高く、東西の土塁際に東副郭・西副郭がある。伝承によれば有事の際には西副郭の南西部に立て籠もって防戦したという。

主郭には東面・南面の土塁のそれぞれ中央に虎口《こぐち》が開口しており（南面の土塁は西側の一部を残して失われている）、南面には現在もヨシ葺きの表門が建っている。東面のそれは東の腰郭へ連絡するものであろう。主郭の西面に虎口は開いていないものの、堀の外側に土塁があり、土塁の西側にも何らかの遺構が広がる可能性がある。

主郭・腰郭に接して南東には不断光院が位置している。かつては天台寺院であったが、観応年間（一三五〇～五二）に再興され浄土宗に改宗し、下坂氏の菩提寺《ぼだいじ》となった。その東面にも墓石が並んだ裏に土塁が残存していることから、主郭・腰郭とは別の区画が存在したことが明らかである。

【国人・下坂氏】下坂氏は坂田郡下坂庄の地頭をつとめ、南

北朝時代にはすでに活動していることが『下坂家文書』中の建武二年（一三三六）の下坂氏宛足利直義《ただよし》感状からうかがえる。その後、室町・戦国時代には北近江（江北）の守護である京極氏や戦国大名の浅井氏の配下にあり、下坂秀維や秀隆、四郎三郎、左馬助《さまのすけ》といった名前がみえる。戦国末期の元亀年間（一五七〇～七三）には当時の当主・一智入道が浅井長政とともに小谷《おだに》城へ籠城《ろうじょう》しており、小谷城が落城し浅井氏が滅亡した後は帰農するが、江戸時代には郷士《ごうし》となって地域の名士として存続した。幕末には京都で活躍した板倉槐《いたくらかい》堂《どう》・江馬天江《えまてんこう》という「幕末の志士」を輩出した。『下坂家文書』として中世・近世文書六九七点を伝える。

北近江に多くの土豪・国人がいたなかにおいて、南北朝期から戦国時代・江戸時代まで文書を残し、動向が追える国人・土豪は下坂氏だけである。また、下坂氏は湖北地域の戦国期の年代記である『江北記』も著しており、地域の戦国期を探る上で重要な一族といえよう。

【発掘調査の成果】下坂氏館では平成十六年（二〇〇四）・十七年に遺構の時期等を確認するための部分的な発掘調査が

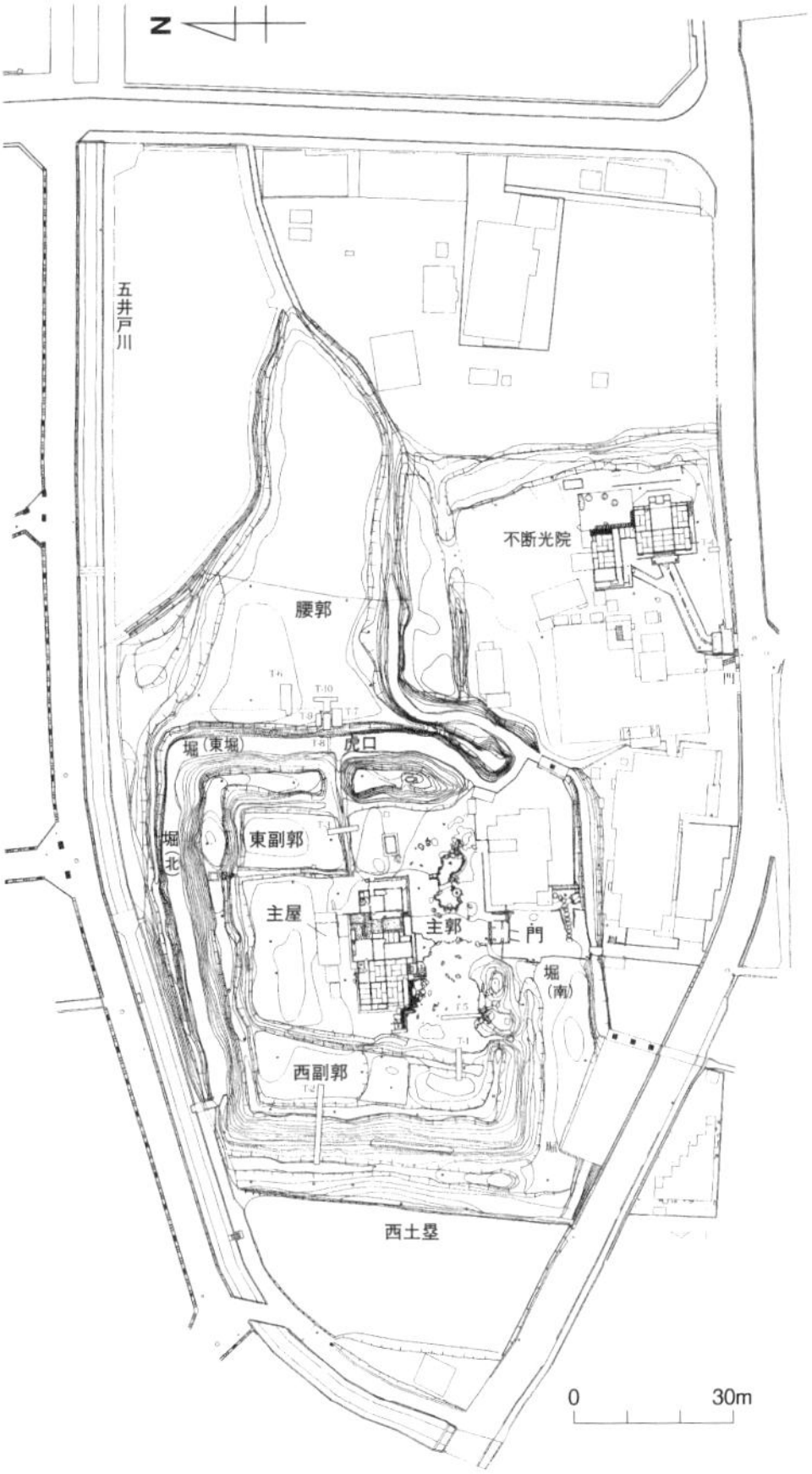

下坂氏館跡平面図（『下坂氏館跡総合調査報告書』から転載）

下坂氏館跡遠望（西から）

行なわれ、主郭では土塁裾に沿った排水溝とみられる溝や、腰郭では礎石・柱穴などに加えて虎口外で階段状遺構が検出された。遺構に伴う遺物は十四世紀〜十六世紀後半の時期の土師器皿・山茶碗や常滑甕・瀬戸美濃擂鉢などが出土している。館の構築された時期は明らかでないものの、十四世紀以降の遺物は前述の文献史料上の下坂氏の活動時期を裏付けるものであった。

なお、館内の主屋や表門・不断光院の本堂・門についても建築学的な調査が行なわれており、いずれも十八世紀の建築であることが明らかとなっている。

【下坂氏館の意義】 戦国末期、下坂氏が武士として存続を選んでいれば在地から離れたであろうが、帰農したことによって父祖伝来の館に住み続けて、文書等の史料とともに堀・土塁の遺構や菩提寺を含めた景観までセットで、現在まで残されたのである。

このように貴重な遺構である館は現在も存続しており、居館という意味においていまなお現役である。館内は下坂氏の子孫の生活空間であるので、見学においては館南側の医院駐車場の説明板を参照し、周囲の道路から土塁や堀などを遠望するに留められたい。

【三田村氏館】 湖北平野には下坂氏館の他にも地上に遺構を留めている平地城館として、三田村氏館がある。長浜市街から北東へ約六キロ、長浜市三田町（旧浅井町）の集落中央に位置する。東浅井郡の土豪である三田村氏の館跡であり、伝正寺を取り囲む高さ二メートル以上、一辺約六〇メートルの土塁が残されている。外側の水路はかつての堀跡とみられる。

寺の北隣に位置する三田公会堂の北東にも土塁がみられ、複郭構造であったと考えられる。三田村氏も下坂氏同様、京極氏・浅井氏の配下にあって、浅井長政の江南侵攻に従軍、元亀元年の姉川の合戦（史料上は野村合戦）にあっては横山城を守った城将の一人として知られている。このほか在地では、姉川の用水をめぐって対岸の土豪・上坂氏と争う姿が史料上からうかがうことができる。浅井氏滅亡後はともに滅亡したとも、各地に仕官したとも伝わり、館も廃絶したようである。当地周辺が戦場となった姉川の合戦では戦場のただ中にあたり、合戦時には朝倉氏の軍勢を率いた朝倉景健《かげたけ》の本陣として使用された可能性が極めて高い。

三田村氏館でも確認調査が行なわれており、十五・十六世紀の土師器皿が出土したほか、土塁の内側をめぐる排水溝や柱穴が検出された。また土塁はおおむね十五世紀末〜十六世紀初頭と、十六世紀前半の二時期にわたって構築されたこと

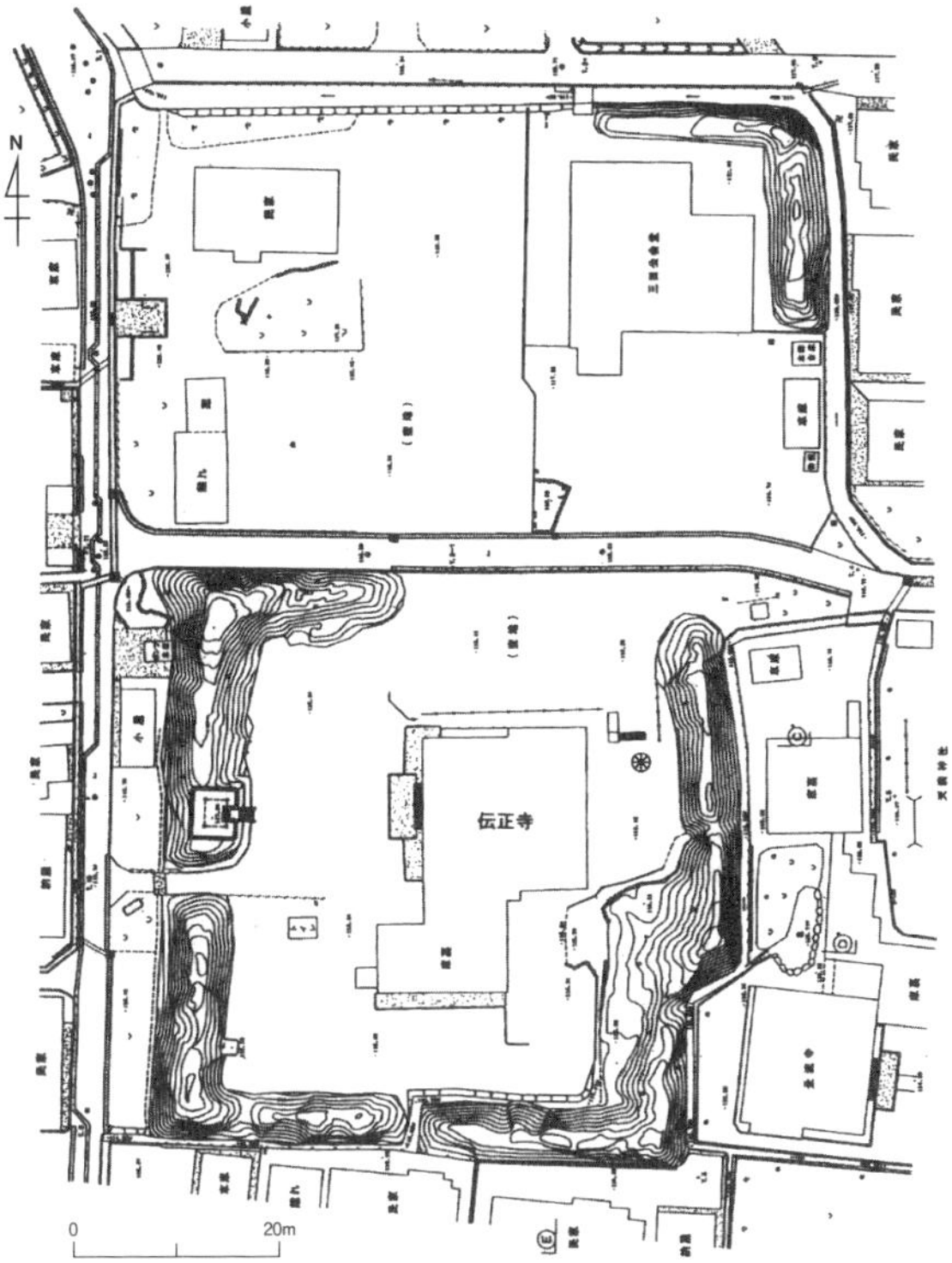

三田村氏館跡平面図（『三田村氏館総合調査報告者』から転載）

が明らかになっている。

【北近江の平地城館】　下坂氏館・三田村氏館は平成十八・十九年に北近江城館跡群として国史跡に指定された。史跡指定を受けたのはこの二城館であるが、北近江の湖北平野には他にも多くの集落に在地の国人・土豪の平地城館の痕跡が残されている。その多くは土塁・堀とも残存状況は様々ながら、小山氏館（長浜市木之本町小山）、上坂氏館（同市西上坂町）、垣見氏館（同市宮司町）、尊勝寺城（同市尊勝寺町）、雨森《あめのもり》氏館（同市高月町雨森）などがあり、地割や水路などからも遺構の痕跡をみることができる。多くは単郭方形館と思われがちだが、前述の下坂氏館・三田村氏館という二つの館を見てもわかるとおり、その形態は一様ではない。よくみれば方形館の集合体となるもの、単郭に副郭を付属させるものなど、さまざまな構造があったことがうかがえる。

三田村館に残る土塁

【参考文献】長浜市教育委員会編『下坂氏館跡総合調査報告書』（二〇〇五）、同編『三田村氏館跡総合調査報告書』（二〇〇七）

（早川　圭）

●北近江の大名京極氏の守護所

上《じょう》平《へい》寺《じ》城《じょう》

〔国指定史跡〕

〔所在地〕米原市上平寺・弥高・藤川
〔比　高〕三六〇メートル
〔分　類〕山城
〔年　代〕十六世紀初頭
〔城　主〕京極高清
〔交通アクセス〕ＪＲ東海道本線「近江長岡駅」下車、北東へ六キロ

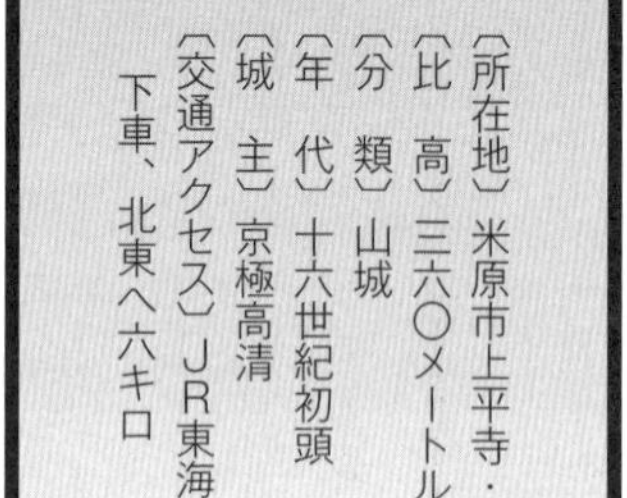

【北近江最初の都市】　伊吹山（一三七七メートル）は古代、ヤマトタケルを撃退した荒ぶる神の棲む霊山とされるが、この山に京極氏が築いたのが上平寺城である。

鎌倉時代に近江守護職を代々世襲していた佐々木氏は、仁治二年（一二四二）四氏に分流し、大原氏、高島氏、六角氏、京極《きょうごく》氏となった。近江守護職を継いだのは、観音寺城（近江八幡市・東近江市）を居城とした、佐々木氏嫡流の六角氏である。一方、京極氏は、四男氏信が愛知川《えちがわ》以北の北近江を与えられたことにはじまる。近江の北東端に位置する柏原《かしわばら》荘《しょう》（米原市）を拠点とし、鎌倉の中期以降、戦国前半まで、東山道（江戸時代の中山道）を取り込む柏原館（米原市清滝）を居城としていた。

室町時代、近江では北近江四郡（伊香・浅井・坂田・犬上）の軍事指揮権を行使する立場で、応仁・文明の乱で六角氏を

国史跡京極氏遺跡位置図

圧倒した京極持清《もちきよ》が、近江一国守護に任じられ、その勢力を大きく伸張させた。しかし、文明二年（一四七〇）の持清没後に、家督をめぐり京極家は内乱状態に陥る。この内紛は永正二年（一五〇五）の講和により終結し、以後、京極高清が約二十五年間にわたり安定した政権を築くことになる。上平寺城は、明応元年（一四九二）に京極家の惣領職を認められ、内紛を収めたことを契機に構築、整備されたものと考えられる。

上平寺城の名称は、狭い意味では京極氏館の詰の城を指すが、ここでは、山麓居館の京極氏館と二重構造となっている城館遺跡、これに伴う家臣屋敷や城下を含めて上平寺城とよぶ。山城上平寺城と谷をはさんで隣接する弥《や》高《たか》寺《じ》跡もあわせて、この広大な地域は、平成十六年（二〇〇四）に「京極氏遺跡—京極氏城館跡・弥高寺跡」の名称で国史跡に指定された（城下部分は除く）。

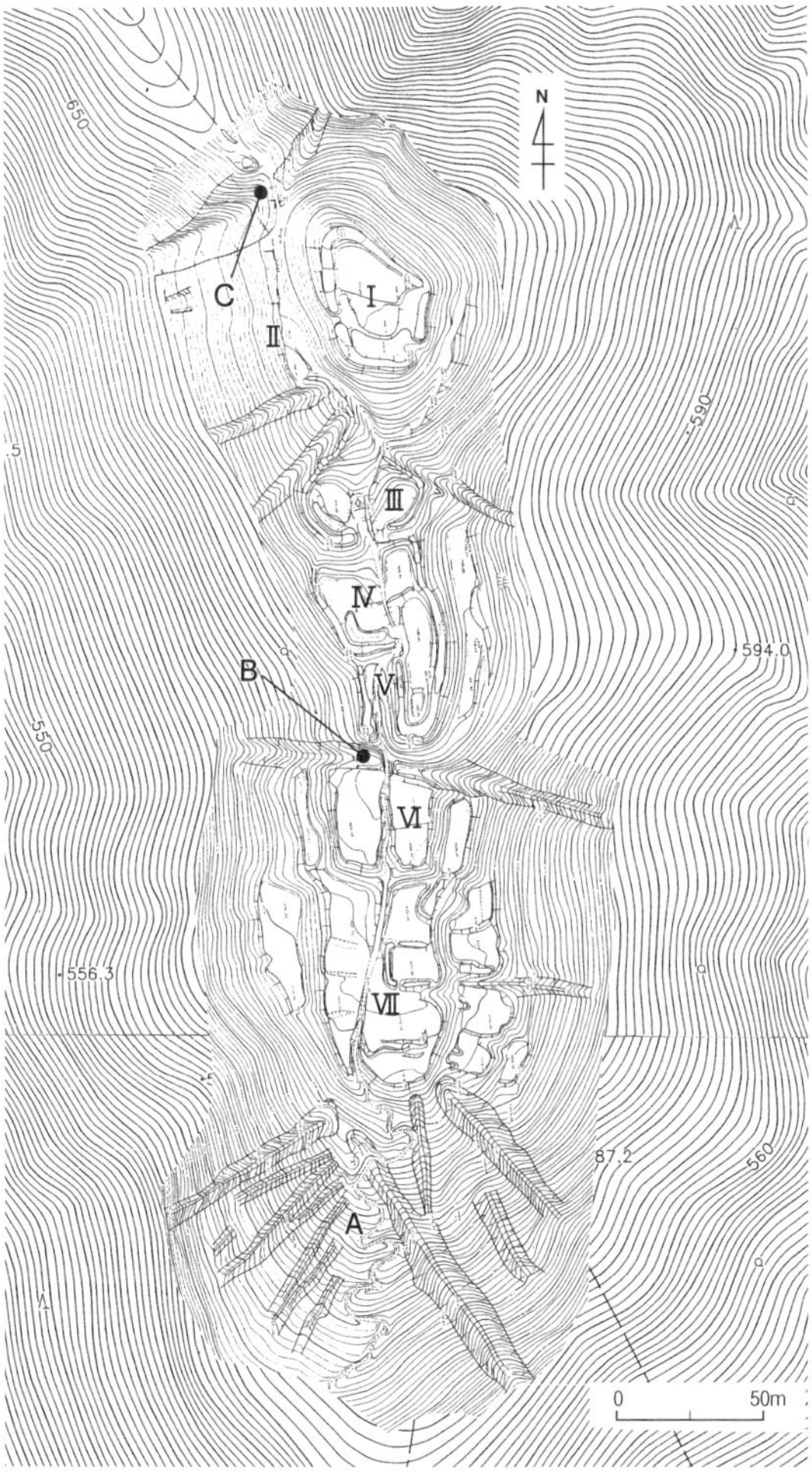

上平寺城跡概念図

上平寺城は、戦国時代後期前半（十六世紀初頭頃）の北近江における政治的な拠点として整備された京極氏の守護所である。江戸時代初期に描かれたとされる『上平寺城絵図』（米原市指定文化財）がのこされている。時代は下がるが、山城の構造や、山麓居館の状況などをきわめて正確に描いており、信頼性は高い。絵図中の城下部分の表記に注目すると、「ホリ」（内堀）をはさんで居館の前面（南）に「諸士屋敷」と記された武家町があり、続く「町屋敷」は直属商工業者の屋敷町、さらに、外堀の外郭に「市店民屋」と記され、商家や民家があったことを示している。市店民屋の南端には、軍事的にも政治的にも重要な「越前道」を取り込んでいる。越前道は、江戸時代に北国海道、明治以降は北国脇往還とよばれた道で、関ケ原で中山道と別れ、伊吹山麓を北上して、木之本で北国街道と合流する、東海と北陸を結ぶ北近江の主要道である。沿道には、関ケ原や姉川、賤ヶ岳の古戦場があり、浅井氏の小谷《おだに》城もこの道を城下に取り込んでいる。

絵図や発掘調査の成果から、上平寺城は北近江で最古の都市ということができる。

【浅井氏による改修】 大永三年（一五二三）、浅見氏・浅井氏ら国人の攻撃で、高清が尾張に追われる（大吉寺《だいきちじ》梅本坊公事）。ここで、山麓の京極氏館の守護所としての役割は終わる。

このあと、北近江では浅井氏が台頭し、浅井長政の代には完全に京極政権の姿は消えてしまう。

永禄四年（一五六一）、織田信長は長政と同盟を結ぶが、元亀元年（一五七〇）四月、信長が越前の朝倉氏攻めをはじめると、浅井氏が突如織田軍を攻撃して、信長は一時撤退を余儀なくされる。しかし、六月には浅井攻めの体制を整え、これに対して浅井氏は、朝倉氏の援助と築城技術を導入して、江濃国境の上平寺城と長比城《たけくらべじょう》（米原市柏原・長久寺）を改修して信長の近江侵攻に備える。しかし、両城を守備していた堀秀村と家臣の樋口直房がすでに内応していたために、闘わずして開城してしまう。

【上平寺城館の構造】 上平寺城は、伊吹山頂から派生する尾根上、標高六六九メートルの急峻な山頂に築かれている。北近江の守護の居城であるにもかかわらず、近年までその内容がほとんど知られていなかったのは、こうした高所に位置しているからである。山頂部には、曲輪《くるわ》が階段状に配置されており、主郭、副郭は土塁によって囲郭《いかく》されている。また、随所に竪堀《たてぼり》を巡らせている。

詳細に上平寺城の遺構をみていこう。絵図に「三二」（三の丸）と記されている曲輪Ⅶは、城内最大の曲輪で、兵の駐屯地的な役割が想定されている。その南端斜面には放射状に十一本の竪堀が設けられ、近江では珍しい畝状《うねじょう》竪堀群Aとなっている。曲輪Ⅵから、曲輪Ⅳに入る虎口Ⅴは、上平寺城の中でもっとも見ごたえのある遺構である。Ⅵから堀切に設けられた土橋Bを渡ると、正面と左右が高い土塁《どるい》で囲まれた外枡形《そとますがた》空間となる。ここで敵は、Ⅳの土塁から常に横矢がかかり、正面の土塁からも攻撃を受けることになり、攻城は非常に困難であったであろう。曲輪Ⅲ・Ⅳは、曲輪ⅥやⅦと違

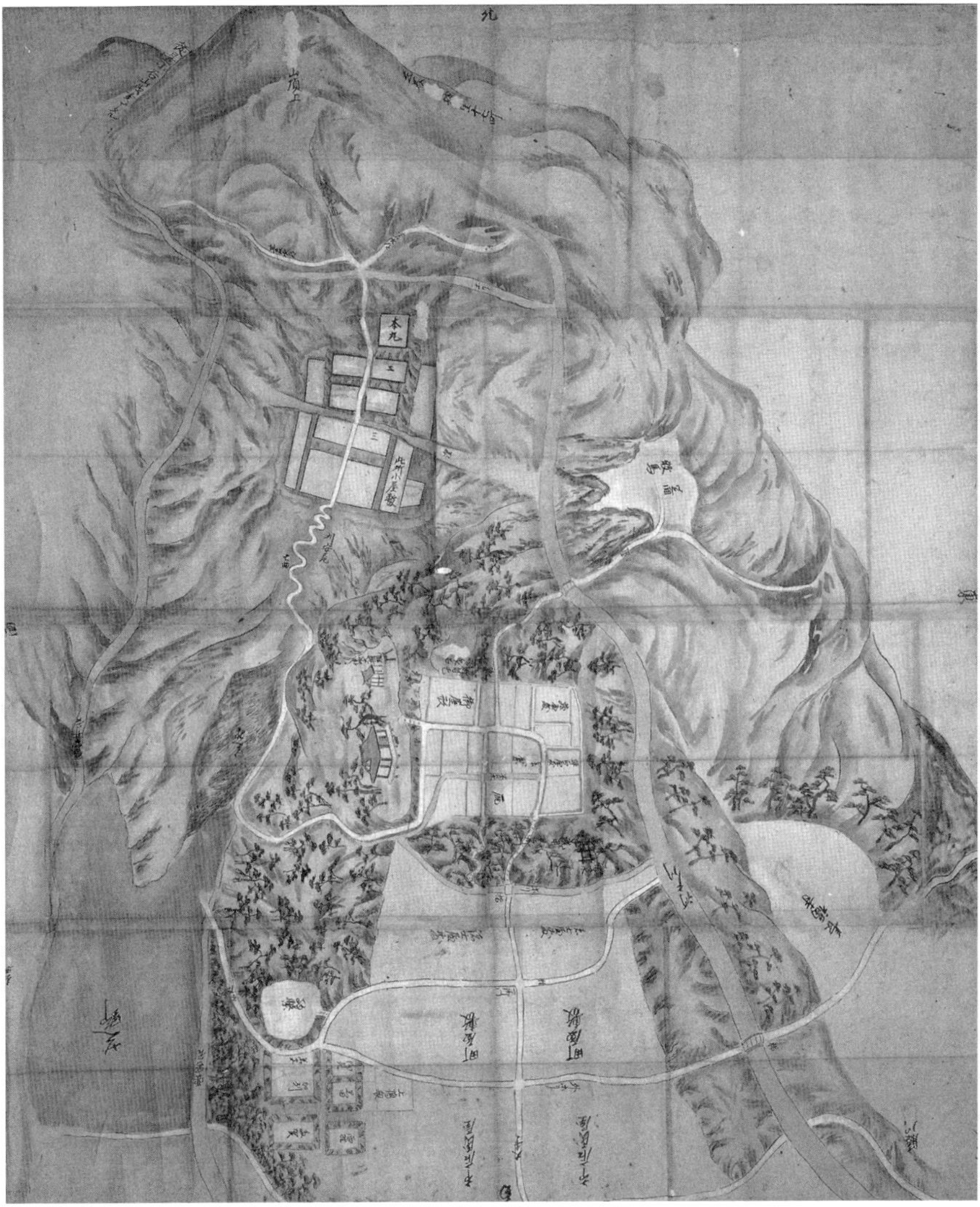

「上平寺城絵図」（米原市教育委員会提供）

い、高くて厚い土塁を巧みに屈曲させて防御力を高めている。

主郭IとⅢの間は、西に二本、東に一本の竪堀で防御している。Iの北側には、尾根筋を防御するために設けられた大堀切Cがある。中央に道幅約一メートル、延長約一〇メートルの土橋が設けられており、土橋の東西両側は急傾斜となり、延長三五メートル以上の竪堀が尾根をえぐる。北から侵攻した敵は、ここで一列縦隊にならざるをえず、正面頭上の主郭からの攻撃にさらされることになる。

これらの遺構は、元亀

京極氏館礎石建物と庭園遺構

上平寺城曲輪Ⅳに入る虎口Ⅴ

元年（一五七〇）の信長進攻に備えた境目の城として、浅井長政の改修と考えられている。

一方、京極氏の居館は上平寺城の南山麓、上平寺集落の伊吹神社付近に構えられていた。山城と二元的構造をなす山麓居館は、伊吹神社の一段下の平坦地にあり、庭園が残されている。『上平寺城絵図』には「御屋形」に伴って「御自愛泉石」と記されており、この庭園が京極氏が愛でた庭園であったことがわかる。こうした庭園は守護権力のひとつとして地方では認識されていたようで、各地の守護所で造園される。庭園を屋敷に持ちこむことこそが守護のステイタスであった。このほか、「蔵屋敷」や「隠岐屋敷」「弾正屋敷」などが配置されていたことがわかり、現状でも確認できる。

城下部分についてはすでに述べたが、上平寺城は、東側を藤古《ふじこ》川の深い谷、西側は山城から伸びる尾根の先端と要害谷、さらに外堀で防御された総構えをなす。西側尾根上には、「若宮・加州・多賀・浅見・黒田・西野」の北近江の国人領主の屋敷が置かれ、ここでも厚く高い土塁による防御がなされている。

国史跡京極氏遺跡を構成する弥高寺は、上平寺城と谷をはさんで西に隣接する標高七一五メートル地点にある。近江最古の山岳寺院の一つで、中世伊吹修験の中心的寺院である。しかし、応仁の乱以降、京極家の内紛では山城として機能していたようで、明応四年に京極政高が「弥高寺より進み」、翌年には京極高清が弥高寺に「御陣」を構えていることが記録にみえる。戦国時代には京極氏や浅井氏により城塞化が図られたようで、城郭遺構としては、大門に枡形虎口と横堀による防御ラインを設け、本堂背後は、連続竪堀群を持つ曲輪、さらに巨大な堀切で区切っている。西側面にも随所に竪堀を設けており、寺域の内部の改変を最低限に抑えながら縁辺部を厳重に防御している。

伊吹山から派生する尾根頂部にあり、山城としては非常に高い場所にある上平寺城も、中世前期の山寺を、中世後期段階に土塁や堀切を築造して城郭として改変したとの説が提唱されている。現状遺構から寺院の痕跡を見つけるのはむつかしいが、本堂基壇状の高まりをもつ主郭を頂点に、直線的に走る南北の独立した道の左右に、小規模な郭が規則正しく展開するあり方が、中世前期の山寺の形式であるとされる。

京極氏の居城は、太平寺城《たいへいじじょう》（米原市太平寺）、勝楽寺城《しょうらくじじょう》（甲良町）、上平寺城など、いずれも山寺を利用している。近江には山寺が多く、六角氏の観音寺城も同様だ。

【発掘調査の成果】 城下では、西側尾根上の家臣屋敷で、堀切と土塁を兼ねた石敷きの道が検出され、絵図に描かれたものに近似した地形が確認された。「市店民屋」地区では、掘立柱建物や石組み井戸、城下造営当初のものとみられる整地土層や暗渠施設などが出土して、城下の存在が裏付けられた。

京極氏が日常生活や政務を行なっていた「御屋形」は、現在二段に分かれているが、発掘調査の結果、当時はフラットな一面の敷地であったことがわかった。庭園に近接して、会所と考えられる礎石建物が検出されている。礎石建物周辺では土師皿《はじさら》が集中して出土した。出土品の約九割を占める土師皿は、この建物がハレの儀式を頻繁に行なっていた特別な空間だったことを物語る。また、床の間を飾った唐物など高価な威信財も出土している。その年代は、十六世紀前半の京極氏時代のものである。

【参考文献】 米原市教育委員会編『国指定史跡京極氏遺跡分布調査報告書』（二〇〇五）、同『京極氏遺跡発掘調査報告書』（二〇一二）

（髙橋順之）

●霊仙山系に築かれた謎の城

男《おう》鬼《り》入《にう》谷《だに》城《じょう》

〔所在地〕犬上郡多賀町入谷・彦根市男鬼
〔比　高〕三〇〇メートル
〔分　類〕山城
〔年　代〕十六世紀中頃か
〔城　主〕――
〔交通アクセス〕近江鉄道「多賀大社前」下車、県道一七号線を北東へ、林道権現谷線を車で男鬼へ向かい（約一〇キロ）、そこから徒歩三〇分

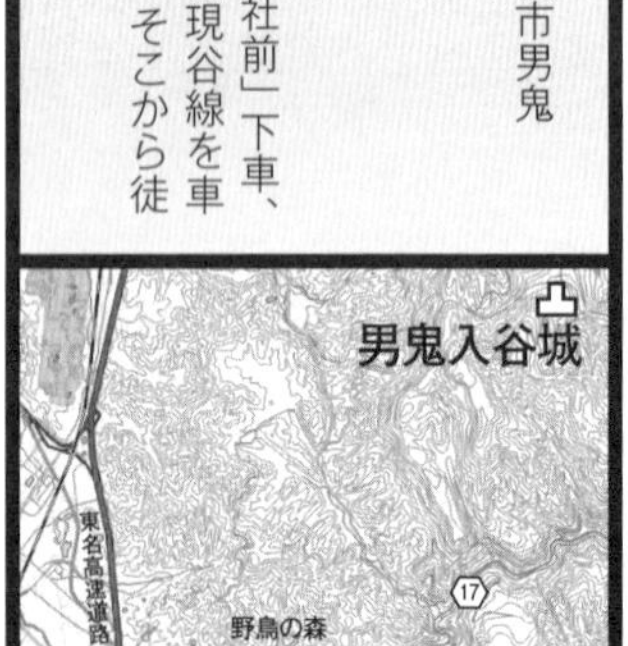

【謎の城跡】　彦根の山中に歴史が一切不明のすごい城跡があるというわさがあり、百聞は一見に如かずで城跡に向かった。まず、城跡に立って驚かされたのは、見渡す限り三六〇度、山しか見えない。通常城跡からは村落や街道、河川、他の山城などが俯瞰できる。また、そうしたところに築くことに意味がある。鬼男入谷城はそうした築城のセオリーには当てはまらない城だったのではないだろうか。

城に関する記録は一切なく、城跡の伝承も山麓の集落には伝わらない。そのため、これまでこの城が紹介される場合は、中山道などの主要街道が封鎖された場合の間道としての山道を確保、監視する目的で築かれた城と紹介されている。しかし、そうした山道での物資輸送などは不可能であり、ここまで山奥に城を築く必要があった可能性は低い。

実はこうした山奥にだからこそ城を築く必要性があったのではないだろうか。その可能性として京極高広の存在がある。湖北の守護京極氏は浅井氏の台頭により弱体化するが、高広は天文十一年（一五四二）に弟の高吉と和睦し、浅井久政を攻めて臣従させ、さらには六角氏領まで攻め込んでいる。こうした六角氏との抗争は天文二十二年まで続く。当時京極氏は坂田郡に本拠を置き、霊仙山中を越えて湖東に進出している。つまり戦国時代の京極氏は湖東の山間部で勢力を維持していたわけである。男鬼入谷城はこうした京極氏の山間部の拠点として築かれたものと考えておきたい。

【目を見張る縄張り】　驚かされるのは立地だけではなく、そ

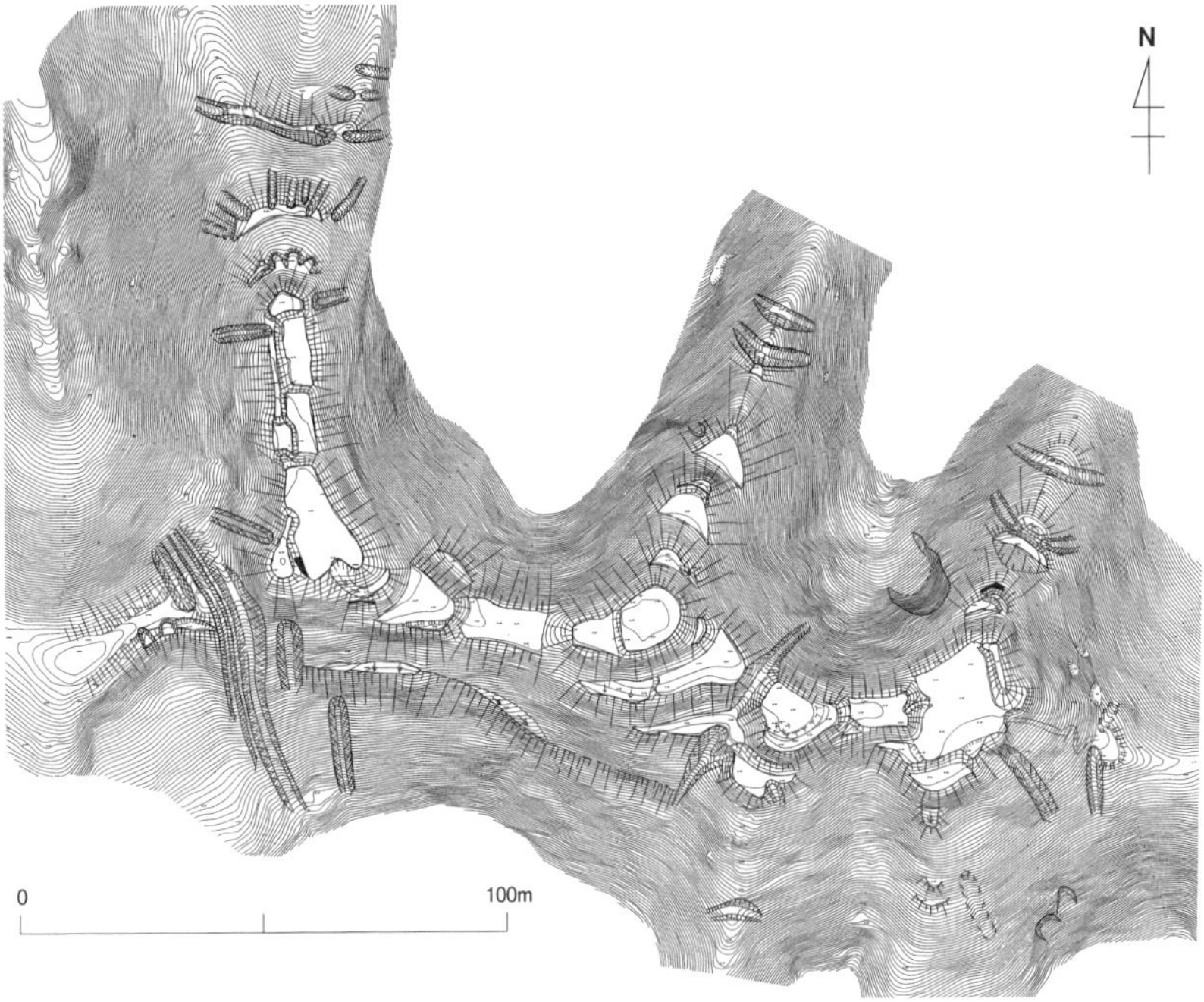

男鬼入谷城跡概要図（多賀町測量図を基に中井均作図）

の構造である。単なる山中の砦といったものではなく、戦国時代後半の発達した縄張《なわば》りで築かれている。尾根《おね》頂部をほぼ一直線上に曲輪《くるわ》を連続して配置し、周囲は急峻に切岸《きりぎし》を施している。北方尾根筋には三重の堀切が設けられ、城域を完全に遮断している。また、北端から東側尾根筋に対しては数段の曲輪を設けるが、それらの曲輪には北辺にのみ土塁《どるい》が構えられていることより、三重の堀切と併せ、北面が防御正面であったことがうかがえる。その曲輪群の先端には二段にわたって畝状竪堀《うねじょうたてぼり》群が構えられ、最下段には横堀が巡らされている。さらに南側に派生する二つの尾根筋にはそれぞれ小削平を数段構えるが、その先端にはいずれも巨大な二重の堀切が構えられ、尾根筋を完全に遮断している。なお、曲輪の一部には石積みが認められる。

このように多重堀切、畝状竪堀群、石積みなど戦国期後半の発達した縄張りを示しており、こうした構造がこの城の謎の歴史を解き明かしてくれる鍵を握っているようである。

（中井　均）

【参考文献】中井均「湖東山中に眠る城塞　近江高取山城」（『歴史群像』九三、二〇〇九）

●江北と江南の境目の城

鎌《かま》刃《は》城《じょう》

〔国指定史跡〕

〔所在地〕米原市番場
〔比　高〕二〇〇メートル
〔分　類〕山城
〔年　代〕十五世紀中葉～十六世紀後半
〔城　主〕堀氏
〔交通アクセス〕ＪＲ東海道線「米原駅」下車、東へ徒歩約六キロ

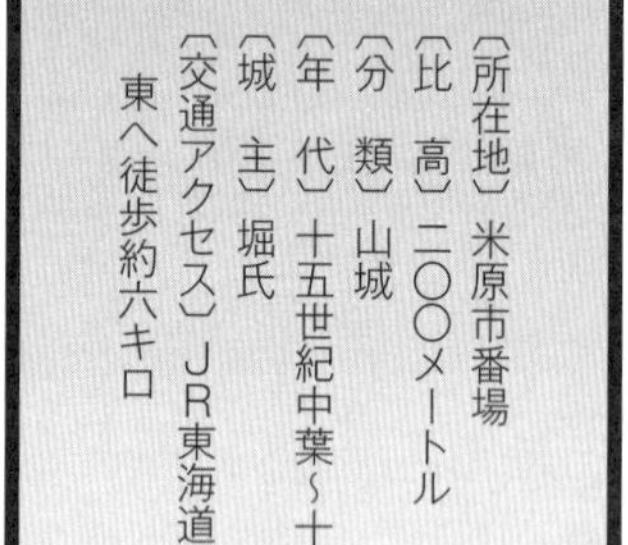

【南北近江の国境】　戦国時代の近江は南に守護六角氏が、北に京極氏、浅井氏が支配しており、分国状態であった。その国境となるのが、坂田・犬上郡の郡境である。特に江北側には佐和山城を扇の要として、東山道沿いに菖蒲嶽《しょうぶがたけ》城（彦根市）、鎌刃城、地頭山《じとうやま》城（米原市）が、北国街道沿いに太尾《ふとお》山《やま》城（米原市）が、浜街道沿いに朝妻城（米原市）が構えられ、国境を守備していた。佐和山城では戦国時代後半には浅井氏の最前線として伊香郡の土豪磯野氏が在番していた。また、太尾山城では文明三年（一四七一）に多賀高忠と細川成《しげ》之《ゆき》（阿波守護）軍と六角高頼と美濃の斎藤妙椿《みょうちん》軍が合戦におよんでいる。天文二十二年（一五五三）には六角方の佐治太郎左衛門尉が守備しており、永禄四年（一五六一）には六角方の吉田安芸守が守備しており、六角方の最前線となっていたことがわかる。その後は浅井方の最前線として中嶋宗左衛門尉直頼が守備するなど、在地土豪の城ではなく、六角、浅井が家臣を派遣して在番させる境目の城であったことがわかる。

【鎌刃城をめぐる争奪戦】　鎌刃城も同様に境目の城であったが、在番衆が守備するのではなく、領主の居城でもあった。城主堀氏は『佐々木南北諸士帳』によると、京極氏の根本被官の一人であった。鎌刃城の位置する箕浦《みのうら》荘は鎌倉時代より西遷御家人である土肥氏の所領であったが、のちに堀氏が押領し、戦国時代には坂田郡域を支配する土豪となっている。鎌刃城の北西山麓には、小字殿屋敷と呼ばれる方形区画の畑

地があり、周辺の発掘調査では十四～十五世紀の掘立柱建物や井戸が検出されており、ここが土肥氏の居館跡であったと考えられている。

文明四年には京極氏の有力被官である今井秀遠が堀次郎左衛門の立て籠もる鎌刃城を攻めたという記録があり、当時堀氏は六角氏方に属していたことがうかがえる。天文七年には京極高慶・六角定頼軍と京極高広・浅井亮政軍との戦いで、堀氏の守備する鎌刃城が攻略されている。また同二十年には六角方であった鎌刃城主堀石見守が京極高広方に同心すると、佐和山城、菖蒲嶽城などがことごとく高広方に降っている。永禄二年には浅井方になった堀氏が入城し、以後浅井方の城となる。

元亀元年（一五七〇）に浅井長政が織田信長から離反すると、堀氏は竹中半兵衛の調略によつて信長方に与した。このため長政は鎌刃城へ百々《どど》越前守を入れ置くものの、姉川合戦後には信長によって再び堀氏が入城している。天正二年（一五七四）に堀氏が改易されると、翌年には城内にあった米穀二〇〇〇俵が徳川家康に与えられ、廃城となった。

このように鎌刃城は国境を警備する境目の城であるとともに、国境の村落を支配する領主の居城でもあった。

【典型的な山城構造】　鎌刃城跡は中山道の宿場町として有名な番場の南東山中、標高三八四メートルの尾根上に位置する典型的な戦国時代の山城である。城の東側に城を取り巻くように山道が通っている。これは山麓の番場より彦根の武奈へ抜ける間道で、中山道が封鎖された場合に湖北と湖東を結ぶもので、その道を封鎖、監視する目的で築かれたものと考えられる。城の規模は東西約四〇〇メートル、南北約四〇〇メートルを測り、江北では小谷城に次ぐ規模を誇る。主郭は台形を呈し、南辺から東西両辺にかけて土塁がコの字状に巡る。主郭の南側には副郭が構えられているが、広大な曲輪《くるわ》となるので、中央に堀切を構えて二分割している。この副郭の南東方向には唯一尾根が続いており、この尾根が城よりも高く延びているため、鎌刃城でもっとも弱点となるところである。このため尾根筋には七条に上る堀切が設けられ、この尾根からの攻撃を阻止している。ちなみに両崖がそそり立っており、人一人通るのがやっとである。その様はまさに鎌の刃のようであり、これが城名の由来となったのも頷ける。

主郭の北西側に伸びる尾根《おね》筋には六段にわたって曲輪が構えられ、その先端には大堀切が設けられ、尾根筋を完全に遮断している。さらにこの大堀切の外側には二重に堀切が構えられ、防御を強固なものとしている。

副郭の西側に伸びる尾根筋には、副郭からかなり下がった

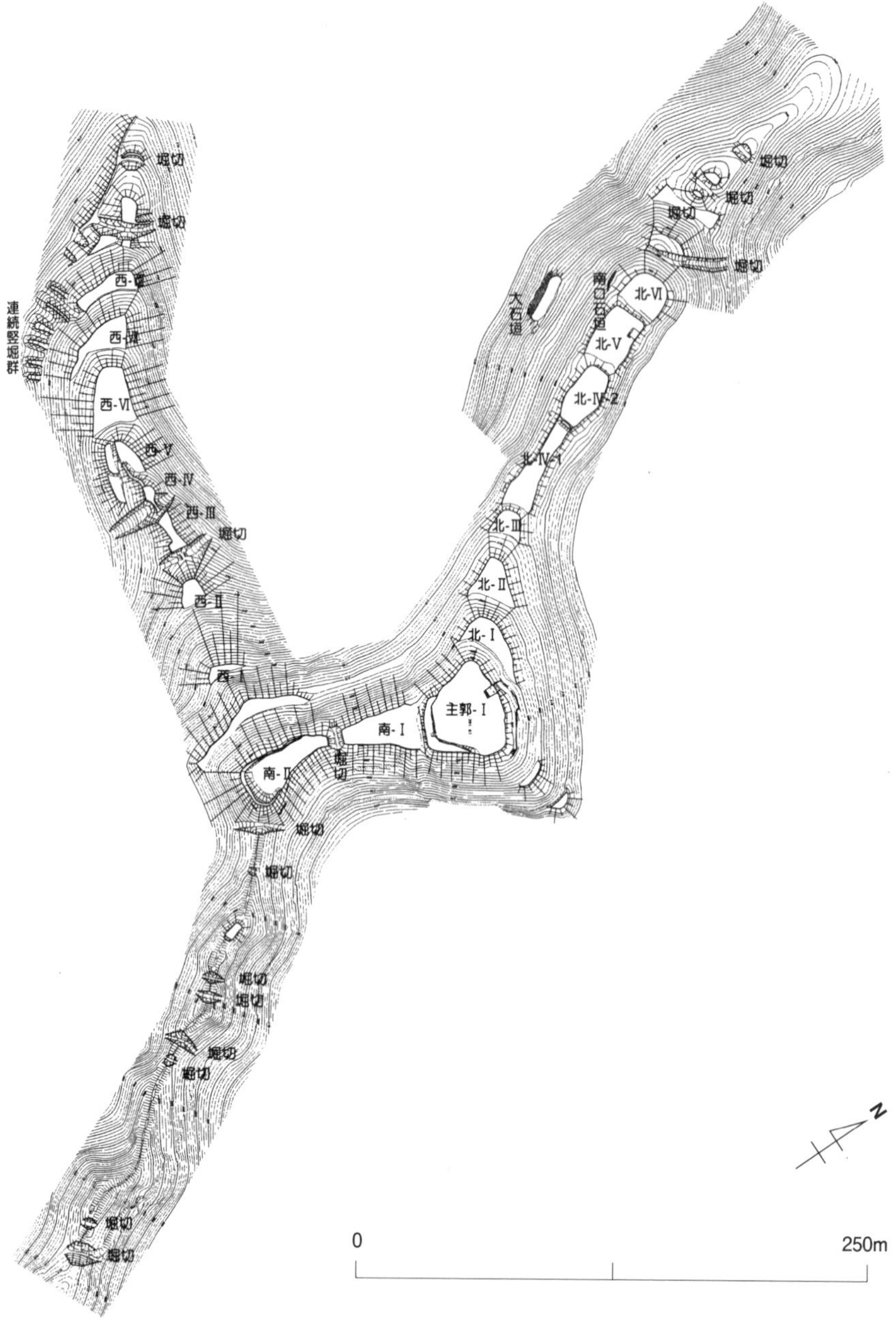

鎌刃城遺構測量図（米原市教育委員会編『米原町内中世城館跡分布報告書』2008 より）

ところから七段にわたって曲輪が階段状に配置されている。その先端には二重に堀切が設けられているとともに南面には畝状《うねじょう》竪堀《たてぼり》群が巡らされている。近江は畝状竪堀群を設けない地域であり、一三〇〇ヵ所にのぼる城館跡のなかで、わずかに鎌刃城を含め小谷《おだに》城月所丸、上平寺城、布施山城、清水山城に認められるに過ぎない。

【発掘調査で検出された石垣と虎口】　鎌刃城跡は国史跡に指定する準備として平成十年（一九八九）から平成十四年にかけて発掘調査が実施され、多くの成果が得られた。その最大の成果は石垣によって築かれていたことが明らかになった点であろう。地表面にも石垣の痕跡は認められていたが、主郭の北面では高さ三メートルにおよぶ高石垣が検出された。石材は自然の石灰岩を用い、ほぼ垂直に積み上げられていた。石垣は主郭の南面でも確認されており、主郭の周囲はすべて高石垣によって築かれていたことも明らかとなった。

また、主郭の北辺と、北端曲輪からは石垣によって築かれた虎口《こぐち》も検出されている。いずれの虎口も枡形《ますがた》とし、薬医《やくい》門の礎石が検出されている。ただ、この枡形は門を入ると直進するもので、正面に石段が設けられていた。軍事的に直進を阻止する枡形ではなく、儀礼的な城門を演出する枡形であったと見られる。

さらに北端の小曲輪からは曲輪全域から五間以上×五間以上の総柱建物の礎石が検出されている。周囲に巡らされた土塁直下に礎石が位置することより半地下式（穴蔵）を有する建物であったと見られる。あるいは北尾根先端に位置することより、防御正面に構えられた重層の大櫓と呼び得る建物の想定も可能である。この建物の地下室への出入り口と見られる通路が、東側土塁を断ち割る形で構築されていた。両側面を石垣とし、通路中央部には礎石六個が配されていた。これは通路内に設けられていた門の礎石と見られる。

なお、礎石建物は主郭からも検出されており、縁の廻る構造から御殿のような居住のための建物が山城内にあったことを示している。

ところで副郭西尾根の曲輪群は発掘調査は実施されていないが、地表面では石垣の存在は認められない。畝状竪堀群は有するものの、主郭など石垣によって築かれた曲輪群とは時期差が存在するようである。石垣を築いた時代にはこの西尾根自体を捨て切った公算が高い。

こうした発掘調査の成果や歴史の重要性から鎌刃城跡は平成十七年度に国史跡に指定された。

【参考文献】米原市教育委員会編『米原町内中世城館跡詳細分布調査報告書』（二〇〇八）

（中井　均）

●城跡に見える縄張りは誰によるものか

佐《さ》和《わ》山《やま》城《じょう》

〔所在地〕彦根市佐和山町・古沢町
〔比　高〕一三六・五メートル
〔分　類〕山城
〔年　代〕不明～慶長九年（一六〇四）
〔城　主〕佐々木時綱ヵ、磯野員昌、丹羽長秀、堀秀政、堀尾吉晴、石田三成、井伊直政、井伊直継
〔交通アクセス〕ＪＲ東海道本線彦根駅より北北東へ徒歩約一キロ

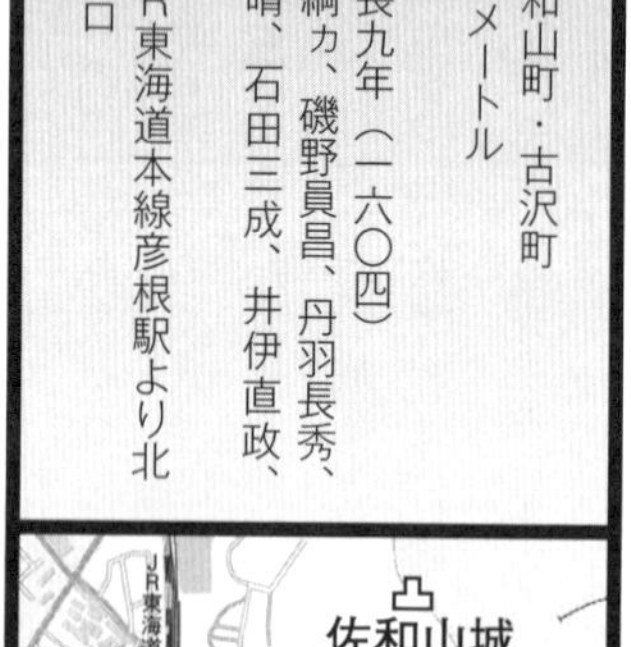

【水陸交通の要衝】　佐和山城は、琵琶湖東岸の近世には中山道と呼ばれる主要街道と北国街道、織田信長が整備した下街道の合流地点にあり、琵琶湖の一部である松原内湖にも直結した立地にある。さらに佐和山より北側は坂田郡、南側は犬上郡という郡境に位置する。このため、鎌倉時代には山麓に館が構えられ、戦国時代には北近江の京極《きょうごく》氏（のちに浅井氏）と、南近江の六角氏との勢力の境目に相当したことから、長らく山頂付近を中心に「境目の城」としての役目を担った。永禄五年（一五六二）頃からは、浅井氏の家臣であった磯野《いその》員昌《かずまさ》によって安定した拠点城郭となる。その後、浅井氏は領国に接する美濃の織田信長と同盟関係となるが、浅井氏の裏切りにより佐和山城は織田軍に包囲され、元亀二年（一五七一）二月に無血開城した（『信長公記』元亀二年二月二十四日条）。

【織田信長の近江での拠点】　信長は、居城の岐阜から京へのルートを確保するため、佐和山城に重臣の丹羽長秀を配した。その後、天正十年（一五八二）の本能寺の変で明智光秀方に占拠されるまで、長秀が城主として守備した。この間、信長は岐阜と京、天正四年の安土築城以降は安土と岐阜の往来の際に何度も佐和山城に立ち寄っている。特に元亀四年五月二十二日から、佐和山山麓の松原内湖で大船を建造するため、およそ二ヵ月間在城している（『信長公記』元亀四年五月二十二日条）。このように、信長は佐和山城を重臣に任せながら、自身も頻繁《ひんぱん》に利用しており、織田家の重要な拠点城郭

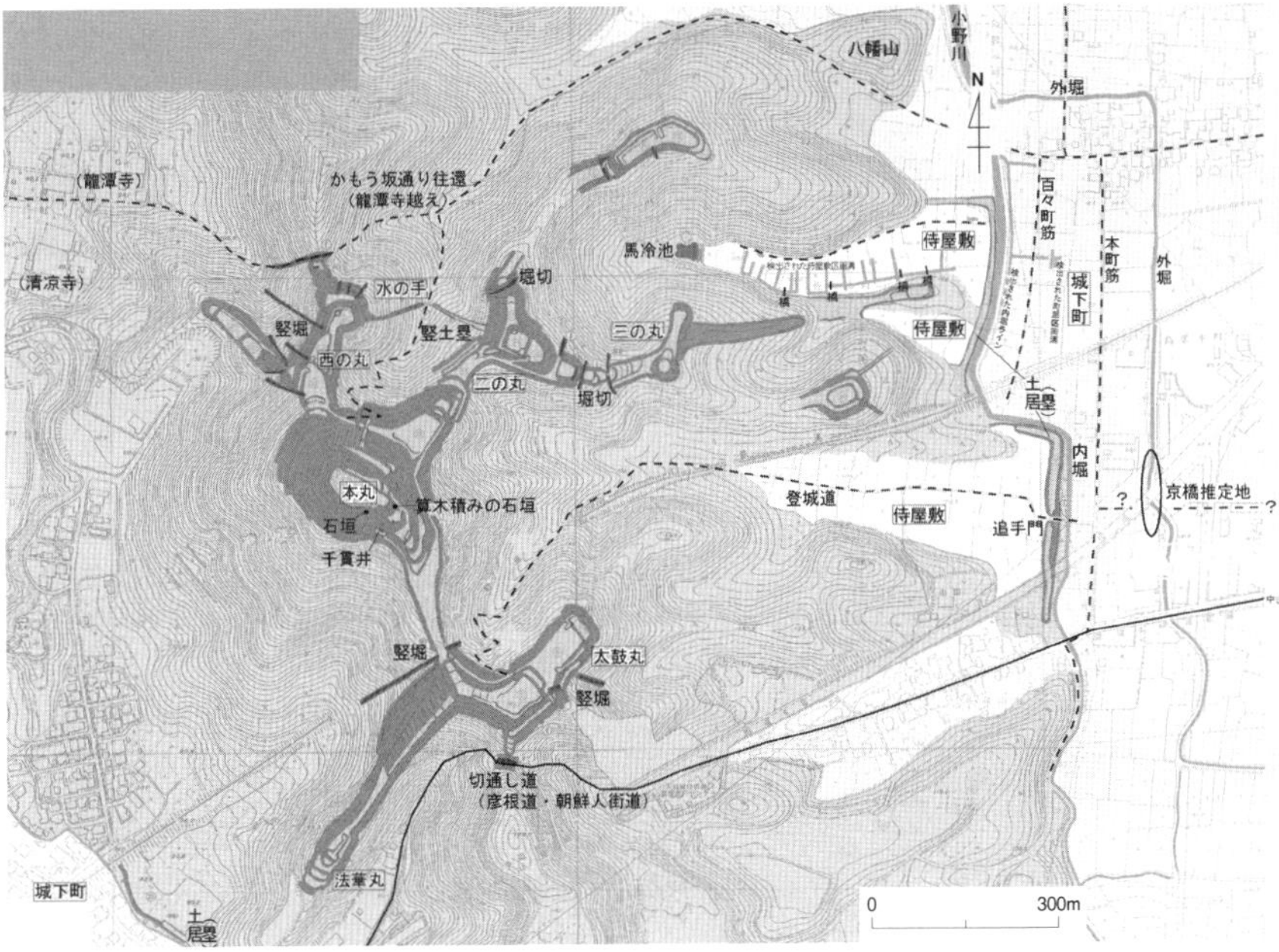

図１　佐和山城跡概要図（中井均作成図に発掘成果を追記）

であったことは疑いない。

本能寺《ほんのうじ》の変後の清洲《きよす》会議を経て、信長の家臣で、羽柴秀吉方勢力の一翼を担った堀秀政が入城する。この間、天正十一年の賤ヶ岳《しずがたけ》や翌十二年の小牧・長久手の合戦に伴う膠着状態の際に、秀吉が入城して陣を置いている。さらに同十三年に秀政は、四国平定軍に加わるために出陣し、留守居を弟の多《た》賀《が》秀種《ひでたね》に命じる。このように堀秀政在城期間中の佐和山城は常に臨戦体制下にあったといえる。一方で、この間に「広間之作事」を行う記事が残されている（「堀秀政書状」『多賀文書』）ことから、度重なる陣所利用とともに拠点城郭としての整備も行なっていたようである。

【豊臣家直轄領を守備する城】　天正十三年閏八月、織田家中の敵対勢力を排除した羽柴秀吉は、近畿地方一体で羽柴（豊臣）家中心の支配体制を具現化する。その際、近江国の約半分を甥の秀次とその「宿老共」に託す。佐和山城は、秀次の宿老の一人となった堀尾吉晴が四万石の知行地をもって入城し、秀次のために新規築城された八幡山《はちまんやま》城とは本城と支城の関係となる。知行地は佐和山城周辺ではなく、坂田・浅井・伊香《いか》郡の主要街道沿いに広く分布するという特徴を持つ。秀次の八幡山城を中心とした近江における宿老衆の城郭と知行地配置はすべて同様の特徴を有しており、これは当時の秀吉と敵対関係にあった東海地方の徳川家康などの東国諸勢力に備えるためとの説が定着している。近年、堀尾吉晴による佐和山在城は、天正十八年九月前半頃までとされ、関東の北条氏滅亡に伴い、東海の家康が関東移封、これらに伴い浜松城へ移るまでとされる。

その後は、周辺の蔵入地とともに秀吉の直轄となり、いわゆる太閤検地《たいこうけんち》が近江国で実施される。これをうけた天正十九年四月頃に佐和山城と付属する蔵入地を石田三成が城代・代官として任命されることが最近の有力説である。よって、この時点の三成はあくまでも城代であり、城主ではない。これが文禄四年（一五九五）の豊臣秀次事件を境に三成をはじめとする豊臣家奉行衆の地位が豊臣政権内で急激にあがることに伴って、佐和山城主となると考えられている。これにより三成は居城となった佐和山城を改修する。それが「物構御普請《そうがまえごふしん》」（「須藤通光書状」）であり、文禄五年三月以降と考えられている。ただし、三成自信はほとんど上方の秀吉の傍で豊臣政権の運営に携わっており、佐和山城の守備と領内統治は基本的に父の正継《まさつぐ》や兄の正澄《まさずみ》が担っていた。慶長三年（一五九八）八月に秀吉が没したことで、三成は後ろ盾をなくし、翌年には政権中枢をおわれて佐和山城に蟄居《ちっきょ》する。この間の居城の大規模な改修は不可能と考えられ、先述の「物構御普請」はすでに完成していたものと推定する。そして、同五年九月の挙兵へと至る。その顛末は周知の事実であり、その直後に佐和山城は東軍諸将に攻略される。その際の天守が存在していたことを示す文書は、佐和山城の城郭施設に関する重要な記録といえる（「結城秀康書状」『伊達文書』）。

【豊臣の城から徳川の城へ】　関ヶ原の合戦の後、三成の佐和山城と知行地は徳川家康の重臣井伊直政に与えられる。直政は佐和山にて戦傷がもとで死去するが、嫡男《ちゃくなん》の直継が井伊家を相続する。その際、居城は家康の許可のもと、佐和山から彦根山（金亀山《こんきやま》）に移すこととなり、慶長九年の新城築城に伴い、佐和山城の部材を利用しつつ（『井伊年譜』）、本丸が存在した山頂周辺は切り崩されたと伝えられている（『古城御山往昔咄聞集書』）。直政死後、松原内湖側の山麓には直政の菩提寺《ぼだいじ》として清凉寺が建立され、歴代井伊家当主の墓所とともに旧城佐和山を「御山」として、現在に守り伝えている。

【城跡の全容】　それでは、現在、佐和山山頂を中心とした広大な面積に残されている城郭遺構は、誰の手によって構築されたのかを紐解くこととしたい。まずは、城跡全体を把握する。

現在、認識されている城跡は、「山中」「山麓」「城下町」

と大きく三つに分けることができる。「山中」は江戸時代に作成された絵図の記載名称などから本丸・二ノ丸・三ノ丸・西ノ丸・太鼓《たいこ》丸・法華《ほっけ》丸など尾根山頂部に立地する各曲輪《くるわ》群とこれらを繋ぐ曲輪群と通路などで構成される。「山麓」は佐和山山頂（標高二三三メートル）から派生した複数の尾根間に形成された谷底部のことで、絵図には侍屋敷と記されている。「山麓」と「城下町」は、現在おまん川と呼ぶ内堀と土塁によって画される。「城下町」については、絵図には佐

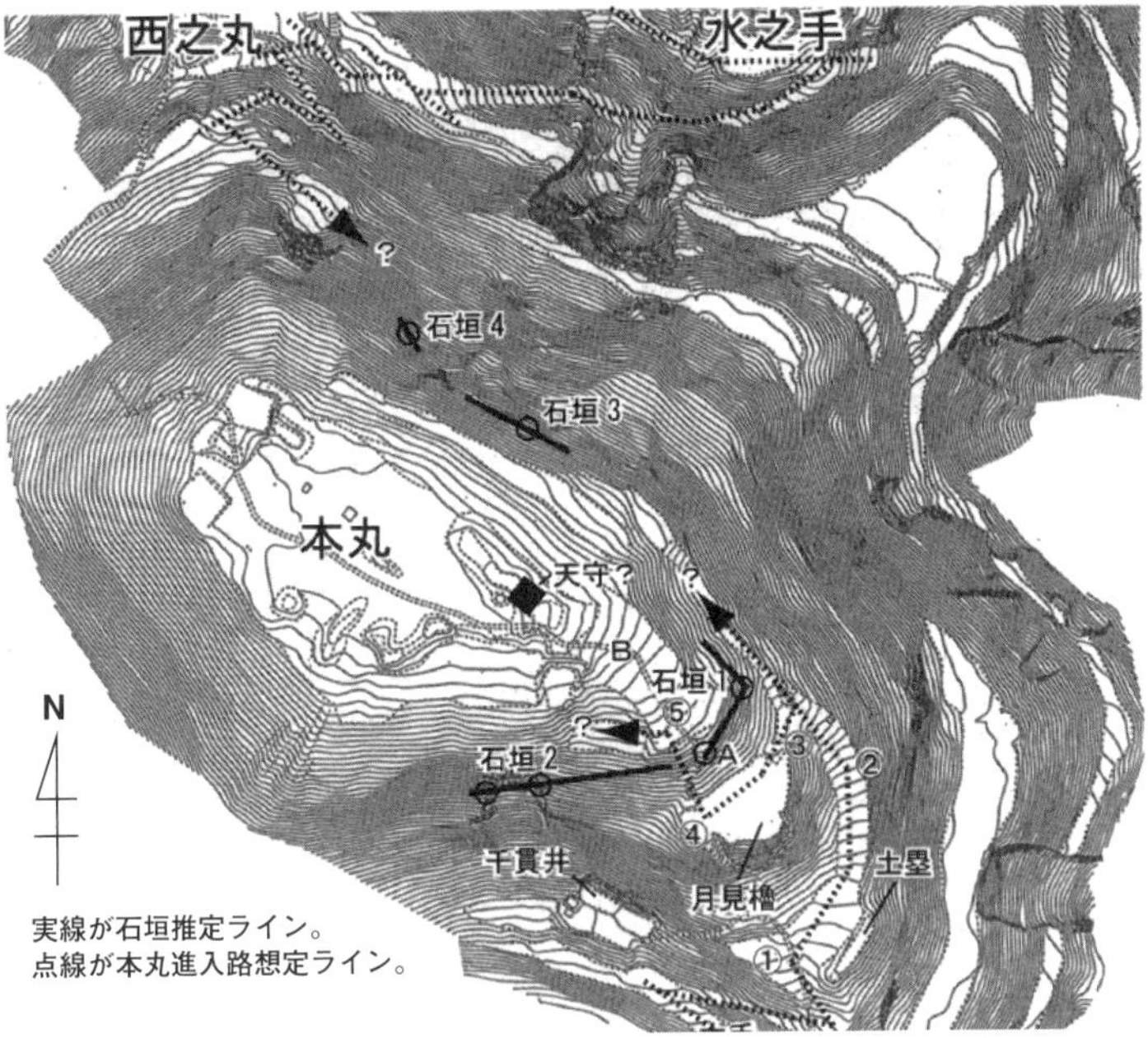

本丸周辺石垣遺構分布図

本丸周辺復元図

（上）
大手（追手）より
佐和山を望む

（下）本丸石垣隅部
（前頁上図、石垣１）

和山を境に東西に記されている。現地形でも確認できるのは主に東麓地区であり、その外縁部には現在は小野川と呼ぶ外堀がある。このように、佐和山城跡は城下町跡も含めて、現地形・地割りにおいても極めて良好な状態で今に伝えられた城跡といえる。

なお、城跡はすべて民有地で、現在は地権者のご好意で入山できるようになっているが、ルートが決められているため注意が必要である。

【堀尾吉晴と石田三成による普請】　地表面に見える城郭遺構群は、城郭機能時の最終段階を示すという考えが成り立つ。ただし、広大な城跡範囲のすべての遺構群を城郭が機能した最終段階のものとすることには注意を要する。これと先述の歴史を踏まえて考えると、城跡の最も外側に位置する外堀は、石田三成段階の普請の「惣構」に相当する可能性が極めて高い。また、近年、城下町部分で発掘調査が行なわれ、その遺構群の特徴は切り合い関係がほとんど認められず、短期間のうちに城下町が形成され、破棄されたことを意味している。よって、内堀より外側部分、つまり東麓城下町の成立はほぼ石田三成段階と考える。また、同時に内堀よりも内側の山麓部の一部でも発掘調査が実施されている。ここでは、城下町に比べると切り合い関係が認められる調査区も確認されたため、三成段階より前に何らかの利用がなされていたと考えて差し支えない。さらに、尾根際に谷底部に集中する山水を廃水する目的を兼ねた堀や、長方形を呈する屋敷割を意識した溝などが検出された。しかも尾根際堀内では複数の橋脚が確認されている。この橋は山麓部の屋敷と尾根上の曲輪群を直結する機能を有すると考えられ、東山麓部の内堀と土塁《どるい》で防御された山麓部空間は、山中曲輪群と一体となった城郭施設と考えられる。この山麓部における素掘りの巨大な堀と土塁は、石田三成段階に最も近い時期の類例城跡として滋賀県甲賀市に所在する天正十三年新規築城の水口《みなくち》岡山城にもかつて存在したことが指摘されている。よって、同年に佐和山城に入城する堀尾吉晴による構築の可能性が高く、先述の対東国戦に備えての大改修であると筆者は考える。この年の十一月末に、佐和山城は西美濃から北陸地方を中心とした大地震に見舞われる（いわゆる「天正大地震」）。これに伴って、山頂部の本丸は改修されたとも考えている。現在、本丸跡は、井伊家による破却により往時の姿は留めていないが、残された地形と石垣遺構から復元可能と考える。石垣は城跡内の本丸跡周辺のみしか確認されていない。この復元本丸の縄張りは、同十三年に新規築城された八幡山城の主要部と近似する構造なのである。先述の通り、八幡山城と佐和山城は本城と支城の関係となることは無視できない。このように、山頂部の本丸と東山麓の巨大堀・土塁は、天正十三年の堀尾吉晴による改修の痕跡と考える。また、その前の城主であった堀秀政段階にも「広間之作事」とあることから、何らかの手が加えられているのは確実である。さらにそれ以前に遡る手がかりとしては、山中に散乱分布する瓦片がある。これらの製作技法には二種類あり、古い技法の瓦は本丸よりも南側曲輪群に分布することが指摘されている。

ところで、江戸時代の絵図には山中の曲輪は現在認識している城跡範囲よりもさらに広い範囲で描かれている。現在は開発によって検証不可能だが、おそらく戦国時代の佐和山城は佐和山山頂を中心とした広範囲に曲輪が展開した山城であり、丹羽段階頃に太鼓丸南の大堀切と西ノ丸・二ノ丸北の大堀切により城域を集約、本丸から太鼓丸あたりの曲輪群に瓦葺き礎石建物を有する城郭として改修する。そして、堀尾段階に山麓の堀・土塁を構築し始めて、大地震の被害をうけたことから、本丸を中心に普請面にも手を加えて、改修したものと考える。そして、石田三成は、この姿の城を拝領し、居城となった段階で城下町とそれを囲繞する外堀の普請を行なったものと考える。

【参考文献】『新修彦根市史』一（彦根市、二〇〇七）、下高大輔「豊臣秀次の本・支城からみた佐和山城の縄張り―本丸構造と東山麓の堀・土塁の成立を考える―」（『戦国武将と城　小和田哲男先生古希記念論集』所収、サンライズ出版、二〇一四）

（下高大輔）

●中世と近世の築城技術が融合した縄張り

彦《ひこ》根《ね》城《じょう》

〔国指定特別史跡〕

〔所在地〕彦根市金亀町
〔比　高〕五二メートル
〔文　類〕平山城（水城）
〔年　代〕慶長九年（一六〇四）～明治三年（一八七〇）
〔城　主〕井伊直継・直孝、井伊家
〔交通アクセス〕ＪＲ東海道本線「彦根駅」下車、徒歩一五分

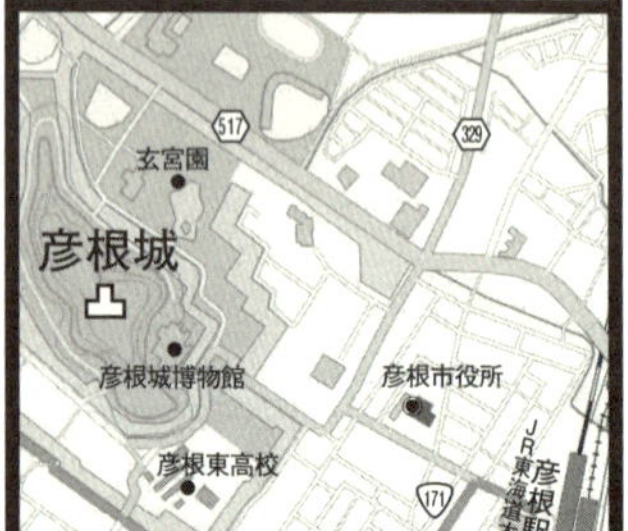

【築城の背景と立地】　慶長五年（一六〇〇）の関ヶ原合戦後、勝利した徳川家康は、全国規模で知行替えを行なう。これにより、東西両陣営の知行地は全国で入り乱れることとなり、領地境に常に軍事的緊張関係が発生することとなる。この時、諸大名は有事に備えての築城を行なうこととなり、これがいわゆる「慶長の築城ラッシュ」と呼ばれる所以《ゆえん》である。

家康の重臣である井伊直政も、敗軍の将となった石田三成居城の佐和山城とその旧領を与えられる（『寛政譜』など）。しかし、慶長七年二月に直政は、新城築城計画を立てた矢先に、佐和山城中にて死去する（『井伊年譜』など）。翌年、その意思を継いだ嫡子直継は、家老の木俣守勝の補佐と徳川家康の許可のもと、金亀《こんき》（彦根）山に築城を決定する（『木俣土佐武功紀年自記』など）。慶長九年七月から彦根城の築城普請に着手する（『当代記』）。

彦根城の立地は、近江国を代表する琵琶湖東岸にあり、中山道（旧東山道）・朝鮮人街道（旧下街道）・北国街道が交わる地であり、佐和山城の付随湊である松原内湖や琵琶湖本体が隣接するという水陸両用の地である。井伊家の旧城である佐和山城もこうした理由から古くから存在していたのである。彦根城のある地は、築城当時は「佐和山」として全国的に有名であり、実際には彦根山のことを指すが「佐和山」という記述が複数見受けられるほどである（『当代記』『徳川実紀』など）。同一の立地条件でもあり、いわゆる「三成に過ぎたるもの」と評された旧城の佐和山城を廃して彦根山へ新

規築城した最大の理由は、家臣団収容のための城下町を建設する土地の確保であったと考える。

【二期にわたる築城工事で完成】　彦根築城は、慶長九年当初は近隣の諸大名の助役を得ての築城であり（『木俣留』）、第一期工事と位置付けられる普請である（慶長普請）。同年内に鐘の丸が完成し、佐和山城から直継が移り住んでいる（『御覚書』）。また、昭和三十年代の天守の解体修理から慶長十一年には本丸が普請され、天守が完成していたことがわかっている。この築城は、関ヶ原合戦後も大坂に本拠を置く豊臣家への備えとして、主に徳川方による公儀（天下）普請で行なわれたのである。慶長十九・二十年の大坂の陣により築城工事の中断が余儀なくされる。大坂夏の陣により豊臣家が滅亡したことにより彦根築城の当初の意義がなくなり、その後は徳川家譜代大名筆頭の井伊家居城として自家による単独普請が行なわれる。これ

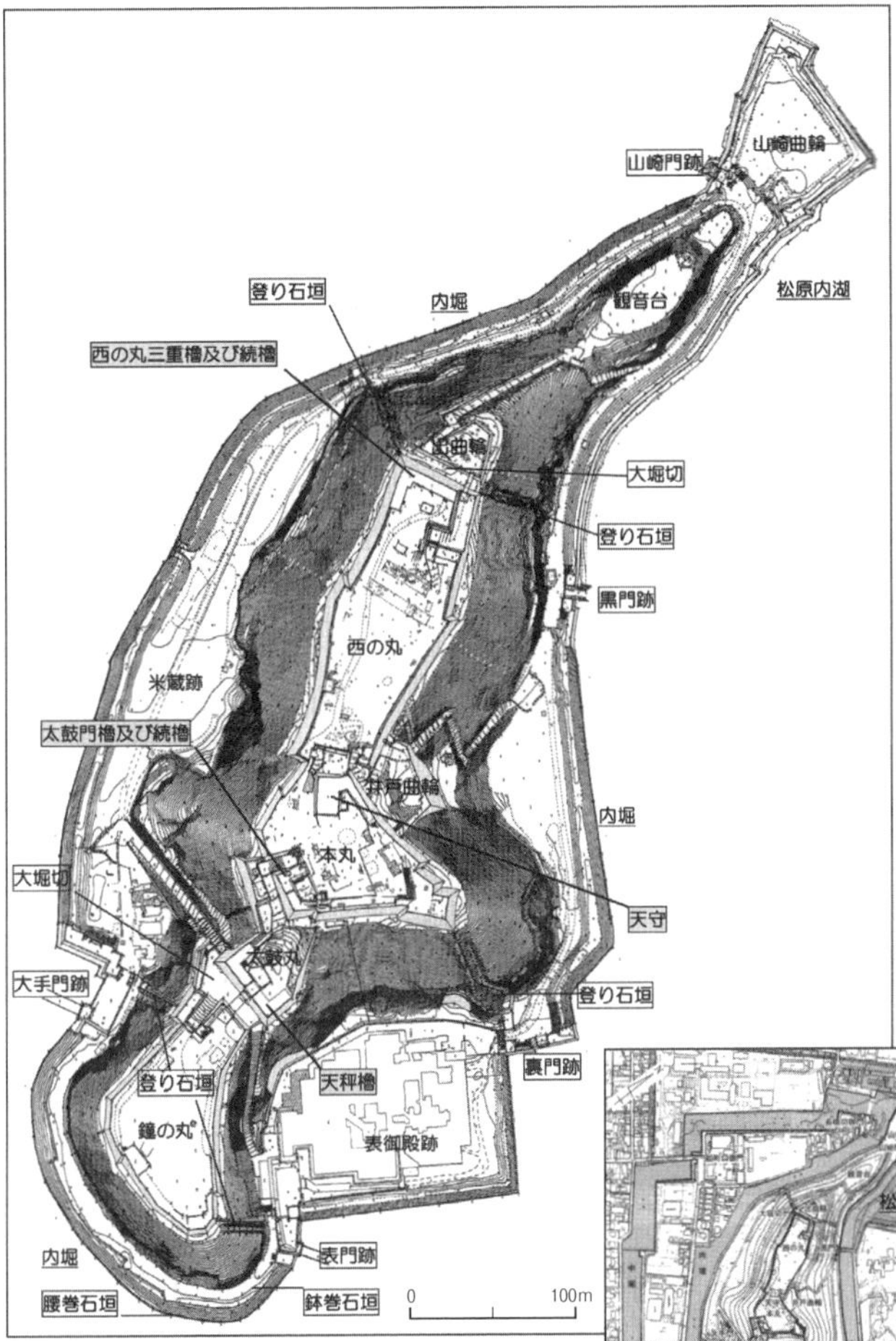

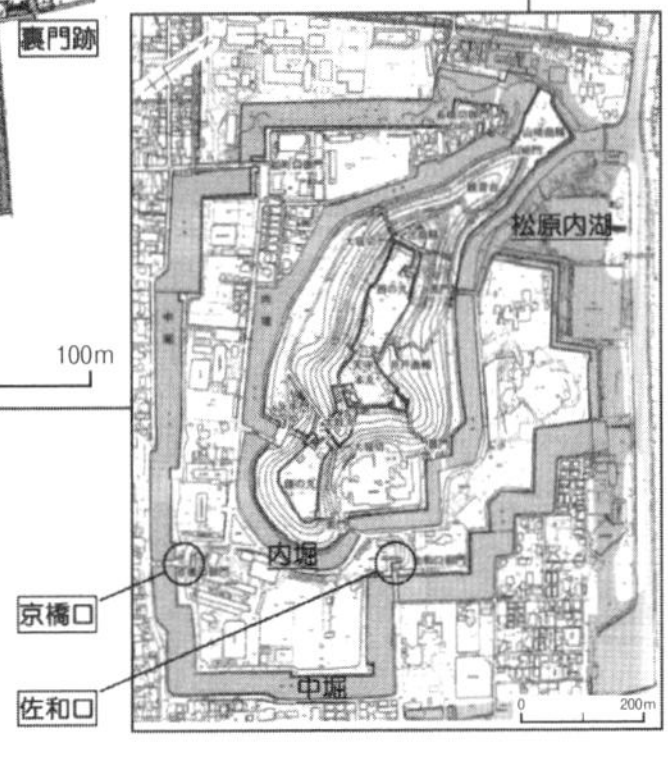

上：彦根城跡の中枢部
（『平成 22 年度彦根市文化財年報』掲載図より）

右：特別史跡彦根城跡
（『新修彦根市史景観編』掲載図より）

彦根城内郭測量図

本丸より井戸曲輪と西の丸の石垣を望む

を第二期工事と位置付けられる（元和普請）。井伊直継による第一期工事の際は、彦根山山上部に鐘の丸や本丸等の曲輪群を普請して、山麓の堀を開削することが中心であり、彦根山南側の自然河道であった芹川《せり》によって形成された湿地帯を城下町建設用地とするとともに河道の付け替え工事による芹川の惣構《そうがま》え堀化工事に着手するという内容であったと推定する（『御覚書』など）。一方、直継より家督を譲られた直孝による第二期工事は、大坂夏の陣後である元和元年（一六一五）七月からと考えられている（『木俣記録』）。この普請は、中堀・外堀や城下町の普請継続・拡大のみではなく、慶長普請の際の内堀内の施設の改造・増築も含まれる。具体的には、内堀で囲繞された彦根山山麓に配されていた重臣屋敷を移転の上（『藩士新古家並記』）、表御殿の造営などにみられる内堀以内を彦根藩直轄施設としたことである。そして、元和八年には「御城廻り石垣・高塀・諸門過半出来す」（『井伊年譜』）とあることから、築城開始から二十年の歳月をかけて、彦根山を中心に周囲を琵琶湖とその内湖に囲まれ、人口河川の芹川を総構え堀とした大城郭が完成することとなる。

【彦根城の縄張りとその価値】　現在目にすることができる彦根城の平面構造である縄張《なわば》りは、当然の如く元和普請以後のものであり、広義と狭義に分けることができる。広義の城郭は先述の通り、芹川を含む範囲となる。狭義の城郭は、町人地が混在しない範囲である中堀より内側の範囲ということができる。以下では狭義の城郭のみを詳述する。

　彦根城の中枢部である山上曲輪群は、彦根山中央に天守（国宝）のある本丸、両脇に西の丸・太鼓《たいこ》丸を配置し、石垣による巨大な大堀切を介して西の丸側には出曲輪、太鼓丸側には鐘の丸を配する。また、太鼓丸については曲輪を意味する「丸」と称されているが、平坦面ではなく緩やかな斜面となっており、本丸と鐘の丸を繋ぐ登城路を石塁によって完全に囲い込み、多聞櫓《たもんやぐら》である天秤櫓（重要文化財）や瓦塀《かわらべい》で厳重に防御し曲輪化したものと考える。これと近似した造りの曲輪が井戸曲輪である。各曲輪は虎口を介して連結した構造となっており、基本的に食違虎口《くいちがいこぐち》を有している。各曲輪は高石垣によって構築され、先述の二本の大堀切も堀底幅や深さの巨大化が図れたのである。これらの曲輪へは四本の登城路が存在するが、そのほかは切岸によって厳重に防御されている。

一方、内堀より内側の山麓部は、五本の木橋から城内に入ることができ、すべて櫓門によって防御されていた。さらに大手門と表門にはそれぞれ二つの門を有する枡形虎口によって厳重に防御されていた。これらには山上部と山麓部を直結する形で「登り石垣」と巨大な竪堀を配する。さらに三本の登り石垣と竪堀により、内堀より内側の山麓諸施設は山上と山麓を直結しつつ、主に五つに分割防御される。さらに彦根城の特徴として忘れてはならないのが、大手門橋から表門橋の間にある腰巻石垣・鉢巻石垣といわれる土手を介した石垣である。この間以外も腰巻石垣で内堀が形成されているが、その上は土塁となっている。山上部には高石垣が築かれているにも関わらず、彦根城中枢部防御の最前線である内堀には虎口周辺のみ高石垣が築かれたにすぎない。このような構造は西日本の城郭にあまり類を見ないことや、彦根城主の井伊氏が関東より移封してきたことから考えて、関東地方特有の巨大土塁構築技法と関西（特に近江）地方の石垣構築技術が融合した結果とも考えることもできるだろう。

さらに、内堀と中堀に挟まれた曲輪の城郭としての特徴に目を向けた時に、内堀同様に中堀も石垣により構築されている。しかし、内堀は腰巻石垣と称される低い石垣で構築されたものであったが、中堀に関しては明らかにすべて高石垣によって構築されているのである。また、一定の間隔で横矢を利かせた高石垣直上に櫓を配置していた。城内へ入るには四箇所に限定され、うち三本は土橋であり、巨大な枡形虎口で厳重な防御が施された。現在でも佐和口や京橋口にはその名残である石垣や門の礎石とそれに立てられた柱の規模を示す痕跡を確認することができるである。

このように彦根城は石垣やその直上に瓦葺き礎石建物である天守をはじめとした重層建築物を配し、巨大な堀や土塁を形成する大土木工事を要する近世城郭であるのと同時に、切岸・竪堀・堀切などの中世山城にみられる防御施設を多くとり入れて築城された、いわば中世と近世の築城技術が融合した大城郭であった。彦根城跡は、多くの城跡で失われた普請と作事を同時に目にすることができる最適な城跡といえよう。

【参考文献】『新修彦根市史』二（彦根市、二〇〇八）

（下高大輔）

●埋もれていた石垣の城

山《やま》崎《ざき》山《やま》城《じょう》

〔彦根市指定史跡〕

〔所在地〕彦根市稲里町・清崎町・賀田山町
〔比　高〕六〇メートル
〔分　類〕山城
〔年　代〕天正年間（一五七三〜九二）前半頃
〔城　主〕山崎源太左衛門（片家）
〔交通アクセス〕ＪＲ東海道本線河瀬駅より西北西に徒歩約二キロ

【発掘調査による予期せぬ発見】　ことの発端は彦根市南部の開発に伴い、山崎山山頂が水道の配水池（タンク設置）の候補地にあげられたことに始まる。一九八〇年代の滋賀県教育委員会による中世城郭遺跡の分布調査によれば、山崎山山頂部全域には曲輪《くるわ》造成に伴う雛壇《ひなだん》状の平坦地などが把握されており、在地領主の山崎氏の居城としての典型的な土造りの中世城郭遺跡として認識されていた。このため、開発候補地の一つであった山崎山山頂東側において、平成五年（一九九三）三月頃に埋蔵文化財試掘調査が実施され、遺構の残存状況が把握された。ここで驚くべきことに、石垣遺構が確認されたのである。その後、山頂部東側で記録保存を目的とした面的な発掘調査が実施された。

調査の結果、地表面観察調査での予想は大きく外れ、曲輪を形成するために石垣を用いた城郭であることが判明した。石垣立面の観察から、割石《わりいし》を用いて面を創出し、築石《つきいし》同士の隙間には一定量の間詰《まづめ》石が確認でき、石垣勾配《こうばい》については、天正四年（一五七六）築城開始の織田信長の安土城に近い角度をもっていたことから、安土城とほぼ同時期に構築された石垣であると判断されている。城跡全体は岩盤で地山が形成されており、それを削り込んで石垣を設置していたようである。これらの石垣は山頂南から東斜面において検出され、その築石は数段分で一メートル強の高さのみしか残存しておらず、石垣裏込めの状況や山頂部岩盤地形との関係から、往時は検出された石垣の三倍以上の高さを有していたと考えられる。さらに、多聞櫓の基礎のような基壇状の石垣や、山頂付近には複雑な石垣列が複数検出され、これらを丁寧に図化し、その配置を検討すると、規模は小さいながらも安土城の天主台穴蔵構造に近い形に復元できる遺構と考えられている。まさに近世城郭を髣髴《ほうふつ》とさせる遺構が検出されたのである。

【山崎山城の縄張り】　実のところ、山崎山城は全面発掘調査が実施されたにも関わらず、その全体を示す縄張りについて不明な点が多々存在するのが現状である。こうした状況の中でも、発掘調査成果に基づいた縄張り復元案は城郭研究者により提示されている。

曲輪は、山頂尾根地形に制約される形で東西に雛段状に配置される。標高一四七メートルの山頂付近に櫓台と推定される穴蔵遺構をもつ東西に長い曲輪、その東側に一段下がって多聞櫓基礎のような基壇状石垣が検出された曲輪、さらにその東側に遺構面の削平が著しかった曲輪である。これらの曲輪群の特徴は南面を中心に石垣下部が残っていたこと、北面では一部通路状の帯曲輪が確認できたことである。各曲輪間の移動がどのようなものであったかを推定するまでには至っていないのは残念である。ただし、最東端の曲輪南側は、約九メートルにわたって石垣が検出されておらず、石垣が途切れる両側ともに隅石に相当する可能性の築石が確認されている。さらにこの石垣が途切れた空間内でほぼ一列に地山を掘り窪めた穴が三基検出されている。このことから、虎口に該当する箇所である可能性は捨てきれない。一方、推定櫓台の西側は、地表面観察調査で尾根線を遮断するために設けられた堀切が確認されて

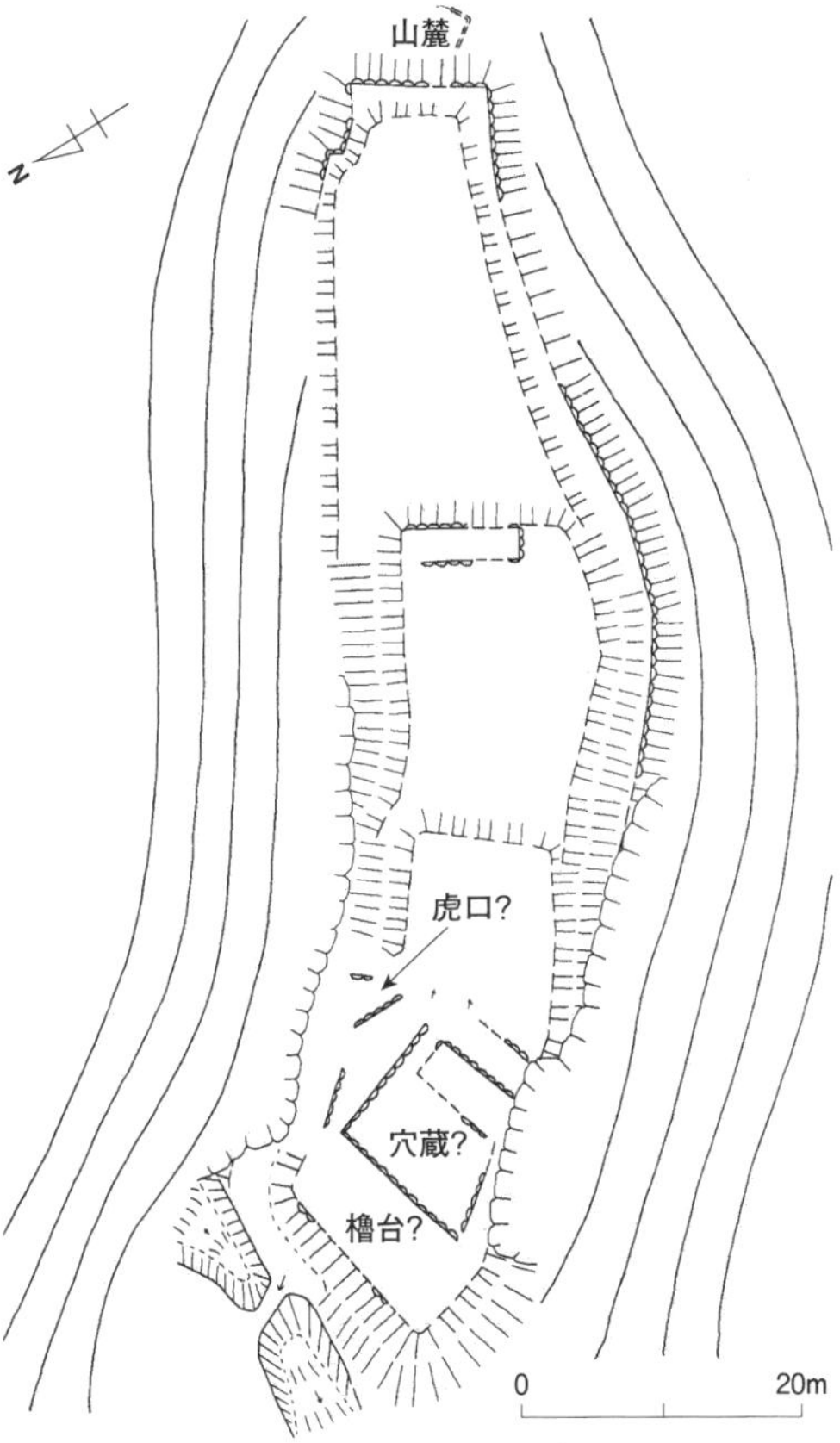

山崎山城概要図（作図：早川 圭）

公園整備された推定櫓台遺構

検出石垣の現状

いた。これより西側については、平坦面と把握されていたが、試掘調査の結果から、曲輪に伴うものではなく、自然地形であるとの結論が下されている。現在は、本発掘調査の発端ともなったタンクが設置されており、検証不可能である。

【街道からみた山崎山城の築城者】彦根市の西側は琵琶湖に面した広大な平野となっている。その南北ほぼ中央あたりに荒神山と呼ばれる標高二八四メートルの独立峰がある。その東側に山崎山と呼ばれる標高一四七メートルの比較的小ぶりの独立丘陵が並んでおり、主にその東側山頂に城跡が所在する。山崎山の東から北山麓には、山崎山に流れを遮られる形で南東方向から北西方向に流れる宇曽川が流れており、天然の堀の役目を果たしている。このような立地の中で、山崎山城にとって最も重要なのが山麓を通る街道の存在である。この街道は、荒神山と山崎山の間を抜ける形で、南西方向から北東方向へと抜ける道であり、南側から山崎山中央に向かって直進の後、山麓部で九〇度左折させて山崎山山麓際を通らせて北進するという、きわめて山崎山を意識した敷設となっている。この街道は織田信長がみずからの居城である安土築城及び山下町の繁栄策として整備した街道の一つとされている。山崎山城や安土城の東方をおおむね南北走行に敷設されていた古代以来の主要街道を「上街道」と称し、それに対する「下街道」と称された。この街道は江戸時代になると朝鮮通信使が往来したことから「朝鮮人街道」と呼ばれている。下街道は上街道と併走する形で敷設されており、基本的に安土城のために整備された街道といっても過言ではない。安土の北方方向に目を向けると下街道と上街道の結節地点に織田家重臣の丹羽長秀の居城であった佐和山城が立地している。佐和山城は安土城の北方の守りとして存在していたことは明白であるが、その中間地点に存在しているのが、山崎山城となるのである。このため、在地領主山崎氏が自らの居城を信長の指示で石垣の城へと改修したと考えられている。『信長公記』天正十年四月廿一日条に「(前略)山崎に御茶屋立置き、山崎源太左衛門一献進上候なり。今度、京都・堺・五畿内、隣国の各はるばる罷下り、御陣御見舞の面々、門前市をなす事に候。路次中色々進物員を知らず上覧に備へ、誠に御威光有難き御代なり」とあり、信長が甲斐の武田氏を滅ぼした後に、旧武田領から徳川家康領を経由して岐阜から居城の安土へゆっくりと凱旋した時の記事である。その際、織田家家臣らが自らの居城などに「御茶屋」を立てて、主君信長の休憩所をそれぞれ設けて信長本人が立ち寄りながら、安土へ帰城したのだ。その安土に帰り着く最も手前にあるのが「山崎」の「御茶屋」ということになる。

【遺構・遺物からみた廃城過程】 ところで、発掘調査で検出された山崎山城の曲輪を形成する石垣の残存状況は極めて悪かった。公刊されている発掘調査報告書によると、石垣天端に関しては一切検出されていない。また、発掘調査によって検出された石垣だけに、上部は欠損して下部が完全に埋没していたことは容易に想像できる。そのすべての石垣上に堆積していた土の状況は、おおむね石垣の裏込めに使用されていた栗石、その上に曲輪形成土、さらにその上に表土が被っていたようである。発掘調査全区域にわたって、これだけまとまって同じように自然崩壊したとは考えにくい状態である。さらに加えて、出土遺物についても瓦などの建築部材や生活痕跡を示す陶磁器類は一切出土せず、土師器皿《かわらけ》の破片のみが一定量出土したのみである。これらの状況から、本能寺《ほんのうじ》の変後に城主の山崎氏が摂津三田へ移封された時に破却したとの考えが定説化されつつある。しかし、石垣の検出箇所が先述の街道に面していない部分に集中していることは示唆的である。つまり、街道に面した石垣築石は、街道を石引き道として山崎山廃城後に近隣での新規築城に利用された可能性も想定すべきである。その場合、山崎山城跡は天正十三年新規築城の八幡山城や慶長九年(一六〇四)の彦根城などの砕石場となった可能性もあるということである。

なお、山崎山城跡は、史跡整備としては程遠い残念な事例として採り上げられていることはいうまでもなく、現地で遺構を把握するために訪れる際には概要図は必携である。

【参考文献】 彦根市教育委員会編『山崎山城跡発掘調査報告書』(一九九五)、早川圭「山崎山城」(『近江の山城ベスト五〇を歩く』所収、サンライズ出版、二〇〇六)

(下高大輔)

●寺院都市を守る城

敏《びん》満《まん》寺《じ》城《じょう》

〔関連史跡として敏満寺石仏谷墓跡〕

〔所在地〕犬上郡多賀町大字敏満寺
〔比　高〕一八メートル
〔分　類〕城館
〔年　代〕十六世紀中頃
〔城　主〕敏満寺あるいは新開（新谷）氏
〔交通アクセス〕名神高速道路上り線多賀サービスエリア内

【発掘された防御施設と防御空間】　昭和六十一年（一九八六）十二月九日付の毎日新聞に、「高さ五メートルの土塁《どるい》と空堀を周囲にめぐらし、やぐら台を二基設置するなど要塞化した中世の寺院遺構が敏満寺遺跡から出土した。（中略）これほど軍事的色彩を帯びた寺院の発掘例は珍しく、中世城郭史を研究するうえで貴重な資料といえる。（後略）」という記事が掲載された。当時、寺院と城郭は個別に研究が進められていただけにきわめて珍しい調査成果の報道といえよう。

昭和六十一年度に名神高速道路多賀サービスエリア上り線施設の改良工事に伴い、大規模な発掘調査が実施されたのだ。現在、その場所は高速道路利用者の休憩施設の一部となり、たくさんの人々で賑わっている。実はその一角で、現在はサービスエリア建物群とガソリンスタンドの間に土塁に囲まれた公園施設が存在している。ここで「敏満寺城」と称した城跡はこの部分のことである。

かつて、多賀サービスエリア一帯は台地状の地形であり、敏満寺という中世寺院が展開した場所に該当する。発掘調査地は、その台地北西先端に位置しており、北から西斜面は急斜面の自然地形となる。また東側は溜池となるほどの高低差を有する。この自然地形を利用する形で、土塁で囲まれた空間が形成されていた。土塁は、基底部幅約六メートルで上部幅三・二メートルの台形状であり、土塁囲みの空間外側は、自然地形の急斜面、内側は約一メートルの高さを有する。さらに土塁の南北において方形を意識した土盛り地形を造り出すことによって、櫓台《やぐらだい》を設けたものと考えられている。また、南側櫓台下に土塁開口部が確認されたため、土塁で閉ざされた空間の出入り口と判断されている。この土塁が途切れた面には石垣が築かれており、土塁囲み空間より一段低い関係のテラス状の空間が確認されている。ここからは建物の礎石と考えられる石やその抜き取り痕跡が検出されたことから、土塁と一体となった門が存在していたと考えられている。また、この門と土塁、櫓台の位置関係からして、単なる寺院施設ではなく、防御を意識した施設であり、防御された出入り口は虎口、土塁囲みの空間は城郭として評価されている。このような施設は、さらに南側にも展開していることが確認されており、これらは複数の空堀によってそれぞれ独立した空間を創出していたようだ。

敏満寺城跡の現状

一方、土塁に囲まれて防御された空間からは、礎石立ち建物・掘立柱建物やこれらを区画する目的などの溝、井戸などの生活関連施設が検出された。出土遺物に関しても土器・陶磁器類を中心とした生活雑器が多数出土した。また、刀も出土している。これらのことからも、臨時的に設けられた軍事施設などではなく、恒常的な城郭施設であると判断できる。そして、出土遺物から十六世紀中葉頃と判断されており、遺構についても、その検出された密度や切り合い関係から、大掛かりな施設の改造など認められず、短期間のうちに築城されて、機能停止した城郭遺構と考えられている。

【検出された城郭遺構と敏満寺】　それでは、敏満寺城の築城主体は誰か。その築城目的は何かということになろう。これには、中世寺院である敏満寺を把握する必要がある。敏満寺の初見は平安時代後期まで遡る。その開基については諸説あり定かではないが、奈良時代後半頃ではないかと推定されている。敏満寺の範囲については、天治二年（一一二五）三月の「平等院長吏坊政所下文案」（「敏満寺目安」）によると、「東は山後、南は鳶辻路、西は鳥居下相木大道、北は寺登路を境とする」とある。つまり、現在の多賀サービスエリア一帯とその南東方面に聳える青龍山を含み込むという広大な敷地を有していたことになる。また、元徳三年（一三三一）の

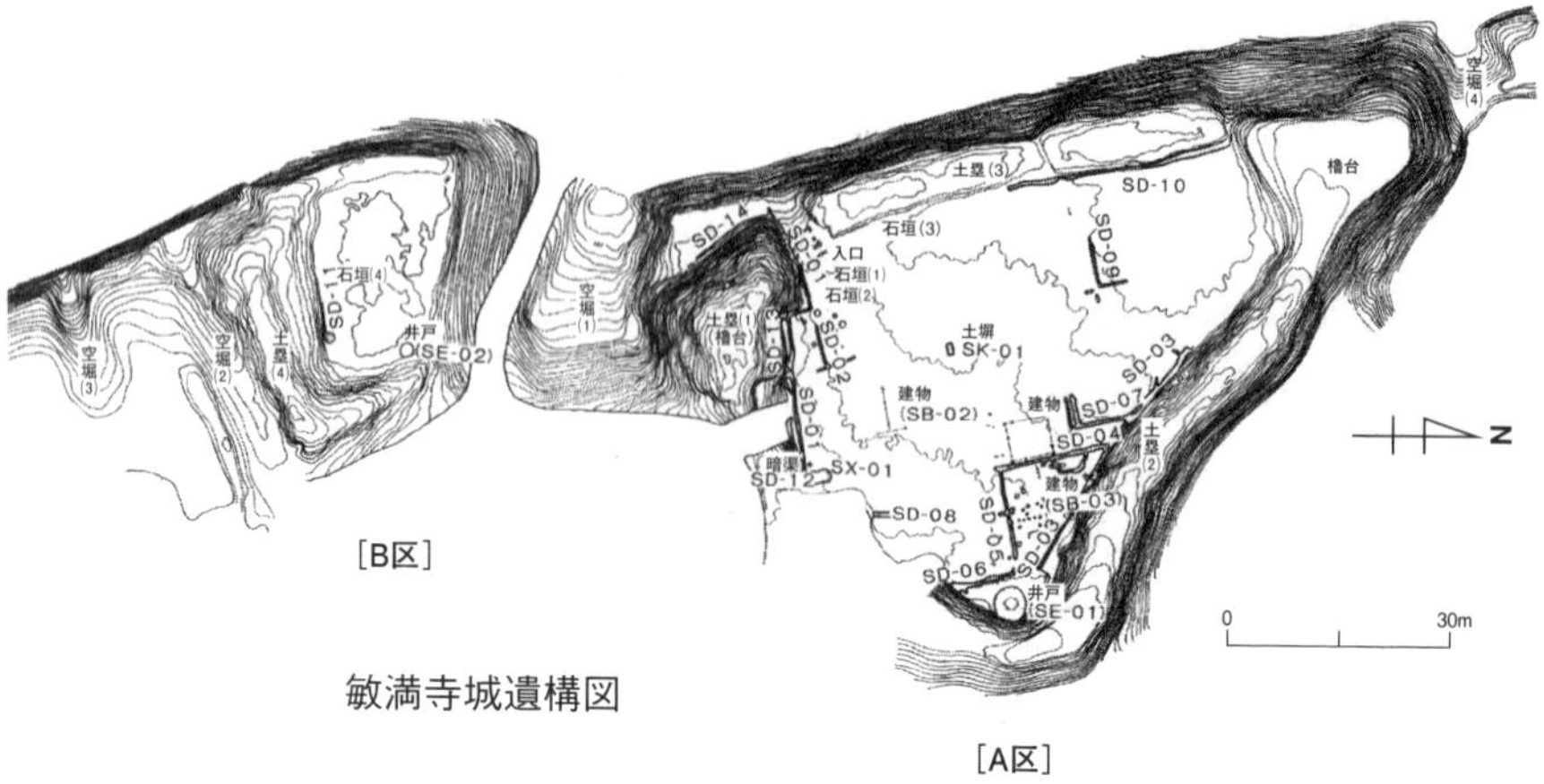

敏満寺城遺構図

敏満寺構成案図

「当寺堂塔鎮守目録」によると、多賀サービスエリア下り線南方で、青龍山北西麓の胡宮《このみや》神社一帯が本堂で、その周囲で南谷・西谷・尾上谷（北谷）に分かれ、現在のサービスエリア一帯を埋め尽くすように五十余りの堂塔が立ち並んでいたことが記されている。そして、近年までの発掘調査や歴史地理学的な調査などをはじめとする学際的な研究成果によって、青龍山を聖域と見立てて、その北西山麓に本堂地区、その南北に隣接する形で宿坊群、台地状の自然地形を利用する形で、北方には町屋地区、その真反対の寺域南方には墓地（史跡敏満寺石仏谷墓跡）を配した一大寺院都市が展開していたと理解されている。そして、発掘された城郭施設は、まさにこれらの寺域北西隅に隣接し、地形から想定される西側からの外敵監視には最適の位置なのである。こうしたことから、寺院都市敏満寺を防衛する施設として築城され、その築城主体も敏満寺そのものと考えられている。

ところが、敏満寺城の築城主体が在地領主である新開《しんがい》（新谷）氏の居城であるとの意見も一部であった。しかし、先述からの検出遺構と出土遺物から、極めて短期間のうちに築城して機能停止したことから、居城説を否定する見解が示されている。しかし、新開氏などの周辺の在地領主は敏満寺の衆徒形成の一翼を担っていた可能性も指摘されていることから築城主体の一部であった可能性は大いにあり得るのである。

【寺院都市の城塞化とその終焉】 このように寺院都市の一角に城郭施設を構築して、城塞化した要因は何だったのであろう。発掘調査成果によれば、防御施設の主体を成した土塁の構築方法は、地山を削り出して防御空間を造成する中で、土塁を構築する部分のみ、削り残した上で盛土を施して構築されていたことが明らかとなっている。つまり、防御施設と防御空間は計画的かつ同時に創出されたことを示していることは興味深い。このことから、何らかの軍事的な緊張関係の中で築城されたことは間違いない。出土遺物が示す十六世紀中葉頃に敏満寺における軍事的緊張は、二つ推定されている。すなわち、永禄五年（一五六二）三月の浅井賢政《かたまさ》（長政）の敏満寺攻めと、元亀三年（一五七二）の織田信長によるものである。これらのことから、永禄の軍事的緊張を背景に築城され、元亀三年に落城したと考えると、検出遺構の解釈とも一致するとの見解が出されている。なお、防御空間の検出面や出土壁土などは火をうけた痕跡が確認されていることは、兵火をうけたことを考古学的にも証明しているといえる。

敏満寺城跡は、現在、意外と賑やかな立地にあり、車を横付けして訪れることが出来る極めて利便性の高い城跡であるため、ぜひとも一見をお勧めする。また、かつて寺院都市敏満寺の一部であった墓域はわが国の中世墓地遺跡として貴重な遺跡であることから「史跡敏満寺石仏谷墓跡」として国指定史跡となり、国民共有の財産として保護されている。

【参考文献】 滋賀県教育委員会編『敏満寺遺跡発掘調査報告書』（一九八八）、『多賀町史』上巻（多賀町、一九九一）

（下高大輔）

●織田信長天下布武の城

安《あ》土《づち》城《じょう》

〔国指定特別史跡〕

〔所在地〕近江八幡市安土町下豊浦・東近江市能登川町きぬがさ
〔比　高〕一一二メートル
〔分　類〕平山城
〔年　代〕天正四年（一五七六）～天正十三年
〔城　主〕織田信長、織田信雄
〔交通アクセス〕ＪＲ東海道本線「安土駅」下車、北東へ徒歩三〇分（約二・二キロ）。駐車場あり

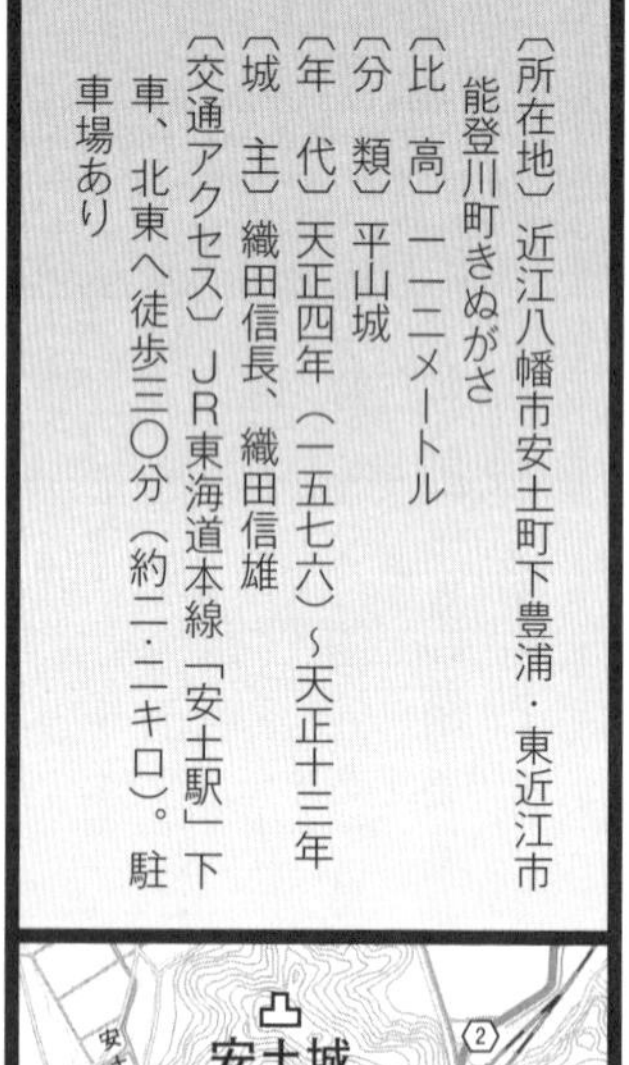

【幻の城、安土城】　安土城は琵琶湖の東岸、近江八幡市と東近江市との境界線上に位置する。織田信長は、この地に位置する標高一九八メートルの安土山に巨大な城郭を築いた。城は安土山全体に石垣をめぐらし、山頂に五層の高層天主を持つ、それまでにはなかった豪壮華麗なものであった。当時来日していたキリスト教の宣教師もその姿を記録に残し、遠くヨーロッパにまでその評判は伝わっていた。しかし、城が存続した期間は約十年と短く、残された資料もほとんどない。そのため、安土城の実像は幻に包まれている。

【天下布武の拠点】　安土築城は天正四年（一五七六）正月に始まる。前年に長篠の合戦で武田勝頼を撃ち破り、越前一向一揆を鎮圧して畿内から東海・北陸にかけて信長に対抗する勢力を鎮静化した段階での築城である。またその年の暮れには織田家の家督を嫡男の信忠に譲り、自分は戦国大名より上位に立つ天下人としての立場を鮮明にした。安土城は、信長が天下人へとさらに大きく一歩を進めた時に築かれた城であり、それまでの居城とは異なり、まさに天下布武の拠点として築かれたものであった。

　築城開始から三年後の天正七年五月には天主が完成して信長はそこに移る。そして同十年六月二日、本能寺の変で信長が死んだのち、いったんは明智光秀が入城するが、光秀が羽柴秀吉との戦いで敗れたのち、六月十四日から十五日にかけて天主をはじめとする主郭部が炎上、焼失した（『兼見卿記』）。

　しかしこのことで安土城が廃城となったわけではない。炎

上したのは主郭部のみであり、炎上後も織田信孝、羽柴秀吉、織田信雄、三法師が相次いで安土入城を果たしている。安土入城は自分が信長の後継者であることをアピールする行為であり、いまだ織田氏の天下の象徴としての安土城は健在だったのである。

したがって、安土城が最終的に廃城となるのは、織田氏の天下が消滅したときとなる。天正十二年の小牧・長久手の戦いの結果、織田信雄が羽柴秀吉に政治的に屈し、織田氏の天下は終わりを告げる。秀吉は、翌十三年、近江国割を行い、八幡山《はちまんやま》城を築かせて甥の秀次をそこに入れた。八幡山城の城下町には安土城下町から町ぐるみ人々が移住させられており（『八幡町記録』ほか）、十三年以後、安土城に関する記事が見られなくなることから、安土城と城下町はこの段階で機能を失ったと考えられる。

【安土城の構造】　廃城後の安土山は城の建物は失われて崩れかけた石垣のみが往時の威容を誇っていた。そうしたなか、平成元年（一九八九）より滋賀県教育委員会により特別史跡安土城跡調査整備事業が二十年計画でスタートした。その一環として城跡の発掘調査が実施され、多くの新しい事実が明らかとなった。

安土城の遺構は、山頂部に位置する天主跡を中心に主郭部

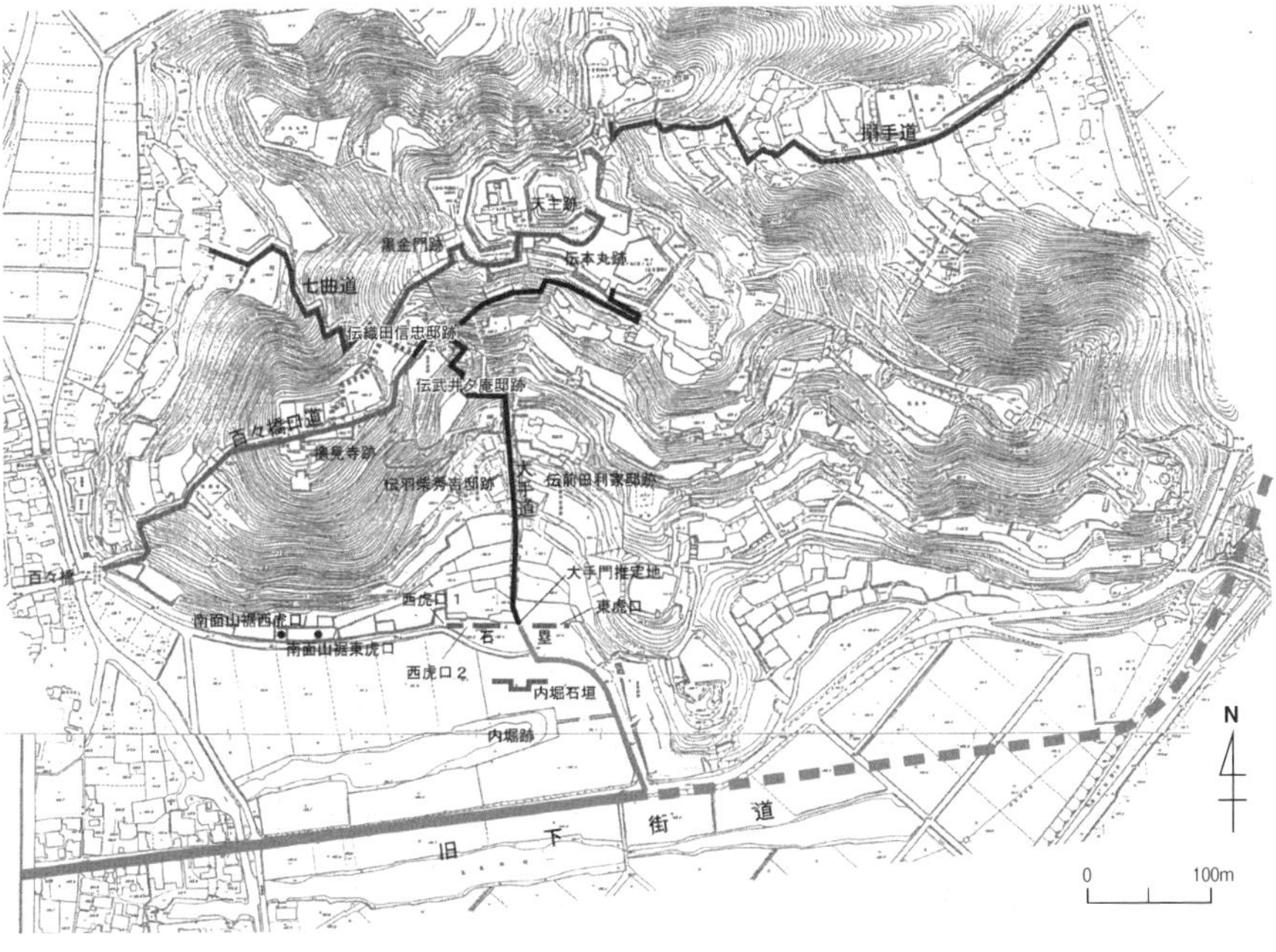

安土城跡平面図

が広がり、山の南斜面に多くの曲輪《くるわ》が集まっている。山頂部からは北東、南東、南、南西、北西の五方向に道が延び、城内と城外を結んでいる。このうち、南に延びる道が大手道である。発掘調査はこの大手道沿い、南西に延びる百々橋《どどばし》口道沿い、北東に延びる搦手《からめて》道沿いと主郭部、城の南面山裾に広がる大手口周辺で実施された。

調査成果のなかでも特筆すべきは直線で延びる大手道が発見されたことである。調査前は突き当たりに位置する摠見寺《そうけんじ》への参道でしかなかった幅約三メートルの石段の下に築城当時の大手道があることがわかったのである。見つかった石段は幅約七メートル、その両側に幅約一メートルの石敷き側溝を持ち、さらにその外側に石塁がそびえたつという、立派なものであった。また、大手道は石段の麓から現在摠見寺が建つ郭の下を通ってさらに直線で進むということも確認された。最終的には石段よりさらに南に下がった大手門推定地から約一八〇メートル直線で進むことが明らかとなったのである。

現在、大手道は発掘調査の成果に基づいて復元整備が行われ、現地に立つと当時の大手道の威容を見ることができる。

大手道の石段を登り始めて左側（西側）の郭群が伝羽柴秀吉邸跡、右側（東側）の郭群が伝前田利家邸跡である。しかし、実際これらの郭に家臣の屋敷があったという確証はな

安土城大手正面

安土城址石碑

常楽寺港の船入跡

い。このうち伝羽柴秀吉邸跡は大きく上下二段の郭で構成され、上段郭からは主殿跡が、下段郭からは厩《うまや》跡と櫓門《やぐらもん》跡が見つかっている。伝羽柴秀吉邸跡では郭の平面整備と崩れた石垣の復元整備が実施され、建物部分が色を変えて表示されている。

大手道は直線部の突き当たりで左折し、二三〇メートルほど平坦道を進んだあと、北側の斜面を九十九折《つづらおれ》に登っていく。登り切ったところは伝織田信忠邸跡の南面で、そこで道は二手に分かれる。東へ進むと主郭南面から伝本丸の南虎口へといたり、西へ進むと旧摠見寺跡を経て安土山南西の登り口である百々橋口へといたる。現在、主郭南面へ行く道は埋め戻されて通行止めとなっており、西へ進んだのち伝織田信忠邸跡の内部を通って黒金門《くろがねもん》跡へといたる尾根道へと進むよう、ルート整備がされている。

黒金門跡は主郭部への入り口であるが、主郭内の石垣は伝二の丸の石垣以外はすべて昭和三十年代から五十年代にかけての積み直しである。

主郭の中央にある伝本丸跡は昭和十五年（一九四〇）・十六年に天主跡と合わせて一度発掘調査が行われていたが、平成の発掘調査によってすべての礎石が確認された。天正十年（一五八二）正月に信長が家臣たちに行幸御殿《ぎょうこうごてん》を見学させたことが『信長公記』に記載されているが、伝本丸跡の建物がその御殿に比定される。

天主跡は現在、一面に礎石が残るのみであるが、ちょうど中央部分だけ礎石が存在しない。昭和の発掘調査で礎石の無い部分から穴の痕跡が発見され、平成にも再調査されたが詳細については不明のままである。

一方、百々橋口から城内に入る百々橋口道上には摠見寺跡がある。摠見寺は信長が安土城内に建立した寺院であるが、安政元年（一八五四）に火災で本堂、書院、庫裏といった主要伽藍《がらん》が焼失し、現在仮本堂が建つ大手道沿いに移った。現在摠見寺跡には二王門と三重塔（いずれも重要文化財）を残し、建物は現存していない。

【安土城と行幸】　安土山南面山裾の大手口周辺では一直線に延びた石塁上から四つの虎口が並んで発見された。一番左端の虎口が枡形虎口《ますがたこぐち》、ほかの三つは平虎口で、城郭のセオリーでは説明できない構造であり、都城の城門との類似性が指摘されている。その特殊な構造から、特殊な用途として行幸への対応が想定されている。直線の大手道も含め、大手口から伝本丸南虎口へといたるルートは、道の規模が城内でも最大であること、これらの道が記録上には表れてこないこと、他の城内道とは交わらずに伝本丸まで到達できることから、行幸道として使用する時まで封印されていたのではないかと考えられる。

信長は、天下統一戦を戦う正当性を天下静謐に求めていた。そのため、織田軍団が天皇の軍隊であることを強くアピールするために安土行幸を実現しようと考えていたのである。

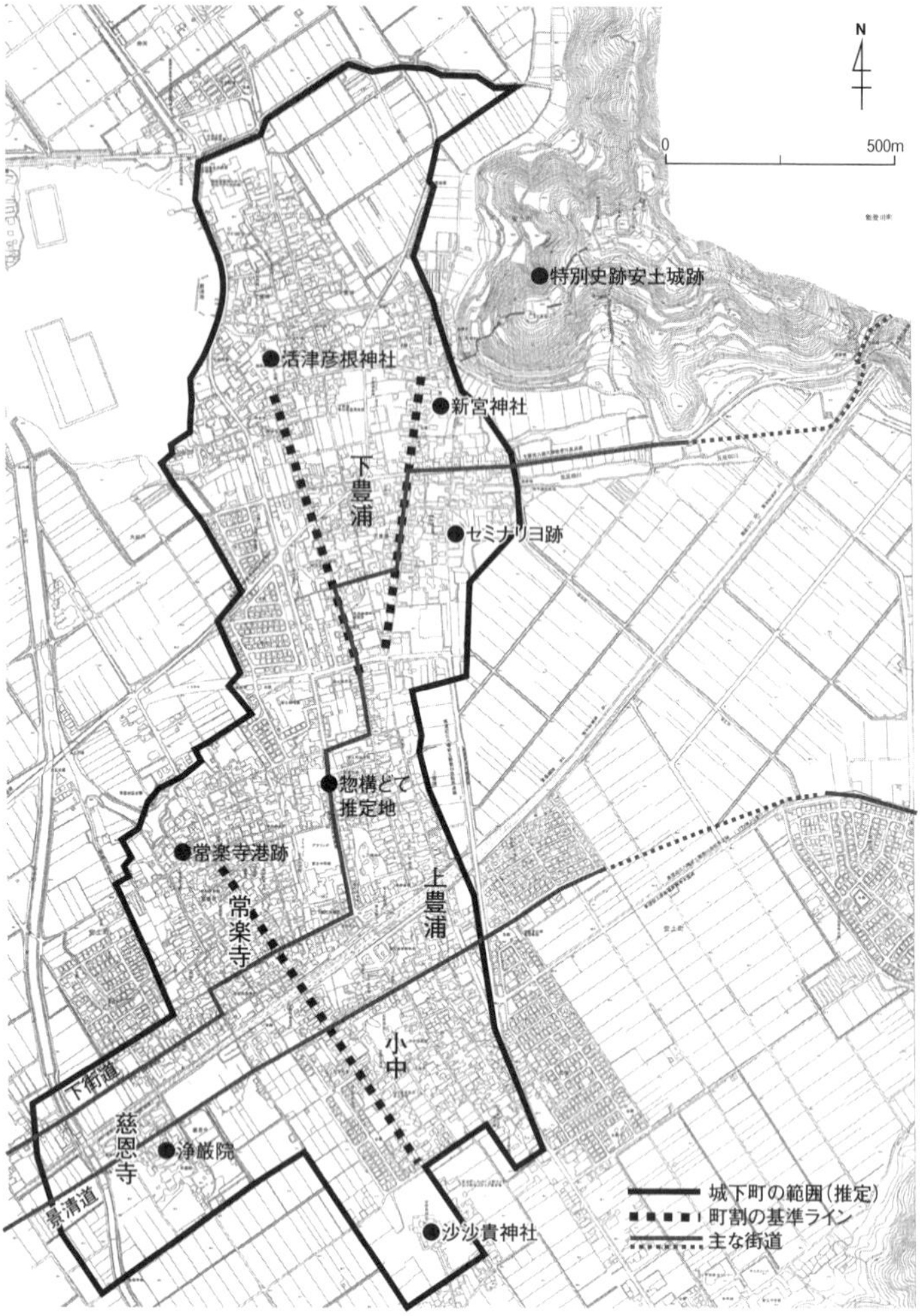

安土城下町跡概要図

【安土城下町の成立と構造】 安土山の南西に広がる舌状台地上には安土城下町が建設された。天正五年六月に城下町に宛てて有名な楽市楽座の掟書が出されており、築城と同時に城下町の建設もはじまったと考えられる。

安土城下町のあった場所は、中世には薬師寺領豊浦庄があったところで、安土城下町も荘園の集落を取り込むようにして建設されている。そのことを端的に示すのが城下町の町割である。安土城下町の町割は大きく三方向に分かれている。一番西端の常楽寺・慈恩寺地区は、旧蒲生《がもう》郡条里が残っている。その東、城下町の中核部分である下豊浦《しもとようら》・上豊浦は北端に位置する活津彦《いくつひこ》根神社へ南から延びる参道が基準となり、東端の新町地区は、新宮神社へと向から参道が基準となっている。これら二つの神社は城下町建設以前から存在しており、信長が城下町建設にあたり、これら二つの神社へと向かう参道を基準として町割を施したことが想定できるのである。蒲生郡条里を残していることと合わせ、城下町の建設にあたっては旧集落を活かしつつ行なわれたことがうかがえる。従来、信長が旧集落を破壊して城下町を建設したかのように考えられていたが、中世集落を温存しつつ建設が進められたというように見直しが進んでいる。

安土城・城下町遠景

　城下町遺跡の発掘調査は住宅地であることもあって、小さな面積を部分的に掘るだけで、まとまった調査成果は得られていない。古絵図などの研究から、現在の街路がほぼ城下町時代の道を残していることが明らかとなった。

　遺構は確認されていないが、伝承地としてはセミナリオ跡と惣構どて跡がある。信長は城下町に宣教師の屋敷を与えたが、彼らはその三階部分をキリスト教の神学校（セミナリオ）として使用したのである。現在、セミナリオの場所として下豊浦の堀端が比定されているが、ここの地名ダイウスがゼウスから転訛したものというのが根拠となっている。

　また江戸時代の古絵図に信長時代の惣構《そうがまえ》土手が描かれており、ほかの資料にも同様の記述があることから、そうした土手が存在したことは間違いない。その場所は、現在の安土コミュニティセンターの南側、下豊浦と上豊浦の境界付近にあたる。城下町内部を二分する場所であるが、ここより南側では城下町時代の遺構密度が低くなること、この場所が城下町の中でももっとも狭い場所にあたることから、何らかの境界的な施設があってもおかしくはない。城下町についての資料が少ない中、この土手は、城下町の構造や性格を考える重要なカギとなっている。

【参考文献】滋賀県教育委員会編『安土　信長の城と城下町』（サンライズ出版、二〇〇九）

（松下　浩）

●総石垣の大規模な中世山城

観《かん》音《のん》寺《じ》城《じょう》

〔国指定史跡〕

〔所在地〕近江八幡市安土町石寺他
〔比　高〕四二〇メートル
〔分　類〕山城
〔年　代〕十四世紀～十六世紀半ば
〔城　主〕六角氏
〔交通アクセス〕ＪＲ「能登川駅」下車後、バスで「観音寺口」下車、徒歩四〇分

【戦国大名六角氏の本城】　琵琶湖東岸を南北に走り、伊吹山麓を抜けて美濃へと至る中山道は、近世以前には東山道と呼ばれ、都の置かれた京都と東国とを結ぶ幹線道であった。観音寺城の築かれた繖山《きぬがさやま》は、この東山道を威圧するかのようにそびえ立っている。この辺りは、近江国東部のほぼ中央にあたり、近江支配の拠点を置くにふさわしい場所であったと考えられる。織田信長が居城を置いた安土山は、この繖山の西側に立地する。

観音寺城は、中世を通じて近江守護の地位にあった佐々木六角氏の本城である。六角氏は鎌倉期には小脇（近江八幡市）に館を構えていた。一方、繖山には西国三十三所札所の観音寺（現観音正寺《かんのんしょうじ》）が先行して存在していた。南北朝内乱の際、六角氏はしばしば観音寺に籠って戦っており（『太平記』『園太暦』）、繖山が六角氏の軍事行動において重要な意味をもっていたことがわかる。

ただし、室町期までの繖山は、本質的には観音寺の寺院空間であった。永享四年（一四二九）の観音寺山相論では、観音寺の寺院集団と麓の百姓らとの間で小競り合いが起きている（『看聞日記』）。また、文明五年（一四七三）五月に大和より美濃へ向かって移動していた一条兼良は、観音寺を「山寺」と認識している（『ふち河の記』）。

繖山は、応仁・文明の乱以後の軍事的混乱のなかで、六角氏の城となっていったとみられる。文明二年二月には「観音寺馬場」で合戦が起き、六角方の杉山藤五が討死した（『古

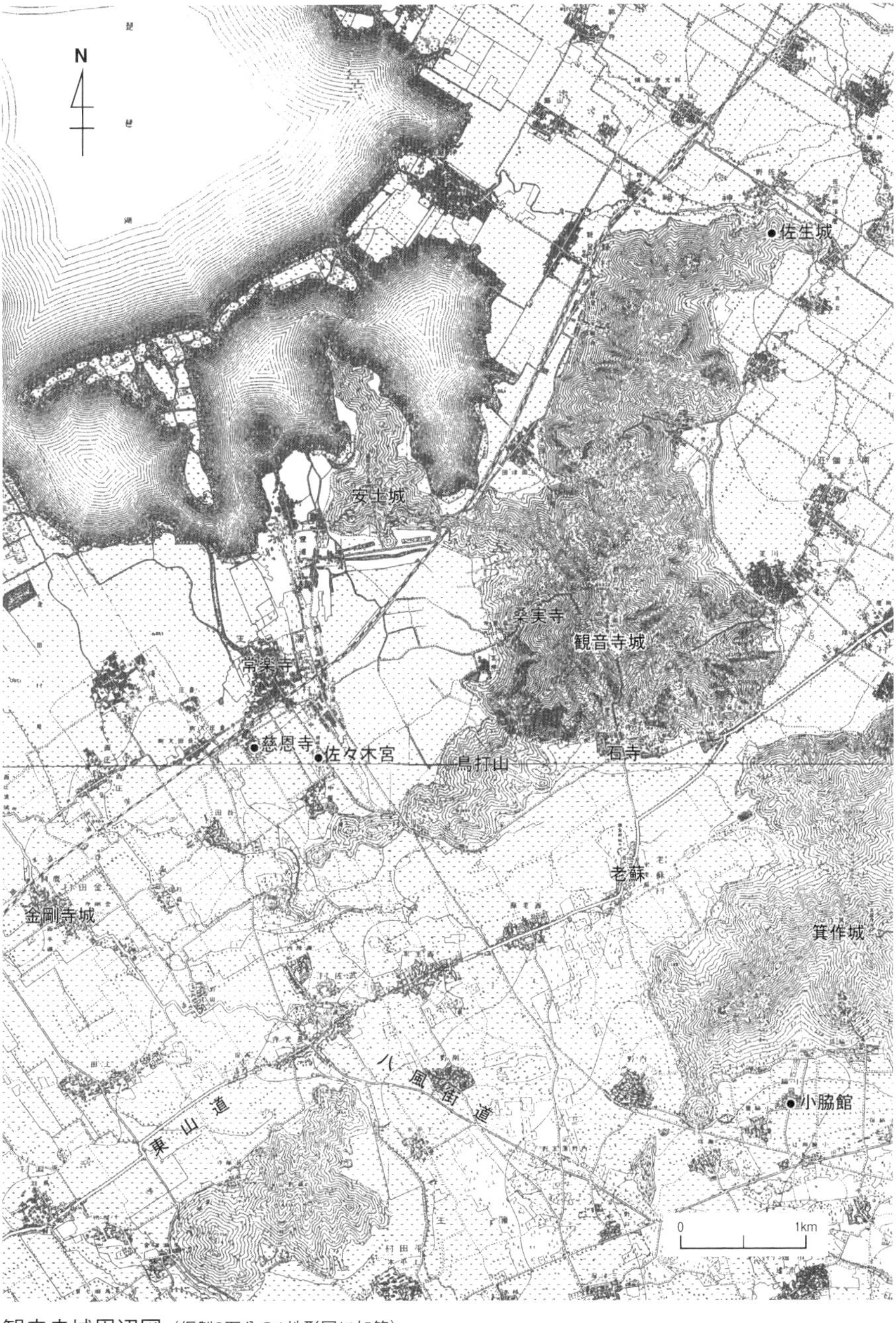

観音寺城周辺図（仮製2万分の1地形図に加筆）

証文』四）。長享元年（一四八七）九月、六角勢は将軍足利義尚方の伊勢守護仁木氏を「観音寺搦手《からめて》」で討ち取っている（『親長卿記』）。「馬場」や「搦手」など城に伴う呼称がみられることから、十五世紀末頃には六角方の繖山への駐屯が常態化し、なし崩し的に城郭化が進められたと考えられる。

【政治拠点としての整備】　十六世紀に入ると、観音寺城が外敵によって脅かされることは基本的になくなる。戦争などで当主が城を離れた際には、有力家臣が留守をつとめたことがわかっている（『経尋記』）。観音寺城にはさまざまな人々が六角氏を訪ねてやってくるようになり、それに見合った拠点の整備が進められていく。

六角氏は、京都の貴族や僧侶などを山上の屋敷で迎え入れ、家臣とともに酒宴を催している。そこには、二階建の建造物があったこともわかっている（『鹿苑日録』『東国紀行』）。山下には「石寺《いしでら》宿」（『言継卿《ときつぐきょう》記《き》』）、「観音寺宿」（『大徳寺文書』）などと呼ばれるエリアが存在し、六角氏権力との接触を求めてやってくる人々が宿泊する場となっていた。

観音寺城は、地域支配の核としても機能している。領国内の百姓や寺社勢力が六角氏に訴訟裁定を求める場合などは、観音寺城に赴いて担当の家臣と折衝を重ねた（『今堀《いまぼり》日《ひ》吉《え》神社文書』『長命寺文書』）。そこで対応にあたっている家臣らは、

観音寺城縄張図（作図：藤原英礼）

観音寺城「伝平井丸」の虎口

六角氏権力の文書発給や地域支配に携わり、貴人との対面儀礼の場面でも姿をあらわしており、観音寺城内に屋敷をもっていたものと考えられる。

弘治二年（一五五六）から同三年にかけて、六角氏は金剛輪寺《こんごうりんじ》（愛荘町《あいしょう》）に観音寺城の石垣普請を命じている。観音寺城内には五〇〇ヵ所を超える石垣が残存しているが、そのうちのいくつかは当該期に構築されたとみられる。同じ時期に、六角氏家臣の三上氏は新屋敷の構築を金剛輪寺に命じている。十六世紀半ば、石垣・屋敷の築造を伴う大規模な工事が観音寺城内で行われたのである。

永禄六年（一五六三）十月、六角義弼《よしすけ》が家臣の後藤賢豊《かたとよ》を殺害したために、多くの家臣らが城内の屋敷を焼いて、みずからの本拠の館に引き籠る（『長享年後畿内兵乱記』）。観音寺騒動と呼ばれるこの事件を機に、六角氏の支配は大きく動揺することとなる。永禄十年には「六角氏式目」を制定して権力の立て直しを図るが、翌年、足利義昭を擁する織田信長勢の侵攻により、六角氏は観音寺城を追われる（『信長公記』）。以後、六角氏は信長勢に対してたびたびゲリラ戦を展開し、近江支配への復帰を試みるが、結果として観音寺城に再び戻ることはなかった。

【広範囲にわたる遺構】 観音寺城の遺構は、繖山の頂上部と尾根部より南斜面にかけて広範囲にみられる。山内には大小さまざまな無数の削平地が残り、その多くに石垣が築かれている。

城のほぼ中央部には、観音正寺の伽藍《がらん》が設けられている。観音正寺はかつて西国三十三所の霊場として山内に坊舎を構えていたが、六角氏による城郭建設に伴い、山下に移転し、慶長二年（一五九七）に山上にて復興を果たしたと伝わる。現在、観音正寺の伽藍のあるエリアが山内では最も大きな面積を誇る。ただし、基礎をなす石積みは江戸期以降に設けられたものであり、この部分は近世に大規模な拡張がなされたと考えられている。

繖山の頂上より東西に派生する尾根上には、比較的大きな削平地が立ち並んでいる。東尾根に設けられた削平地は、北端に土塁を伴うものが多い。この尾根の最東端に位置する「伝淡路丸」も北側に土塁《どるい》をもつが、それ以外の三方は石塁で囲郭しており、城内で最も独立性の高い曲輪《くるわ》となっている。「伝淡路丸」の南斜面には、「伝目賀田邸」から「伝鯰江邸」まで比較的大きな曲輪が続き、それぞれ城域の東を画する役割を果たしている。その西側斜面には、小規模な削平地が無数に立ち並び、曲輪群を通貫する直線道がところどころでみられる。

頂上から南西に延びる尾根上には、「伝本丸」「伝平井丸」「伝池田丸」などと呼ばれる大規模な削平地が連なっている。観音寺城では、六角氏家臣の名を冠する曲輪名が数多く伝わるが、いずれも近世に描かれた城絵図などに基づく伝承であり、必ずしも史実を反映しているわけではない。ただし、このエリアは、削平地の規模や石垣のでき具合からみて、城内では中心的な位置づけにあったとみてよいだろう。

昭和四十四年（一九六九）から翌年にかけて行なわれた発掘調査で、「伝本丸」では礎石《そせき》建物跡と堂跡とみられる基壇が検出された。「伝平井丸」では、後世の改変のために遺構の全容を明らかにすることはできなかったが、庭園跡がみつかっている。「伝池田丸」は南北に二つの屋敷群にわかれ、南側では常御殿《つねごてん》と会所に比定される礎石建物跡が検出された。これらの遺構は、当地である程度恒常的に生活が営まれていたことを物語ってくれる。

【城らしくない構造】　観音寺城では、背面に設けた土塁が北側からの敵の侵攻に備えた統一的な防御ラインとして機能したと考えられている。しかし、この土塁は東山道とは反対の方向を向いており、防御上有効なものとはいいがたい。尾根《おね》沿いに削平地を設けるなかで生じた、削り残しの土塁とみた方がよいだろう。

また、「伝本丸」の東下で行われた近年の発掘調査では、「伝本丸」直下の曲輪から「伝本丸」へ続くルートが検出されなかった。詳しくは今後の調査を待たねばならないが、曲輪間の連絡はそれほどよくなかったとみられる。

観音寺城は一般的な山城とは異なり、斜面部に無数の削平地をもち、最高所に位置する曲輪の位置づけが必ずしも高くない。このような非求心的な構造は、六角氏が戦国大名として強固な家臣団統制を実現できなかったことに由来すると考えられている。当主と家臣団とが互いに起請文を交わして『六角氏式目』の遵守を誓約した事実は、六角氏権力の一揆的な側面を示しており、そうした点が城郭の構造に反映されているというのである。

一方、近年では観音寺の遺構を下敷きに城がつくられたことを重視する見解が相次いで打ち出されている。そこでは、寺院の空間と純粋に城としてつくられた部分とを峻別する試みや、観音寺の旧本堂の所在を特定しようとする研究が進められ、数多くの成果を生んでいる。また、戦国期にあっても城と寺とが一程度共存する関係にあったとし、六角氏の城づくりに伴い観音寺が山下に移されたとする伝承そのものへの疑問も出されている。

【南麓の様相】 観音寺城の山下には、六角氏の館跡と伝わるエリアがある。「伝池田丸」より下に延びる通称「表坂道」の直下に位置する方形の区画で、前面に石垣を設けている。この他、観音寺城の山麓には広い範囲にわたって人工的な削平地が残っており、なかには石垣をもつものも存在する。これらは、六角氏家臣の屋敷や観音寺の寺坊に関わる遺構とみられる。

観音寺城　山下の館跡の石垣

観音寺城の南には、城下町の石寺があった。石寺は、楽市令が初めて実施された場所として有名である。「楽市」とされた「石寺新市」（『今堀日吉神社文書』）の所在については、石寺よりも南に位置する東老蘇《おいそ》に比定する説と、石寺内に設けられた新市とみる説がある。

「石寺」の文献上の初見は、十五世紀後半にまで下る。近年の発掘調査で、石寺を南北に貫く道が十六世紀以降に整備されたことが明らかにされている。石寺はもともと観音寺の門前町として位置づけられていたとみられるが、六角氏の城づくりと密接に関わる形で構造が変わっていったと考えられる。

なお、最近の分布調査で、観音寺城の東に位置する鳥打山で、観音寺城内の石垣と類似した石垣がみつかっている。これは観音寺城の築城と関連するものなのか、今後の検証が待たれる。

【参考文献】 村田修三「観音寺城と中世城郭史」（『五箇荘町史』一所収、一九九二）、藤岡英礼「山寺の景観変遷について—観音正寺を中心に—」（『忘れられた霊場をさぐる』二所収、栗東市文化体育振興事業団、二〇〇七）

（新谷和之）

●山城・居館がセットになる豊臣期城郭

八《はち》幡《まん》山《やま》城《じょう》

〈所在地〉近江八幡市宮内町・舟木町・多賀町・南津田町
〈比　高〉二〇〇メートル
〈分　類〉山城
〈年　代〉天正十三年（一五八五）～文禄四年（一五九五）
〈城　主〉羽柴秀次・京極高次
〈交通アクセス〉JR琵琶湖線近江八幡駅より、近江鉄道バス「八幡山ロープウェイ前」下車すぐ

【立　地】　八幡山城（近江八幡城）は、琵琶湖《びわこ》の東岸、近江八幡市街地の北方の八幡山（鶴翼山）に位置する山城である。当時、八幡山の北・西側には津田内湖、東側には大中の湖が広がり、内湖に囲まれた環境にあった。本丸および二の丸・北の丸・西の丸・出丸など狭義の城郭部分が標高二八五メートルの山頂に配置され、山頂部から南東・南西へ伸びた稜線に挟まれた山腹の標高九五～一三〇メートルに居館部分が配置されている。居館部分の最高所に秀次居館が置かれ、山麓から直線的に大手道がとりつき、その東西両側に家臣団屋敷群が設けられている。

【羽柴秀次による築城と廃城】　天正十三年（一五八五）、秀吉による四国平定後にその甥・羽柴秀次《ひでつぐ》は近江のうち二〇万石と宿老共分の二三万石、合わせて四三万石を与えられ、八幡山への築城と城下町の建設を開始した。築城に際しては山麓にあった願成就寺が八幡山南方の日杉山へ移され、山腹にあった日牟礼《ひむれ》八幡宮《はちまんぐう》の上社が山麓の下社へ合祀されている。

前述の宿老とは秀次に付けられた家老たちで、近江国内の水口《みなくち》岡山城（甲賀市）に中村一氏《かずうじ》、長浜城（長浜市）に山内一豊、佐和山城（彦根市）に堀尾吉晴が置かれ、田中吉政が秀次の補佐役として八幡山城へ入っている。豊臣政権による近江支配や城郭網の編成ぶりがうかがえよう。

なお、秀次は築城だけでなく城下町の建設にも力を注ぎ、八幡堀の構築や楽市令を発するなど八幡城下の形成にも努めている。また城下には安土と共通する地名が多くみられるこ

とから、安土の城下の多くを移設したとみられる。

天正十八年、関東・後北条氏平定が完了すると、近江に配されていた秀次と家老たちは、徳川家康の関東移封後の東海地方へ一斉に移され、秀次も尾張清須城（愛知県清須市）に移る。のちには対岸の大溝城（高島市）から京極《きょうごく》高次が二万八〇〇〇石を領して入城している。

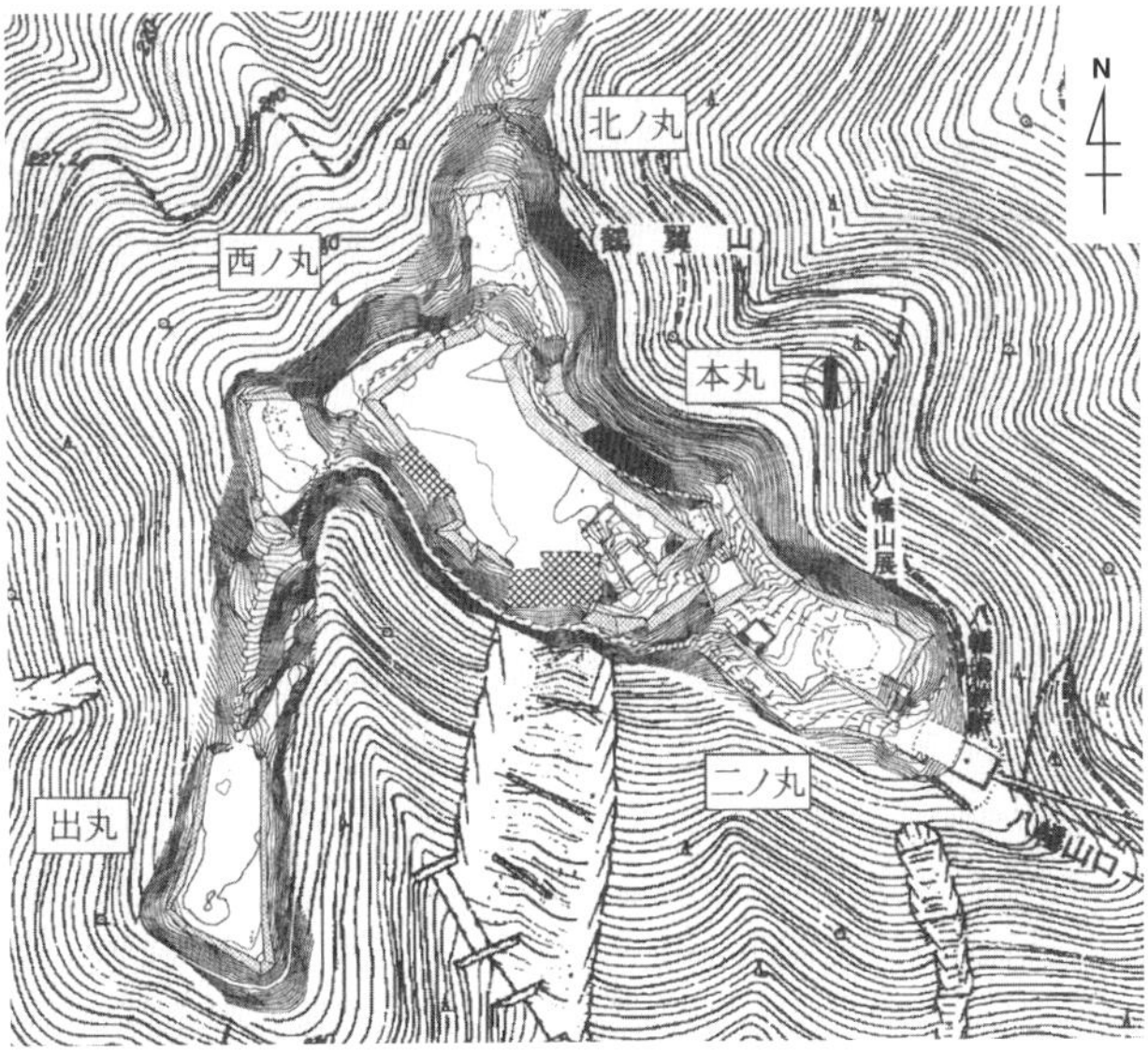

八幡山城跡測量図（山城）

八幡山城山上部の石垣

なお、秀次はその後豊臣性を受けて関白となるが、秀吉の勘気に触れて文禄四年に自害させられ、居城、聚楽第《じゅらくだい》とともに関わりの深い八幡山城も破却されたと伝わり、同年京極高次が大津城（大津市）へ移って廃城となったようである。

【山　城】　山上の城郭部分は全体が高石垣によって構築されている。石垣は隅部分が算木《さんぎ》積《づ》みを成し、石材も方形に加工されたものがみられる。また所々に宝篋印塔《ほうきょういんとう》などの転用材も確認できる。築石部については粗割石や自然石が用いられ、石垣の傾斜角は直線的で反りはみられない。

これらの石垣によって形成される塁線は各所で屈曲や突出部が設けられている。本丸南西面及び北端には石垣によって突出部が設けられ、本丸南側と東・西側の塁線に横矢を掛けている。二の丸でも南東隅に推定されている虎口からのびる通路に対して幅広に塁線を屈曲させるほか、北の丸・西の丸についても塁線の屈曲がみられ、横矢が掛かる複雑な構造となっている。

　八幡山の狭隘な山上では石垣を用いても広い空間を確保することは容易ではないが、本丸南東の虎口《こぐち》は本丸内に喰い込んだ内枡形《うちますがた》を形成している。その虎口の前方には虎口受けの小曲輪が付随し、比較的単純な構造の二の丸西側にある櫓台を付した平入り虎口に対して横矢が掛かるようになっている。本丸の南面にはかつて埋門の虎口が高石垣の中に設けられていたが、昭和四十二年（一九六七）の風水害によって本丸南側が崩落して失われたという。

　このように山上に高石垣を設け各所に突出部や屈曲を設け、本丸虎口に内枡形虎口を備えた山上城郭部分の防御性は極めて高いものである。なお、北の丸の北方尾根続きには堀切が設けられ、城の背後も堀切と高石垣によって遮断している。

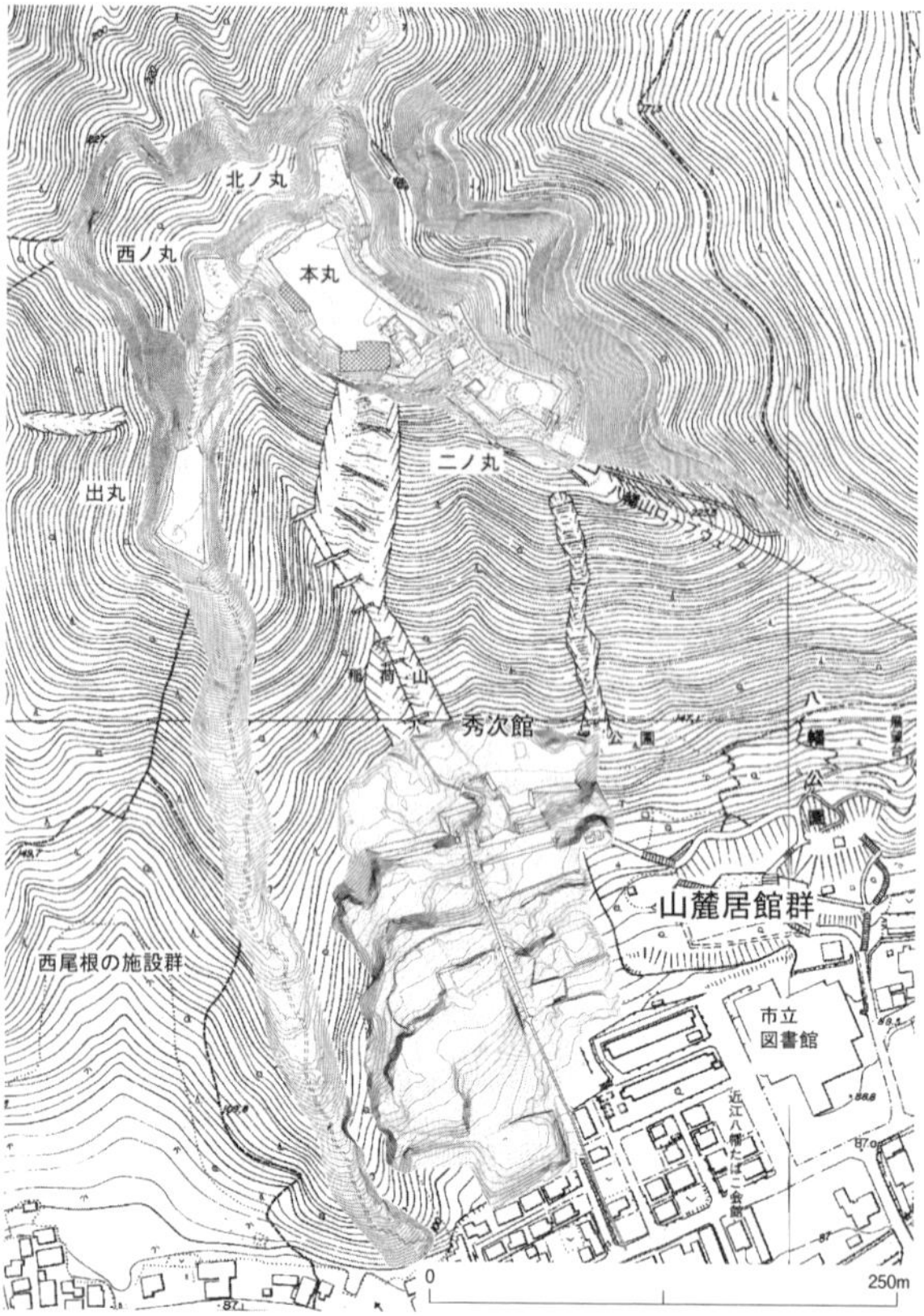

八幡山城跡・秀次館跡測量図

　一方、石垣による塁線に囲まれた曲輪の内部空間については、昭和三十七年に村雲《むらくも》御所《ごしょ》移設に伴って本丸で発掘調査が行なわれ、六尺五寸を柱間とする礎石列を検出するとともに瓦が出土している。寛政十年（一七九八）の古図によると本丸北面中央には方形壇が設けられ、天守台と想定されるが、この調査時にはすでになく、ある時期に撤去されたとみられる。検出された礎石も石垣同様に五輪石や宝篋印塔などの転用材が多くみられたという。これらの礎石は本丸にあった御殿などに関わるものであったと考えられている。北の丸・西の丸にも地表面に礎石が観察できることから礎石建物が設けられていたと考えられる。

八幡山城跡 秀次館跡枡形石垣

【山麓・秀次居館】 八幡山城の特徴となっているのが山腹にある居館部分である。大手道の突き当りに巨大な内枡形虎口を高石垣とともに設けている。虎口部分の高石垣は大型の石材が用いられ、算木積みの石垣は直線的な傾斜角ながらも天端の石を直立させることで反りを持つ曲線的な印象を持たせている。

平成十二年（二〇〇〇）から行なわれた確認調査によって、秀次居館は風水害による三メートルの堆積土に覆われていることが明らかになっている。遺構はその下から検出され、六尺五寸とみられる柱間を持った礎石建物や石組溝が確認された。礎石の一辺は大きいもので六〇センチ前後、計四二石を確認し、規模は明らかでないものの、居館の御殿建物の礎石とみられる。

遺物としては大量の瓦や鉄釘などとともに、金箔瓦《きんぱくがわら》や秀次が馬印《うまじるし》として使用していた「オモダカ」文様の飾り瓦が出土、ここが秀次の居館であることが改めて証明された。

ところで発掘調査によって出土している瓦の製作技法は、城郭部分と居館部分で異なり、城郭部分からはコビキA、居館部分からはコビキBしか出土しておらず、天正十一年前後にAからBへ技法が変化していくことから、居館の方が後で整備されたものと考えられている。山上部は石垣・瓦など転用材を多く用いていることからも築城が急がれたものと考えることもできるだろう。

これら八幡山城の遺構は天正十三年から文禄五年に限定できる遺構とみられることから、城郭部分と居館部分のあり方、当時の近江支配の中心となる拠点的城郭を考えるうえで重要な遺構といえる。また石材・瓦の様相が同じ城内で異なることから築城の様子を考えるうえで興味深い視点を提供している。

【参考文献】 近江八幡市教育委員会編『八幡山城遺跡秀次館跡確認調査報告書』（二〇〇二）、同編『八幡山城跡・北之庄城跡詳細測量調査報告書』（二〇〇八）

（早川　圭）

●巨大な土塁の残る平地城館

後《ご》藤《とう》氏《し》館《やかた》

〈県指定史跡〉

〈所在地〉東近江市中羽田町
〈比　高〉〇メートル
〈分　類〉平地居館
〈年　代〉十二世紀初頭?〜十六世紀後半
〈城　主〉後藤氏
〈交通アクセス〉JR東海道本線「近江八幡駅」下車、近江鉄道バス「羽田西」下車、西へ徒歩〇・三キロ

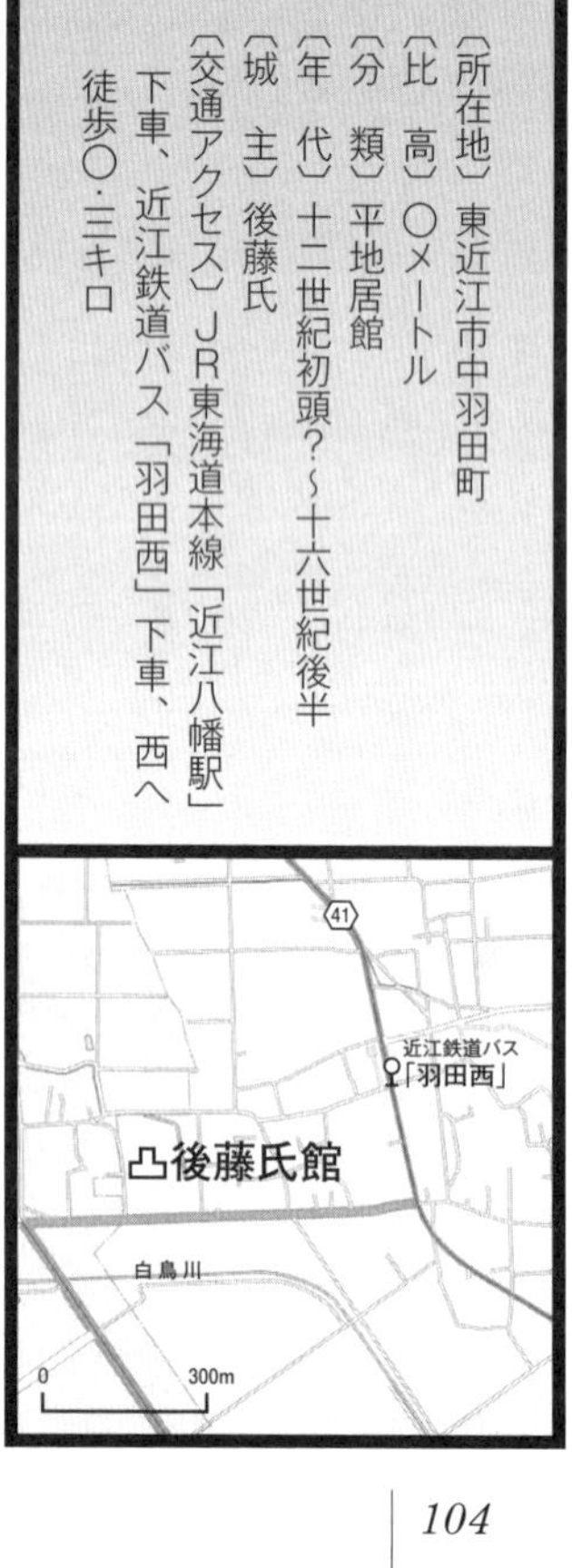

【立　地】　後藤氏館は、雪野《ゆきの》山・布施《ふせ》山・瓶割《かめわり》山などの丘陵が点在する湖東平野内陸部に位置する平地城館である。周辺をおさめた土豪・後藤氏の館と伝わる。雪野山・布施山丘陵の間に連なる東近江市中羽田・上羽田の両集落の間に、巨大な土塁と「後藤堀」とよばれる水濠を地表に留めている。堀は北東隅から湧水があり、近年まで用水池として利用されていた。

【遺構の概要】　北・東面にわたってL字形に残る土塁《どるい》の規模は長さが東西約八〇メートル・南北八〇メートル、基底部幅が一一〜一五メートル、高さ三メートルを測る。『近江蒲生郡志』巻八（一九二二年刊）所収の図によれば、四方を堀と土塁に囲まれた台形の平面を呈し、西面中央に開口していたようである。現況では西・南面の土塁・堀は失われているが、昭和五十七（一九八二）・五十八年に八日市市（現・東近江市）教育委員会によって発掘調査が行なわれ、土塁の基底部や幅約六メートル・深さ一・三メートルの堀が検出されており、郡志所収の図の形態が裏付けられた。西面に幅約六メートルで開口した虎口部分には高さ二・五メートルの石垣が残されている。土塁内部からは石組の井戸、掘立柱建物跡・溝などが検出されているが、掘立柱建物は鎌倉時代のものとみられ、戦国時代の建物は確認されていない。後年の水田化によって館内部の上層の遺構が削平されたものと考えられよう。

【遺構の時期】　発掘調査によれば、土塁の下からは鎌倉時代

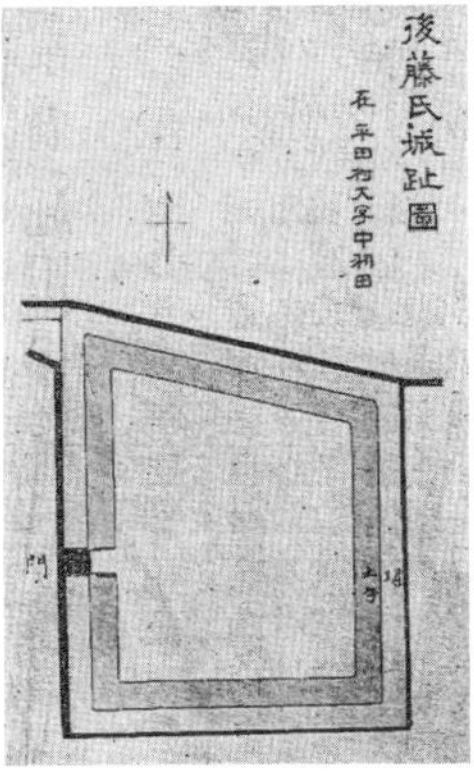

「後藤氏城跡図」
（『近江蒲生郡志』所収）

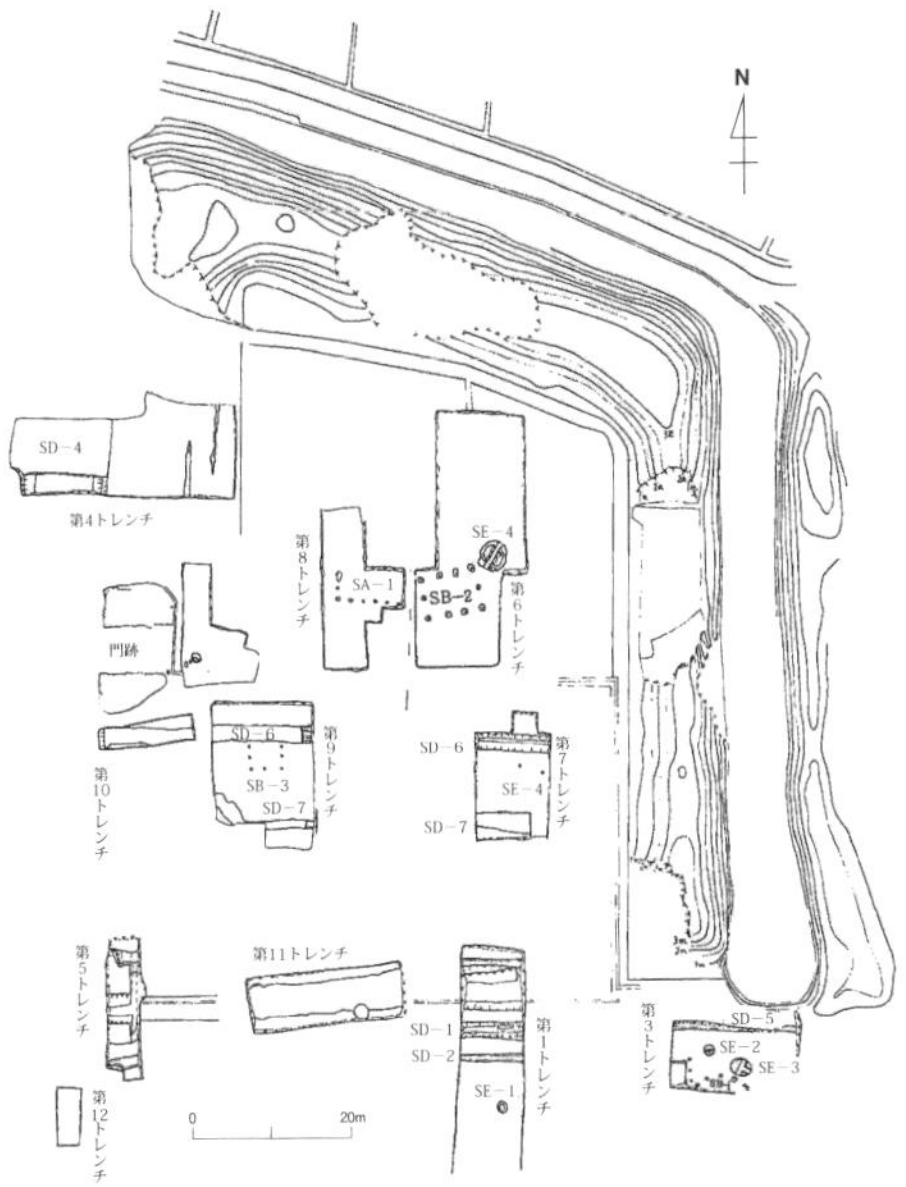

後藤氏館跡の調査遺構図

初頭を下限とする溝が検出されており、居館の構築時期を知ることができる。また、館が機能した時期を示す出土遺物の多くは、信楽焼の壺・擂鉢など十六世紀のものが多く、遺構の最終時期＝廃絶は、文献史料上の六角氏・後藤氏の衰退時期と重なる。

館跡に残る東・北面の土塁

【後藤氏】 後藤氏は戦国時代を通して六角氏の家臣として活動し、但馬守高恒・大和守高忠・但馬守賢豊らの名前がみえる。六角氏の居城である観音寺城内にも屋敷の伝承地がみられ、観音寺城の位置する繖山丘陵の北端にある佐生城も後藤氏が城主であったと伝わるなど、六角氏家臣の中でも重要な役割を担っていたことがうかがえる。戦国末の永禄六年（一五六三）、六角氏衰退の一因となった「観音寺騒動」の際には当主・賢豊と氏豊の父子が六角義弼に殺害されている。跡を氏豊の弟・喜三郎高治が継いでいるが、六角氏没落後は他の重臣と同じく織田氏の配下に入っている。

なお、後藤氏の在地における活動は不明な点が多く、後藤館の遺構の再評価とともに今後の検討によるところが大きい。

【参考文献】八日市市教育委員会編『内堀遺跡・後藤氏館遺跡発掘調査報告書』（一九八三）、同編『昭和五十九年度埋蔵文化財調査報告書』（一九八六）

（早川　圭）

●鯰江城攻めの陣城か

井《い》元《もと》城《じょう》

〔所在地〕東近江市愛東町妹
〔比　高〕段丘面で三〇メートル
〔分　類〕段丘面を利用した平城
〔年　代〕十六世紀後半
〔城　主〕――
〔交通アクセス〕近江鉄道「八日市駅」下車、南東へ約一〇キロ

【分布調査で発見された城跡】　滋賀県では昭和五十五年（一九八一）より十年をかけて県内に所在する中世城館跡の分布調査が実施された。その結果、滋賀県内には一三〇〇ヵ所にのぼる城館跡が確認された。この調査で、これまでまったく知られていなかった城館跡も発見されている。そのなかでも井元城跡は最大の発見の一つである。城跡を丹念に収録している近世の地誌類にもまったく記されておらず、その歴史は不明である。

城は愛知川の河岸段丘上の先端に構えられている。主郭は四〇×三〇メートルの方形で、周囲には横堀が巡らされている。また曲輪《くるわ》の四周には土塁《どるい》が巡る。この城で最も注目されるのが、主郭の東側に設けられた虎口《こぐち》である。虎口自体は平虎口であるが、その前面に土塁《どるい》を巡らせた方形の小曲輪が構えられていたのである。コの字状に配置された小曲輪は両サイドを開口させて土橋を架けており、典型的な角馬出《かどうまだし》であることを示している。さらに驚くべきことに、この角馬出の前面に同様のコの字状の角馬出を設けて、いわゆる重ね馬出が構えられていた。こうした発達した縄張《なわば》りは近江の土豪が築いた城ではなく、戦国時代後半に強力な大名権力が築いたことを示している。

なお、重ね馬出の空堀より外方へ延々と一五〇メートル続く土手と溝が存在し、かなり広域の外構えも付属していた。

【井元城の歴史を推定する】　では、こうした発達した城郭が築かれた経緯について考えてみたい。井元城の周辺で戦国時

代に大規模な軍事的緊張関係が生じるのは、元亀四年（一五七三）の織田信長による鯰江《なまずえ》城攻め以外は存在しない。元亀四年に甲賀に逃亡していた六角義治は織田信長に対して鯰

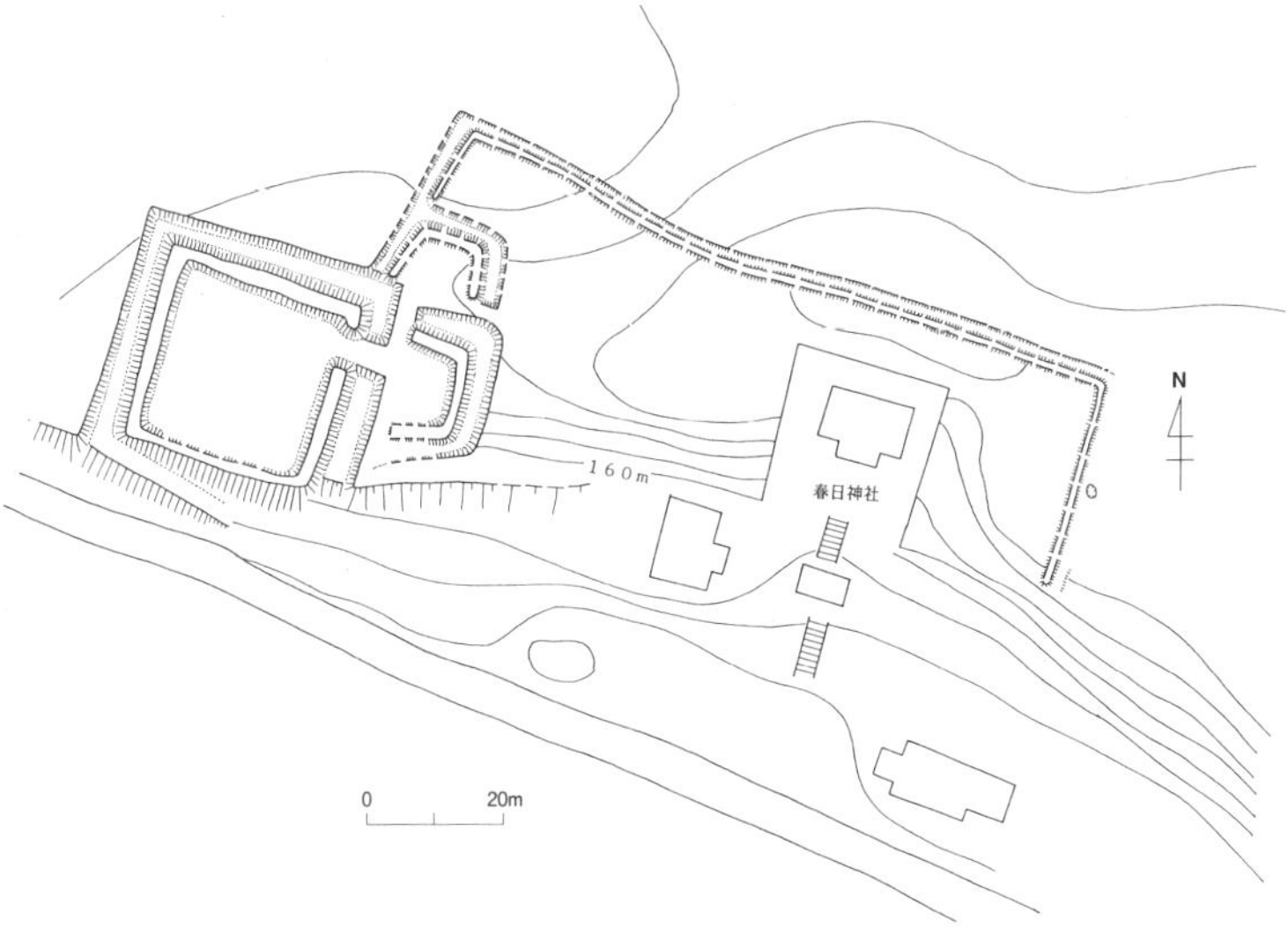

井元城跡概要図（作図：中井均）

江城に立て籠もって蜂起している。『信長公記』（元亀四年条）には、「鯰江の城に佐々木右衛門督楯籠らる。攻衆人数佐久間右衛門尉・蒲生《がもう》右兵衛大輔・丹羽五郎左衛門尉・柴田修理亮、仰付けられ、四方より取詰め付城させられ候」とあり、六角義治の籠城する鯰江城に対して、信長は四方に付城を構築し、攻城戦を繰り広げている。井元城の重ね馬出《うまだし》はこの信長軍の構築した付城であった可能性が高い。主郭が首脳部の陣所であり、土手と溝によって区画された外構えが雑兵たちの駐屯地であったとみられる。

地元に伝承が残されていない城跡ということも、在地の土豪の城ではなく、攻城戦のためだけに築かれた臨時的な城であったことを物語っているのではないだろうか。

なお、井元城跡は愛東町教育委員会によって発掘調査が実施され、横堀は現状よりはるかに深く、コーナー部は鋭く屈曲していたことが判明している。さらに馬出しから主郭に至るところからは木戸の柱痕《ちゅうこん》が検出されている。付城《つけじろ》という性格上遺物は非常に少なかったが、十六世紀後半の土師器《かわらけ》の皿が出土しており、城跡の構造から推定した構築年代と一致している。

（中井　均）

【参考文献】中井均『近江の城―城が語る湖国の戦国史―』（サンライズ印刷出版部、一九九七）

●近江源氏の初期の館か

小《こ》脇《わき》館《やかた》

〔所在地〕東近江市小脇町脇
〔比　高〕〇メートル
〔分　類〕平地居館
〔年　代〕十三世紀～十五世紀
〔城　主〕佐々木氏
〔交通アクセス〕近江鉄道「太郎坊宮前駅」下車、北西へ徒歩一キロ

【立　地】　小脇館は、湖東平野にそびえる箕《み》作山《つくりやま》丘陵の南麓に位置する。館跡に比定されている小脇の集落は、北・東・西を数百メートルの距離を隔てて丘陵に囲まれ、南に平地が広がる地形にある。現在の八日市市街の西郊にあたり、北東に太郎坊宮《たろうぼうぐう》を望む。集落には「堀田」「馬場」「御所」「惣田」といった小字地名が残り、堀跡と考えられる「堀田」「惣田」などの細長い水田地割から復元すると南西隅を欠く二町（約二二〇メートル）四方の規模を有する巨大な館となる。

【近江佐々木氏の館】　館跡はながらく近江源氏佐々木氏ゆかりの遺構と考えられ、佐々木経方《つねかた》が築いた「小脇楯」や、『吾妻鏡』に登場する佐々木信綱の御所に関連付けて考えられてきた。『吾妻鏡』に佐々木信綱の御所が表れるのは暦仁元年（一二三八）のことで、鎌倉幕府の将軍・藤原頼経が上洛の際に宿泊するため、信綱の館内に新設された御所の様子が立派であることが記されている。

【発掘調査の概要】　この館跡推定地について、昭和五十四年（一九七九）には市史編さんに伴う範囲確認の発掘調査が行なわれ、館跡の西辺外側から西側の堀跡と推定される幅九・五メートル・深さ二メートル以上の落ち込みが検出された。また、北西部では幅一一メートル前後の北側堀跡とともにその外側で多量の土器片が検出されている。南東部の小字「堀田」でも東側の堀が幅五～六メートルで検出されている。

調査はいずれも現在の水田で実施したもので、耕作に与え

小脇館跡地籍図（『八日市市史』から転載）

る影響を考慮してかなり規模を限定して行なわれたが、推定に留まっていた堀跡について、実際に当時の遺構・遺物が確認できた意義は大きい。調査成果として不等辺四辺形という地表面観察・地籍図による推定がおおむね裏付けられたが、一方で堀の幅が調査地点によって五〜一一メートルと異なることや、鎌倉・室町時代という出土遺物の時期の詳細などの課題も残されている。

【今後の調査研究に期待】 その後、佐々木六角《ろっかく》氏の居館は、十四世紀に金田殿と呼ばれた頼綱以降に金剛寺城（近江八幡市金剛寺町）へ、さらに戦国時代には観音寺城へ移って行くことが明らかになっている。

小脇館跡南東隅の推定堀跡地割

　小脇館跡は、のちの六角氏・京極《きょうごく》氏の祖となる近江源氏佐々木氏の初期の館とされ、方二町という巨大な規模からも注目される遺構であるが、発掘調査は限られた部分に留まっており、館内部の様子は明らかでない。『吾妻鏡』の記載は非常に魅力的であるが、小脇館の遺構を信綱の御所など、文献史料に結び付けるには、小脇館・金剛寺城などの今後のさらなる調査研究に期するところが大きい。

【参考文献】 八日市市教育委員会編『脇館跡調査概要』（一九七九）、『八日市市史』二（八日市市、一九八三）

（早川　圭）

●安土城に先行する石垣造りの城

小《こ》堤《づつみ》城《しろ》山《やま》城《じょう》

〔所在地〕野洲市辻町・小堤・大篠原
〔比　高〕一七九・八メートル
〔分　類〕山城
〔年　代〕十六世紀前葉～中葉
〔城　主〕永原氏か
〔交通アクセス〕JR琵琶湖線「野洲駅」下車後、近江バス「小堤」下車、徒歩三〇分

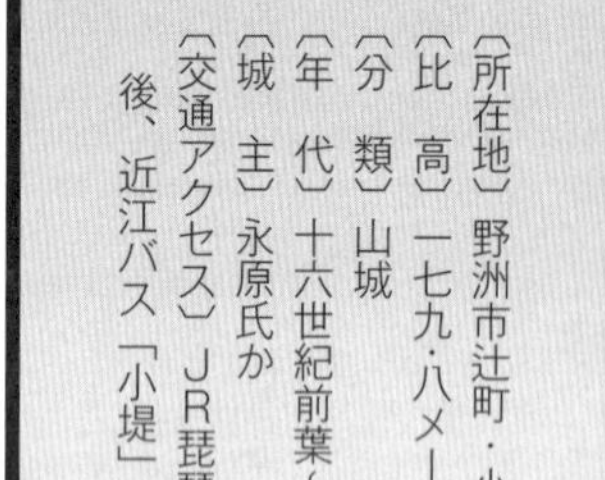

【湖南地域最大規模の山城】　近江南部は、六角氏の本拠地を擁する湖東、広大な平野部に諸荘園が群在する湖南、そして甲賀郡中惣《こうかぐんちゅうそう》の武士たちが群在する甲賀に分けられる。この三地域の中心には鏡山・三上山を擁する山地があり、小堤城山城はこの山塊の北西端付近に位置する。

城主は野洲《やす》郡東部に勢力を持っていた国人領主永原氏とみられる。永原氏は、十六世紀に入るまでは蒲生郡の馬淵《まぶち》氏の被官であったが、十六世紀に入ると六角氏と直接被官関係を結び、六角氏の対外的な軍事行動にも中核的な役割を担うようになった。

【石垣を多用する縄張りプラン】　城の主郭は中腹域にあるⅣが該当する。山麓からⅣまでは一本の城内道が続いており、道の両側に曲輪《くるわ》が階段状に連続する。この曲輪配置は、近江の天台山岳寺院とも共通するプランである。Ⅳの手前では道が屈曲して直進を阻まれ、かつ道のほぼ全域がⅣの制圧下にある。城内道の屈曲する地点には石垣が構築されており、登城者には進行方向に必ず象徴的な石垣を視認させるような演出がなされている。特にeの石垣は切り出

小堤城山城　曲輪Ⅲ北端の櫓台石垣

し石材を使用しており、大きな矢穴痕が至るどころに存在して、石垣を見るものに大きなインパクトを与えている。

Ⅳは城域内で最も広い曲輪であり、城主の館などが存在したとみられる。Ⅳの東側には尾根上のⅡ・Ⅲが存在する。ⅡとⅣは石段で接続しており、Ⅱ側には枡形《ますがた》状となる虎口《こぐち》ａが設けられている。Ⅲの前後には堀切ｂ・ｃがあって、Ⅱまでの敵兵の侵入を防御する。Ⅲには櫓台《やぐらだい》などに石垣が構築され、山麓からの注目を引き付けたであろう。

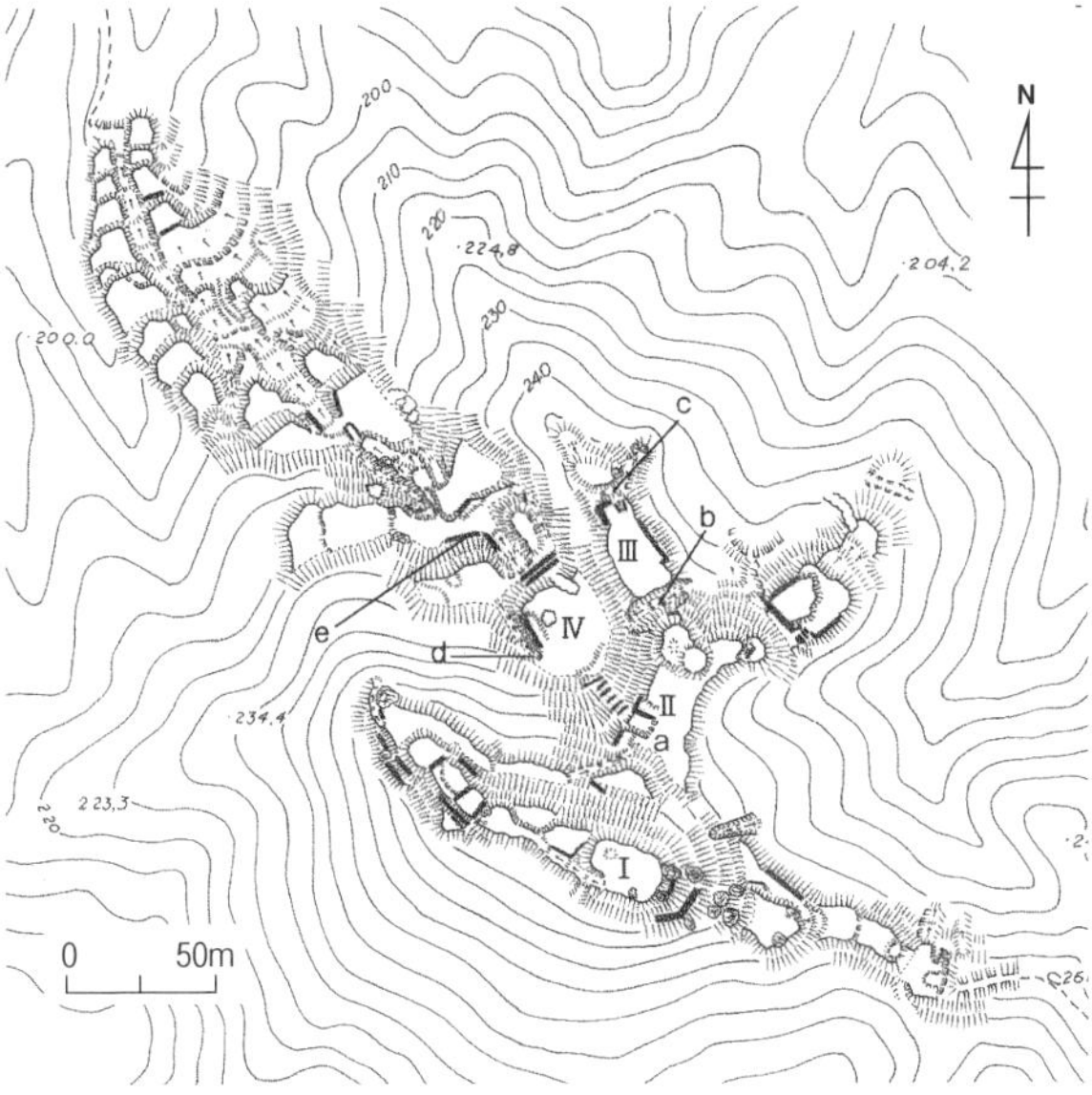

小堤城山城縄張図（調査・作図：福永清治）

Ⅱからは、虎口ａ付近からさらに道が伸びており、山頂域に到達する。Ⅰが山頂であり、ここから小規模な曲輪が尾根筋に連続する。山頂域にも随所に石垣が構築され、Ⅰには石材切り出しの矢穴痕のある露岩が存在していて、石垣の石材が城域周辺で調達されたことを物語っている。

【六角氏の「甲賀作戦」と小堤城山城】 六角氏の勢力圏で、石垣を多用する山城は、観音寺城のほかに当城と甲賀郡の三雲城にほぼ限定される。この二城は、縄張りの基本プランでも観音寺城と類似しており、築城に際しては、六角氏の意向が少なからず反映しているとみられる。

六角氏は外部勢力の侵攻を受けた際、本城の観音寺城ではなく、甲賀郡の山間地を本拠にして長期戦に持ち込む戦法をとる。当城は、湖東・湖南・甲賀の三地域の中央にあり、退去先の甲賀郡と平野部をつなぐ拠点の一つとして位置づけられていたと考えられる。甲賀郡の三雲城も含めて、主要被官の城を自身の広域戦略に組み込んで運用していく意図があったのではないだろうか。

【参考文献】福永清治「小堤城山城・三雲城の縄張構造と郡境域における六角氏の城郭運営について」（『中世城郭研究』一七、二〇〇三）

（福永清治）

●名将小倉實澄の城

佐《さ》久《く》良《ら》城《じょう》

〔所在地〕蒲生郡日野町佐久良
〔比　高〕四〇メートル
〔分　類〕山城
〔年　代〕十五世紀中葉～十六世紀後半
〔城　主〕小倉實澄、小倉實隆
〔交通アクセス〕近江鉄道本線「桜川駅」下車後、近江鉄道バス「西佐久良」下車、徒歩五分

【館から拠点城郭へ】　佐久良城は、日野町佐久良の標高二一〇メートルの丘陵上に立地する。中世、近江と北伊勢を結んだ千草《ちぐさ》、八風《はっぷう》街道と日野や蒲生《がもう》（東近江市）方面を結ぶルート上に位置し、十六世紀世紀中葉まで、この一帯を治めた小倉氏の居城であったとされる。応仁の乱時、宗家と考えられる小倉《おぐら》左近将監實澄《さねずみ》は、文明元年（一四六九）に近江守護となった京極持清《もちきよ》や、その子で文明五年に守護となった政高（政経）、その子の材宗の家臣として、永源寺の八尾城を拠点として活動していた。また、乱を避け避難して来た相国寺の横川景三《おうせんけいさん》らを庇護したことが知られている。応仁元年（一四六七）十月には、横川らを佐久良の「私邸」に招いており（『小補東遊集』）、これが佐久良城であると考えられる。十六世紀に入る頃からは六角氏との関係を深めており、蒲生定秀の子で養子として小倉家へ入った実隆は、永源寺における六角氏の代官であった（『永源寺文書』）。当時、實隆は佐久良城を拠点としていたとされるが、永禄七年（一五六四）三月に起こった、小倉右近大夫との和南山《わなみやま》の合戦中に急死している。

佐久良城遠景（南より）

【国人層の拠点城郭遺構】　城は丘陵西端に、方形に近い主郭Ⅰを設け、周囲に高さ約四メートルの土塁《どるい》が巡る。土塁の隅部は櫓台状《やぐらだいじょう》を呈しているが、土壇状のものは後世の祭礼に伴うものである。Ⅰの西側下方に堀切a、北側下方に折れを伴う小規模な横堀b、南側下方に帯曲輪《くるわ》を配しており、いずれも両端部に竪堀《たてぼり》を伴う。主要な虎口《こぐち》cは背後に延びる丘陵側に設けられ、堀底に段差を伴う堀切dに掘り残された土橋を経て曲輪Ⅱに入る。虎口c周辺から土橋側壁、堀切dの東壁面にかけては石積みが確認できる。Ⅱの虎口eは、掘り込まれたクランク状の通路となっている。曲輪全体に占める通路の占有面積から見ても、Ⅱは虎口空間としての機能が高く、馬出《うまだし》状の遺構と評価できる。また、堀切dから曲輪Ⅱの南北斜面には竪堀群が設けられている。なかでも竪堀fは、横堀bや曲輪Ⅳの存在などから、北側からの通路としての使用も考えられる。曲輪Ⅱの東側は比高差を伴う二本の堀切を挟んで曲輪Ⅲがある。Ⅲは、南辺に低い土塁と横堀を伴うものの、削平が甘く、東側に延びる尾根とは切岸のみとなっており、臨時の駐屯地的な使用が想定できる。

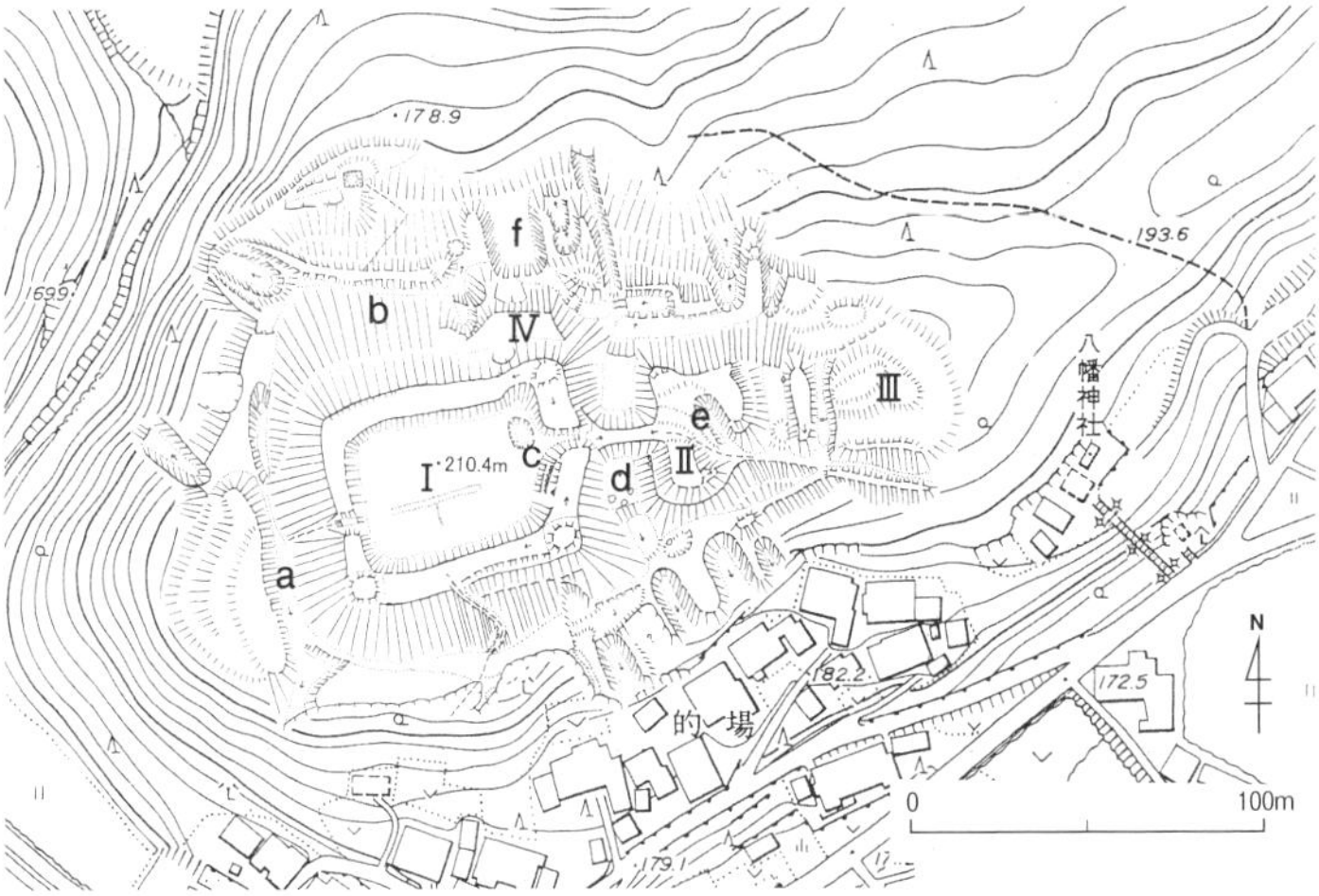

佐久良城縄張図（作図：振角拓哉）

【中世城郭の発展形】　本遺構は単郭方形を基本としながら、横堀や比高差を用いた堀切、馬出状遺構の構築など、当該地域の城郭と比較しても進んだ技術が採用されている。こうしたことから、小倉氏段階に留まらず、織豊期に蒲生氏などによる修築、使用も視野に入れた検証が必要であると考えられる。

【参考文献】　振角卓哉「佐久良城」（『近江の山城ベスト50を歩く』所収、サンライズ出版、二〇〇六）、日野市史編さん委員会編『近江日野の歴史』二（二〇〇九）

（振角卓哉）

●蒲生氏郷誕生の地

中野城《なかのじょう》

〔所在地〕蒲生郡日野町西大路
〔比　高〕〇メートル
〔分　類〕平城
〔年　代〕十六世紀
〔城　主〕蒲生定秀・賢秀
〔交通アクセス〕近江鉄道本線「日野駅」下車後、町営バス「日野川ダム口」下車、徒歩五分

【蒲生氏の本拠地として】　日野城とも称される。中野城は、日野町東部、日野川沿いの河岸段丘上、伊勢越えの東西ルート沿いに位置する。蒲生《がもう》氏の居城であった音羽《おとわ》城が、大永三年（一五二三）に六角定頼の攻撃を受け、破却されたために、新たに築かれたと伝えられる。その後、定秀・賢秀と代を重ねる中で六角氏の重臣となり、永禄六年（一五六三）の観音寺騒動の際には当城と考えられる「日野蒲生館」へ六角義治が避難している。織田信長に臣従後も使用され、本能寺の変の際には、信長の妻子を保護した賢秀・賦秀《ますひで》（氏郷《うじさと》）親子が籠城したと伝えられる。天正十二年（一五八四）、賦秀が伊勢松ヶ島へ国替えとなって以降の状況は不明だが、慶長九年（一六〇四）には、城内や城下町の建物が取り壊されたとされる。元和六年（一六二〇）に、市橋氏がこの地に一万八〇〇〇石で入封し、北東側Ⅱに藩邸を構え幕末まで存続した。

【有力国人層の城館遺構】　後世の改変が著しいものの、現存遺構や大正六年（一九一七）の「中野城趾図」などから、主郭Ⅰは方形で、周囲に高さ約五メートルの土塁《どるい》が築かれていた。現存するのは、Ⅰの北東隅部分aとbであり、櫓台《やぐらだい》状を呈するものの、いずれも近世に神社が建立されており旧状は不明である。主要虎口《こぐち》は、西辺土塁中央に開口し、『仁正寺《にんしょうじ》由緒記』によると石垣を伴っていたとされるが現存しない。主郭の外側には、幅約一〇～二〇メートルの横堀が設けられたが、現存するのは北辺cと南西隅の一部と考えられるdのみである。また、主郭Ⅰの周辺にも曲輪《くるわ》が存在したと考

中野城縄張図(作図:振角卓哉)

中野城跡　近景(南より)

えられるが、残存するのは土塁の一部と考えられるeやfのみである。また、主郭Ⅰの北西に設けられた、L字形の堀の一部gが残存していることから、横堀cの外側にさらに横堀が構築された可能性があるものの、全体像は不明である。以上のように、織豊期まで拠点城郭として存続したと考えられるにも関わらず、あくまで中世城館の形態に留まる点が中野城の特徴といえる。

また、もう一つの特徴として、中世の早い段階から城下町が造られ、さらにそれを囲む「惣構《そうがまえ》」が存在したとされる点が挙げられる。この範囲は市橋氏が家臣団を配した範囲と重複すると考えられるが、どの時期まで遡るのかについては、伝承の域を出ず、これについても今後の検証が不可欠である。

【参考文献】日野町教育委員会編『西大路武家屋敷調査報告書』(一九九五)、日野市史編さん室編『近江日野の歴史』二(二〇〇九)

(振角拓哉)

●枡形虎口を築いた甲賀衆の城

新《しん》宮《ぐう》城《じょう》

〔国指定史跡〕

〔所在地〕甲賀市甲南町新治小字大門
〔比　高〕二〇六メートル
〔分　類〕山城
〔年　代〕十六世紀代
〔城　主〕—
〔交通アクセス〕JR草津線「甲南駅」下車、南西へ徒歩約三〇分

【国指定遺跡　甲賀郡中惣遺跡群】　甲賀市内には一八〇の城が確認されており、なかでも甲南町新治、杉谷地域には一一の城が集中分布しており、そのうち五つの城が「甲賀郡中《こうかぐんちゅう》惣《そう》遺跡群」という名称で国指定史跡となっている。ここで紹介する新宮城もその一つである。

甲賀の城は同族集団である同名中惣を単位に、惣領《そうりょう》家と自立度の高い庶子家がそれぞれ城を築き、互いに機制しあっていたため、突出した領主が出現せず、そのために単郭方形を基本とした同規模、同形態の城が密集する状況に至った。戦国後期にはこうした小領主がヨコに連合しあい、自治組織である「甲賀郡中惣」を成立させたが、小領主たちの水平的な連合のあり方が、甲賀の城郭分布に見事に反映されているのである。

【新宮城の構造】　新宮城は新治地先にあり、南西方向から延びる標高二〇〇メートル前後の丘陵の舌部に築城されている。現在新興住宅地が背後に迫ってきているが、周辺に集落はなく、東に磯尾《いそお》川が流れる。古琵琶湖層群と呼ばれるこの地域独特の粘土層を削り、あるいは盛り

新宮城外観

上げし、自然地形を利用した土造りの城で、石垣など使用されていない。主郭Ⅰは土塁《どるい》内側で東西二五メートル、南北三〇メートルのほぼ方形型であり、四方に土塁を巡らす。土塁の高さおよそ四メートルを測る。東側土塁の外側の切岸を整え、正面からの防御を固めるとともに、南東端に虎口《こぐち》aが開口する。主郭の背後には、南西方向からの尾根を切断する深い堀切りbが掘られ、主郭の北側斜面にも堀切cが設けられている。そして、主郭Ⅰの前方から山すそにかけては曲輪《くるわ》Ⅱ・Ⅲ・Ⅳ・Ⅴ・Ⅵと平坦面を連ねている。

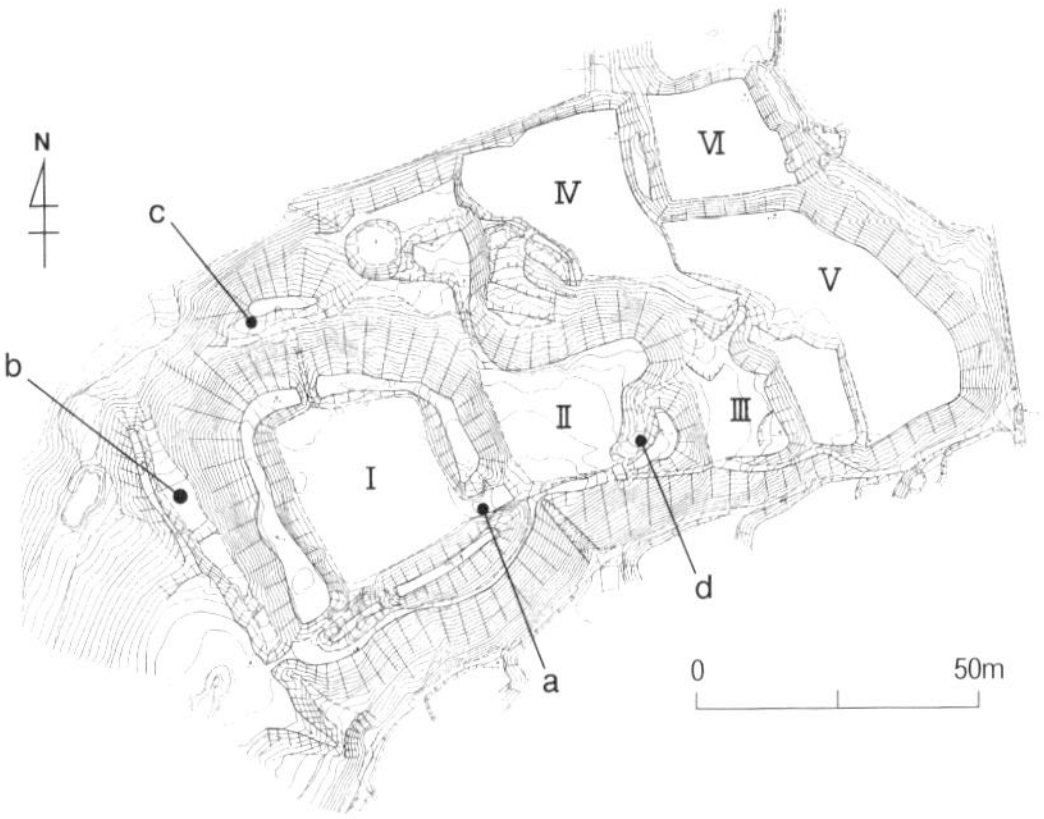

新宮城測量図（『甲賀市文化財調査報告書』Ⅱより）

　注目すべきは、曲輪ⅢからⅡに至る進入路dが屈曲していることである。虎口から曲輪Ⅱの南側に沿って低い土塁が伸びており、その東端で北方向にL字状に曲げている。これによって、曲輪ⅢからⅡへは直登できず、進入を阻むことができる。こうした土造りの甲賀の城にも枡形虎口が設けられていたのである。

　このように新宮城は甲賀の普遍的なタイプにとどまらず、さらに発展させて主郭部前方に副郭を連ね規模を大きくし、枡形虎口を築いている。おそらく築城当初は主郭のみであったのが、戦国後期に改修されたのではないだろうか。さらに谷を挟んだわずか五〇メートル南側には、新宮支城が築かれている。この城は単純な単郭方形型であるが、高さ一〇メートルにも及ぶ高くぶ厚い土塁が特徴である。つまり「二城並立型」を成しているのであり、これら二つの城が互いに連携して機能していたのだろう。

　この地域には、望月城や村雨城、寺前城などそれぞれ縄張りを発達させた城が見受けられる。その背景には、永禄十一年（一五六八）、近江の守護六角承禎《しょうてい》・義治《よしはる》父子が、侵攻してきた織田信長に追われて甲賀・伊賀に出奔、その際、六角氏が一時この地域に留まったとみられ、その軍事的緊張がこの地の城造りにも影響を与えたのではないだろうか。

【参考文献】甲賀市教育委員会編『中世城館遺跡（甲南地域）調査報告書』（『甲賀市文化財調査報告書』一一、二〇〇八）、『甲賀市史』七（甲賀市、二〇一〇）

（長峰　透）

●甲賀で唯一、馬出を備えた山城

土《つち》山《やま》城《じょう》

〈所在地〉甲賀市土山町北土山小字髭屋敷・松ノ木谷
〈比　高〉三〇〇メートル
〈分　類〉山城
〈年　代〉十五世紀中葉〜十六世紀後半
〈城　主〉土山氏
〈交通アクセス〉JR草津線「貴生川駅」下車後、バス「近江土山」下車。北東へ徒歩二〇分

【土山は東西交通の要路】　土山城は、甲賀市土山町北土山の標高三〇〇メートル程の丘陵上に築かれた中世城郭である。南方には国道一号線と国道に沿って旧東海道が東西に通り、近くには臨済宗の古刹、永雲寺もある。鈴鹿峠を間近に望める土山の地は、古来より東海方面あるいは伊勢方面へ通じる東西交通の要路であり、鈴鹿峠のほか、安楽越や小岐須《おぎす》越など土山を起点にした間道が通じていた。こうした地理的な位置により、甲賀以外からの政治的勢力の影響を受けることも多く、そのことが土山城の構造にも如実に表れている。

『甲賀郡志』によれば、土山城は文明年間（一四六九〜八七）に土山鹿之助盛忠が土山氏の砦として築き、天正十年（一五八二）に滝川一益により滅ぼされたと記されている。

【土山城の構造】　土山城のある丘陵は、浅い谷筋を挟んで西尾根《おね》と東尾根に分かれ、その最奥の頂上部に四方を土塁《どるい》で囲んだ主郭Ⅰがある。主郭土塁は曲輪《くるわ》内より一〜二メートルの高さであるが、土塁外面の切岸の斜面はきつく整えられており、南東角では堀底より土塁上面を見上げると、六〜七メートルの高さがあり、壮観である。土塁の北東角cは一段高く、また土塁幅も外側に張り出したように広く、櫓台《やぐらだい》があったことが想定できる。

主郭の南側と北側に虎口《こぐち》が開口し、南側虎口aの前方には土橋が取り付き、対して北側虎口bの外側は急斜面となり、途中に帯曲輪が取り付き山裾に向けて竪堀が掘られている。また北東方向からの尾根づたいの進入を遮断するために、二

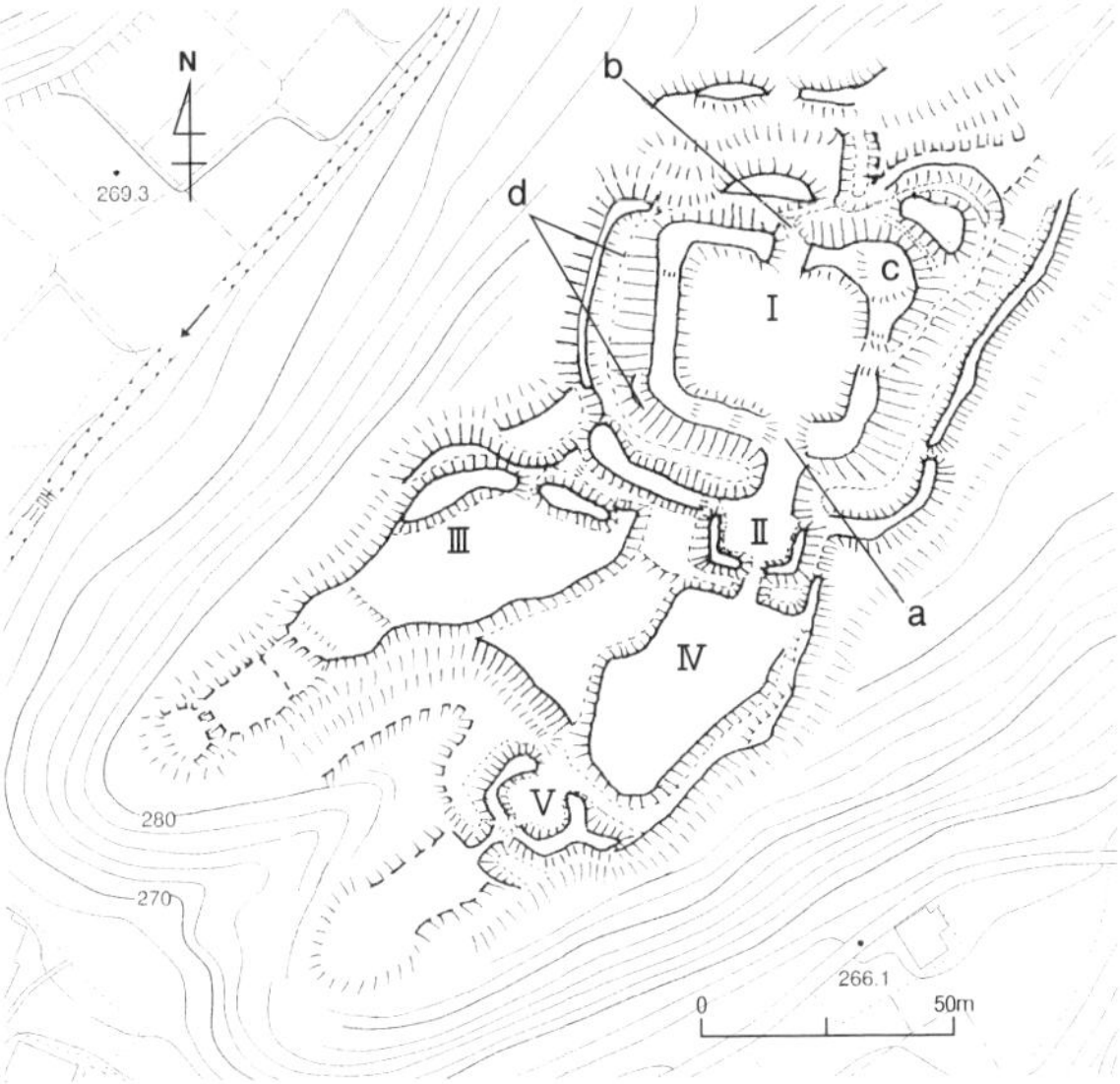

土山城概要図

重の堀切が設けられており、急斜面を登らないと土塁上にはたどり着けない。

主郭の南側前面、および東側、西側に横堀dを掘り、その外側に土塁を巡らせている。虎口aの前方は土橋を経て曲輪Ⅱにつながる。曲輪Ⅱは方形で高さ一・五メートル程の土塁で囲み、南前面を開口する。主郭虎口前方に配置した方形の空間こそが、角馬出《かくうまだし》と考えられるものである。

馬出の南前方には横堀が掘られ、その東端を低い土塁で遮断しその上を通れば、主郭東側の堀底に通じる。その南側には尾根筋を広く削平した曲輪Ⅳが広がり、その一段下方にも前面と東西両側面を土塁で囲み前方に横堀を掘った、やはり馬出を意識した曲輪Ⅴが配置されている。前方土塁に窪みがあるが、曲輪Ⅴも馬出として機能していたことを考えると築城当初は閉じられ、後世に道が敷設されたのではないだろうか。

一方、西側尾根にも尾根筋を広く削平した広い曲輪Ⅲがあり、主郭に近い北側には低い土塁を残している。以上、土山城は谷奥の主郭を中心に西尾根と東尾根に曲輪があり、主郭の虎口の方向や馬出の配置を考えると、東尾根を意識して曲輪が構成され、城への進入も谷筋から入り、曲輪Ⅳの下方から東端を回りこんで主郭虎口に至ったと思われる。

【土山城の馬出空間】　土山城の大きな特徴は、主郭の虎口前方の曲輪Ⅱと、東尾根に築かれた曲輪Ⅴの二ヵ所の馬出を備えていることだろう。馬出とはいうまでもなく、主郭を防備するために設けられた曲輪のことであり、背後の虎口を守るとともに、敵が迫った時には、両サイドから兵を繰り出し、攻撃が加えられる有効な設備といえる。戦国時代には主に関東で発達し、甲斐の武田氏は土塁を半円形に築く「丸馬出」

を、相模の後北条氏は土塁を四角く築いた「角馬出」がよく知られている。

　土山城の場合、前方を方形に土塁で囲んでいるため、「角馬出」といってよいだろう。珍しいのは、馬出の正面に虎口が設けられ、主郭虎口より若干西に振って開口していることである。本来馬出は、正面の土塁に対して虎口が両側面に設けられ、進入者は馬出内部で進路を折り曲げて主郭に至るのであるが、土山城はその点、稀有《けう》な構造といえる。

土山城　主郭Ⅰ

土山城　馬出状曲輪Ⅴ

　このような馬出を持つ城は、近江では織田信長の六角攻めの際に付城として築かれた井元城（東近江市）や、賤ヶ岳合戦で築かれた玄蕃尾《げんばお》城（長浜市）など、織豊系の勢力により築かれた城に見られるのである。このことは、土山城の改修時期やその主体を考えるうえで重要である。

【土山城と羽柴秀吉】　一八〇ヵ所にも及ぶ甲賀の城の中で、馬出がみられるのは土山城だけである。このことは、この土山の地に織豊系の外部勢力が及んだことを物語る。

　甲賀の城は単郭方形、四方土塁型の小規模城郭として特徴づけられてきたが、おそらく築城当初は方形に土塁を巡らせた主郭を基本としていたものが、織豊系勢力により改修されて馬出が付け加えられたのではないだろうか。

　まず、羽柴秀吉の動向をみてみよう。彼は土山を拠点にして軍事的行動を起こしているところがある。山崎の合戦に勝利後、秀吉の名声が高くなるにつれて、これを快く思わない柴田勝家と滝川一益が計って秀吉を除こうとする動きに対して、天正十一年（一五八三）二月、信雄・秀吉の軍勢は伊勢長島城に拠っていた一益を攻めようと、北伊勢攻略を進めた。その時、信雄・秀吉方は大軍を三分し、鈴鹿山脈を越えたが、秀吉軍は土山町山女原から安楽越えを越えて亀山に雪崩れ込み、峰城、亀山城など一益の諸城を攻撃した。

その後、賤ヶ岳の合戦で柴田勝家に圧勝した後、信雄と秀吉の関係は悪化し、天正十二年三月、信雄は家康と手を結び、秀吉と対決する。こうして小牧・長久手の戦いが始まるが、その影響は東海と畿内の中間に位置するここ甲賀の地にも及んだ。

戦いの期間中秀吉はしばしば土山におり、三月十七日に秀吉は土山で伊勢神宮遷宮のための資金援助をしており、六月八日には秀吉の宿泊所を各地に設けるため羽柴秀長が土山に在陣、また十月二十四日にも織田信雄の領国北伊勢を攻撃するために、土山に立ち寄っている。一方、甲賀衆も四月上旬までに尾張北部に侵攻し、秀吉の指揮のもと、信雄・家康の軍勢と対峙した（『甲賀市史』二による）。

なかでも注目すべきは、天正十二年三月十三日、秀吉が丹羽長秀に宛てた書状（『加能越古文叢』）に「甲賀与伊勢之間ニ城三ヶ所」とあることから、秀吉方は甲賀から伊勢方面へ進軍する際、秀吉軍勢の駐屯地として三つの城の普請を命じている。それは伊勢へ侵攻するための通路確保が目的であったのだろう。また十月二十四日、秀吉が池田恒興の家臣であった片切（桐）半右衛門尉に宛てた「羽柴秀吉朱印状写」（『黄薇古簡集』）では、「今日至土山令着陣候、明日者神戸面可相越候、然者各人数城々江悉召寄候而、番等儀無由断可被申付事肝要候」とあり、小牧・長久手の戦いに際して、秀吉が土山に着陣し、翌日、鈴鹿の神戸に進軍するとしている。こうしたことから、三つの城のいずれかに秀吉が宿泊したことが窺える。もっとも「城三ヶ所」とは、現在どの城であったかは明らかではないが、土山城の馬出の存在を考えると、当初の甲賀型の城をこの時期に改修し、織豊期城郭の特徴である馬出を付け加えたと考えられるだろう。秀吉が着陣した城の可能性は高い。

このように、土山城は甲賀の地侍たちが自治組織を作り団結していた時代から、秀吉の登場という新たな時代に突入したことを知る城として貴重である。

【参考文献】『甲賀市史』二・七（甲賀市、二〇一二・二〇一〇）

（長峰　透）

●中山道を扼する巨大城郭

水《みな》口《くち》岡《おか》山《やま》城《じょう》

〈所在地〉甲賀市水口町
〈比　高〉一〇〇メートル
〈分　類〉平山城
〈年　代〉天正十三年（一五八五）～慶長五年（一六〇〇）
〈城　主〉中村一氏・増田長盛・長束正家
〈交通アクセス〉近江鉄道「水口駅」下車、南東へ三〇〇メートル、駐車場あり

【豊臣政権による甲賀郡支配の拠点】　水口岡山城は旧甲賀郡のほぼ中央、旧東海道水口宿を南側に見下ろす古城山（大岡山）に築かれている。戦国期の甲賀《こうが》郡は、小規模な領主が割拠しており、彼らは甲賀衆と呼ばれた。織田信長による畿内制圧後も甲賀郡内では甲賀衆の支配が続いたが、羽柴秀吉は天正十三年（一五八五）に甲賀衆の改易・解体を行なう（甲賀破儀・甲賀ゆれ）。秀吉は家臣である中村一氏に水口岡山城を築かせ、甲賀郡を支配させた。一氏転封後に城主となったのは増田《ました》長盛であり、文禄四年（一五九五）からは長束《なつか》正家が城主となった。慶長五年（一六〇〇）の関ヶ原の合戦で正家は西軍に属し、戦後に自刃して果てた。

徳川家康はこの地を直轄支配し、やがて水口岡山城を廃城とした（山麓の一部は宿館として利用した可能性も考えられる）。寛永十一年（一六三四）には徳川家光が上洛する際の宿館として、水口岡山城の西方約一キロに水口城が築かれている。一般的に家光の時代に築かれ、のちに加藤氏が城主となった城を「水口城」と呼ぶ。ただし豊臣期には水口岡山城を指して、「水口城」と呼んでいた。

水口岡山城へは大溝城（高島市）の天守の材木や瓦が運び込まれたという史料が残る（「長野正勝書状」『西川文書』）。これを裏付けるように水口岡山城と大溝城からは、同笵瓦《どうはんがわら》が出土している。さらに天正十八年に一氏が移封された先の駿府城（静岡市）からも同笵瓦が出土する。駿府城での同笵瓦の出土は水口岡山城で葺かれていた瓦、もしくはそれに関わ

った瓦工人が一氏の移封に伴い、移動したことを示唆する。従来先の「長野正勝書状」（『西川文書』）は天正十三年に年次比定されていたが、近年では文禄期に下るという見解も出さ

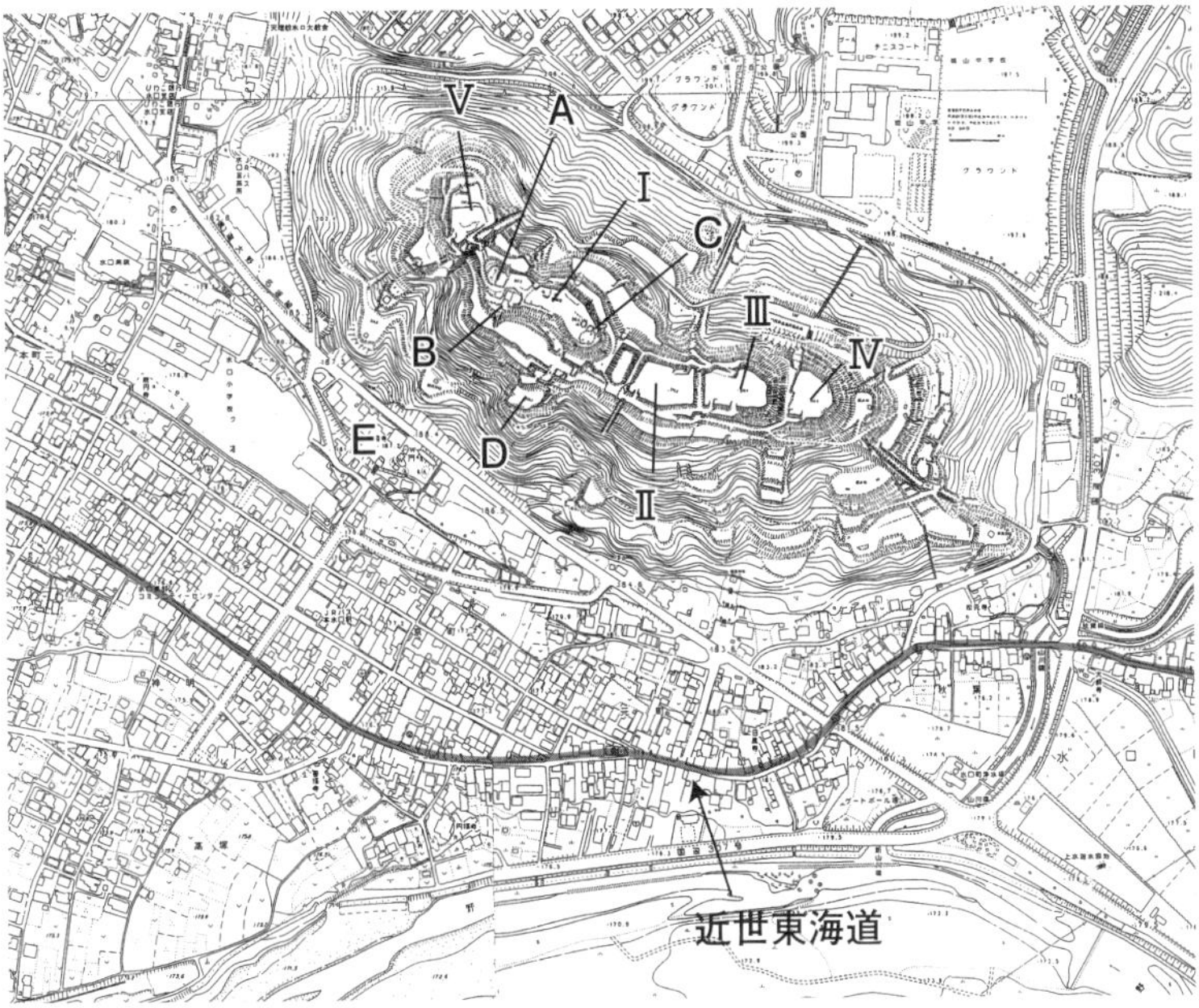

水口岡山城縄張図（作図：高田徹）

れている。

いずれにせよ大溝城と水口岡山城は琵琶湖を挟んで直線距離でも約五〇キロ離れている。遠距離への資材搬送や「長野正勝書状」（『西川文書』）の記述から、豊臣政権が畿内周縁の拠点として水口岡山城の改修・整備にてこ入れをしていたのは疑いないであろう。

【甲賀郡最大の城郭】 甲賀衆によって築かれた城郭のほとんどは、平地部、あるいは尾根《おね》先端部に位置し、五〇メートル四方ほどの規模である。これに対して水口岡山城は、山上部分の曲輪《くるわ》だけでも、東西約八〇〇メートルにわたって広がる。さらに山麓部には堀で囲まれた外郭が広がっていた。甲賀郡では最大であり、滋賀県内でも最大級の城郭の一つであった。

山頂の本丸Ⅰは東西に細長い。西端のAはやや高くなった櫓台《やぐらだい》である。Aのすぐ東側には、枡形虎口《ますがたこぐち》Bが認められる。曲輪の端にあり、枡形を直下に抑える位置にあることから、現状遺構に照せばAを天守台とみなすのが妥当である。ただし江戸時代初期に描かれた「江州水口絵図」では、本丸東端のCを「天守台」と記している。Cは東側に続く曲輪に対峙する位置であり、絵図に従えば天守跡となる。平成二十六年（二〇一四）に実施された発掘調査の結果、AからもBか

らも石垣を伴う櫓台遺構が検出された。各櫓台の平面規模は拮抗しており、ともに天守台として比定できるものである。東西に天守が並び立っていた可能性も高くなってきた。本丸の北側斜面には、一部ながら高さ約二メートルの石垣が顔を覗かせている。現状の石垣天端から二メートル上方に本丸の曲輪面が位置する。本来は一気に本丸曲輪面、それ以上の高さに石垣は積み上げられていたとみられる。そして本丸を全周していたと考えられる。廃城後、人為的に崩され、あるいは自然崩壊も手伝って、石垣が失われたのである。斜面を注意して観察すると、拳大の円礫《えんれき》が随所に散布しているのに気がつくはずだ。それらは石垣の背面に充填されていた裏込《うらごめ》石（栗石）の残骸である。石垣本体が失われても、円礫《えんれき》の散布から石垣の広がりが推定できる。また石垣の上部は失われているが、石垣裾部は上方から転落した土砂にパックされているとみられる。何時の日か、その全貌を表す日が訪れるかもしれない。いずれにせよ、相当広範囲に石垣が用いられていたのは疑いない。

水口岡山城　本丸（西側から）

水口岡山城　発掘で出土した石垣

　本丸の東側には、二の丸Ⅱ・三の丸Ⅲ・無名の曲輪Ⅳが並ぶ（ただし本丸などは廃城後の絵図などに記された名称に過ぎず、当時の呼称は定かではない）。これらの曲輪と本丸は、帯曲輪によって連絡している。言い換えれば、本丸から他の曲輪へは帯曲輪をいったん経由しなければ行き着けない。

　本丸の西側には、堀切を隔てて西ノ丸Ⅴがある。西ノ丸は主に切岸によって防御が計られていた模様である。

ところで本丸から南側に下った中腹には、枡形虎口Dが存在する。現状では土塁が方形に囲い込んでいる。平成二十五年（二〇一三）に行なわれた発掘調査の結果、本来は石垣で囲まれており、廃城後に破却された様相が明らかになった。この枡形は東西に連なる曲輪群を経由せず、本丸と山麓とを最短距離で結ぶものである。山上城郭の実質的な大手とみて間違いない。

【東海道を抑える拠点】　今は道が途絶えているけれども、本来は枡形虎口Dからそのまま谷間を下り、国道三〇七号を隔てたEの大岡寺付近に連絡していたと考えられる。「江州水口絵図」には大岡寺あたりに「古御殿屋敷」、その東側に「新御殿屋敷」と記している。これらは山麓居館跡と推定される。新御殿とは、もしかすると徳川家康の宿館であったかもしれない。これら居館推定地の南側は一段低くなり、さらに南側には水路が東西に伸びている。この水路は幅が狭くなっているが、山裾を囲んでいた堀跡である。居館跡と堀跡の間には、重臣層の屋敷地が広がっていたと考えられる。前記絵図では堀の内側の三ヵ所に枡形虎口を描く。枡形虎口自体は失われているが、今も道が屈折して痕跡を留めている。堀の南側には、城下町が広がっていた。城下町は江戸期になると東海道水口宿としておよそ踏襲される。東西に伸びた三本の道のうち中央が東海道で、町屋が連なっていた。今も街区に面影を残している。さらに城下町を囲い込む堀があったと伝わるが、すでに江戸期に多くが失われていた。

水口から東海道を南東に進めば土山宿を経て、約一二キロで鈴鹿峠に至る。天嶮である鈴鹿峠を守り、あるいは峠を越えて出撃する際の拠点となりうる位置に水口岡山城は築かれていたといえよう。

【探訪にあたって】　現在古城山には、散策路が設けられていて比較的登りやすい。一部の曲輪や堀などには樹木が茂っているけれども、本丸などは草木が刈られ、夏場の探訪も可能である。ただ石垣や堀・土塁の詳細を観察するならば、秋以降の探訪がお勧めである。登り口はいくつかあるが、比較的わかりやすいのは「新水口」バス停前からのルートである。入口には案内板も設置されている。ただ個別の城郭遺構の解説標示の設けられているのは山頂一帯に限られている。まずは山頂の本丸を目指し、順次周囲の曲輪を見て回るのが良いだろう。

【参考文献】『甲賀市史』七（甲賀市、二〇一〇）

（訓原重保）

●豊臣政権が関与した寺内構築

上《かみ》鈎《まがり》寺《じ》内《ない》

〔所在地〕栗東市上鈎
〔比　高〕—
〔分　類〕平城
〔年　代〕十六世紀後半
〔城　主〕中氏
〔交通アクセス〕JR草津線「手原駅」下車、西南西に徒歩約一キロ

【足利義尚と鈎の陣】　東海道が走る上鈎地区周辺は、近江国栗太《くりた》郡に属し中世には鈎郷と称され、室町幕府九代将軍である足利義尚が、近江南部の守護六角氏を征討するため布陣した「鈎の陣」の故地として知られる。

義尚の布陣は、長享元年（一四八七）十月から延徳元年（一四八九）三月に死去するまでのおよそ二年にわたる。表向きは、寺社領や将軍の近習・奉公衆の所領を横領していた六角氏の討伐であったが、細川管領家や諸守護の影響が強い京都を離れた新天地に赴き、応仁の乱で弱体化した足利将軍の権威回復するため、軍事的求心性を高めた新しい政権構想を模索したのではなかろうか。

しかし、時代は将軍権力の拡大を望まなかった。失意の義尚は酒色に溺れ、鄙《ひな》の地に絢爛豪華《けんらんごうか》な室町文化の伝説を残して逝ってしまった。その後、鈎の地が日本史の表舞台に出ることはなかったが、その地勢が豊臣政権によって再び注目されていく。

【上鈎寺内の縄張り】　上鈎寺内が鈎の陣の故地とされるのは十九世紀に入ってからであるが、その成立過程は必ずしも明らかでない。寺伝によれば、戦国期に年号を冠した永正寺を土豪の中了心が天正八年（一五八〇）に浄土真宗寺院として再建したとされる。

しかし、天正十一年から享保十六年（一七三一）にかけて中氏（永正寺）に出された諸役免許状によれば、寺号が確認できるのは寛永十年（一六三三）からで、それまでは上鈎道

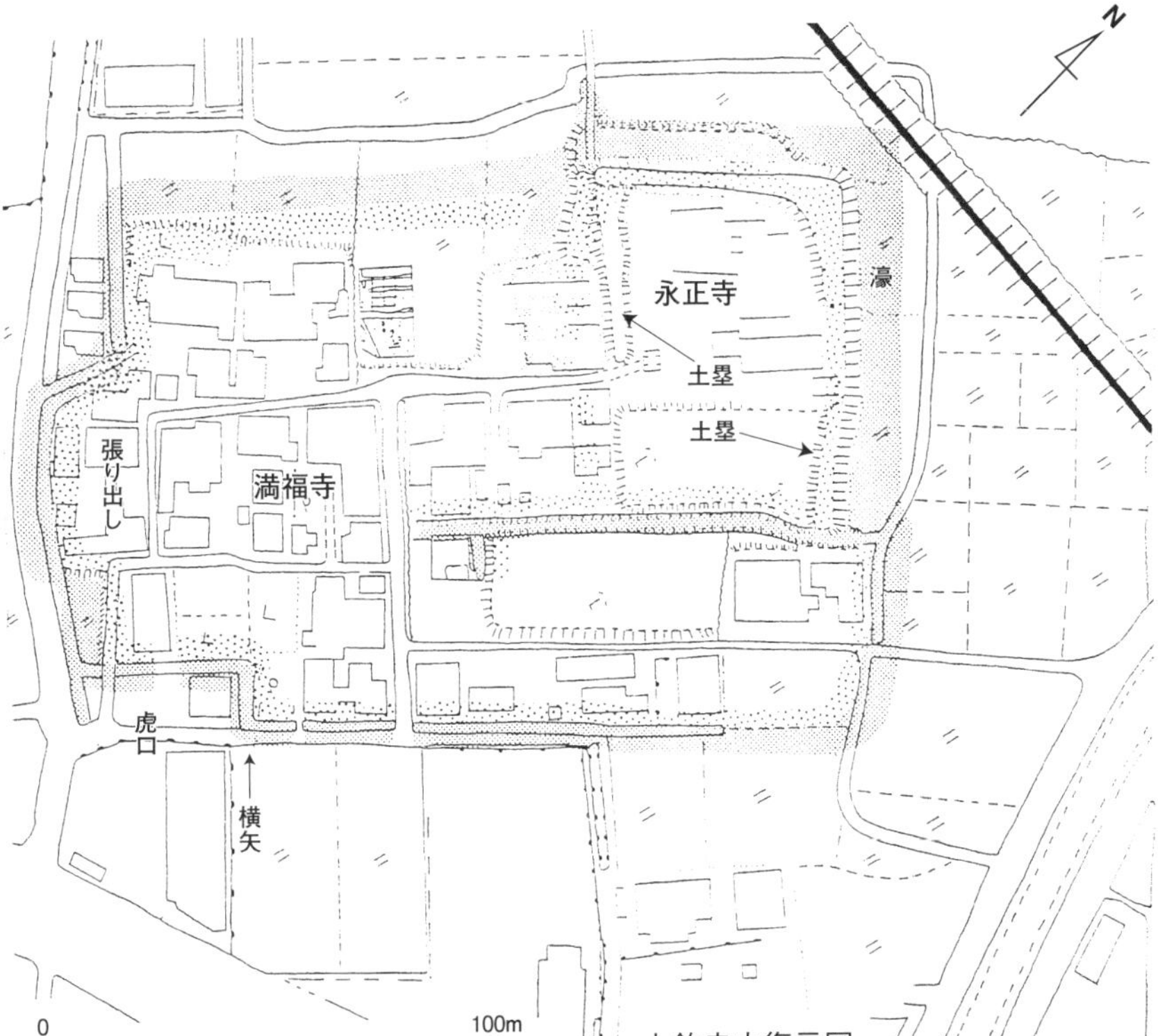

上鈎寺内復元図

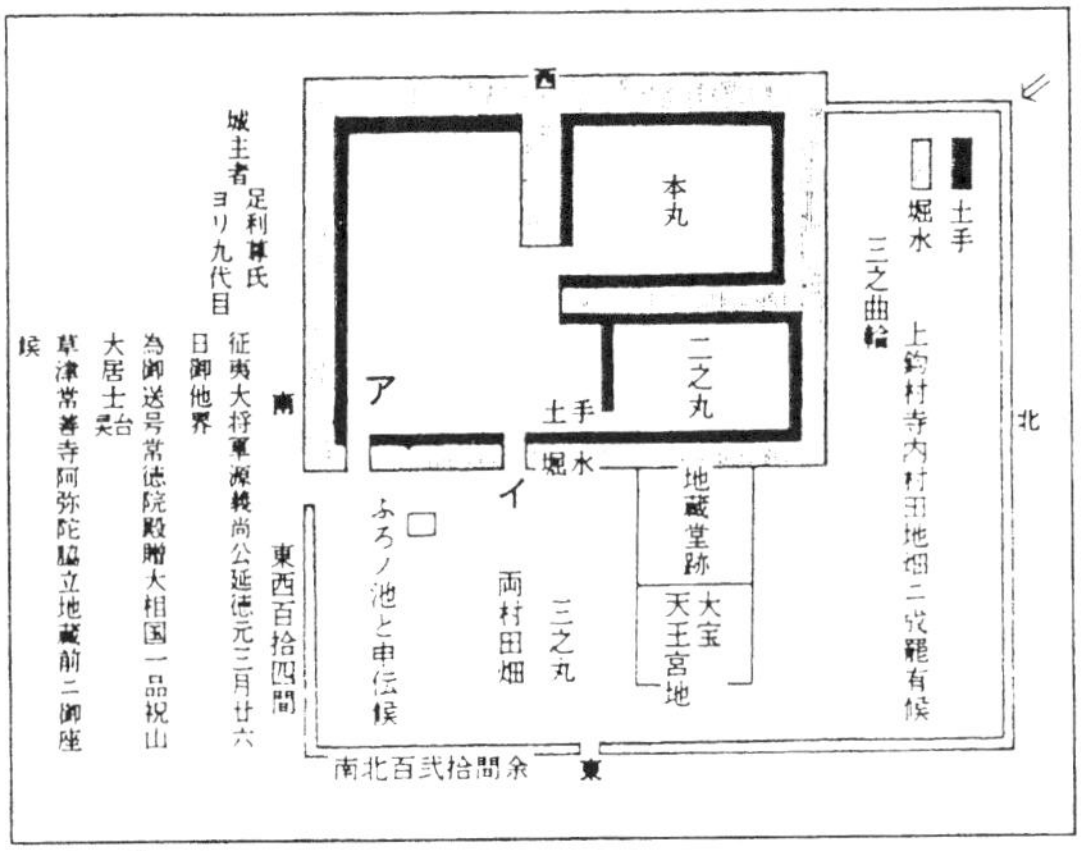

鈎里陣図（近世に作成された）（『栗東の歴史』２より）

場や上鈎寺内と呼ばれており、天正期にならないと集落が成立しない可能性がある。

永正寺（Ⅰ）は七五メートル四方の方形を呈する。現在は一部に土塁を残すのみだが、十八世紀の村絵図には四方を土塁と堀で囲み、西側中央に平入り虎口《こぐち》を開口させていた。

集落は、永正寺と満福寺の二つの核から構成されるが、寺内と称するものの、都市に特有の中心軸となる道路や短冊型地割り・街区はなく、土豪が形成に関与した農村型寺内に分類される。ただし現在は失われてしまったが、集落を囲む土塁と堀は、一般的な環濠集落に見る出入り口への横矢掛けだけでなく、西側では屋敷の並びから外に向かう大規模な張り出し（Ⅱ）を設けており、集落住民の意思を超えた攻撃的な縄張りとなっている。

上鈎寺内　永正寺の土塁

上鈎寺内　外堀の現況（西側突出部）

【豊臣政権と上鈎寺内】　ところで上鈎寺内で都市化が抑えられたのはなぜであろうか。一つには東海道筋に街村を展開させる上鈎本村との関係が考えられる。本村と寺内の距離は四〇〇メートルほどであり、一体化は不可能ではなかったと思われる。

戦国期において城と町場や、新興の真宗寺内と旧来からの経済基盤を持つ街道集落（都市）は二元的に並立したことが山科《やましな》本願寺（京都府）や枚方《ひらかた》寺内（大阪府）などで知られる。豊臣政権はこれを一元化する動きを見せたが、豊臣期に成立した上鈎寺内で一元化が阻まれ、なおかつ大規模な張り出しを持つ準軍事集落を形成させたのは、町場の形成よりも別の役割が期待されていたと思われる。

先述した諸役免許状は天正段階では、豊臣（羽柴）秀吉が代官の脇坂安治や小野木縫殿頭らを介して、道場主の中了心に家立（移住奨励）と諸役免除を寺内特権として付与しており、上鈎寺内が中氏の独力ではなく豊臣政権の関与で形成されたことがうかがえる。

豊臣政権は本願寺勢力と激しく対立した織田信長と異なり、融和政策を打ち出した。大坂城下の建設ではその都市整備能力が利用され、経済的実力がかなり吸収された。これは本願寺勢力が政権に組み込まれたことを意味するが、地方では貝塚寺内（大阪府）のように住職が豊臣代官として政権を下支えする役割を担い、寺内の出入り口に馬出状の空間を作るなど、これまでの寺内に見られなかった新しい縄張りが志向されるようになった。

代官の任務は、街道や都市・港湾施設や朝鮮出兵のために日本各所に設置された二二〇万石におよぶ蔵入地（直轄領・太閤蔵入地）の管理である。

代官は政権の直臣吏僚や大名だけでなく、在地に力を持つ土豪や商人、寺僧が任じられ、幅広い階層から構成されている。栗太郡では蔵入地や船奉行として琵琶湖の湖上交通を管理した芦浦観音寺（草津市）がその代表である。上鈎の中了心が代官となった証左は史料からはうかがえないが、東海道筋に展開した栗太郡の蔵入地のなかで、上鈎寺内は豊臣期に新規に築かれた平城として、政権の地域支配の一翼を担うことが期待されたと思われる。

豊臣政権の地方支配は、大名の拠点城郭ばかりに目が奪われがちだが、蔵入地代官の城郭も広汎に形成された。これらは、天守や高石垣を持たず縄張り的には中世・戦国期の要素を残し新味はないが、攻撃的な外郭線を形成し、上鈎寺内では突出部を。貝塚寺内などでは馬出状の虎口を設けるなどこの時期の寺内は都市（町）や村落を問わず、政権の地方支配に相応しい縄張りを見せていく。

こうした地域拠点は、豊臣政権の蔵入地を継承した徳川政権でも重視され、上鈎寺内は引き続き諸役免除の寺内特権が認められたが、山城国の淀藩領に組み込まれたことで特権は形骸化していきいつしか環濠も失われていったのである。

【参考文献】栗東町史編さん委員会編『栗東の歴史』二（一九九〇）、小島道裕『城と城下町』（新人物往来社、一九九七）、藤岡英礼「豊臣期における農村部寺内の囲郭について―栗東市上鈎寺内の成立と構造を中心に―」（『城館史料学』四、二〇〇六）

（藤岡英礼）

●琵琶湖を制する大坂城の支城

大《おお》津《つ》城《じょう》

〔所在地〕大津市浜大津
〔比　高〕〇メートル
〔分　類〕平城（水城）
〔年　代〕天正十四年（一五八六）～慶長六年（一六〇一）
〔城　主〕浅野長吉・増田長盛・新庄直頼・京極高次・戸田一西
〔交通アクセス〕京阪電車石山坂本線「浜大津駅」下車、北へ徒歩一分

【大津築城と坂本廃城の意味】 元亀二年（一五七一）九月、織田信長は明智光秀に坂本城を築かせる。その目的は、敵対勢力であった比叡山の監視や岐阜・京都間の信長上洛ルートの確保とされている（本書「坂本城」参照）。坂本城の廃城は大津築城に伴ってのものであることは周知の事実ではある。しかし、坂本廃城と大津築城に関する詳細な時期は直接的な史料が残されていない。そこで、一次史料である『兼見卿《かねみきょう》記《き》』などの羽柴秀吉の動向を示す記事から、天正十四年（一五八六）正月を最後に坂本滞在の記事は見られなくなり、同年八月以降は大津滞在の記事のみとなり、正月の時点では坂本と同時に大津の地名が見られるという指摘から、天正十四年正月時点では坂本城はまだ機能しており、大津築城が開始されていたと考えられる。そして、大津城の主要部の大方の完成は、秀吉が頻繁に大津に滞在し始める同年八月と考えられる。

天正十三年閏八月、秀吉は坂本城で重大な決定を行なう。羽柴家勢力圏内における所領配置替えである。この坂本滞在は、主家であった織田家中をすべて秀吉のもとにまとめた直後にあたる。同十一年から秀吉の居城として築城を開始した大坂城や京を中心に羽柴家一門を配置し、畿内一帯を秀吉の直轄とし、朝廷から関白宣下を受けて、名実ともに秀吉が天下人であることを公言したのである。そして、坂本廃城と大津築城はこれらに連動している。天正十年六月以来、本能寺の変を起こした明智光秀の坂本城は、謀反《むほん》人の居城となり、

それを制するという意味で存続させられ、たびたび秀吉が滞在したのである（本書「坂本城」参照）。これは秀吉が主家である織田家中筆頭であることを誇示するためともいえる。しかし、同十三年閏八月の段階で、武力をもって織田家中を纏め上げた秀吉にとって、坂本城の存在意義はなくなる。そして、みずからの居城である大坂城を中心とした羽柴政権を樹立することとなる。

大津城復元図（『大津市史』3より）

【大津城の立地の重要性】　大坂城は淀川の河口に立地し、その淀川の上流には琵琶湖がある。琵琶湖と淀川（大阪府・京都府では淀川、滋賀県では瀬田川）の付け根に位置するのが大津となる。大津築城以前、当地周辺には坂本城と勢多城が存在していた。しかし、淀川を利用した大坂城の防衛や近江以東の直接的な物流の確保といった面で、坂本城では北方寄り過ぎで、勢多城《せたじょう》では地形的な制約を受けることなどから、大津への新規築城が決定されたのだ。また、大坂への物流確保の面では、これまでは坂本城下から京へ直接繋がる山中越えが京・近江間の主要街道であったが、大津築城とほぼ同時に、逢坂《おうさか》越《ご》えを主要街道とし、近江からの物流を京経由ではなく、直接大坂へ繋ぐようにしたものと考えられる。以上のことから、大津築城は、単なる坂本廃城に伴う新規築城ではなく、天下人秀吉の居城である大坂城を支える城として、近江以東の物流と京・大坂への東国からの玄関口の押さえとして築城された、きわめて広域的な戦略の基での築城と評価すべきである。その証拠に、大津城の城主は、豊臣政権下では、秀吉の縁戚である浅野長吉《ながよし》、天正十七年からは後に豊臣家奉行衆の一人となる増田長盛《ましたながもり》、同十九年五月からは秀吉御伽衆《おとぎしゅう》の一人であった新庄直頼《しんじょうなおより》、豊臣秀次事件の起こる文禄四年（一五九五）からは豊臣家と縁戚の京極高次が勤めており、豊臣家の城といっても過言ではないのである。そして、大津城の前半の城主である浅野・増田らは、いわゆる大津百艘船《おおつひゃくそうせん》という大津の船主組合が明治時代まで特権のよりどころとした原型を定書として発しており（『木村忠之家文書』）、この時点で琵琶湖の水運を完全に掌握したのである。

【古くから研究対象となった大津城の縄張り】さて、肝心の城跡であるが、市街地化により地表面で目に見える城郭遺構をわかりにくくしている。この市街地化は慶長六年（一六〇一）の大津廃城の決定と膳所《ぜぜ》築城に伴う時点から始まる。江戸時代の大津は、軍事性は失われるが、琵琶湖辺の港町として引き続き物流の拠点として賑わい続ける。廃城後の大津城本丸跡は、大津代官所と幕府直轄領の年貢米を納める御蔵となり、琵琶湖と直結していた二の丸や三の丸などの堀は、一部を残して埋め立てられ、残った場所は大橋堀・川口関などの名称で湖岸の荷揚場《にあげば》となる。このように、江戸時代を通して大津城の縄張りは徐々にわかりにくくなるのである。

そうしたなかで、大津城の研究は明治時代後半頃から始まる。なかでも、明治二十七年（一八九四）、大津町生まれの田中宗太郎氏による研究は大津城の縄張り研究としてきわめて高い評価を受けている。氏は昭和初期の開発に伴って出土した石垣列の調査をきっかけに大津城研究を本格化したとされる。当時残された地割りや地形を地表面観察により図化し、城郭遺構として見出そうとしたのである。現在、大津市教育委員会は、この推定城域を主に城跡として認識し、中近世城郭遺跡を対象とした埋蔵文化財保護が必ずしも定着化していなかった昭和五十五年（一九八〇）度という早い段階から随時開発申請があがってきた時点で、堅実な記録保存に努めている。これらの発掘調査によって、建物遺構などや石垣が複数検出され、田中氏が示した大津城の全容がより具体的になりつつある。また、城下町については、本書「坂本城」においても述べているとおり、大津城跡と坂本城跡には共通の町名が存在していることを忘れてはいけない。これは坂本から大津に城下町が移転したことを示しており、今後の大津城研究においても欠かせない情報である。

なお、ここでは大津城跡内で検出された石垣について若干触れておきたい。石垣は大津市による発掘調査が実施され始めた初期の段階から検出されている遺構である。発掘調査報告書などの写真を観察すると、しっかりした面をもった割石《わりいし》によって構築されたものであり、一定量の間詰石《まづめいし》も確認できる。隅石《すみいし》に関しては算木積《さんぎづ》みが完成したものが確認できることなどから、大津城跡内で検出された石垣は、大津城が築城・存続した天正十四年以降から文禄年間にかけて築かれた石垣と判断して差し支えないと考える。

【水城の防御力が証明された籠城戦から廃城へ】　ところで大津城といえば、慶長五年の関ヶ原合戦の前哨戦である大津籠城戦が大変有名である。時の城主、京極高次は畿内では数少ない東軍として、城に立て籠もり、西軍の大軍を決戦地である関ヶ原入りさせるのを遅らせたことはあまりに有名であろう。関ヶ原合戦後に徳川家康が大津城に入城し、ここで戦後処理を行っている。その後、大津城には最後の城主となる徳川家譜代大名の戸田《とだ》一西《かずあき》が入城し、城の復興を行う。しかし、翌慶長六年、徳川家康により大津廃城と膳所に新規築城が決定される。大津城は解体され、その部材は膳所城に移されたとされる。さらに、大津城は籠城戦の折に開城したものの、よく持ちこたえた城として縁起がよいとされ、その天守は慶長九年築城開始の彦根城に移築されたと伝わっていた。昭和三十二年の彦根城天守解体修理の際には、移築天守であることが証明され、前身の天守が五層四重であったとされている。

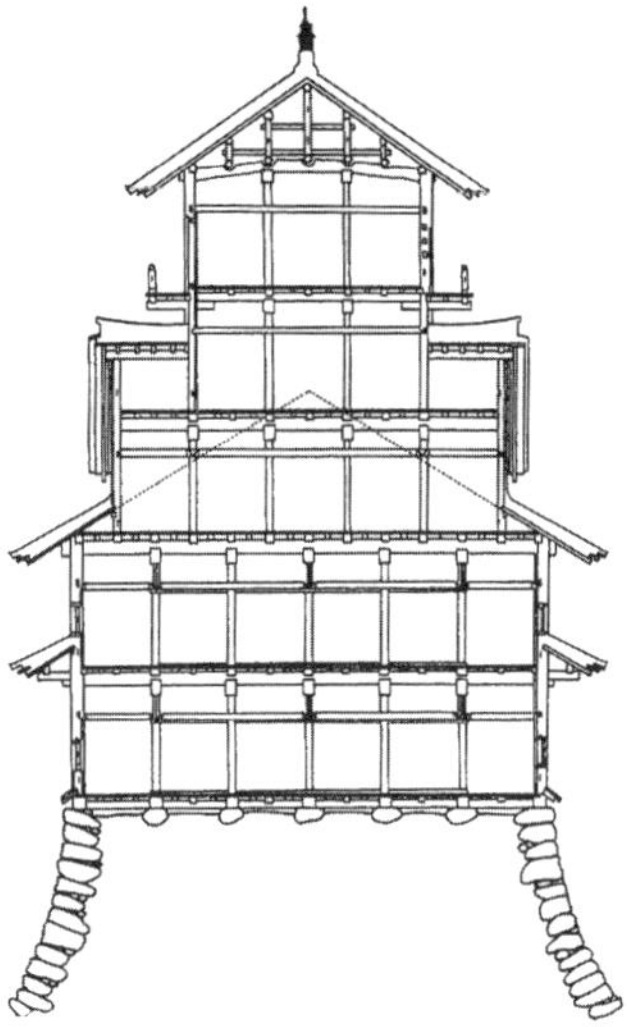

大津城天守復元図（滋賀県教育委員会編『国宝彦根城天守・附櫓及び多聞櫓修理工事報告書』より）

現在は城跡推定地にわずかに石碑が立つくらいであり、その縄張りが現地で感じられないのは残念であるが、これまでの調査・研究の蓄積は一定量に達しており、今後の総括的研究が期待される城跡である。

【参考文献】『新修大津市史』三（大津市、一九八〇）、大津市教育委員会編『大津城跡発掘調査報告書』（二〇一三）

（下高大輔）

●近江における織豊系城郭の先駆け

宇《う》佐《さ》山《やま》城《じょう》

〔所在地〕大津市錦織町字牛尾
〔比　高〕二三〇メートル
〔分　類〕山城
〔年　代〕永禄十三年（一五七〇）～元亀二年（一五七一）
〔城　主〕森可成・明智光秀
〔交通アクセス〕ＪＲ湖西線「大津京駅」下車、北北西へ徒歩一・五キロ

【立　地】　宇佐山城は大津市街の北方、近江神宮の西側にそびえる標高三三五メートルの宇佐山山頂に位置する。宇佐山は比叡山の南東側山腹に位置する独立状の山塊で、山麓を巻くように京都・大津を結ぶ山中越が通過している。現在も山頂にテレビ中継塔があることが示すように、東側（琵琶湖《びわこ》側）への眺望に優れた立地である。

【築城と志賀の陣】　永禄十三年（一五七〇）三月、『多聞院日記』には「今度今道北、ワラ坂南、此二道ヲトメテ、信長ノ内森ノ山左衛門城要害、此フモトニ新路をコシラヘ是ヘ上下ヲトヲス」とあり、近江滋賀郡と京を結ぶ二大幹線であった今道（山中越）とワラ坂（逢坂越）が封鎖され、織田信長の家臣、森三左衛門可成《よしなり》の城の麓に新道が付替えられていることが記されている。元亀元年（一五七〇）五月に「志賀ノ城宇佐山拵、森三左衛門ヲカセラレ」（『信長公記』）とあることなどからこの森三左衛門の城が宇佐山城であったとみられ、築城が京・近江の交通路の管理を強く意識したものであることが明らかである。

当時、四月の越前朝倉氏攻めの途中に浅井氏の離反を受け京へ退却した信長は、南近江で永原城（野洲《やす》市）・長光寺城（近江八幡市）などとともに京・岐阜を結ぶ街道上の拠点として宇佐山城にも将兵を配して六角・浅井氏など反信長勢力の反撃に備えていた。

湖北における姉川合戦後の九月、浅井・朝倉勢は京都をうかがって湖西を南下し、同月十九日に森可成はこれを坂本で

迎撃するも信長弟の織田信治とともに討死した。直後に浅井・朝倉勢は「宇佐山の城・端城」まで攻め上がり、大津の馬場や松本さらに山科《やましな》・醍醐《だいご》まで進出して放火したが、城は武藤・肥田《ひだ》らが防戦に努め落城は免れたようである。急報を受けた信長は三好三人衆を討伐していた摂津から帰陣し、二

宇佐山城遠望（中央、右奥は比叡山）

四日に逢坂《あうさか》から宇佐山へ入城、北方の青山・壺笠山《つぼかさやま》などに陣取り比叡山・延暦寺の支援を受ける浅井・朝倉勢と対陣した（志賀の陣）。堅田城などの攻防を経て信長は三ヵ月にわたって「志賀御陣に御手塞の様躰」となり戦線が膠着状態となったが、年末には幕府・朝廷の仲介で和議が成立し、元亀争乱最大の危機を逃れている。この時、坂本・唐崎《からさき》から本陣宇佐山を経て京都側の勝軍・八瀬《やせ》・大原に至る包囲陣を「陣払い小屋・悉く放火」（『信長公記』）して退陣している。

　翌年九月の延暦寺焼き討ちに先立っては、明智光秀が当城を拠点として堅田・雄琴《おごと》など湖西の土豪たちに延暦寺との切り離しをはかって懐柔を進めており（『和田文書』）、滋賀郡における拠点として存続していることがうかがえる。焼討が行なわれた後には光秀に滋賀郡が与えられ、元亀二年には湖岸に坂本城築城を開始していることから、その前後に宇佐山城は廃城になったとみられる。

【遺構の現況】　城の主要部は山頂のテレビ中継塔がもうけられているⅠ、南側のⅡ、Ⅰから鞍部《あんぶ》をはさんだⅢからなる。城へは東中腹にある宇佐八幡宮の北側から登山道がのびており、Ⅰ・Ⅱの下でつづら折り状になっている。主郭にあたるⅠについては後述するように中継塔の設置にあたって昭和四十三年（一九六八）から同四十六年に発掘調査が行なわれている。

　Ⅰは幅約一五メートル、長さ約四〇メートルを測る。南半部分を中心とする発掘調査の結果、瓦二点や大甕《おおがめ》が出土した

ほか石組の暗渠溝《あんきょみぞ》が検出されている。現在は大部分が中継塔施設によって破壊されているが、瓦や石組溝の存在から礎石建物が設けられていた可能性が高い。このⅠの南側には曲輪《くるわ》の規模に比べて規模の大きい外枡形《ますがた》を呈する虎口dがあり、発掘調査では石段や石組溝、方形基壇が検出されている。石段の向きや土塁の位置などから南側のⅡから左折・右折を経てⅠ内部へ至るものと理解でき、遅くとも元亀二年段階での枡形虎口と評価できる遺構である。なお、方形基壇については石段南側にある土塁と合わせて虎口《こぐち》dに櫓門を想定する説もある。

Ⅱは幅約一五メートル、長さ約三五メートルで、虎口d側に空堀となる凹地《くぼち》がみられ、Ⅰの優位性を高めている。Ⅱの南側にも虎口が想定されるが、その位置は不明瞭で、南西隅のスロープ状になった土塁から下りるものと考えられる。このように理解してもⅠ南側の虎口dが不相応に大きい。

Ⅰ・Ⅱの東斜面下方にはa・bに高さ約二メートルの石垣が残る。bの石垣は隅部分を欠くが裏側には裏込石《うらごめいし》が確認できる。また、下方に二段ほどの石垣が控えていることから、急斜面であることも手伝って、一気に高石垣を築き上げず、途中に段を設けて石垣を構築している可能性も指摘できる。また、Ⅲの東側にも石垣が認められることから、Ⅰ〜Ⅲはいずれも東斜面を中心に石垣を設けていたことがわかる。これは石垣による防御面の効果に加えて、山麓の滋賀郡側への視覚効果を意図して構築されたものと理解できよう。

ⅠとⅢの間には鞍部があり、Ⅰ側の石垣下に横堀とも武者だまりともとれるcがある。武者だまりとすればⅠ・Ⅲ間の谷への斜線として設けられたと理解できよう。鞍部付近は遺構が不

宇佐山城石垣（図中b部分）

宇佐山城石垣（図中a部分）

明瞭だが土塁や通路から土造りの枡形を想定する説もみられる。

Ⅲは約三〇メートル四方のややいびつな方形を呈し、端部は中央より一段低い帯曲輪城となる。前述のように石垣は認められるものの、Ⅰ・Ⅱに比べて削平が不明瞭である。北側の尾根続きへ向けて腰曲輪を突出させている。

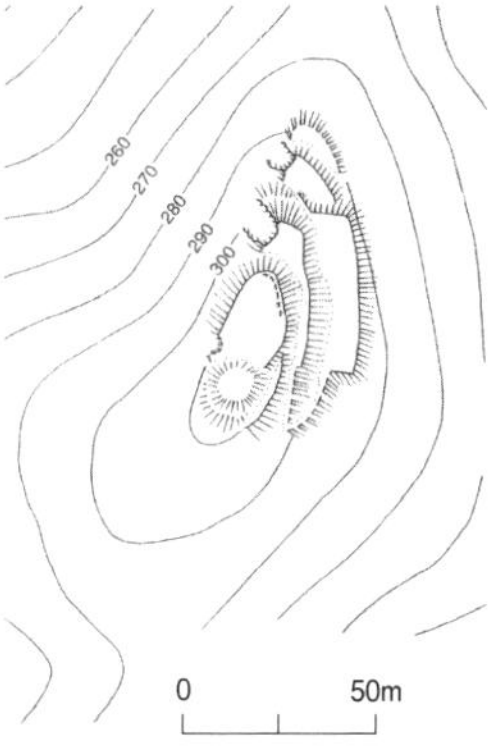

宇佐山城　北峰の遺構

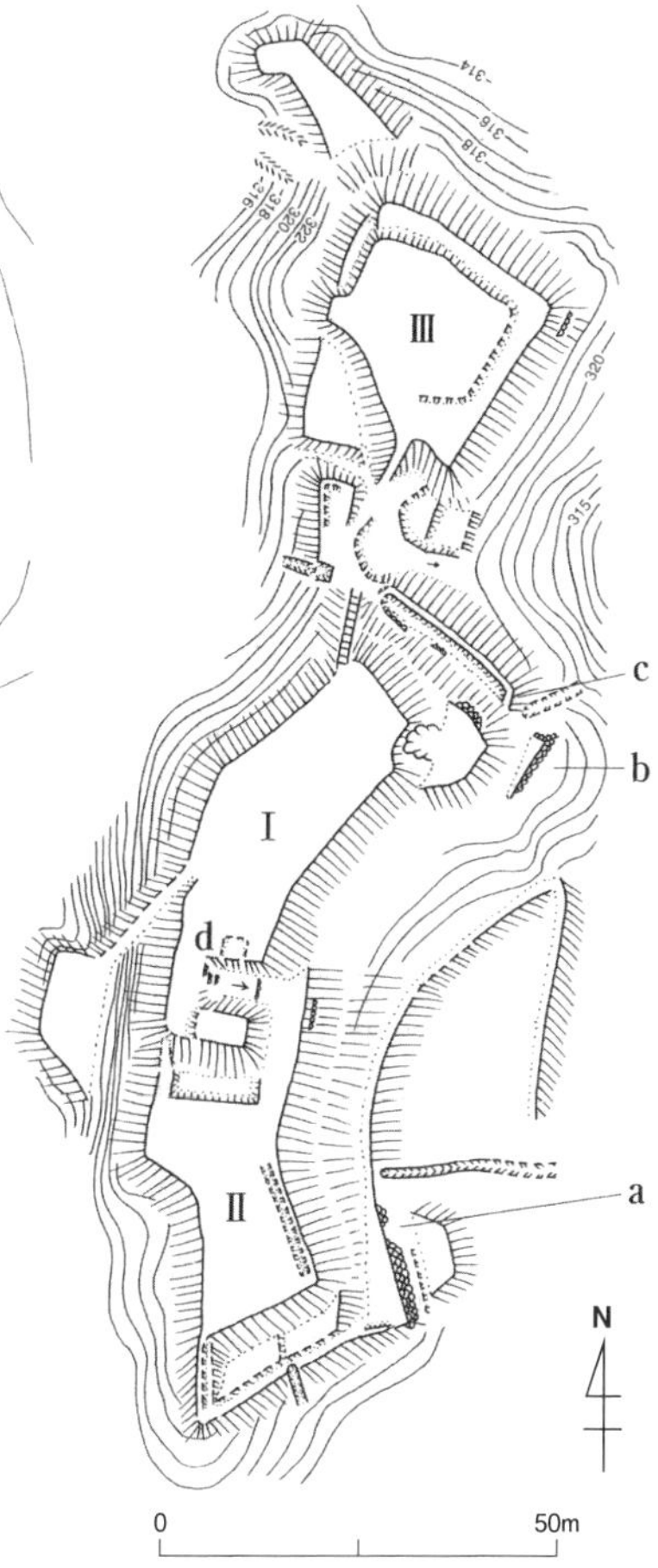

宇佐山城平面図（作図：福島克彦）

Ⅲから鞍部を隔てた北方約一五〇メートルにも小規模な曲輪群がみられる。これらはⅢ側へ堀切などを設けず北側へ帯曲輪を重ね土造りであることから、石垣を備えたⅠ～Ⅲの主要部とは異なり、籠城《ろうじょう》に際して臨時的に構築した部分とみられる。あるいは志賀の陣の際に浅井・朝倉勢に攻め上られた「端城」に相当するかもしれない。

これら宇佐山城の遺構は文献史料によって永禄十三年から元亀二年という短期間に時期が特定できる。とりわけ織豊系城郭成立の過程においては瓦・石垣・礎石建物をあわせ持つ初期の事例であり、これに続く元亀年間築城の坂本城や勝龍寺《しょうりゅうじ》城（京都府長岡京市）などの事例がいずれも平地の拠点城郭として後に改修された可能性が否定できないこともあって、重要な位置を占める遺構である。

【参考文献】滋賀県教育委員会編『大津市・宇佐山城跡調査概要』（一九七二）、大津市歴史博物館編『戦国の大津』（企画展解説書、二〇〇七）

（早川　圭）

●位置が明確な陣城

壺《つぼ》笠《かさ》山《やま》城《じょう》

〔所在地〕大津市坂本本町比叡山
〔比　高〕三二〇メートル
〔分　類〕山城
〔年　代〕永禄・元亀年間（一五五八〜七三）
〔城　主〕浅井長政
〔交通アクセス〕ＪＲ湖西線「唐崎駅」下車、北西へ約二キロ

壺笠山城は、穴太《あのう》の西にそびえる標高四二一・二メートルの山頂に位置する。山頂周辺には、白鳥越え（青山越え）と呼ばれる尾根《おね》筋の間道《かんどう》が通っている。この道は比叡山《ひえいざん》系を超えて京都と坂本を結ぶルートであった。

史料上、壺笠山城が登場するのは、元亀元年（一五七〇）九月、朝倉・浅井連合軍が湖西路を越えて、織田信長と対決する際である。越前の朝倉義景と近江北部の浅井長政は、大坂本願寺と手を結び、南下して山科まで進撃し、入洛の機会をうかがっていた。摂津国で戦っていた信長は、急遽《きゅうきょ》京都へ戻り、これと対峙《たいじ》した。直接の対決を避けた朝倉・浅井氏の五、六〇〇〇の軍勢は、比叡山延暦寺の後方支援を取り付け、「はちが峯」「あほ山」「つぼ笠山」に陣取った（『信長公記』）。これに対して、信長は京都側の八瀬《やせ》方面、大津側の宇佐山城方面から挟撃しようとした。朝倉・浅井連合軍も負けじと別働隊を西進させ、京都市側の洛東の村々を放火し、改めて入洛の姿勢を示した。

両者のにらみ合いは続いたが、互いに膠着《こうちゃく》状態は打開できず、十二月に和議を結ぶことになった。織田方と朝倉・浅井軍は、この壺笠山上において人質交換を行ない（『尋憲記』）、和議が成立した。朝倉・浅井軍は「青山」の小屋を焼き払い、退散した（『言継卿記』）。

さて、朝倉・浅井連合軍の三ヵ所の陣所のうち、位置が明確なのが、この壺笠山城である。山頂部を加工した小規模な山城である。

主郭Ⅰはほぼ円形を呈し、東西三一メートル、南北三五メートルを測る。周囲には、幅三～五メートルの帯曲輪《おびくるわ》Ⅱがめぐり、Ⅰとともに中枢部を形成する。主郭Ⅰには虎口《こぐち》a・bがあり、ともに石段が残存している。aは帯曲輪に城道が突出、一折れする構造を持つ。また、bは帯曲輪の北西部切岸を掘削した箇所と対応、帯曲輪の通路の折れを形成する。bにも石段があり、通路としても機能していたことがわかる。帯曲輪の南西斜面には、細かい曲輪群が残存している。

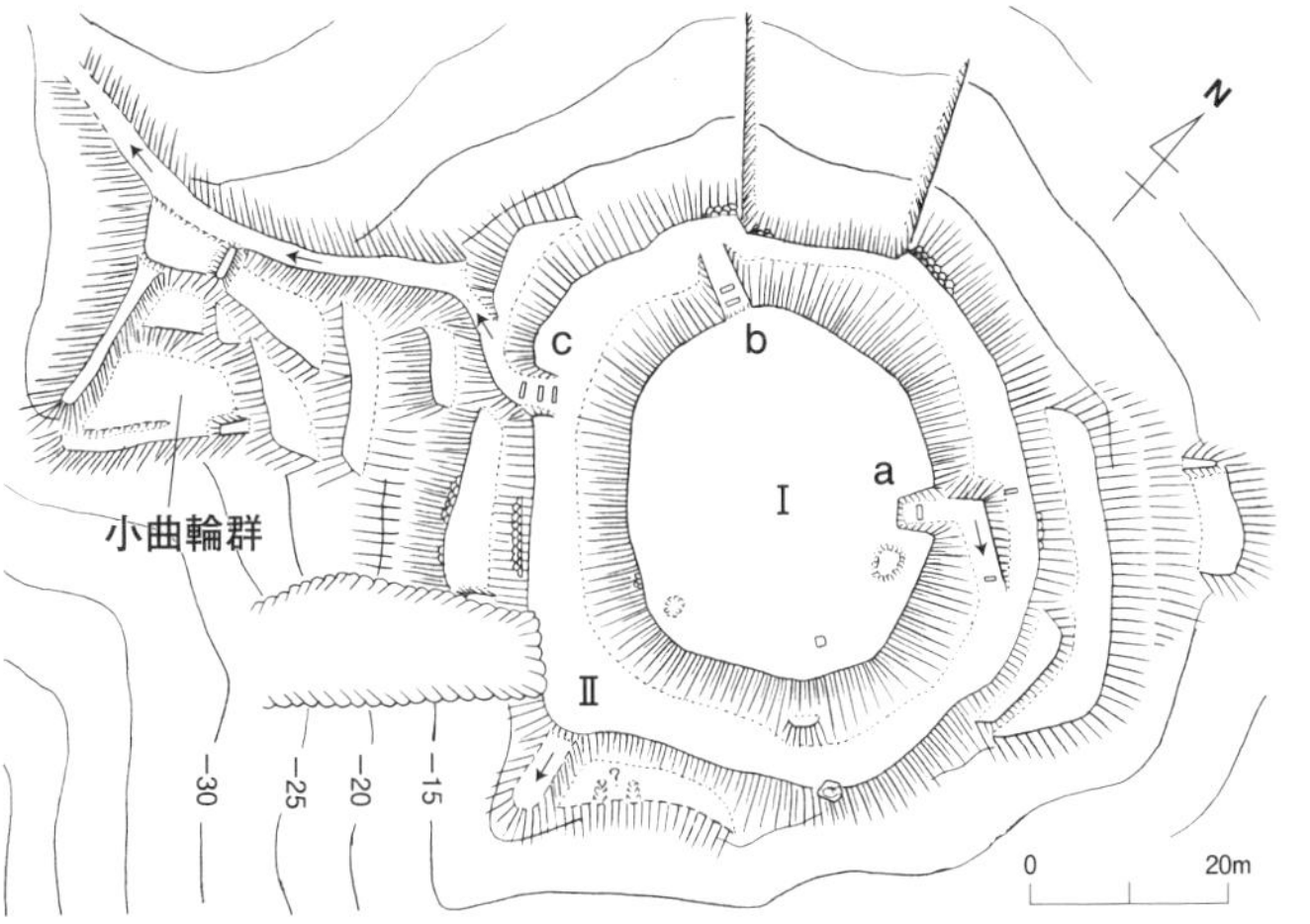

壺笠山城跡

　帯曲輪の周囲には石積が施され、南西側壁のものは高さ一メートルに及ぶ。虎口cから西辺に尾根上の通路が続き、前述した白鳥越えと接続する。なお、壺笠山の西一〇〇メートルの白鳥山にも台形状の曲輪と畝状空堀《うねじょうからぼり》群が残っている。

　さて、この壺笠山城の構造は、大きく二つの区域に分かれる。中枢Ⅰ・Ⅱの円郭状の形態は、周囲を石積みで補強されており、恒久的に使用しようとする姿勢がみられる。虎口や石段も明確に築かれており、円郭式という簡素な形状を維持しながらも、出入りに変化させようとした姿勢がみえる。朝倉、浅井氏の陣城であるならば、基本的に一過性の高い陣城にしたはずであり、このような石垣造りの城は似つかわしくない。当城は、明智氏が改修した伝承も残っているので、前述した虎口や石垣は、光秀が改修したものではないだろうか。

　これに対して南西部には細かい小曲輪が形成され、陣城の駐屯地のような様相である。背後の尾根を通路にして、南へ向けて形成されており、方向性が明確である。これこそが、朝倉、浅井の陣城遺構を現わすものではないだろうか。

【参考文献】『新修大津市史』二（大津市、一九七九）

（福島克彦）

●近江国初の天主をもつ幻の名城

坂《さか》本《もと》城《じょう》

〈所在地〉大津市下坂本
〈比　高〉〇メートル
〈分　類〉平城（水城）
〈年　代〉元亀二年（一五七一）～天正十四年（一五八六）
〈城　主〉明智光秀・丹羽長秀・杉原家次・浅野長吉
〈交通アクセス〉ＪＲ湖西線「比叡山坂本駅」下車、徒歩一〇分

【坂本築城の背景と立地】　元亀二年（一五七一）九月、織田信長は敵対勢力であった比叡山延暦寺を攻撃した。その直後、明智光秀に滋賀郡支配を命じたことで坂本城が築かれることとなる（『信長公記』元亀二年九月条）。築城開始時期は、はっきりとしないが、『兼見卿記《かねみきょうき》』元亀三年正月などの記事から、同二年九月後半以降から築城が開始されたとみて間違いない。その目的は、比叡山の監視、堅田《かただ》など湖西地域の織田家敵対勢力への抑え、岐阜・京都間の信長上洛ルートである琵琶湖制海権と街道の確保とされている。当時の織田家中では新参物であった光秀が、織田家にとっての重要拠点を領地付きで任されたということは、いかに光秀が信長から信頼されていたのかを示しているといっても過言ではない。

【史料でみる光秀の坂本城】　現在、地表面に直接的に城跡と判断できる遺構は皆無に等しいが、文献史料の記載から断片的ではあるが、光秀段階の坂本城の諸施設を考えることができる。『兼見卿記』元亀三年十二月二十四日条は注目すべき記事である。「去廿二日、明智為見廻下向坂本。（中略）城中天主（守）作事以下悉被見也。驚目了。（後略）」とあり、城内に天主（守）が存在していたのである。近江における天主のあった城として有名な信長の安土築城よりも四年も早い段階である。さらに、同四年六月二十八日条には「天主之下立小座敷」や、天正十年（一五八二）正月二十日条には「（前略）於小天主（守）有茶湯・夕飡之儀。種々雑談、一段機嫌也。（後略）」という記事である。つまり、天主（守）に隣接

する形で御殿を想定する座敷が存在しており、天主についてもわざわざ「小天主（守）」と記している。これは大小二つの天主（守）が存在していたことを示唆するものである。さらに興味深いことは、小天主（守）の中で、茶の湯を楽しみ、夕食をしながらいろいろな雑談をしたというのである。高層建築である安土城の天主の中で、信長が生活していたことは有名であるが、安土城と同時期の城で天主内部の利用の仕方を具体的に示している点で希少な事例である。少なくとも坂本城の小天主（守）については人が長居できる座敷的な空間が存在していたことになる。そして、元亀年間に、近世城郭に普遍的に見られる天主（守）のすぐ傍に隣接する形でいわゆる本丸御殿のような建物がすでに存在していたことは、実際に坂本城を訪れたものが日記に記しているということから間違いない。ただし、天正八年閏三月にも普請の記事がみられることから、大小二つの天主（守）が

坂本城の縄張復元図

元亀の築城当初から揃っていたと断定するのは注意を要する。そして、複数の文献史料の記事から、元は比叡山延暦寺の門前町であった坂本の町が、築城後においても宿などを有した城下町として存在していたようだ。

当時、日本で布教活動をしていた宣教師ルイス・フロイスは、自身の著書である『日本史』で「明智（光秀）は、都から四里ほど離れ、比叡山に近く、近江国の二五里もあるかの大湖（琵琶湖）のほとりにある坂本と呼ばれる地に邸宅と城塞を築いたが、それは日本人にとって豪壮華麗《ごうそうかれい》なもので、信長が安土山に建てたものにつぎ、この明智の城ほど有名なものは天下にないほどであった」と記しており、光秀の坂本城の評価は極めて高いのである。

【天下を差配する城へ】 天正十年六月二日、のちに本能寺の変と呼ばれる政変により坂本城も翻弄《ほんろう》されることとなる。いうまでもなく、この変の実行者は、坂本城主であった明智光秀本人である。その顛末については周知の事実であろう。変直後の山崎の合戦において、光秀が羽柴秀吉らに敗れた報をうけた光秀の娘婿である秀満は、坂本城で籠城した。そして、『兼見卿記』天正十年六月十五日条に「坂本之城、天主放火云々。（後略）」とあり、この時点で、灰燼に帰した。その後、同年六月二十七日の清洲会議で、坂本城は織田家重臣の丹羽長秀に渡ることとなる。同年九月以降から再建のための普請が開始される（『兼見卿記』天正十年九月十六日条など）。翌十一年四月に北近江の賤ヶ岳《しずたけ》において織田家重臣同士の柴田勝家と羽柴秀吉が激突する。この戦後処理では、長秀は越前・加賀を領有することとなり、『兼見卿記』などの記事から、秀吉が同年五月十二日から六月一日の上洛まで坂本城に滞在している。その際、『多聞院日記』天正十一年五月二十六日条「築州坂本城ニ諸国大小名、礼ヲヒタ、シト」とあり、長秀移封後の坂本城にて秀吉が戦後処理を行っていたと考えられる。その後は秀吉の縁戚でもある杉原家次《すぎはらいえつぐ》が城主となるが、この頃の家次は精神を病んでいたようであり（『多聞院日記』天正十一年十一月廿日条）、十二月の時点では同じく秀吉の縁戚である浅野長吉《あさのながよし》が坂本城主となったようである（永田一馬家文書）。このように丹羽長秀により再建され、杉原家次・浅野長吉へと受け継がれた坂本城は、第二期坂本城と位置付けることができる。この間、秀吉は近江国に滞在の際は坂本城にたびたび立ち寄っていることが文献史料から確認されており、いかに坂本城がこの時点での秀吉にとって重要な城であったかを示している。さらに興味深いのが、天正十三年閏八月十七日から数日間、坂本城に滞在している。これは織田家中で最後まで秀吉に屈しなかった越中の佐々成政《さっさなりまさ》を降伏させた直後に大坂に帰陣する道中のことである。ここで、秀吉は大和郡山への弟、秀長の配置をはじめとした羽柴家勢力圏内の所領配置替えを行っているのである。またしても戦後処理の地としての坂本城ということに注意を要するところである。羽柴秀吉の台頭は、明智光秀が起こした本能寺の変なくしてありえず、その居城であった坂本城を制することで天下に号令をかけられると考えていたのではないだろうか。この天正十三年の所領配置替えはこれまでのものとは大きく異なり、秀吉の大坂城を中心に同心円状に羽柴（豊臣）家一門が配置され、その外に直臣を主に配するという内容となる。

解体修理された聖衆来迎寺山門

秀吉が関白宣下をうけるのも同時期であり、坂本城の終焉も連動しているのである。

坂本城の廃城は大津築城に伴ってものであることは周知の事実ではある。その詳細な時期は直接的な史料が残されていない。しかし、『兼見卿記』などの秀吉の動向を示す記事から、天正十四年一月を最後に坂本滞在の記事はみられなくなり、同年八月以降は大津滞在の記事のみとなることが指摘されている。一月の時点では坂本と同時に大津の地名がみられることから、この時点では坂本城はまだ機能しており、大津築城が開始されていたと考えてよかろう。よって、大津城が本格的に機能し始めたことを示すと考えられる天正十四年八月には坂本城は廃城となったものと考えられる。おそらく、坂本城の廃城の決定は、前年閏八月の秀吉滞在中の坂本城で行なわれたものと推察する。

【全容解明に向けた堅実な調査・研究】　これまでの文献史料のみで坂本城について触れてきた最大の理由は、地表面で確認できる城郭遺構が皆無に等しいからである。しかし、坂本城の全容は、大津市教育委員会による四半世紀以上にわたる堅実な文化財保護行政下での発掘調査により、明らかにされつつある。城跡の範囲は、主に坂本城と城下町の移転先である大津と共通の町名・集落名の分布範囲、条理地割りの遺存状況、地元伝承などから推定され、この中での開発行為に対して事前に発掘調査による記録保存がなされたのである。その結果、遺構の有無や石垣遺構などの分布状況から推定坂本城跡内における具体的な縄張りが明らかにされている。琵琶湖を背にいわゆる本丸・二の丸・三の丸などで構成され、街道との関係から当時はそれを取り込んだ縄張りであったと想定されている。石垣によって構築された各曲輪《くるわ》は琵琶湖と直結した水堀を介していたようである。また、平成六年（一九九四）度の琵琶湖大渇水による水位低下によって、本丸を形成していたと考えられる石垣の根石が確認された。興味深いことに、根石を支える胴木も確認され、琵琶湖岸に接する築城技術・土木技術の一端を垣間見る資料が得られたのである。また、昭和五十四年（一九七九）度には推定本丸内において大規模な発掘調査が実施されており、文献史料からの解釈と一致する焼土層を挟んだ二時期の遺構面が検出されている。これら二面の遺構面からは礎石建物や井戸などの遺構が検出され、瓦や天目茶碗《てんもくちゃわん》などの遺物も出土している。また、坂本城跡の北方に位置する西教寺《さいきょうじ》や聖衆来迎寺《しょうじゅらいごうじ》には坂本城廃城に伴って移築されたと伝わる門が存在している。なかでも聖衆来迎寺山門は近年解体修理に伴う調査で、その可能性が極めて高くなったのである。これはおそらく、第二期坂本城の城門の可能性が高い。このように、現地にはあまり城跡として認識できる遺構が存在しないのは残念であるが、これまでの地道な発掘調査などによりおおよその全容が明らかにされつつあるのである。また、文献史料から、いかに坂本城が豊臣政権樹立の礎《いしずえ》となったかがわかり、城郭史のみならず政治史の観点からも無視できない城跡である。

【参考文献】大津市教育委員会編『坂本城跡発掘調査報告書』（二〇〇八）、滋賀県教育委員会編『滋賀県指定有形文化財 聖衆来迎寺表門保存修理工事報告書』（二〇一二）

（下高大輔）

●湖西に残る山城・居館・屋敷地・山寺

清《し》水《みず》山《やま》城《じょう》

〔国指定史跡〕

〔所在地〕高島市新旭町熊野本・安井川
〔比　高〕一一〇メートル
〔分　類〕山城
〔年　代〕十六世紀
〔城　主〕佐々木越中氏
〔交通アクセス〕ＪＲ湖西線「新旭駅」下車、西へ徒歩二キロ

【立　地】 清水山城は饗庭野《あいばの》台地の先端、安曇川《あどがわ》平野を眼下に望む丘陵上に位置する山城である。戦国時代に湖西北部の高島郡を領した西佐々木一族の惣領《そうりょう》家、佐々木越中氏の居城と伝わる。

山麓からみて際だつ山容の山ではないが、扁平《へんぺい》な饗庭野台地から派生する丘陵のうち、最も長く伸びた独立的な尾根筋という地形を選んでいる。

城は山城だけでなく、清水山城館群として、その南・南西山麓に屋敷地とみられる清水山遺跡・本堂谷遺跡、さらに低位の南東段丘端に御屋敷、犬の馬場と呼ばれる居館跡を含んだ範囲が史跡指定されている。

【佐々木越中氏】 佐々木越中氏は近江源氏の佐々木氏の庶子家で、高島郡中・南部を支配した西佐々木一族では惣領家にあたり、鎌倉時代には郡内の高島荘や田中郷の地頭であった。西佐々木一族は、朽木《くつき》・永田・横山・田中・山崎・能登氏に越中氏を加えて七頭とも呼ばれ、室町時代には幕府の奉公衆として近江の中では京極氏・六角氏いずれにも属さない勢力であった。戦国時代に入ると朽木氏を除いて六角氏の下に「渡海」して北近江へ従軍したが、六角氏衰退後には湖西へ勢力を伸ばした浅井氏に従っている。戦国時代末期の元亀争乱では高島郡南部で織田勢と浅井・朝倉勢との間で戦闘が行なわれているが、当時の越中氏の動向については不明な点が多い。

【城の構造】 標高二一〇メートルの山頂主郭を中心として三

方向へ派生する尾根《おね》上に広く遺構が展開しており、竪堀《たてぼり》群や堀切によって主郭周辺部、北西部、南西部、南東部の四地区の曲輪《くるわ》群に分けることができる。

背後の饗庭野台地への尾根続きにあたる北西部は主郭までに堀切を四重に設け、曲輪群北側の大堀切では東西両側の谷まで三本の畝状空堀《うねじょうからぼり》群を設けている。また北西斜面には竪堀群、その上部の曲輪群には北側を囲繞《いにょう》する鉤の手状の土《ど》塁《るい》や武者隠しを設けるなど、四地区の中で最も防御性が高い構造となっている。

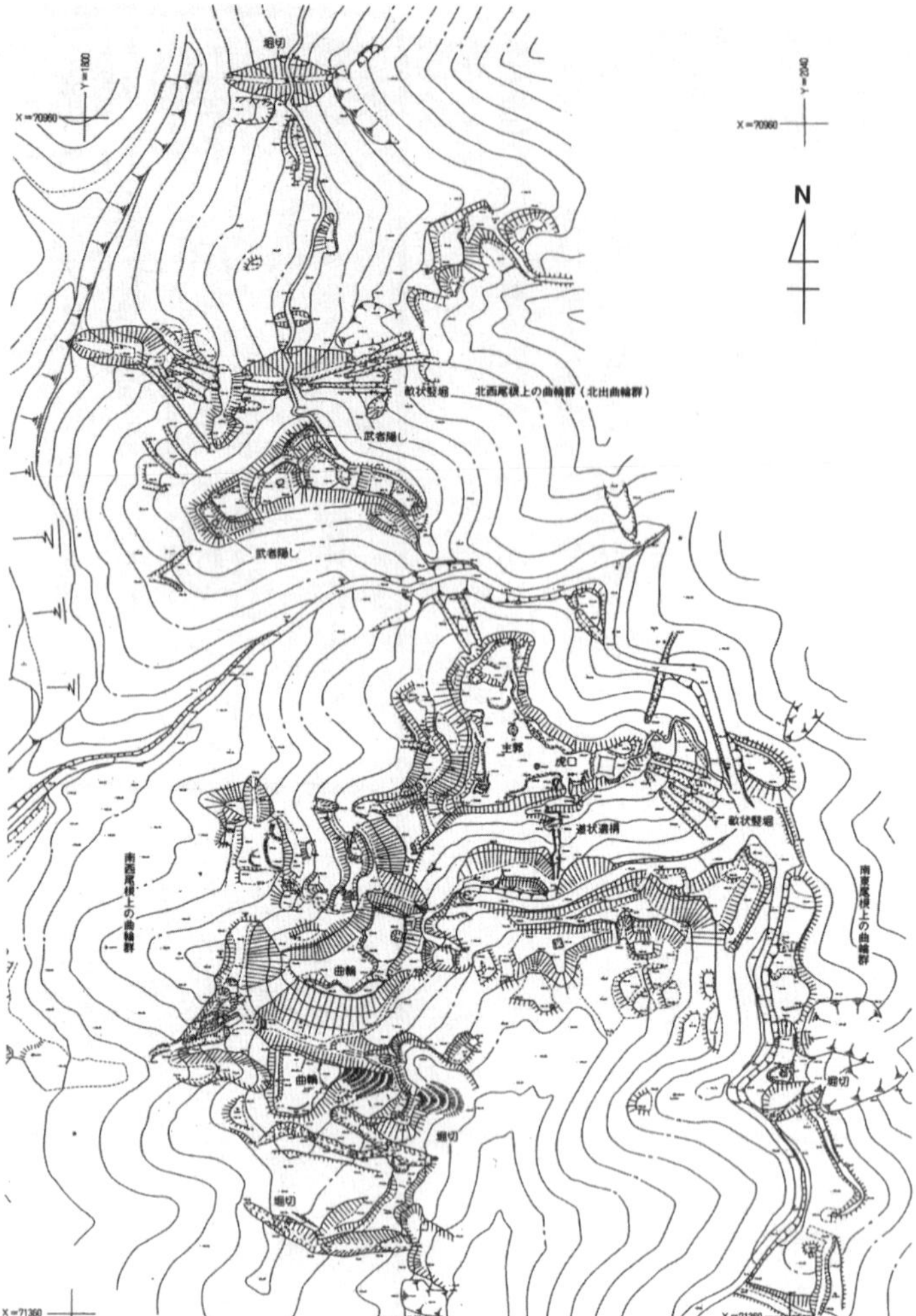

清水山城平面図

主郭周辺は北・東側の連続竪堀群、西・南側の土塁や武者隠しを設けた帯曲輪群によって防御を固めている。L字形平面の主郭内部では発掘調査によって五間×六間の大型建物を含む礎石建物群が検出されたほか、その建物以前の焼土も検出されている。建物はかまどや石段も伴っていて、柱間は六尺四寸、出土遺物から十六世紀第三四半期頃と想定されている。主郭南面には虎口《こぐち》が設けられ、かなりの急傾斜ながら通路が取り付いている。

南西部は南の尾根続きを四重の堀切で遮断している。比高差が大きい堀切によって隔てられた二つの曲輪の内部には河原石がみられることから礎石建物が存在した可能性が高い。いずれも外郭線に接するためか部分的に土塁を設けて防御を固めている。最も外側の堀切周辺では尾根続きが城内で最も緩い斜面となっていることから堀切は東の谷間で横堀状に長く伸びている。

南東部は尾根状に堀切を挟んで曲輪が一列に配置され、部分的に土塁がみられる。最も主郭に近い曲輪からは発掘調査によって礎石建物が検出されている。この曲輪群の南側には屋敷地である清水山遺跡が位置することから、登城路にあたるものと思われ、車道の開通前には尾根の西側にも道があったという。南端の曲輪から南へ続く凹地《くぼち》状の通路は登城路にあたるものと考えられる。

以上のように清水山城は堀切や竪堀群を用いた尾根続きの遮断が各所で行われ、各曲輪を土塁が囲繞している。また、それほど広くない主要な曲輪に礎石建物が配置されるなど、防御・居住の両面にわたって非常に密度の濃い遺構配置がなされているといえよう。

清水山城の廃城時期は明らかでないものの、畝状竪堀群や曲輪を囲繞する土塁などから戦国時代末まで改修されたことは明らかで、出土遺物もこれに矛盾しない。湖西地域が軍事緊張に包まれた元亀争乱の際には浅井・朝倉勢が南下してきており、現在残される縄張りには佐々木越中氏に加えて外来の浅井・朝倉氏の影響を想定する必要がある。その後、織田政権下で高島郡を任された磯野員昌が天正二年（一五七四）に新庄城に入城することから、廃城はその前後に求められよう。

清水山遺跡西屋敷の通路

【清水山遺跡】 山城の南・東側斜面に位置する清水山遺跡は、東屋敷（越中殿）・西屋敷（加賀殿）の東西に分かれて、一辺約二〇～二五メートルの段差や土塁による方形区画が多数みられる。西屋敷では途中で屈曲する直線の南北通路がみられ、「大手」「大門」の地名が残る。また、西地区で行なわれた発掘調査では十六世紀前半とみられる礎石建物が検出されている。これらの方形区画は清水山城に伴う屋敷地とみられているが、この一帯にはかつて天台寺院の山寺・清水寺が位置していたとされており、その寺坊の屋敷地への転用または屋敷地・寺坊の並存も想定される。文安四年（一四四二）に佐々木越中氏の若党が清水寺を一時占拠した記録（『北野天満宮史料古記録』）がみられることから、史料上からも十五世紀後半から佐々木越中氏が山寺の寺坊へ進出し、これを屋敷地化していったものと考えられる。

【犬馬場・御屋敷と城下】 清水山遺跡の南側、山麓の段丘東端には「犬馬場」「御屋敷」の地名が残る。「犬馬場」には一町（約一〇〇メートル）四方の方形区画がみられ、「御屋敷」にもかつて土塁や堀があったと伝わることから、清水山城を居城化する以前の佐々木越中氏の居館と推定されている。周辺の発掘調査では十六世紀とみられる溝や礎石が検出されている。往時の登城路は「犬馬場」東下の街道→「御屋敷」→清水山遺跡西屋敷→清水山城に設定されたと想定されよう。「犬馬場」から東へ段丘を下ると南北に北国街道（西近江路・北陸道）が通過しておりそれに沿って「今市」「平井」「川原市」といった地名が分布し、それぞれ市場・武家屋敷・職人の住地などが推定されている。

【本堂谷遺跡（井ノ口館）】 清水山城・清水山遺跡・御屋敷から西ノ谷を隔てた緩斜面には、清水谷遺跡と同様に多数の屋敷地が広がっており、その西隣には佐々木氏の氏神を祭る大荒比古神社が位置している。屋敷地の遺構は一部が開発で失われているが、清水山遺跡よりもやや規模の大きい土塁、堀やそれに伴う土橋などがあり、「エンショウグラ」「ジョウロウグチ」などの地名も残されている。また、ここでも大宝寺という寺院の存在が伝えられている。

清水山城館跡については、清水山遺跡・本堂谷遺跡など周辺の屋敷地の具体的な構造や用途について今後の調査研究に期する部分が多いが、饗庭野丘陵から安曇川北岸の河岸段丘上に広がる中世後半の遺跡群として、西佐々木氏や元亀争乱といった歴史的背景とともに山寺・居館・屋敷・山城という遺構の変遷や機能を考える上で貴重な遺跡である。

【参考文献】 新旭町教育委員会編『清水山城遺跡発掘調査報告書』（二〇〇一）、同編『清水山城郭群確認調査報告書』（二〇〇三）、高島市教育委員会編『清水山城館跡現況調査報告書』（二〇〇六）

（早川　圭）

京都府

伏見城：増田右衛門尉郭石垣

●全体を発掘したコンパクトな山城

大《おお》俣《また》城《じょう》

〔所在地〕舞鶴市大俣洞中ほか
〔比　高〕三五メートル
〔分　類〕山城
〔年　代〕十六世紀後半
〔城　主〕浮橋左近
〔交通アクセス〕北近畿タンゴ鉄道「大江駅」下車後、京都交通バス「地頭」下車。北西へ徒歩約二キロ

【立　地】大俣城跡は、由良《ゆら》川支流の桧川右岸の尾根先端部に立地する山城である。由良川本流までは約二キロ。谷筋を遡れば、普甲峠で大江山を超えて宮津まで約二〇キロの道のりである。平成六（一九九四）・七年度に京都縦貫道（綾部宮津道路）の建設に伴って発掘調査が行なわれ、その後の工事によって消滅した。舞鶴大江ＩＣの北西にあたる。

【城の構造と検出遺構】南西から北東に延びる尾根の先端部を堀切によって画し城域とする。頂部に位置する主郭は二五メートル×一五メートルの大きさで、二棟の掘立柱建物が建ち、周縁部には掘立柱塀が巡らされる。

主郭の周囲は帯曲輪《おびくるわ》が取り囲み、主郭とは三ヵ所の通路で結ばれている。主郭東角付近に登る通路は、途中でほぼ直角に屈曲し、主郭側の壁面に人頭大の石を貼り、反対側には柵列が設けられている。北側の通路は主郭の斜面を斜めに登るように設けられ、通路の下端には合せ口にした土師器皿《はじきざら》が埋納されていた。もうひとつの幅広の通路を降りた帯曲輪の南西側は、周辺の帯曲輪より約一メートル高い平坦面を構成している。ここは、通路を兼ねた横堀を見下ろす場所であり、相対する土塁とともに横堀に対する備えとみられる。

帯曲輪北西部が柵列を伴った狭い通路状であるのに対して、帯曲輪南東部のもっとも広い部分は盛土によって平坦面を広げ、主郭の斜面裾に沿って細長い掘立柱建物が建てられている。この建物とその周辺に遺物がまとまって出土しており、この空間が生活の中心となった場所と考えられる。

帯曲輪より下には防御施設が設けられる。帯曲輪の南東下方の曲輪Ⅲは、南東斜面に三条の竪堀群を配し、南西には土塁を設けて通路を狭め、南西部の横堀との間にも三条の竪堀を設けている。この土塁脇の通路は城が機能している間に人為的に埋められ、横堀方向への通路が遮断されている。帯曲輪南西部の一段高い面と土塁とに挟まれた横堀は、両端で屈曲を付けて見通しを遮り、堀底には段差を設けている。

郭Ⅲの北東部には帯曲輪方面に折れ曲がって登る虎口《こぐち》があり、虎口には門が設けられていたと考えられる。虎口を抜けると通路は二手に分かれる。一方は帯曲輪に登る階段で、もう一方は曲輪Ⅴ・Ⅳへと降りる斜路となるが、この分岐点の手前や曲輪Ⅴ・Ⅳの脇に竪堀が取り付き通路を狭めている。

検出された曲輪・土塁《どるい》・通路・虎口・竪堀《たてぼり》などの遺構相互の効果的な配置状況が判明したことが大俣城跡の調査の大きな特徴であるが、これも、斜面を含めたほぼ全面の調査を行なった成果であり、平坦面の調査だけでは山城の全体像がつかめないことを如実に示している。

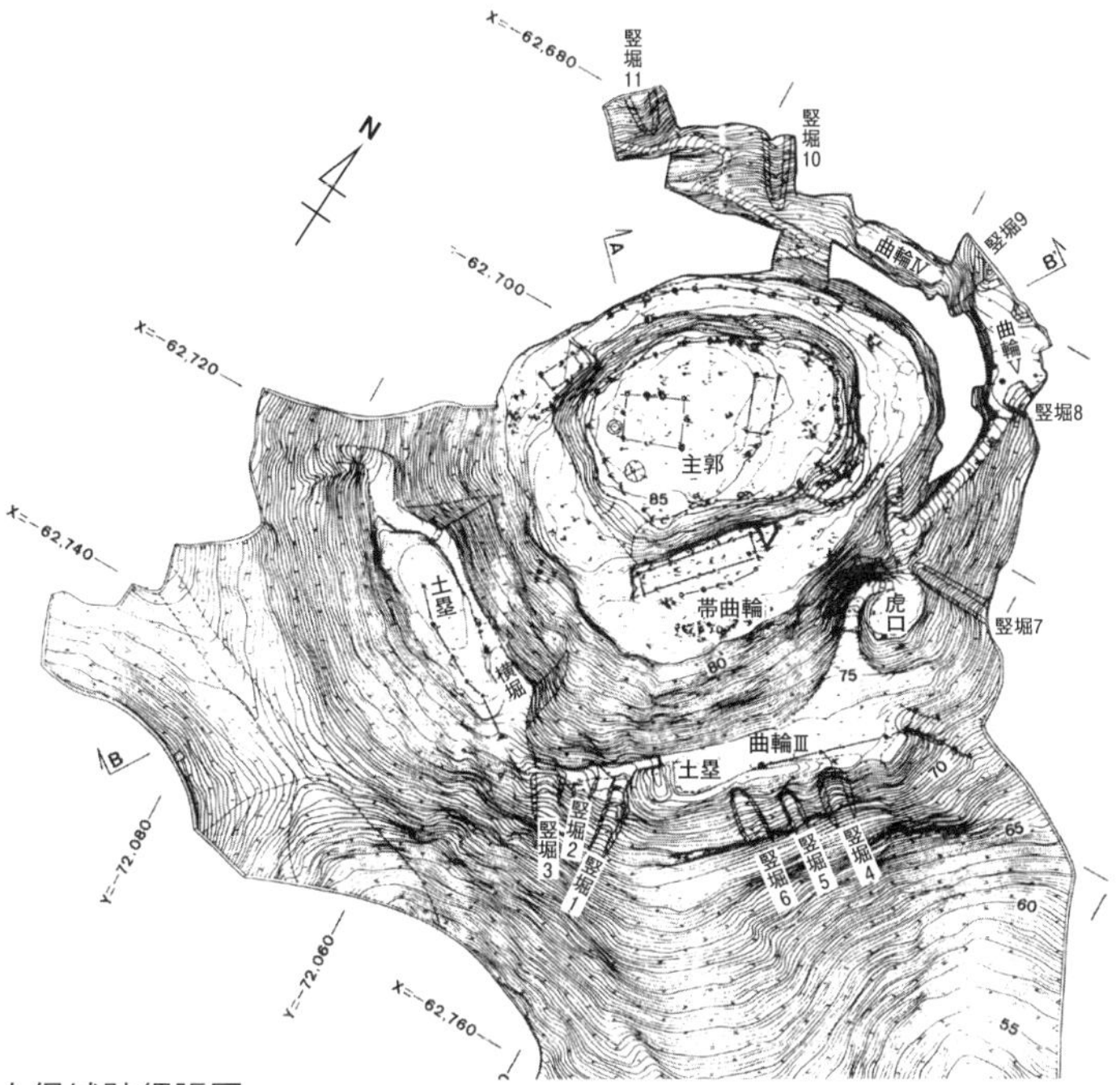

大俣城跡縄張図

【出土遺物と廃城年代】　小規模な山城でありながら遺物は比較的豊富に出土した。京都系土師器皿・灰釉丸皿・天目茶椀・白磁皿・染付椀・在地系瓦質土器擂鉢《すりばち》・丹波焼・越前焼などの遺物構成から、一五八〇年頃に廃城となったと推定される。

（森島康雄）

【参考文献】　京都府埋蔵文化財調査研究センター編『京都府遺跡調査概報』七七（一九九七）

●守護・守護代が同時期、別個で籠城

今熊野城《いまくまのじょう》・阿弥陀峰城《あみだみねじょう》

〔所在地〕宮津市中野行者谷・成相寺別所
〔比　高〕一七〇メートル・二二〇メートル
〔分　類〕山城
〔年　代〕十五世紀末～十六世紀後半
〔城　主〕一色氏・延永氏
〔交通アクセス〕京都丹後鉄道「宮津駅」下車後、丹後海陸交通バス「傘松ケーブル下」下車、天橋立ケーブル下車、西へ約五〇〇メートル

【丹後府中と守護所】　今熊野城・阿弥陀峰城は、中世都市丹後府中背後の今熊野山、および阿弥陀峯山頂に位置する。ともに西国霊場で有名な成相寺から南へ延びる尾根上に位置している。

丹後府中は、阿蘇海《あそかい》を挟んで天橋立《あまのはしだて》を望む風光明媚《ふうこうめいび》な景観を持ち、古代から国衙《こくが》・国分寺などが立地していたと推定されている。中世期も国衙・国分寺が存続し、山岳寺院成相《なりあい》寺《じ》の門前町が融合した中世都市であった。さらに十五世紀後半、丹後守護一色義直《いっしきよしなお》が下向すると、府中には守護所機能が加味され、丹後随一の政治都市となった。府中には寺院のみならず、守護やその被官らの居館も並んでいたと思われる。また、ほぼ城が機能し始めた十五世紀末から十六世紀初頭に、有名な雪舟の「天橋立図」にも描かれた。同図では、天橋立だけでなく、背後の丹後府中の景観も描いており、当時の繁栄ぶりがうかがえる。この絵図には、成相寺参道ルートが、描かれているが、一色氏の築いた今熊野城・阿弥陀峰城周辺に参道が通っていた様子が知られる。また十六世紀に描かれたと言われる『成相寺参詣曼荼羅』にも、現在の山城跡周辺に、狭間を切った築地と櫓門を描いた建物がみられ、城館をイメージした表現をしている。このように、丹後府中のなかで山城は意識されていたものと思われる。

【城の沿革】　この二つの山城は、丹後守護一色氏関係の城である。永正三年（一五〇六）六月、この一色氏と抗争を続けていた若狭守護武田氏は、当時の幕府管領細川政元の応援を

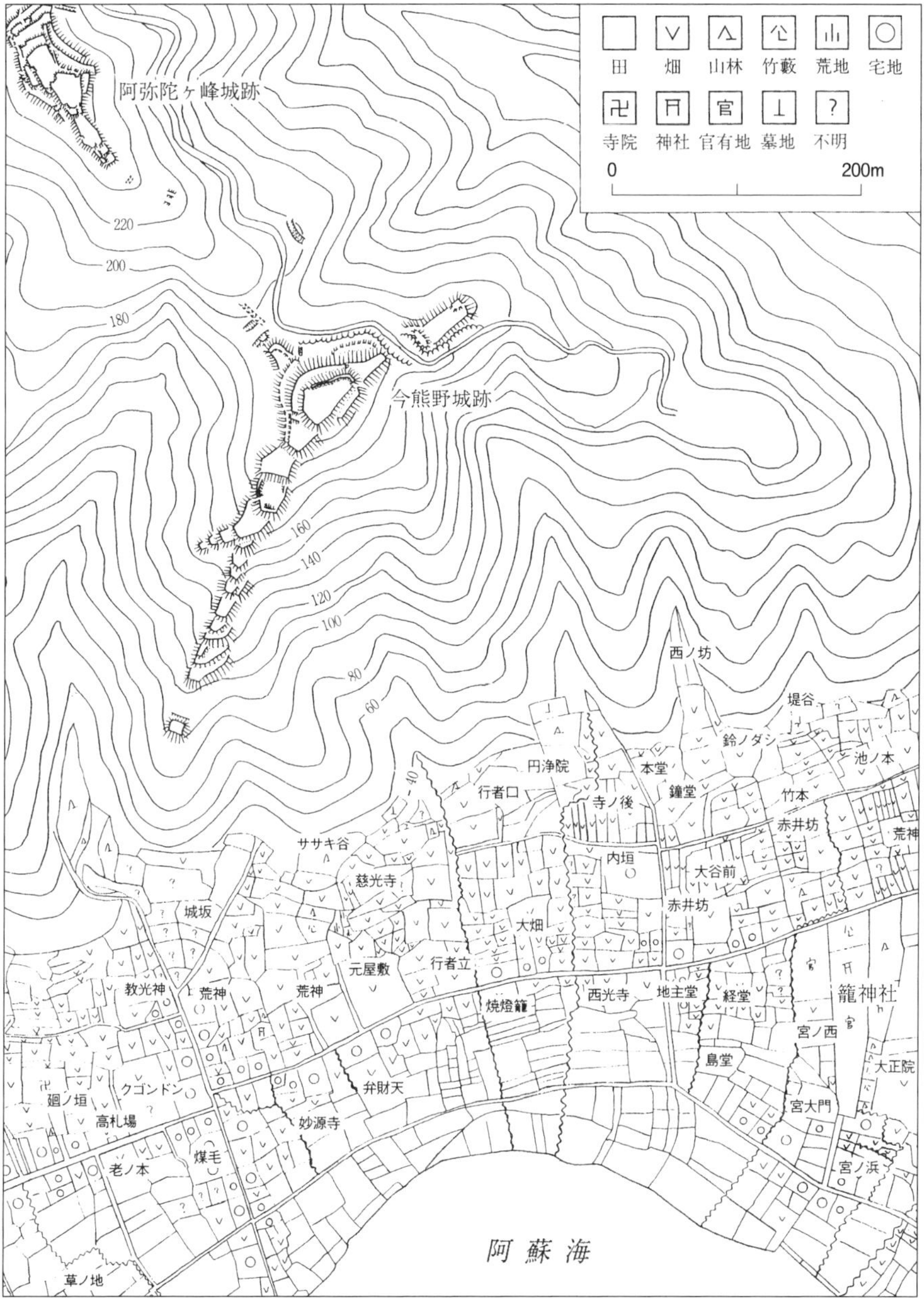

今熊野城跡・阿弥陀ヶ峰城跡

取り付け、丹後へ来襲した。宮津などの戦いで、一色氏を破った武田・細川軍は丹後府中に来襲した。この時、守護一色氏は今熊野城に、守護代延永氏は阿弥陀峰城に、ともに籠ったという。以後も激しい戦いが続いたが、同四年京都に戻っていた政元が暗殺される事件が起こった。突然、後ろ盾を失った前線の武田・細川軍は、狼狽《ろうばい》した。彼らはすぐに撤退を始めたが、退却する将兵を一色氏が逆に追撃し、多くを討ち取ったという。こうして一色氏は、城を守り抜いたが、丹後府中の寺院群は灰燼《かいじん》に帰し、往時の繁栄を失った。永正十四年に、武田氏が再び来襲し、一色氏は敗れ、そののち武田氏の影響下に置かれていく。ただし、天文七年（一五三八）の『丹後国御檀家帳』によると府中には、一色氏当主、そして延永氏が滞在しており、少なくとも十六世紀中葉までは、守護所として機能していた。そのため、今熊野城・阿弥陀峰城とも、その頃までは使用されていたものと思われる。

【今熊野城跡の構造】　今熊野城跡は、標高二〇〇メートル、比高一七〇メートルの頂に立地する。この今熊野山は、山塊と阿蘇海がもっとも接近した場所で、丹後府中の都市空間で、もっとも括れた区域であった。頂の主郭を中心とした南北全長四〇〇メートルの典型的な連郭式山城である。主郭Ｉは楕円形の形状を呈し、北西縁には土塁《どるい》、南東縁には帯曲輪《おびくるわ》が見られる。帯曲輪では狭い範囲で発掘調査が行なわれ、箱状の堀が検出されている。埋土からは土師器《はじき》・白磁《はくじ》・染付・古銭・鉸具《かこ》などが出土している。なかには「ふちう　十二月十日」と記された墨書土器《ぼくしょどき》もみられ、山麓の府中との関係の深さがうかがえる。

　Ｉの東尾根は、現在、成相寺へ進む自動車道によって一部破壊されているが、曲輪面などは残存している。一方南側は階段状に大小多数の曲輪が続き、中腹まで続いている。通路や虎口などの発達は見られず、基本的に曲輪間は切岸で接続されている。この南側の曲輪群の延長に位置する山麓に小字「城坂」の名称が残っていることも注目したい。やはり、この部分が城へ上がる登山ルートであったものと思われる。なお南麓に残る地名「慈光寺」は、以前の一色氏の菩提寺《ぼだいじ》で

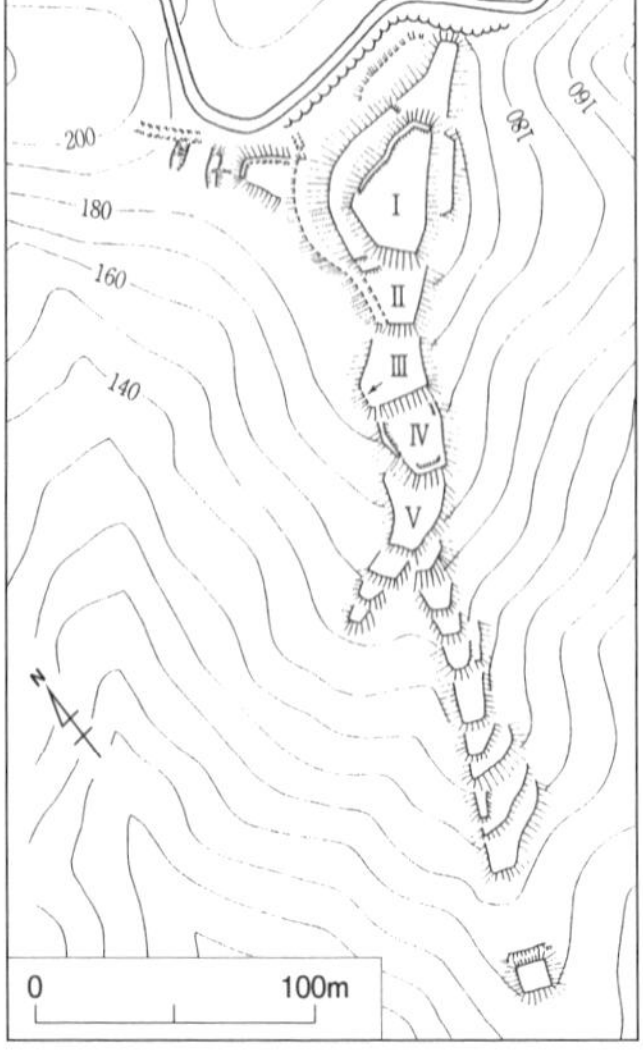

今熊野城趾

あった。地籍図によれば、周囲に「元ヤシキ」「行者立」などのブロック状地割が看取でき、僧坊とともに武家屋敷も点在していたものと思われる。この周辺は『天橋立図』にも築地塀を正面に持つ屋敷や寺院が並んで描かれている。既存の府中の空間のうち、もっとも括れた場所に山城と、菩提寺を配置する景観となっている。十六世紀前半の守護所を考える重要な遺跡である。

【阿弥陀峰城跡の構造】　一方、阿弥陀峰城跡は標高二五〇メートル、比高二一〇メートルの頂にあり、南北全長一三〇メートルを測る。こちらは、前述したように、永正四年に守護代延永《のぶなが》氏が籠った城であった。守護と同時期に並んで籠城した珍しい事例である。

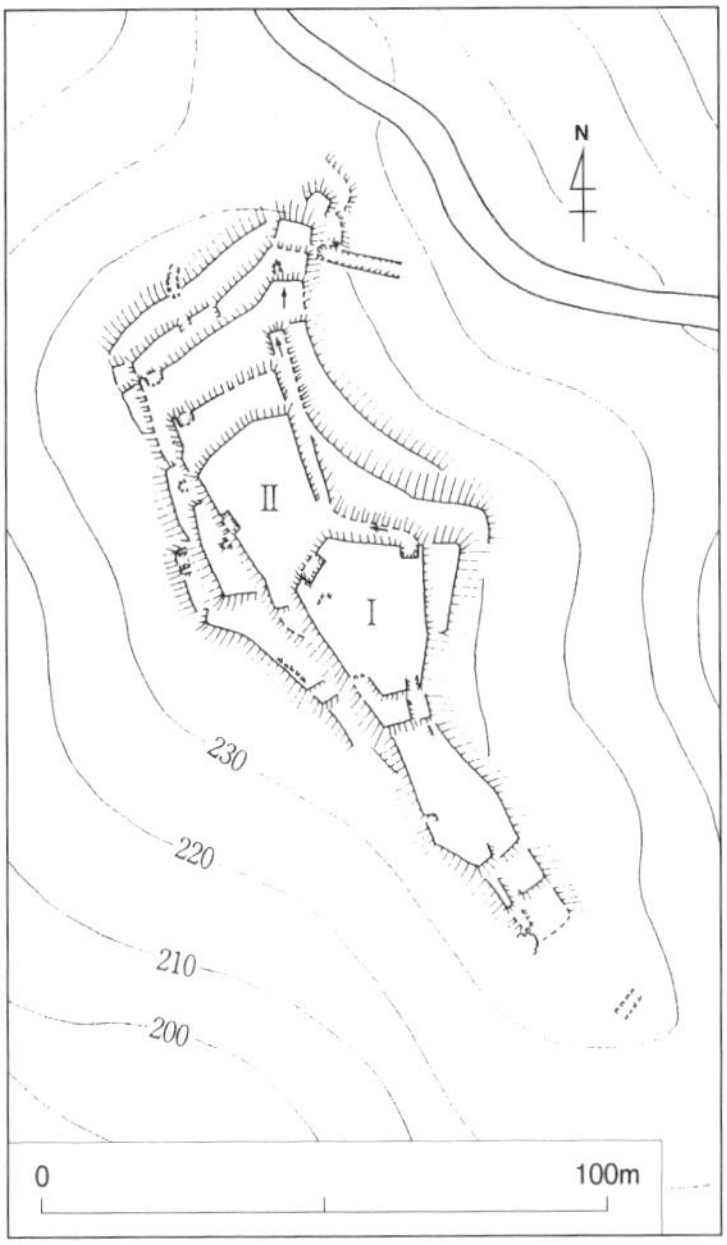

阿弥陀峰城趾

今熊野城跡と比較するとコンパクトに集約された遺構である。また、曲輪ごとの比高差も限定されており、切岸の段差も少ない。そのため、主郭Ⅰから北側に段状に長細い曲輪があるが、各々の曲輪ごとに虎口が築かれ、外部の曲輪と接続していた。また、東西の斜面には帯曲輪も発達しており、比較的城兵の機動性を考慮した構造といえよう。残存度の高い遺構であったが、近年重機が入り、地表面の損傷が痛々しい。阿弥陀峰城の北の尾根《おね》を上がっていくと成相寺がある。

【一色氏拠点の移動】　永禄十二年（一五六九）の丹後の様相を示す里村紹巴《さとむらじょうは》『天橋立紀行』によれば、一色氏は丹後府中の西にあり、同じ阿蘇海沿岸の弓の木城に拠点を移していた。そのため十六世紀後半に一色氏は、本拠を今熊野城から、西の弓の木城へ移動していたものと思われる。一色氏は、天正八年の細川藤孝入国後も丹後国の一部を維持していたが、同十年六月本能寺の変の混乱の中で、藤孝の攻撃によって滅亡した。

今熊野城・阿弥陀峰城は、守護・守護代が同時期に別個で籠城したことを示す重要な城跡である。丹後府中の都市空間とあわせて、今後保存・活用されていくことを望みたい。

【参考文献】『宮津市史』通史編上（宮津市、二〇〇二）（福島克彦）

●山岳寺院と山城がセットになった遺構

金《かな》屋《や》城《じょう》・三《さん》縁《えん》廃《はい》寺《じ》

〔所在地〕与謝野町金屋城山
〔比　高〕二六〇メートル
〔分　類〕山城
〔年　代〕十六世紀前半
〔城　主〕石川弥左衛門、赤尾弥三左衛門、赤井弥左衛門
〔交通アクセス〕京都丹後鉄道「与謝野駅」下車、丹後海陸交通バス「金屋」より西へ約五〇〇メートル

【立　地】　金屋城は金屋地区の西の城山山頂一帯に位置する。またこの北東尾根には井上城跡、東の中腹には山岳寺院の三縁寺跡がある。ともに一体的なものとして紹介したい。

金屋城跡は標高二九〇メートル、比高二六〇メートルの城山山頂にある。加悦谷《かやだに》のなかでは、比較的高所の山城である。江戸時代の記録類によれば、築城主体は「石川弥左衛門」「赤尾弥三左衛門」「赤井弥左衛門」などが伝えられている。このうち、石川氏とは十六世紀の守護一色氏を支えた有力国衆である。ただし一次史料が残っていない。

【構　造】　山頂の平坦地Ⅰが主郭であたる。南側に曲輪《くるわ》Ⅱ、北側に階段状の曲輪が続き、一部石垣aも残っている。さらに先端には長細い曲輪Ⅲが続く。このⅠ～Ⅲ間には、西縁に土塁《どるい》が続き、一体感が強い。また西斜面は絶壁であり、天然の要害を実感させてくれる。

金屋城跡から北東三〇〇メートル北東の尾根《おね》にも、曲輪群が残っている。地元では、これを井上（笠野）城跡と呼称している。やはり金屋城跡と同じく尾根線に沿って長細い曲輪が残っている。ただし、前面と背後に各々堀切二本が築かれている。この点が城山頂の金屋城と相違点である。

【山岳寺院三縁寺】　一方、東の中腹には、山岳寺院三縁寺跡が残っている。寺院跡であるが、防御性を伴う遺構であり、土塁や堀切が見られる。天文七年（一五三八）頃にまとめられた『丹後国御檀家帳』には「かやのうつ山寺」と記されている。三縁寺は山号を「浮木山」と呼び、この「うつ山寺」

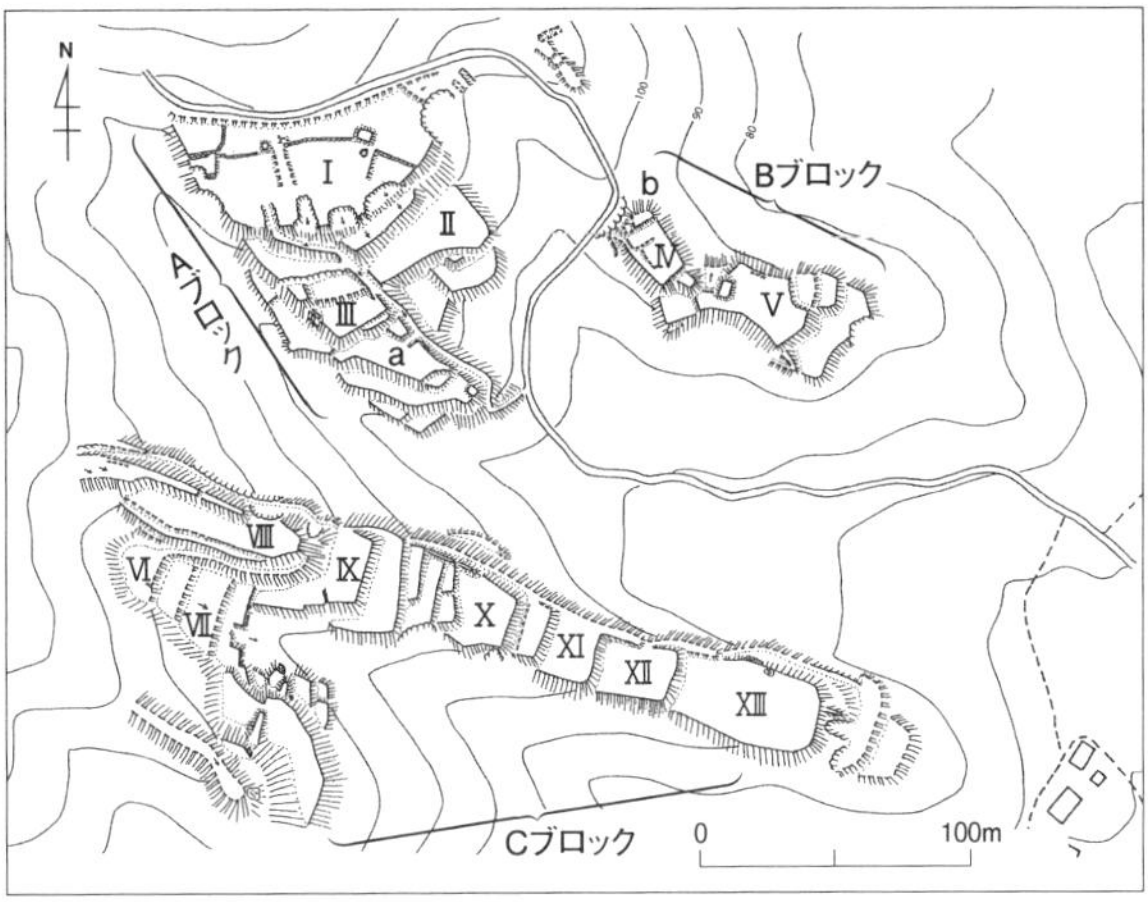

三縁廃寺概略図

が三縁寺のことである。当史料には「石川殿御子息」が寺にいたと記されている。また「うつ山寺の山ぶし衆」も記され、修験者が多数在住していた。

　この三縁寺跡は、大別してA・B・Cのブロックに分かれている。Aブロックの最深部にあるⅠは、もっとも大規模であり、石垣・基壇などが残存している。宝篋《ほうきょう》印塔《いんとう》などの台座なども残石も見られ、寺跡を実感させる。やはり寺の中枢部だった可能性が高い。また南へ下りる参詣道があり、その両脇に坊跡を持つ、典型的な山岳寺院のプランである。坊跡には、aのような石垣を伴う出入口がみられる。これに対してBブロックは平坦地Ⅳ、Ⅴを中心に構成され、土塁b・cと鞍部が築かれている。これは、山城における掘残しの土塁と堀切と同じ構造であり、同寺跡のなかで、もっとも防御性が強い箇所である。

　Cブロックは、尾根線と谷が接続した立地になっている。尾根上にはⅧ・Ⅸ・Ⅹ・Ⅺ・Ⅻ・ⅩⅢなどの平坦地が残っている。一方、谷あいの最深部にはⅥがあり、やはり東の側壁に石垣が残っている。Cブロックは曲輪が連続するような遺構であるが、堀切のような画定は見られない。

　以上の遺構から、三縁廃寺は、少なくとも十六世紀前半に使用された山岳寺院であり、Bブロックのように尾根上の山城遺構のような箇所が残ることから、防御施設も兼ねていたと思われる。また、すぐ背後の山塊には金屋城や井上城のように単独の山城も保持していたものと考えられる。前述したように、丹後の有力国衆石川氏の子息が入っていたことからも、その影響下にあったものと思われる。山岳寺院と山城がセットになった遺構として貴重な遺跡と思われる。

【参考文献】京都府教育庁編『京都府中世城館跡調査報告書』一（二〇一二）

（福島克彦）

●日宋貿易の実像を伝える館城

大《おお》内《ち》城《じょう》

〔所在地〕福知山市大内
〔比　高〕二〇メートル
〔分　類〕山城、館と重複
〔年　代〕十二世紀後半〜十六世紀前半
〔城　主〕堀上総進貞次
〔交通アクセス〕ＪＲ山陰本線「福知山駅」下車後、中六人部バス「下地」下車、南西へ約五〇〇メートル

【中世城館のはじまり】　大内城跡は、京都府福知山市の東南部で、標高二〇メートルの福知山盆地を見下ろす標高七〇メートルの上位段丘に位置している。古代〜中世には丹波国天田郡の六人部荘《むとべのしょう》の範囲であった。大内城跡についての記述は江戸時代後期に編纂された『丹波誌』にあり、そこには古主堀上総進貞次とある。

大内城跡は低い土塁《どるい》に囲まれた約一〇〇メートルの方形の施設である。丘陵平坦面をいっぱいに使用しており、両側は比高差一五〜二〇メートルの谷があり、自然の要害となっている。城の上方には二条の堀をめぐらせ、下方には腰曲輪《こしくるわ》様の平坦地がある。さらに五〇メートル下方には二つの戦国時代の方形館がある。

【発掘調査の成果】　城本体の東半分が発掘調査された。その結果、平安時代後期の館がそのまま丘の上に造営された館城であることがわかった。

〔第一期〕丘陵平坦面の中央に南北五間（一二・二八メートル）、東西四間（九・八二メートル）の総柱の掘立柱建物がある。この建物を台形に囲む柵があり、柵の東方にも建物が一棟、北側にすくなくとも四棟がある。丘陵北端には山道によって削られた高さ〇・五メートルほどの土塁があり、内側に堀（三メートル・深さ〇・六メートル）を備えている。北側の自然の斜面の上部を盛り土して、四五度の急斜面としている。また、丘陵南端にも浅い堀がある。

〔第二期〕やや凹凸のあった旧地形を整地した段階に埋め

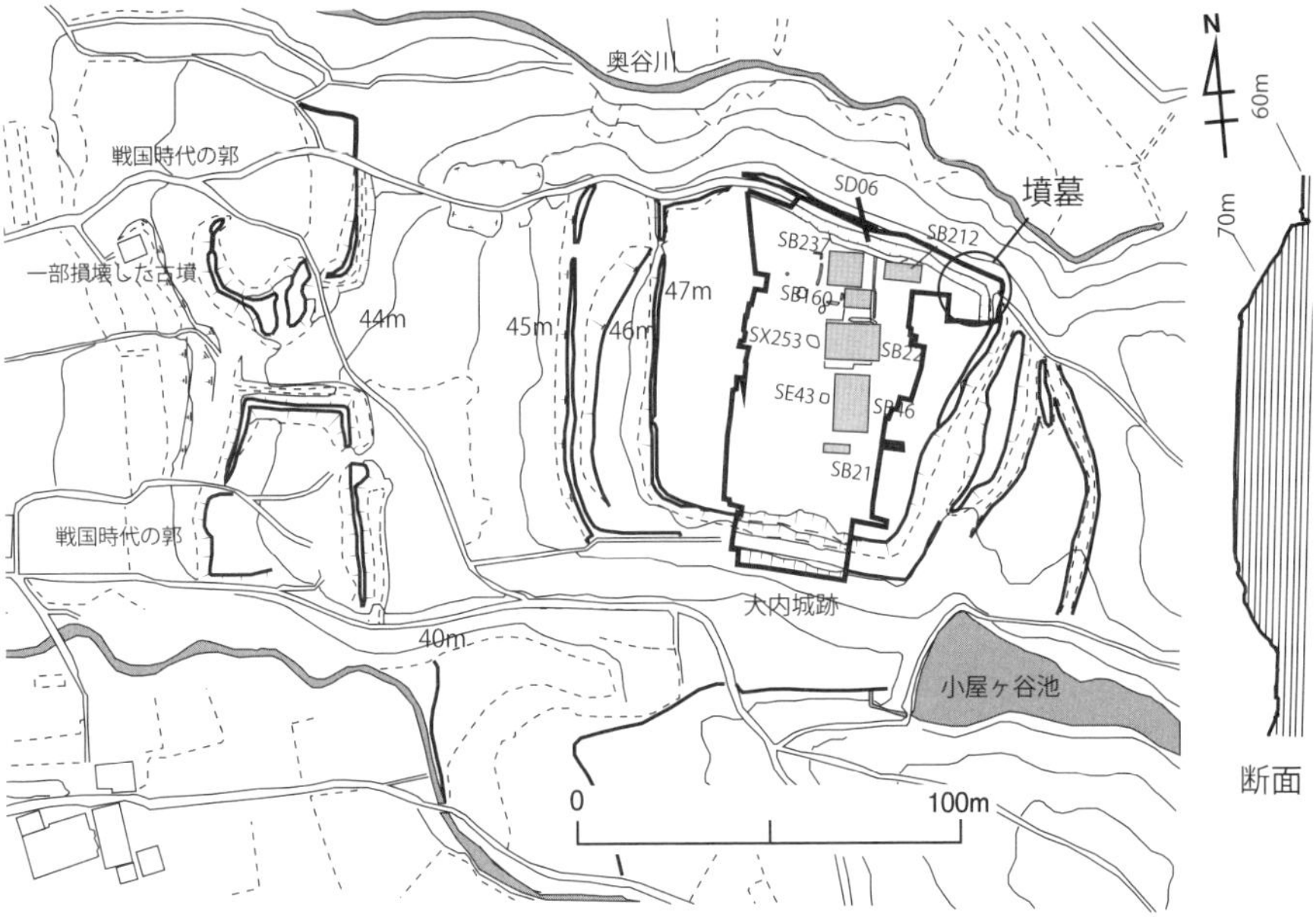

第１図　大内城跡全体図

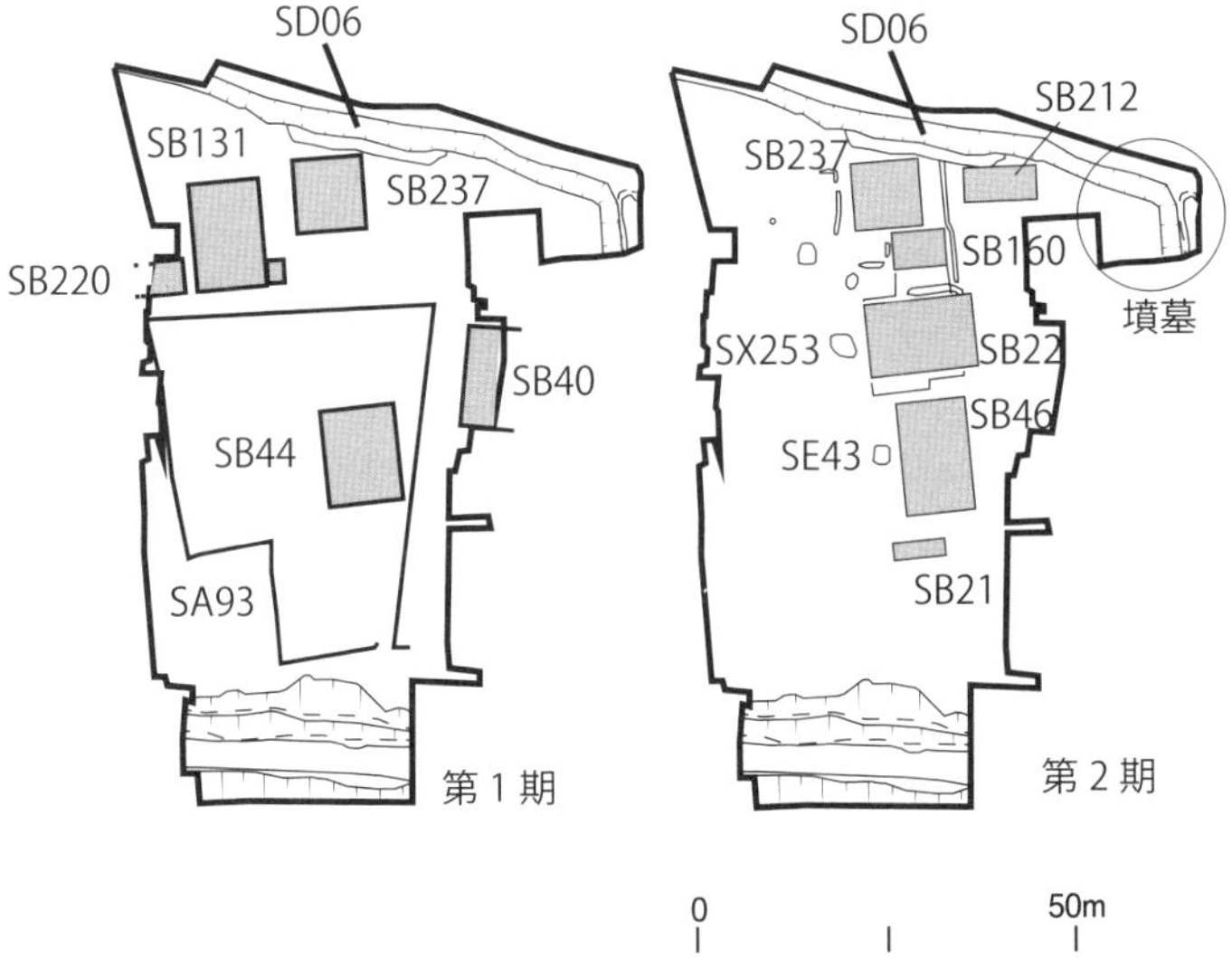

第２図　大内城跡変遷図

られた五三枚の銭貨のなかで南宋銭の淳熙元宝《じゅんき》（一一七四年初鋳）があった。淳熙年間は一一九〇年まで続くので、初鋳以後に整地したようである。整地されたあとには、SB二二を中核として北側に三棟、南側に二棟配置している。北側のSB二三七は第一期にも同規模の建物があるが、ほぼ正方形の形から倉と考えられている。SB一六〇は出土遺物に甕や鉢が多いことから台所と考えられる。さて、南側には井戸SE四三と付随する雑舎SB四六があり、馬小屋と思われるSB二一がある。建物群の西側は、庭園か広場として使用されていたらしい。

舞鶴若狭自動車道の建設に伴い、遺跡の主要部分は消滅しているが、北東隅の墳墓は保存されている。

【大内城の最盛期】 平安時代から鎌倉時代初期の一三〇〇点以上の中国製陶磁器が出土したことは注目される。京都北部で最大の出土量である。六人部荘の本所は八条院、領家は平頼盛であった。かれは清盛の弟で大宰大弐《だざいだいに》として現地に赴任するなど、中国との交易を進めた人物である。荘園の中心地に位置する大内城は荘園を管理する荘官屋敷としてほぼ間違いないが、多量の中国製陶磁器があることは、この頼盛との関係を抜きに考えることはできない。

なお、土塁の内側に堀があるなど、防御性に乏しく、館城として位置づけられる城である。

【参考文献】伊野近富ほか『大内城跡』（『京都府遺跡調査報告書』三、京都府埋蔵文化財調査研究センター、一九八四）

（伊野近富）

●畝状竪堀群の威容を誇る山城

平《ひら》山《やま》城《じょう》

〔所在地〕綾部市七百石町高城
〔比　高〕三〇メートル
〔分　類〕平山城
〔年　代〕十六世紀後半
〔城　主〕——
〔交通アクセス〕ＪＲ舞鶴線「梅迫駅」下車、北西へ徒歩約二キロ

【立　地】 平山城跡は高城山から北に伸びる尾根《おね》の先端部に築かれている。城の北を流れる八田川を約一〇キロ下ると綾部市街に近い由良《ゆら》川に出る。また、東約二キロに綾部と舞鶴を結ぶ街道があり、伊佐津川沿いに舞鶴まで約一三キロの道のりである。

【城の構造と検出遺構】 高城山から連なる尾根を断ち切る深さ一二メートルに及ぶ巨大な堀切から尾根の先端までが城域である。堀切の北には郭Ⅱとの比高差約八メートルの土塁を設けている。土塁《どるい》の頂部には平坦面があり、見張り台としての機能も推定される。西側斜面は横堀と畝状竪堀《うねじょうたてぼり》群で防御しているが、東側は幅約一〇〇メートルの谷を挟んで平山東城があるため、特に防御施設は認められない。

郭はⅠ～Ⅲと西側の腰郭Ⅳからなる。郭Ⅰは南北約七〇メートルで東西は南端で約三五メートル、北端で約二〇メートルを測る。昭和六十一・六十二年度に舞鶴自動車建設に伴う発掘調査が行われ、その後、削平されたのは郭Ⅰの南半分と郭Ⅱおよび畝状竪堀群であり、郭Ⅰの北半部は高速道路の北側に残っている。郭Ⅰの北半部西縁には土塁が設けられる。この土塁は尾根の北端まで到達せずに東に屈曲する。土塁より北のやや低い部分が別の小さな郭を構成するのかもしれない。郭Ⅰは発掘調査区の北端付近で検出された東西方向の段でも南と北に二分されている。

郭Ⅰの調査範囲からは、三棟の建物跡と柵・溝などが検出された。出土遺物の分布から、郭Ⅰの建物のうち、ＳＢ０１・

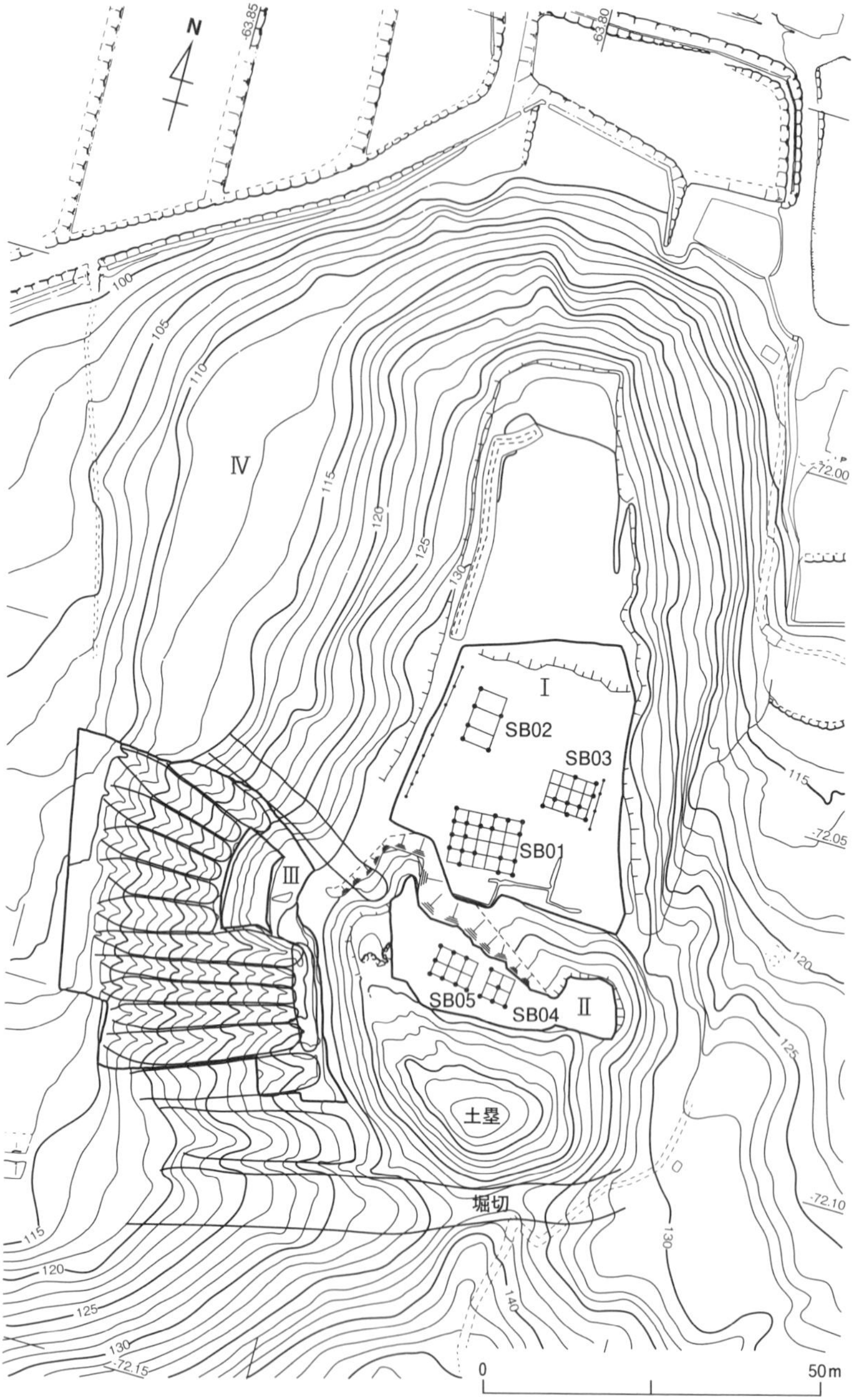
N
-63.85
-63.80
100
105
110
115
120
125
130
Ⅳ
Ⅰ
SB02
SB03
SB01
Ⅲ
SB05
SB04
Ⅱ
土塁
堀切
-72.00
-72.05
-72.10
-72.15
140
0
50m

平山城跡平面図

０３が日常生活用の建物と考えられる。郭Ⅱからは甕《かめ》を多数伴う二棟の礎石建物跡と柵などが検出された。ＳＢ０４・０５は約二メートルの間隔で柱筋を揃えて並んでおり、一連の建物であった可能性もある。郭Ⅰ・Ⅱ間の斜面や、郭Ⅲは撹乱のため調査が行われず、各郭の関係についての情報は得られなかった。

【畝状竪堀群】 郭Ⅱ・Ⅲの西側斜面には掘られた十四本の竪堀で構成される畝状竪堀群のほぼ全容が明らかとなったことは、この調査の大きな成果であった。発掘調査の範囲外にある両端の竪堀を掘削した後、その間に一二本の竪堀を割り付けたものと想定されている。一二本の竪堀は、郭Ⅰの高さに掘られた横堀から山裾まで続く断面Ｖ字形の六本（南側）と、郭Ⅲ下の斜面中腹から山裾まで掘られた断面Ｕ字形の六本（北側）に分かれる。

【出土遺物と廃城年代】 郭Ⅰ・Ⅱの焼土層を中心に多量に出土した遺物のうち、陶磁器の組成は十六世紀中葉の様相であるが、土師器皿《はじきざら》は十七世紀初頭までのものを含む。築城時期に持ち込まれた陶磁器のセットに在地産の土師器皿が加わったものと考えられ、常に最新の陶磁器を揃えることができなかった状況がうかがえる。時期差を持つ遺物群が十七世紀初頭に同時に焼けており、明智光秀による丹波攻略後も城が維持されていたと推定される。

【参考文献】 京都府埋蔵文化財調査研究センター編『京都府遺跡調査報告書』一四（一九九〇）

（森島康雄）

●織豊系城郭の応用型の城

日《ひ》置《おき》谷《だに》城《じょう》

〔所在地〕綾部市八津合町殿
〔比　高〕八六メートル
〔分　類〕山城
〔年　代〕十六世紀中葉〜後半
〔城　主〕―
〔交通アクセス〕ＪＲ山陰本線「山家駅」下車、北東へ約一一キロ

【歴史は不明だが、技巧性のある構造】　日置谷城は、綾部市上林谷の標高二四〇メートルの丘陵上に立地する。この周辺の拠点的城郭である上林城跡（古城山）から北一キロに位置する。南の眼下には、若狭方面へ続く街道があり、丹波と結ぶ重要なルートであった。当地には日置殿村の地名があり、遺構にも「本城」と呼ばれていた区域に残っていた。また『丹波志』には「山ノ上ニ屋敷跡三段アリ」と記されており、古くから城跡の存在は知られていた。ただし、城の歴史や維持主体に関わる伝承は残されていない。しかし土塁《どるい》や虎口《こぐち》、空堀などが発達し、平面構造的には注目される遺構である。

　城はA、B、Cの三つの曲輪《くるわ》群に大別される。上林禅寺の背後で、もっとも東に位置するCブロックは、段差の乏しい堀切と削平度の緩い構築である。一方、中央部のBブロックは、北側に明確な堀切がある。B、C両者とも曲輪が尾根上に連続する連郭式山城であるが、土塁や堀の発達は抑制気味である。

　これに対し西側の曲輪群Aは、技巧的な平面構造を持っている。主郭Ⅰは台形状を呈し、周囲には微高の土塁が廻っている。北側の二本の堀切によって背後を遮断し、西斜面には畝状空堀群《うねじょうからぼり》が配置されている。Ⅰの東西には虎口があり、西の虎口aはややクランク状の通路になっており枡形状虎口を形成している。aから西に出ると土塁で囲繞された虎口空間Ⅱがあり、南側の開口部から帯曲輪を経て、曲輪Ⅳに続く。同じく虎口bも東へ出ると虎口受けのような小空間Ⅲに

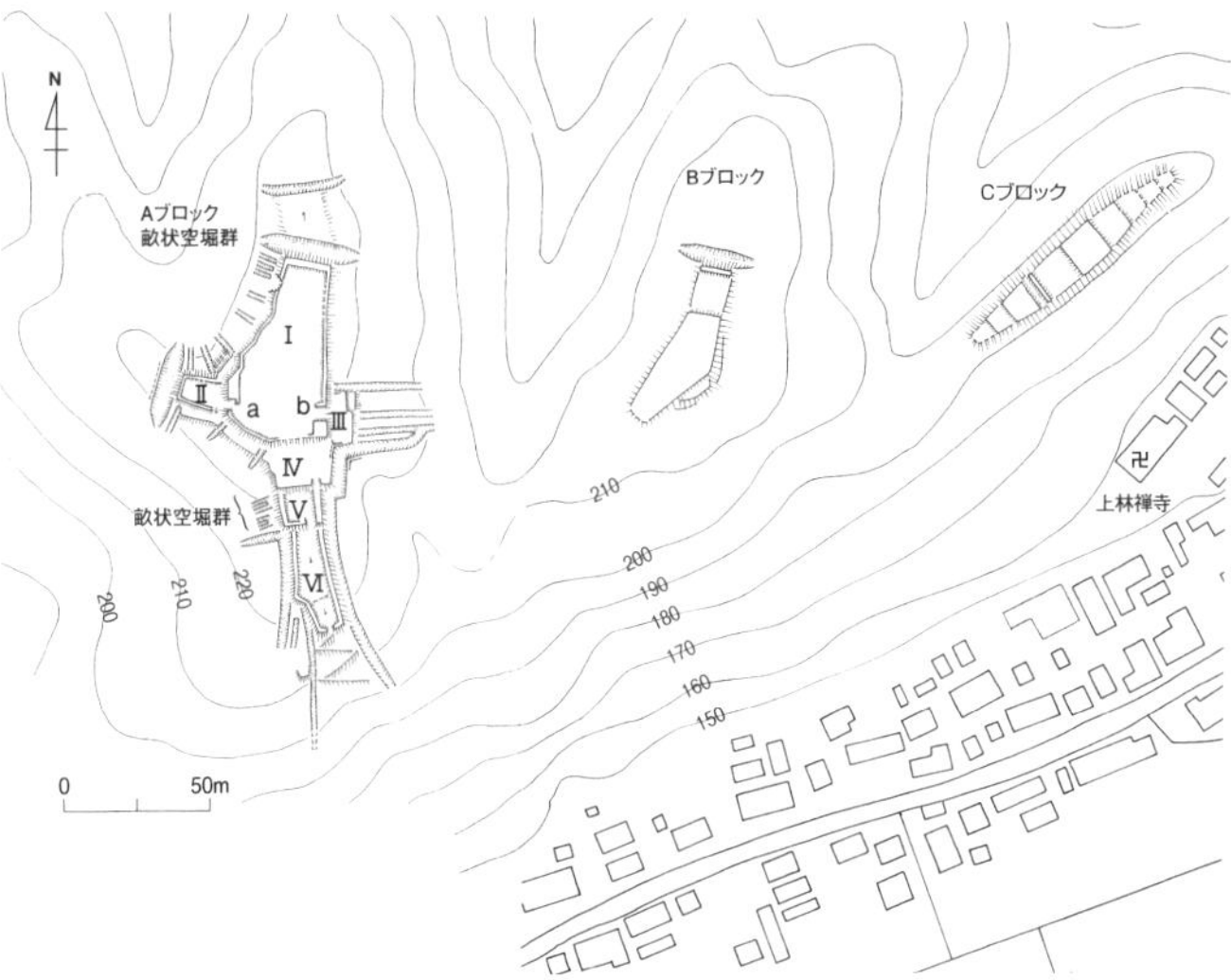

日置谷城跡

下り、南側の曲輪Ⅳにつながる。aは西、bは東と各々別の方角に下りるが、結果として主郭の縁辺部を通り、曲輪Ⅳへと接続している。ここから土塁囲みの曲輪Ⅴに下りた後、南斜面に二本の竪土塁によって守られた空間Ⅵへ至る。竪土塁は南側で開口し、南麓の九十九《つづら》折《おれ》の山道につながっている。

この竪土塁は、南斜面に一種の嘴状《くちばしじょう》虎口を形成し、丹波では珍しい構造になっている。また竪土塁の東縁には横堀と竪堀が築かれ、複数の曲輪が縁辺部に廻らされている。

【織豊系プランと畝状空堀群の組み合わせ】 当遺構は、土の遺構であるが、複数の曲輪を土塁と堀で廻らせる防御ラインを構築している。また、竪土塁も一種の嘴状虎口を形成しており、さらに主郭Ⅰの虎口a、bも下位に虎口空間を持っている。基本的に土の遺構から察して、織豊系の陣城の可能性が高い。残念ながら、この上林周辺の軍事的緊張については不明であるが、十六世紀末期に軍勢が布陣する機会があった可能性がある。

ただし、当城には単純に織豊系プランと割り切れない遺構も見られる。それは畝状空堀群の存在である。織豊系城郭は、基本的に畝状空堀群を否定する方向性を持っており、積極的に使っていない。そのため、時期差も考える必要があるが、本遺構の場合、畝状空堀群が曲輪単位で配置され、平面構造と噛み合って築かれている。そのため、陣城遺構と矛盾せずに構築されている。明確な築造時期は不明だが、織豊系城郭の応用系として注目される遺構である。

【参考文献】 福島克彦「丹波日置谷城について」（『綾部史談』一三二、一九九三）

（福島克彦）

●丹波有力土豪の拠点城郭

栗《くり》城《じょう》

（所在地）綾部市栗町城山
（比　高）九〇メートル
（分　類）山城
（年　代）十五世紀〜十六世紀
（城　主）大槻氏
（交通アクセス）ＪＲ山陰本線「綾部駅」下車、北西へ二・五キロ

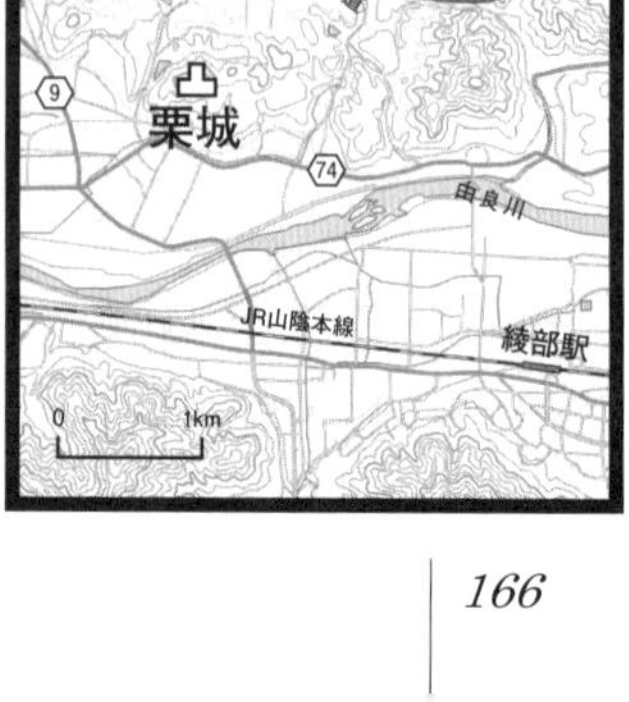

【栗城の立地と交通網】 栗城は由良《ゆら》川北岸に位置し、綾部市街地方面はもとより、福知山方面を一望できる位置にあり、栗周辺は何鹿郡で最も広大な沖積地で重要な地域であった。また西側には大江町方面へ抜ける道も通る。栗城の東一・五キロには位田《いでん》城があり、由良川を挟んで南西三キロのあたりには、甲ケ岳城や高津城といった数多くの大槻《おおつき》氏関連の城が築かれている。建武四年（一三三七）六月には「栗村河原」において合戦があったことが確認でき、当時から軍事的に重要な地域であったのがうかがえる。

【城主大槻氏と一族】 栗城は大槻氏の居城といわれる城である。『楞厳寺《りょうごんじ》縁起』によると、延徳の国一揆の際に一揆側は荻野・大槻といった牢人であったとする。大槻氏は当地に勢力を持った一族で、『丹波志』によると、周辺の大畠城・高津城・嶋間城・高城などの城主を大槻氏と伝えている。また大槻民部が四条河原にて討死したとし、その妻は氷上郡の赤井悪右衛門の養女で近衛氏の女と記している。実際に栗村、池田村を大槻が押領したことが記されている（『大館常興日記』天文十一年閏三月条）。しかし史料が少なく、これら大槻氏の姻戚関係などについては詳らかでないが、高津八幡宮には『大槻辰高像』（寛永十三年奉納）もあり周辺一体に大槻氏の足跡が見出せる。『東栗村城山軍記』には、永禄三年（一五六〇）に若狭逸見氏の攻撃をうけたが撃退したことを伝えている。記述の信憑性はともかく、栗城は綾部地方で最も規模が大きいものの一つで、戦国期においてもその重要性は高

かったと考えられる。

【山上と山麓が一体となった遺構群】 栗城の特徴は山上の尾根上に造られた曲輪群と山麓にある遺構とが、竪堀などで囲続され、一体となっている点にあるといっていいであろう。

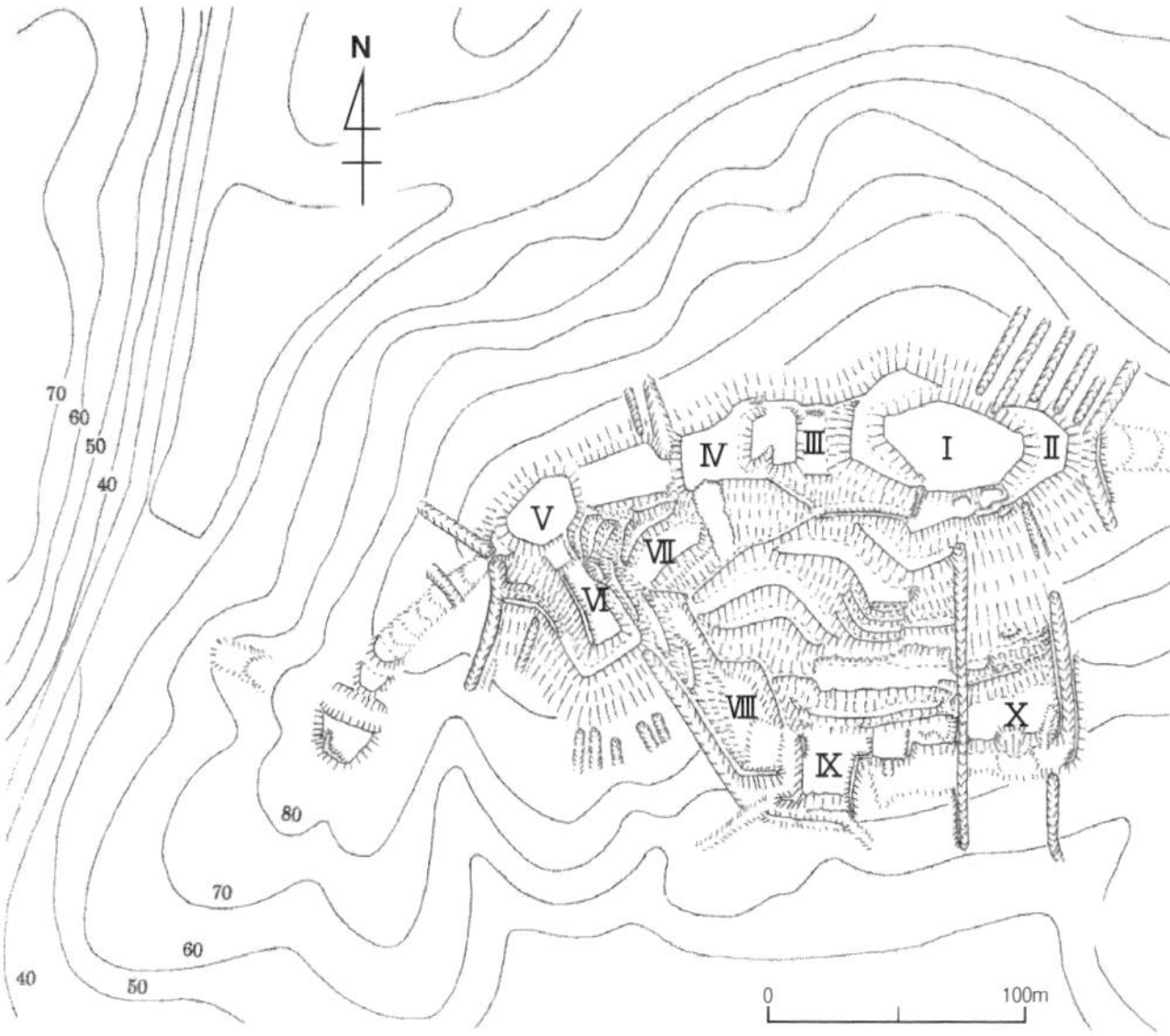

栗城縄張図（作図：高屋茂男）

尾根上の遺構は東西に曲輪を連ね、堀切で遮断している。主郭北東側は堀切から連続して五本の竪堀があり畝状《うねじょう》空堀《からぼり》群となっている。西の曲輪Ⅵは西側に土塁があり、その下は東から南、西へと帯曲輪があり途中から横堀となって堀切に接続している。帯曲輪の下から山麓まで長大な竪堀が落ちている。主郭の真南にも山麓に達する竪堀がある。両者の間にはいくつもの曲輪があるが、大きな曲輪はⅦ～Ⅸである。Ⅷの西側はⅥから落ちている竪堀とその内側に土塁があり、この土塁がⅧの南側に回りこんでいる。城外からの道がⅧとⅨの間を通り、谷部分を登るようになっている。途中Ⅶへ別れる道を越えて、左へ折れ、さらに登ると、ⅣとⅢへの道に分かれる。Ⅲへ入る道は横堀状になり主郭の南へ入るが竪土塁によって遮断される。山麓曲輪群は主郭南にある竪堀の東側にもⅩがある。Ⅹの東側も竪堀と土塁が付随し南側にやや回りこむ。このように山上と山麓の遺構をここまで厳重に一体化した遺構は、周辺地域の中でも特筆すべき点がある。

【参考文献】『綾部市史』（綾部市、一九七六―七九）、『日本城郭大系』一一（新人物往来社、一九八〇）

（高屋茂男）

●国一揆の拠点城郭

位《い》田《でん》城《じょう》

〈所在地〉綾部市位田町高城
〈比　高〉一七〇メートル
〈分　類〉山城
〈年　代〉十五世紀～十六世紀
〈城　主〉位田晴長、位田晴定、荻野氏、大槻氏
〈交通アクセス〉ＪＲ山陰本線「綾部駅」下車、北西へ二キロ

【延徳国一揆の拠点城郭】位田城は綾部市街地北方の由良川を望む位置にあり、大きく高城・低城と呼ばれる二つの山に遺構が分かれている。城主には南北朝時代には位田次郎晴長、戦国時代には位田五郎兵衛晴定との説（『姓氏家系大辞典』）もあるが、荻野氏・大槻氏ともいわれる。この城は延徳元年（一四八九）より繰り広げられた、延徳の丹波国一揆と呼ばれる丹波国人と守護方との戦いにあたり、船井郡の須知城とともに一揆側の中心的城郭であった。延徳元年十二月に須知城が守護方の軍勢によって落城すると、翌二年六月二十七日には上原賢家ら守護方の軍勢が京都を出発し位田城を包囲した。七月三日には大規模な攻城戦が行われたものの、守護方は多数の死者、怪我人を出しただけであった。位田城側の死者はわずかだったが、この中に須知源三弟がおり、位田城には荻野氏だけでなく須知氏も入っていたのが窺える。位田城の他にも七ヵ所の「外城」の存在も見える。つまり位田城単独ではなく複数の城と連携したものであった。その後、一度落城した須知城も再び一揆側の手に落ち丹波は沈静化には程遠い状況であった。同年十一月には「位田城今日自放火」の記事が見えるものの、延徳四年段階でも、牢人と呼ばれる国人たちが、山上に小屋を構える状況であった。明応元年（一四九二）九月に至り、大将荻野十郎左衛門尉父などが討死し、ようやく沈静化に向かった。ここで興味深いのが地元に残された『楞厳寺《りょうごんじ》縁起』である。これによると、一揆の首謀者は荻野・大槻で、守護方が陣屋とするため楞厳寺

へ入った。六月二十八日に守護方が位田城を包囲し、七月三日に火攻めを行うも落とせず、攻め手が大きな痛手を被り、十一月十日に落城したとしており、その他の史料と日付も一致し信憑性が高い。

【丹波有数の畝状空堀群】 位田城の遺構は、標高二一二メートルの高城と、南西側へ尾根を下りた地点の標高一五〇メートルの低城に大きく分かれる。また両者の間にも曲輪が存在する。この城の最大の特徴は、丹波有数の畝状空堀《うねじょうからぼり》群で、その数量は丹波地域では際立っている。しかし畝状空堀群と曲輪《くるわ》の連動性も弱く、土塁《どるい》や横堀も積極的導入に至っていないため古様を呈しているといえよう。そのため近年の発掘調査の成果も踏まえると、畝状空堀群を構成する竪堀の本数が増大するのは、十六世紀に入ってからのものが多いため、位田城の畝状空堀群を延徳の国一揆と直接結びつけることは慎重であらねばならない。京都府北部では畝状空堀群を導入した城が多数存在することから、一揆終了後もこの地域は丹後や若狭に隣接する境目地域であるため、打ち続く戦乱の中で十六世紀に入ってもこの城が重要視され使用され続けた証であろう。また低城は、高城よりも曲輪面積が広く削平もよいため、十六世紀に畝状空堀群によって高城を含めて一つの城として整備されたものであろう。高城の東南側の登城路にある二重堀切は、高城の遺構から距離があり、古い時期の遺構と判断される。

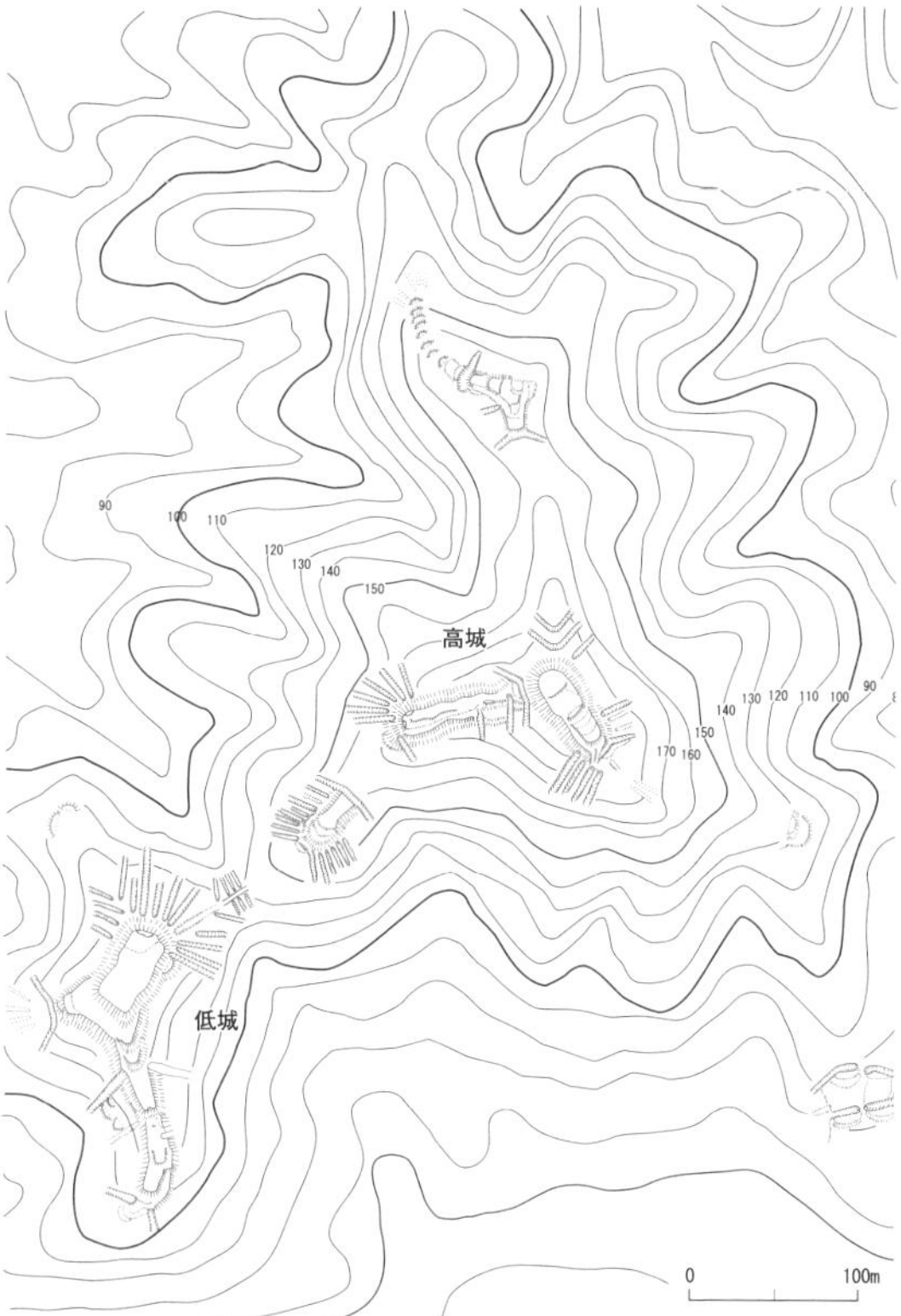

位田城縄張図

【参考文献】『綾部市史』（綾部市、一九七六—七九）、『日本城郭大系』一一（新人物往来社、一九八〇）

（高屋茂男）

●中近世移行期の三つの城

宍《しし》人《うど》城《じょう》

〔所在地〕南丹市園部町宍人
〔比　高〕二五メートル
〔分　類〕平山城
〔年　代〕—
〔城　主〕小畠氏
〔交通アクセス〕JR山陰本線「園部駅」下車、南西へ五キロ

【小畠氏と小出氏】　宍人は中世には北野社領舟井荘十一村のうちの一村であった。その代官などとしてみえる小畠《こばたけ》氏には複数の系統が確認でき、北野社門前に居住するものもいた。宍人周辺に居住した小畠氏は明智光秀の家臣となり、各地に転戦した。小畠氏は明智光秀没落後も宍人に存在した。元和五年（一六二〇）に但馬出石《いずし》から小出吉親が入部した際、京都所司代板倉勝重に宛てた書状には、小出氏が小畠太郎兵衛宅に仮住まいしていたことが窺える。小出氏は当初宍人に陣屋を構える計画であったことが地元に残る史料からわかる。のちに計画は変更され薗部村に決定された。

【三つの宍人城跡】　宍人城とよばれる城跡は現在三ヵ所確認されている。一つは園部川支流の本梅《ほんめ》川左岸の丘陵上にある大規模な堀と土塁《どるい》が存在する遺構A群、そしてその北側に位置する遺構B群、これらの南西にそびえる山頂にある遺構C群である。遺構A群は堀と土塁に囲まれた曲輪Ⅰがある。北側には堀があり一部土橋として虎口《こぐち》空間aがある。Ⅰの西側にの土塁の切れ目があり、その先に屈曲する虎口空間bが存在する。これに接して西側に屈曲を伴う土塁で囲われた曲輪Ⅱ、Ⅲがある。ⅡとⅢの間は土塁で仕切られている。これらの遺構は小畠氏の居館と考えられてきた。また遺構B群は櫓台や折れを伴う虎口が見られるものの、実践的なものではないため、元和五年の小出氏入部に際して構えられた仮の館と推定された。北側は不明瞭なところもあるが、形式的なものと化した虎口や櫓台、堀などから近世初頭の小出氏の仮館と

宍人城縄張図（作図：高屋茂男）

の評価は妥当であろう。そして、遺構C群（前頁の城郭位置図参照）は小畠氏の維持した山城跡と判断されてきた。

しかし遺構A群の曲輪Ⅰの中央部分には昭和前期にはⅡとⅢを分かつ土塁と同様の形状をした土塁があり、土塁の土を虎口空間b周辺の堀部分へ入れたとの聞き取り結果や、平地が近いこともあり、後世畑として利用された形跡もあることから、遺構の評価については慎重であらねばならない。実際にⅢの北側などは開墾により削られたと判断できる。

また曲輪Ⅱ、Ⅲやさらにその西側に存在する地形については、従来あまり詳しく論述されてこなかった。Ⅰは大規模な堀と土塁で囲まれているのに対して、Ⅱ、Ⅲは折れのある土塁が囲繞し一部に浅い堀は見られるものの、大規模な堀は確認できない。Ⅰに対してⅡ、Ⅲは付随的な構造となっている。

小出氏が「小畠太郎兵衛宅」へ住居し元和七年に園部陣屋へ入るが、「小畠越前守某古墟今猶残礎等」があることや、家老の友松兵部がその間、東半田村塩田某方に寄宿し、兵部屋敷と当時言われたことや、井戸を掘ったことで旱魃に悩まされた住民が一村挙げて感賞したと記す（『略史前録草案』）。つまり小出氏のみが宍人に住居したのではなく、当然陣屋建設までの二年間家臣も周辺に居住したと考えられる。このように考えると、遺構B群の曲輪Ⅱ、Ⅲやその西側の遺構などは、小出氏家臣の屋敷地などの可能性も想定すべきであろう。

（高屋茂男）

【参考文献】『園部町史』史料編Ⅱ（園部町、一九八一）、『図説・園部の歴史』（園部町、二〇〇五）

●丹波屈指の大規模な山城

八《や》木《ぎ》城《じょう》

〈所在地〉南丹市八木町本郷内山・小谷
〈比　高〉二二五メートル
〈分　類〉山城
〈年　代〉十六世紀前半～後半
〈城　主〉内藤国貞、内藤宗勝、内藤如安
〈交通アクセス〉JR山陰本線「八木駅」下車、南西へ約一・五キロ

【丹波の政治的拠点】　現在の亀岡市と南丹市八木町の境界の城山一帯に位置する。守護代内藤氏が拠点とした丹波国守護所であった。元来、城の周辺は、丹波国の政治的拠点であった区域であり、平安期の丹波国府と推定される千代川遺跡（亀岡市）は八木城の南東麓に位置している。さらに中世前期の国府は大堰《おおい》川左岸の屋賀周辺に推定されている（『丹波国吉冨荘絵図』）。

　八木に守護権力の政治的拠点が置かれた時期は不明である。ただ、宝徳三年（一四五一）、あるいは享徳元年（一四五二）に、細川勝元が八木本郷に竜興寺《りゅうこうじ》を建立したといわれ（『大雲山志稿』）、そのころから、丹波国大山荘の一井谷にも「八木嶋龍興寺」の材木の運搬人夫が徴発されている（『東寺百合文書』ノ）。十六世紀前半、細川高国は「桐野河内孫次郎」に対して「八木山合戦」の活躍を賞している（『内藤万敬氏文書』）。年未詳だが、これが八木城の史料的初見である。天文七年（一五三八）十月、内藤国貞が「内藤城」に諸牢人を集めたので、細川晴元は波多野秀忠・三好政長を派遣して、これを攻撃させた（『鹿苑日録』）。当初、城側の抵抗で「ヤキ城責衆」は多くの「手負」を抱え、苦戦したが、同十一月についに「八木城」は落城した（『親俊日記』）。

【内藤宗勝の時代】　内藤氏は、その後三好長慶方について晴元に抵抗し、天文二十二年（一五五三）九月、長慶が松永久秀・長頼兄弟を大将に「波多野与兵衛尉方城」を攻めさせた際、当主国貞も攻城軍に参加した。しかし、宇津《うつ》（京都市右

京区京北町）を進発した晴元方の三好政長らに「後巻」にされて、国貞は敗死した。この時、松永長頼は、国貞の婿だった立場を利用し「八木城」に逃れた（『細川両家記』）。当主国貞の敗死という事態のなか、長頼は国貞の子息千勝に内藤家を相続させ、みずからは後見人として「在城」すると丹波各地の国人に伝えた（『片山家文書』ほか）。のちに長頼は、内藤宗勝と名乗り、事実上の丹波国守護代として活発な軍事行動を展開する。丹波においては、多紀郡の波多野氏をその傘下におき、丹波北部では掃討戦を続けた。また、三好長慶の畿内攻略戦にも参陣する一方、永禄四年（一五六一）六月ころには、若狭国を攻め、守護武田氏と戦っている。八木城は、こうした軍事行動の拠点となった可能性がある。同三年一月、将軍足利義輝は、宗勝の犬の献上を対し、蜷川《にながわ》親長《ちかなが》を「八木城」に派遣し、礼を伝えている（『蜷川家記』『後鑑』）。しかし、永禄八年八月、丹波北部を攻めていた宗勝は氷上《ひかみ》郡の荻野直正に敗れ、討ち取られた（『上杉家文書』）。以後、内藤氏の動向は不明だが、丹波国佐伯南北両荘の代官として内藤貞弘が登場する（『言継卿記』）。元亀四年（一五七三）三月

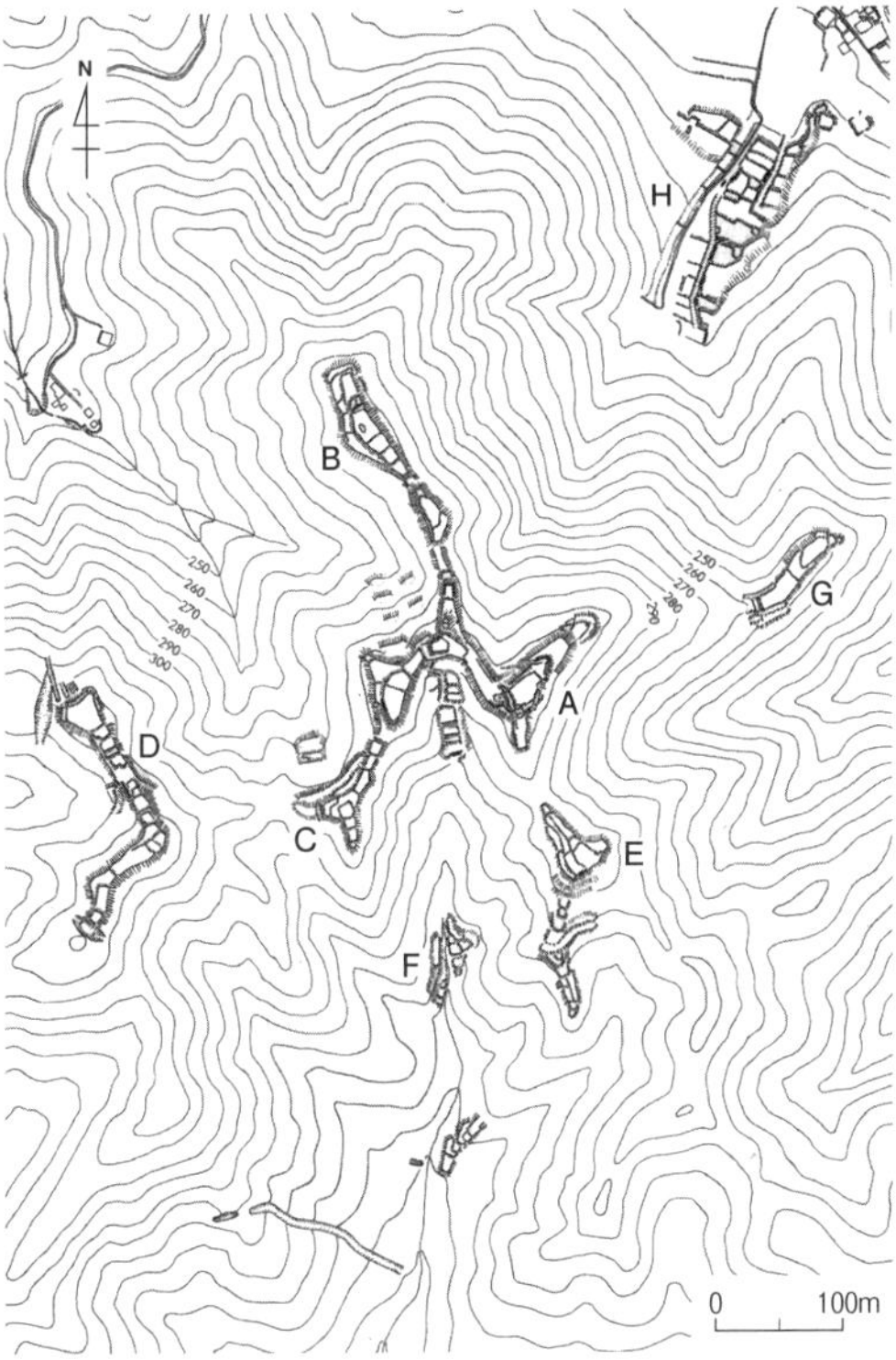

八木城の概要図

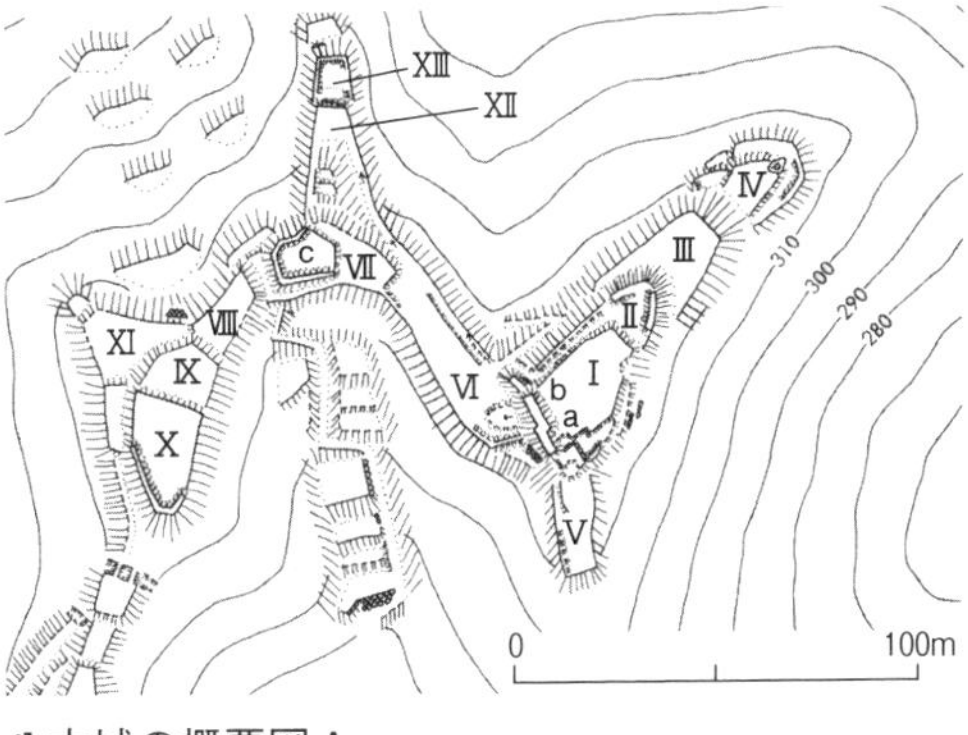

八木城の概要図Ａ

にはキリシタン「ジョアン内藤殿」が丹波から二千の兵を率いて上洛している。彼は四月にフロイスらを保護するため「ヤキの城の家臣」に書状を送り「坊主の僧院」を宿所にするよう指示した。さらに四月、織田信長との対立で身の危険を感じた足利義昭がジョアンに城の提供を求めている（『日本耶蘇会年報』）。このジョアンの実名は不明だが、前述した貞弘の可能性が高い。

　天正三年（一五七五）、信長は丹波の内藤氏を討つため、明智光秀の派遣を指令したが（『小畠文書』）、実際の内藤氏との戦闘や八木城攻防の有無は不明である。ただ、落城させた後に一時明智秀満が入城したとも伝えている（『丹陽軍記』）。光秀は「八木城麓」の川端まで材木・人足を集めるよう指示しており（『反町《そりまち》弘文荘主宰古書逸品展示即売会目録（昭和五十一年）』）、明智支配下でも機能していた可能性がある。

【丹波屈指の大規模山城】　遺構は標高三三〇メートルの城山一帯と、標高三六六メートルの烏嶽《からすだけ》の山塊に広がる。東西七〇〇メートル、南北九〇〇メートルという、丹波国屈指の大規模城郭である。他に龍興寺の背後にある堂山城跡なども城の一部と考えられ、現在の八木本郷周辺を取り巻くように山城が築かれている。

　遺構は城山の主郭Iを中心に複数の尾根線に広がっている。主郭には南西隅に櫓台《やぐらだい》があり、横に虎口《こぐち》aが付属している。この櫓台は、中央部に後世の掘削された跡がある。西辺には櫓台よりもやや高い一文字状の土塁があり、その北の先端に枡形《ますがた》状の虎口bがある。ところどころに石垣も構築しており、この主郭周辺が、もっとも技巧的に発達した区域である。

　主郭から東西南北の尾根線に沿って、細かい曲輪が配置されている。全体的に大小さまざまな曲輪が続く遺構である。ただし、尾根の起伏部を利用して、堀切と櫓台状土壇c、あるいは曲輪Xのように堀切と土塁をセットで構築して、防御姿勢をはっきりとさせようとしている。すなわち、櫓台状の土壇や土塁は、明らかに主郭を守るような配置になっている。これは、維持主体によって大規模な曲輪群をまとめようとする姿勢が見える。

　城域は、城山の西の烏獄Dまで続く。この烏獄は遺構群の南北両端に最高所の曲輪と堀切を設け、真ん中は鞍部という特殊な構造になっている。これも、もっとも南北の外縁部に防御機能が集約され、やはり主郭を守る構造になっている。

　八木城主郭の北麓には、やや広い谷があり、この場所にも多くの削平地群Hを設けている。この曲輪群は南から北へ階段状に平坦地が続き、これらをつなぐ通路も看取できる。この延長上に現在国道四七八号バイパスの高架道路が走っている。この道路部分は発掘調査がなされているが、南東から北西へ続く石垣列が検出され、並行する北の溝との間が奥行三〇メートルの屋敷地と推定されている。内部には石組みの井戸や土坑が検出された。尾根の先端にも発掘され、小曲輪と礎石、石垣、コの字状の溝などが検出された。時期が検討できる出土遺物として十六世紀後葉から末期の土師器《かわらけ》と、十五世紀から十六世紀中葉の中国製磁器が検討されている。後者は伝世品の可能性もあり、十六世紀後半の時期が推定されている。

【内藤氏時代から明智時代へ】　八木城は丹波屈指の大規模城郭であるが、ただ漫然と拡張されるのではなく、櫓台状の土壇や堀切を効果的に配置し、主郭を守るような構造を維持していた。これは大規模化した状況下で全体が機能していた時期があることを示しており、やはり内藤宗勝の時代に、こうした拡張が行われたと思われる。こうした大規模化された居城に統制を加えようとする姿勢は、丹波の三強といわれる、波多野氏の八上城（兵庫県篠山市）、荻野氏の黒井城（兵庫県丹波市）とも通じる点である。

一方、虎口の発達と石垣の構築は主郭Ⅰのみに限られる。櫓台と虎口のセットは、他のブロックとは異質であり、十六世紀後半の明智光秀支配下のもとで改修されたと考えられる。一文字状の土塁と櫓台の関係も、明智時代と推定される笑路《わろうじ》城跡（亀岡市）、須知城跡（京丹波町）と類似する。さらに、発掘された北東麓の城下も十六世紀後期から末期の時期が推定され、文献史料からも明智時代に「八木城麓」にて物資の集積がなされている。織豊期まで含んだ検討が必要である。

城下としては、堂山麓の小字「門前」の一角に細川勝元が建立した竜興寺が残る。戦国末期に焼失したが、十七世紀前半に園部藩主小出氏によって再興されたという。その東にある東雲寺も、十七世紀前半に建立されたが、もとは戦国期の寺庵があった場所と伝えられる。堂山の麓には、ほかにも寺院跡の区画が見られる。また、現在の本郷小学校には、小字「前所《まえんじょ》」と呼ばれるが、これは「政所《まんどころ》屋敷」の転訛と思われる。このように八木城下には寺院・寺庵、あるいは屋敷地が残存したと思われるが、市場地名は一切みられない。

【参考文献】『新修亀岡市史』（亀岡市、二〇〇〇）

（福島克彦）

●横堀に囲まれた陣城！

法《ほう》貴《き》山《やま》城《じょう》

〔所在地〕亀岡市曽我部町法貴
〔比　高〕四〇〇メートル
〔分　類〕山城
〔年　代〕十六世紀後半
〔城　主〕明智光秀カ
〔交通アクセス〕ＪＲ嵯峨野線「亀岡駅」から京阪京都交通バス「犬甘野口」下車、南西へ徒歩約五キロ

【文書にみえぬ陣城】　法貴山城について、城主や構造を詳細に記した文書は見当たらない。しかし、『長沢家文書』には、明智光秀が犬甘野《いぬかんの》周辺の土豪《どごう》である長沢氏と「法貴坂」にて対峙したという記述がある。想像をたくましくするならば、この「法貴坂」の合戦に際して、法貴山城が陣城として築城された可能性がある。

【位置と構造】　法貴山城は、亀岡盆地南部の丘陵頂部に占地する。西側には摂丹《せったん》街道が南北に通っており、亀岡盆地への南からの出入口にあたる。法貴山城の南東方向には、街道を挟んで東側山麓に笑路《わろうじ》城が位置する。法貴山城と笑路城が、いずれも織豊系城郭であることを考えると、両城の位置は、亀岡盆地南部の戦略的重要性を示唆している。

法貴山城は、頂部にⅠ・Ⅱ郭が位置、東西の尾根続きにⅢ～Ⅴ郭が位置する。北側は、断崖状となっており、曲輪《くるわ》は設けられない。Ⅰ・Ⅱ郭は高低差のない曲輪群であり、中央部分に設けられた横堀と土塁《どるい》により区画される。Ⅱ郭には南側で虎口が設けられ、直下を巡る横堀に接続する。この横堀は、通路としても機能しており、さらに下段の横堀へと開口してつながる。Ⅰ・Ⅱ郭は、これら二重の横堀によって厳重に守られる。

Ⅲ～Ⅳ・Ⅵ郭はⅠ・Ⅱ郭の西側に位置する。Ⅲ郭は周囲を土塁で囲まれている。Ⅳ郭は、Ⅲ郭の南側直下に位置し、矩形に折れる張り出しを南端部で設ける。西側へは土塁が虎口《こぐち》状に設けられる。Ⅲ～Ⅳ郭とⅥ郭の間には、横堀とそこから

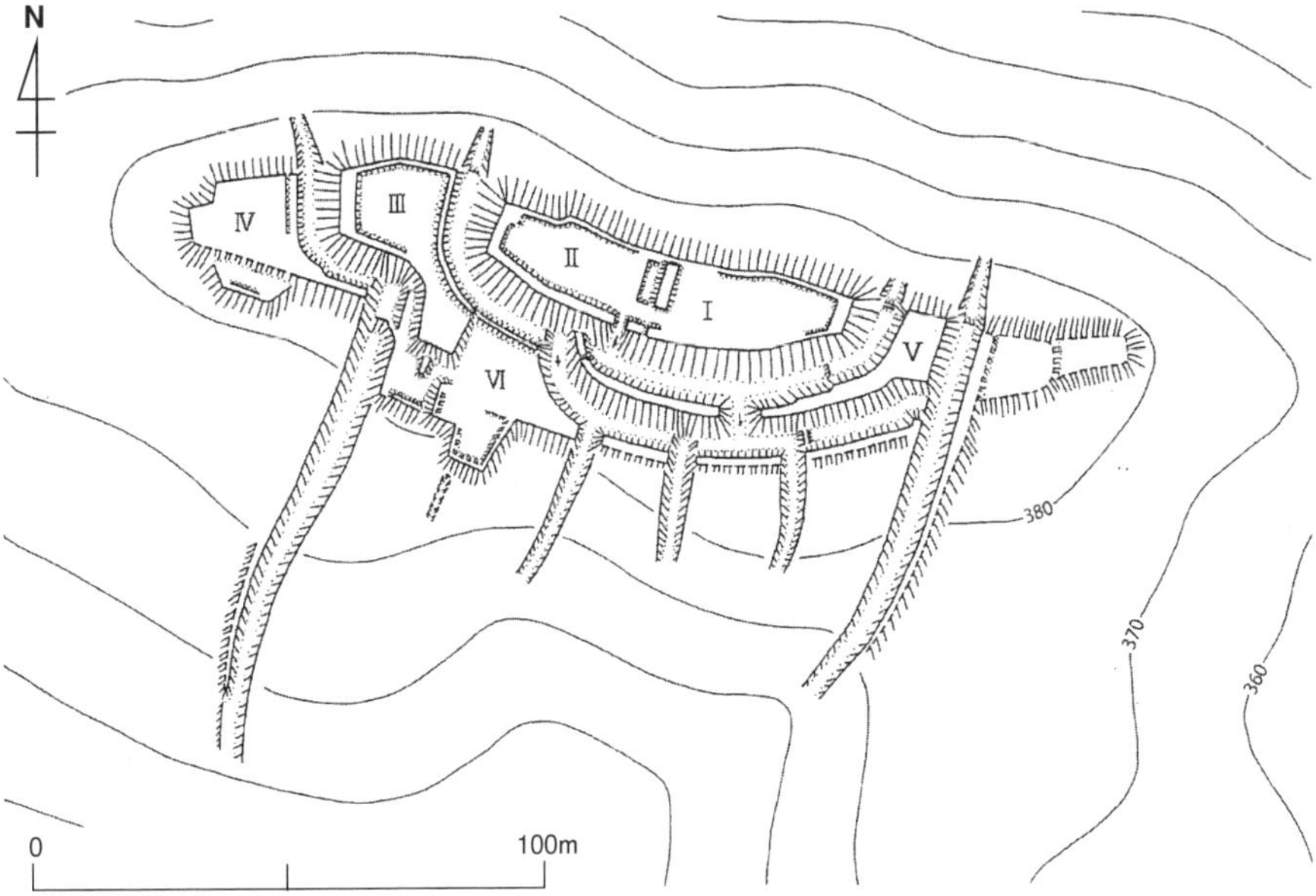

法貴山城跡縄張り図（作図：福島克彦）

派生する長大な竪堀が分断している。Ⅴ郭は、Ⅰ郭直下の横堀上の土塁が東側で幅広になり、曲輪となったものである。Ⅴ郭の東側には、西側と同様に横堀とそこから派生する長大な竪堀が設けられている。

【遺構からわかる特徴】 以上、冗長に個別の遺構について述べてきた。各曲輪は、非常に小さいながら、城域は横堀と土塁によって区画され、コンパクトにまとまっている。一般的な戦国期山城では、このように城域内を区画する横堀の使用は少なく、より洗練された築城技術の存在がうかがえる。また、同一の高さにある曲輪を横堀や土塁で分割するあり方は、近隣に所在する笑路城と同様であることなどから、織豊勢力が築城に関わっている可能性が濃厚である。

【参考文献】 京都府教育庁編『京都府中世城館跡調査報告書』二（二〇一三）

（永恵裕和）

●発掘調査で石垣が出土！

笑《わろう》路《じ》城《じょう》

〔所在地〕亀岡市西別院町笑路
〔比　高〕四五メートル
〔分　類〕山城
〔年　代〕十六世紀後半
〔城　主〕──
〔交通アクセス〕ＪＲ山陰本線「亀岡駅」下車後、京阪京都交通バス「犬甘野口」下車、南東へ徒歩一五分

【城の位置と城域】　笑路城は、西別院町笑路集落の北側に所在する松尾山に所在する山城である。城跡は、摂津国と丹波国を繋ぐ摂丹《せったん》街道に面しており、街道を扼《やく》するためか、城域と街道との比高は大きくはない。

城域は、東西に伸びる稜線を南北に遮断する堀切で画された西側の尾根《おね》先端部にあたる。城内最高所には1～2郭が位置し、この二つの曲輪《くるわ》を中心として東西南北に下位の曲輪が位置する。また1郭の一部と2郭では、昭和五十七年（一九八二）に2郭の鉄塔建設に伴って、亀岡市教育委員会が発掘調査を行なっており、後述する櫓台《やぐらだい》と考えられる石塁《せきるい》や笑路城の構造変遷に関わる知見が得られている。

1～2郭は、比高がなく、両者の間にはほぼ南北方向に曲輪を横断する石塁（図中トーン部分）によって区画されている。この石塁は、南端で一辺約五メートルの櫓台へと接続している。発掘調査成果からは、石塁の東辺部分中央では三段程度の階段が設けられていることが明らかとなっており、このことから石塁より東側を1郭、西側を2郭と判断できる。

【各郭の構造】　1郭は、城域で最大の面積を持つ曲輪で、東側と南側切岸には石垣の残欠と考えられる石積みが部分的に露出している。南辺の中央やや西よりには石積みを伴う方形の落ち込みがあるが、さらに通路状のスロープが直下まで伸びていることから虎口であると考えられる。1郭と2郭の間には、東西二～三メートル、南北約一〇メートルの石積み遺構が位置する。発掘調査では、石積み東面に三段ほどの石段

が検出されている。

２郭は、西へ向かって幅の狭くなる長方形を呈しており、北辺の一部には石積みを持つ。南辺の東端、ちょうど櫓台の直下に当たる部分では、方形に落ち込み虎口を形成している。発掘調査の成果からは、南辺に石積みと礎石と考えられる平滑な石材が約二メートル間隔で検出されている（図中トーン部分）。また、虎口部分には、櫓台から派生した石塁が逆L字状に伸び、枡形虎口を構成している。また、２郭北辺では、西側から中央部分にかけて、石塁が巡る。ここより一段下がった部分には、西辺が不明瞭ながら、櫓台と考えられる方形の石積みが検出されている。

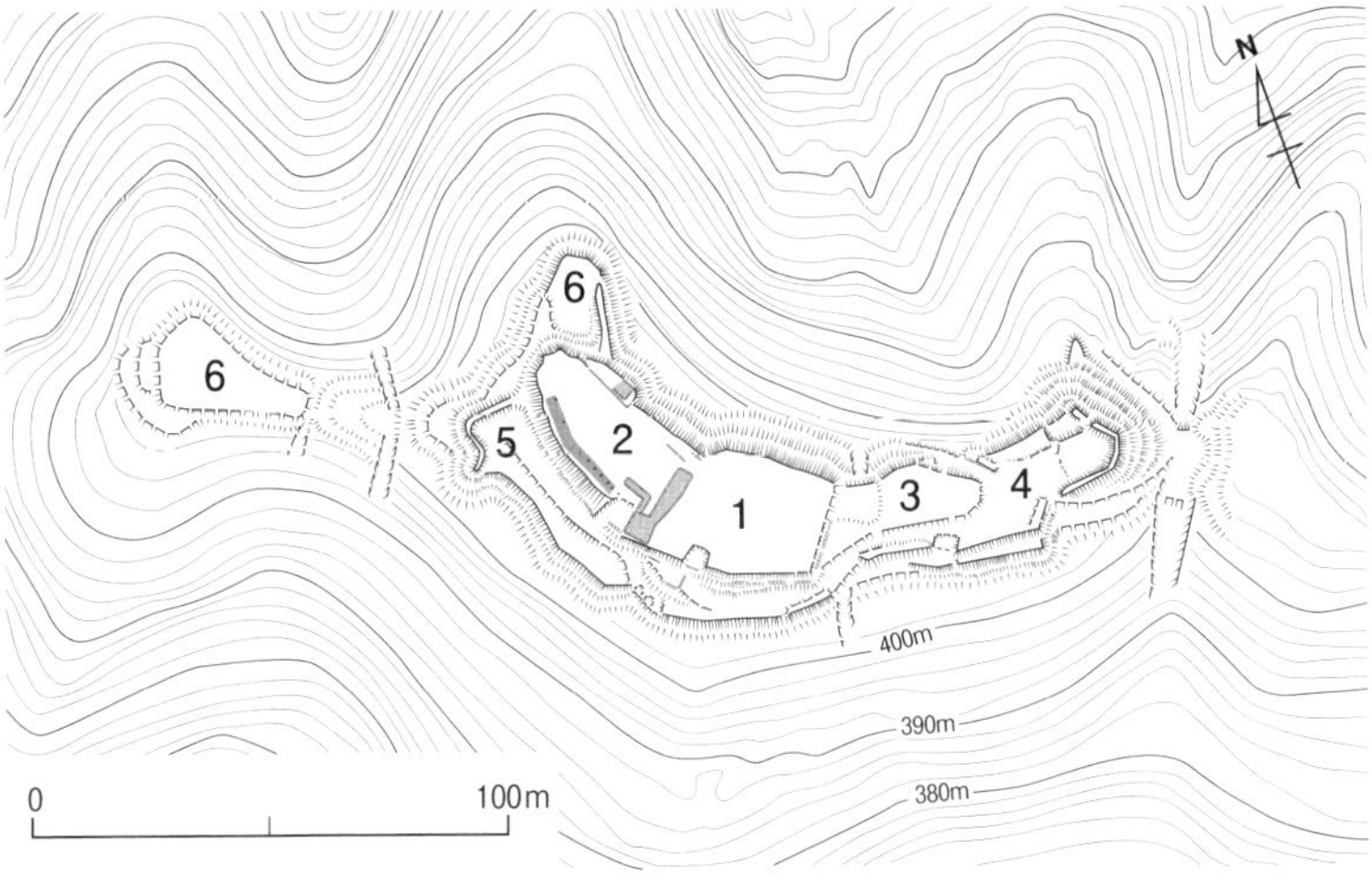

笑路城縄張図

３郭は、１郭東側に位置し、切岸は低く、曲輪の縁辺部は不明瞭である。４郭はⅢ郭の東側の城域東端に位置し、１・３郭の南辺直下を帯曲輪となって巡る。４郭は東辺と帯曲輪となる南側部分では土塁が巡る。４郭には、３郭北辺直下から伸びる通路に対応して石積みを持つ虎口を設ける。また、南辺では１・２郭と同様に方形の落ち込みがあり、虎口を構成している。

５郭は２郭南側直下に位置し、曲輪内部には二段の平坦面に別れる。西側で矩形に折れる土塁が位置し、さらに下位の尾根続きには堀切を設ける。６郭は２郭北側直下に位置し、東西両辺に土塁を持つ。

【参考文献】亀岡市教育委員会編『亀岡市文化財調査報告書』七（一九七八）、京都府教育委員会編『京都府中世城館跡調査報告書』二 丹波編（二〇一三）

（永惠裕和）

●城域が急峻な山上に広がる！

神《かん》尾《のお》山《さん》城《じょう》

〔所在地〕亀岡市宮前町
〔比　高〕二四〇メートル
〔分　類〕山城
〔年　代〕十六世紀後半
〔城　主〕柳本賢治・細川晴元・明智光秀
〔交通アクセス〕JR山陰本線「千代川駅」下車後、京阪京都交通バスで、「宮川」下車、西へ徒歩約四〇分

【城域】城域は、標高約四五〇メートルの神尾山頂部から、延暦二年（七八三）に開基されたとされる金輪寺《こんりんじ》の背後の尾根上に南北約五〇〇メートル、東西約二〇〇メートルの範囲で広がる。城域は、土塁《どるい》や堀切の区画によって三つの群に分けて考えることが可能である。ここでは4郭の土塁より北側をⅠ群、土塁より南側で堀切よりも北側をⅡ群、堀切より南側をⅢ群とする。

　Ⅰ群は、1郭を中心とする城域最高所に位置する曲輪《くるわ》群である。1郭は、城域北側の最高所に占地し、不整形な台形を呈する。西辺南側が張り出し、虎口状に一段下がる。これより下位には曲輪は存在しないが、尾根上に二本の竪堀《たてぼり》と横堀を連結した遺構が位置する。主郭より北側では石積みを持つ2郭が位置し、比較的規模の小さい曲輪が数段続く。3郭は、1郭南側直下に位置する。3郭は他の曲輪に較べて切岸が急峻で、東側では曲輪縁辺が二つの折れを持ち、1郭東側斜面より突出する斜面に横矢を設けている

　Ⅱ群は、土塁によって曲輪を区画された4郭南側とそれより下位の曲輪群が属する。4郭南側は、Ⅱ群の中で最大の面積を持ち、長方形を呈する。南側には虎口状の落ち込みを持つ小曲輪が位置する。この小曲輪からこの落ち込みを経由して下位の5郭へ接続する。また6郭南辺中央部より城道と考えられる通路も伸びており、5郭東側で石積みを持つ小土塁が通路を扼している。5〜7郭はいずれも方形の平面形を呈し、西側に土塁を持つ。最下段の7郭の直下にⅡ群とⅢ群を

画する堀切が位置する。

Ⅲ群は、南北に長く伸びる8郭と、そこからやや下った箇所にある9～10郭からなる。8郭は堀切に面する北側が一段高くなり、西側へ張り出している。曲輪の西辺には土塁が伸び、南部分で西側への張り出しがある。9～10郭は、ほぼ同じ高さの曲輪群で、8郭南東隅から伸びる土塁によって両曲輪は区画される。10郭には、現在金輪寺住職の石塔が並んでいる。10郭より下位には切岸から続く斜面があり、金輪寺に到る。

以上、神尾山城の曲輪について概観したが、現在の金輪寺の西側斜面にも数段の平坦面や、石垣を持つ平坦面があり、かつての金輪寺の寺域の広がりを見ることができる。ただし、それらが神尾山城に伴うものかは明瞭ではなく、今回は取り扱わなかった。

神尾山城　曲輪

【参考文献】京都府教育委員会編『京都府中世城館跡調査報告書』二　丹波編（二〇一三）

（永惠裕和）

周《しゅう》山《ざん》城《じょう》

●恒久的な総石垣を持つ大規模山城

〔所在地〕京都市右京区京北周山町
〔比　高〕二二五メートル
〔分　類〕山城
〔年　代〕天正九年
〔城　主〕明智光秀
〔交通アクセス〕JR京都駅より西日本JRバス高雄・京北線「周山」下車、西に約五〇〇メートル

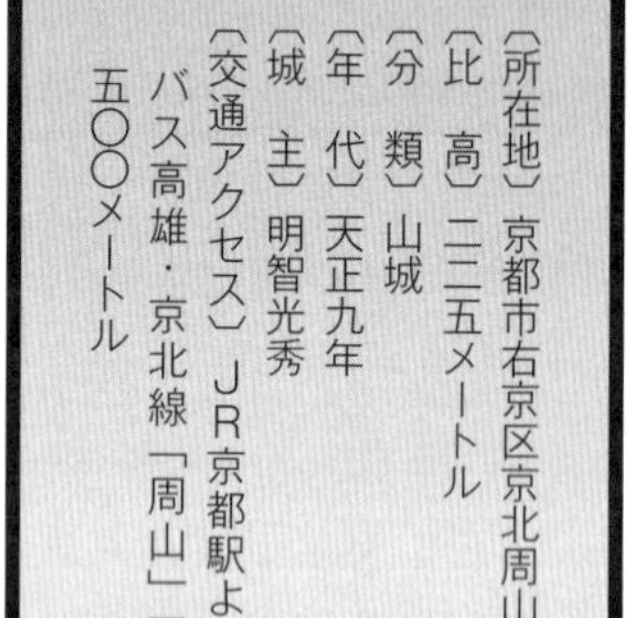

【城の立地】　周山城は標高四八〇メートル、比高二二〇メートルの「城山」一帯に位置する。周山の集落は城山東麓に位置し、北東から小塩川、北から弓削《ゆげ》川が合流し大堰《おおい》川（桂川）が形成される場所にあたる。北東には、禁裏御料所で有名な山国《やまぐに》荘があり、朝廷を経済的に支えていた地域であった。また、大堰川は西へ流れた後に、桑田郡を流れ、嵯峨《さが》方面へ向かうが、これは水運によって材木供給ルートになっていた。一方陸上交通としては、京都と若狭を南北で結ぶ長坂街道が周山を通過していた。周山は大堰川水運と長坂街道がクロスする立地であり、山岳地桑田郡北部の交通の要衝であった。

【城の沿革】　この周山城は、明智光秀の築城で知られている。天正九年（一五八一）八月、津田宗及が周山へ下向した場合、「彼山」において光秀とともに十五夜の月見の連歌を楽しんだ（『津田宗及茶湯日記』）。山上で連歌会を行なっていることから、やはり山城である周山城に滞在したものと思われる。同十年六月、光秀は山崎合戦で敗死し、丹波国は羽柴秀吉の管轄下に入った。天正十二年、秀吉が東海の徳川家康と対立すると、丹波西部の在地勢力は家康に呼応して、反羽柴の戦いを進めた。そのため、秀吉も対応を迫られ、二月四日に「丹州シヲ山ノ城」へ下向している（『兼見卿記《かねみきょうき》』）。また、秀吉の家臣加藤光泰が同時期に入ったともいわれている。

　以後、城が使用された記録がないため、文献的には天正九〜十二年までの機能していたことになる。江戸期は、もっぱ

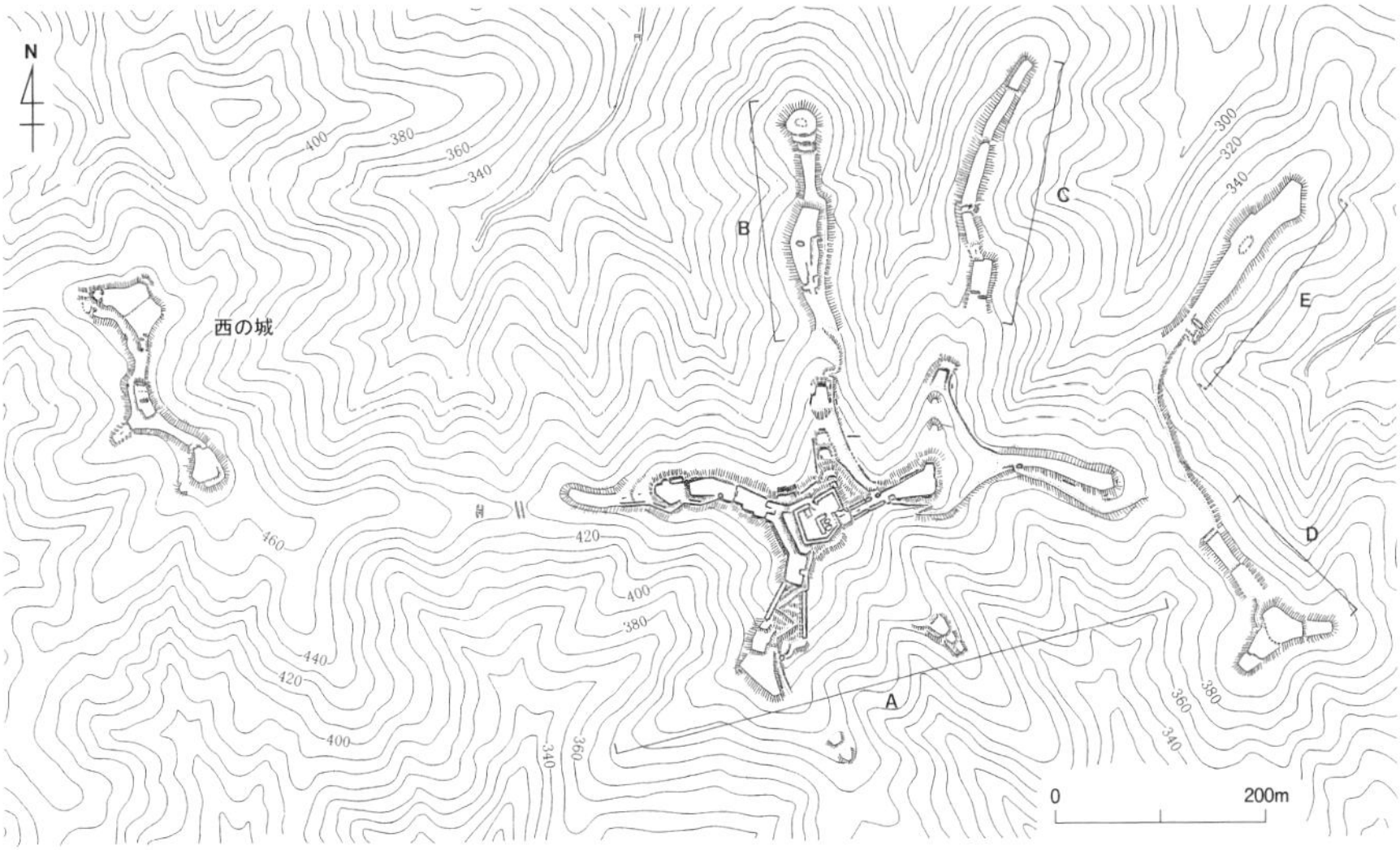

周山城跡全域

ら光秀の築城が強調され、『老人雑話』は「周山城に夜普請」して信長への謀反を企てた噂を載せている。あるいは光秀みずからが周の武王に見立て「周山」と名付けたという逸話を掲載している。ともに光秀による本能寺の変と関連付けて語られているが、後述するように、周山城は山岳地に不相応な大規模山城であるため、こうした逸話を生む要因があったのかもしれない。

【総石垣に近い大規模山城】 城の遺構は城山山頂を中心に屋根が放射状に広がっている。これに沿って曲輪《くるわ》も配置されており、南北六二〇メートル、東西八〇〇メートルの大規模山城である。

山頂の主郭Ⅰは決して広くはないが、周囲を石塁《せきるい》で囲み、北東や南東の隅角部は直角にしようと指向していた。曲輪の形状を方形にしようとしていたことがわかる。中央部のE字形の石塁が見られるが、これは天守台と思われる。石塁が分割されていることから、基礎部分が石蔵状になっていたことが推定される。主郭周辺ではコビキA瓦が確認されており、恒久的な瓦葺《かわらぶき》建物の存在が推定される。東には虎口《こぐち》空間aがあり、周山集落に到る東の尾根につながる。長細い曲輪Ⅱには斜面でつながっているが、その両脇には竪石塁がつながり、ⅠとⅡの間を密接にしている。Ⅱには虎口dが北の尾根《おね》と、虎口eがさらに東の尾根線とつながっていた。東の尾根線にも長細い曲輪Ⅲがあり、付け根に虎口fが見られる。一方、主郭Ⅰの虎口bからは、西側の尾根線へつながっていた。曲輪Ⅳとの間には食い違い虎口のgが見られる。Ⅴからは側面より城道がめぐり曲輪Ⅵに接続していた。こうした城道の側面にも両側に石垣が施されており、斜面の通路について配慮された構築物である。曲輪Ⅵから曲輪Ⅴを見上げると周山城内でも、もっとも高石垣を実感できる箇所である。曲輪Ⅴの石垣隅角部とⅥの石塁がずれて築かれている点も特徴である。

さらに主郭の南には曲輪Ⅶがあり、ここから九十九《つづら》折《おれ》で曲輪Ⅷ、Ⅸへ至る。この間は斜面であるが、竪石塁lによって斜面を守っている。直下には虎口mがあり、南側からのルートの関門にあたる。

また、北側にも二つの尾根が伸び、ともに曲輪が連続している。なかには高石垣をめぐらす遺構も見られる。

このように周山城は、曲輪群が放射状に広がる大規模山城であった。縁辺部にいくほど、土の城になっているが、主要

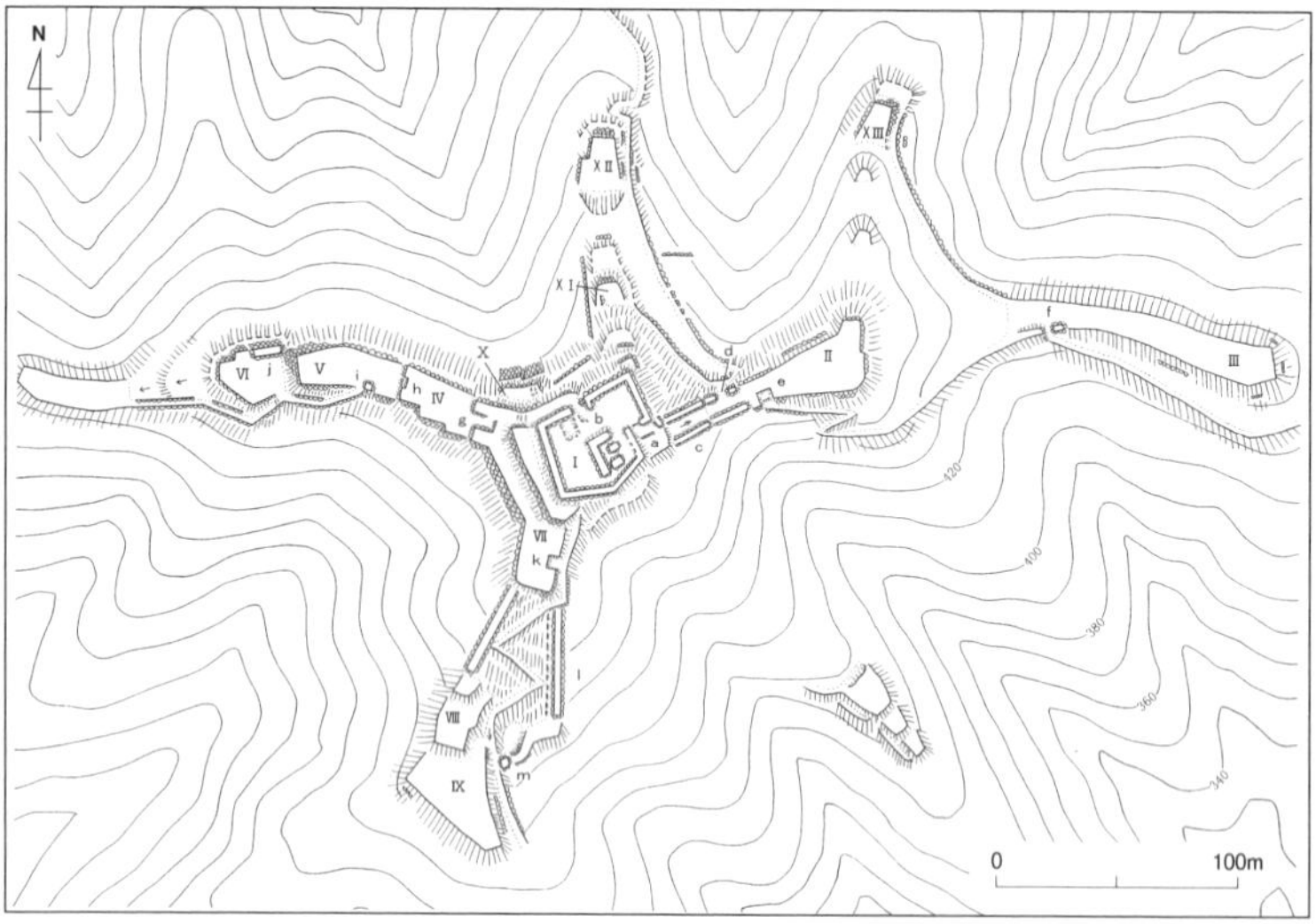

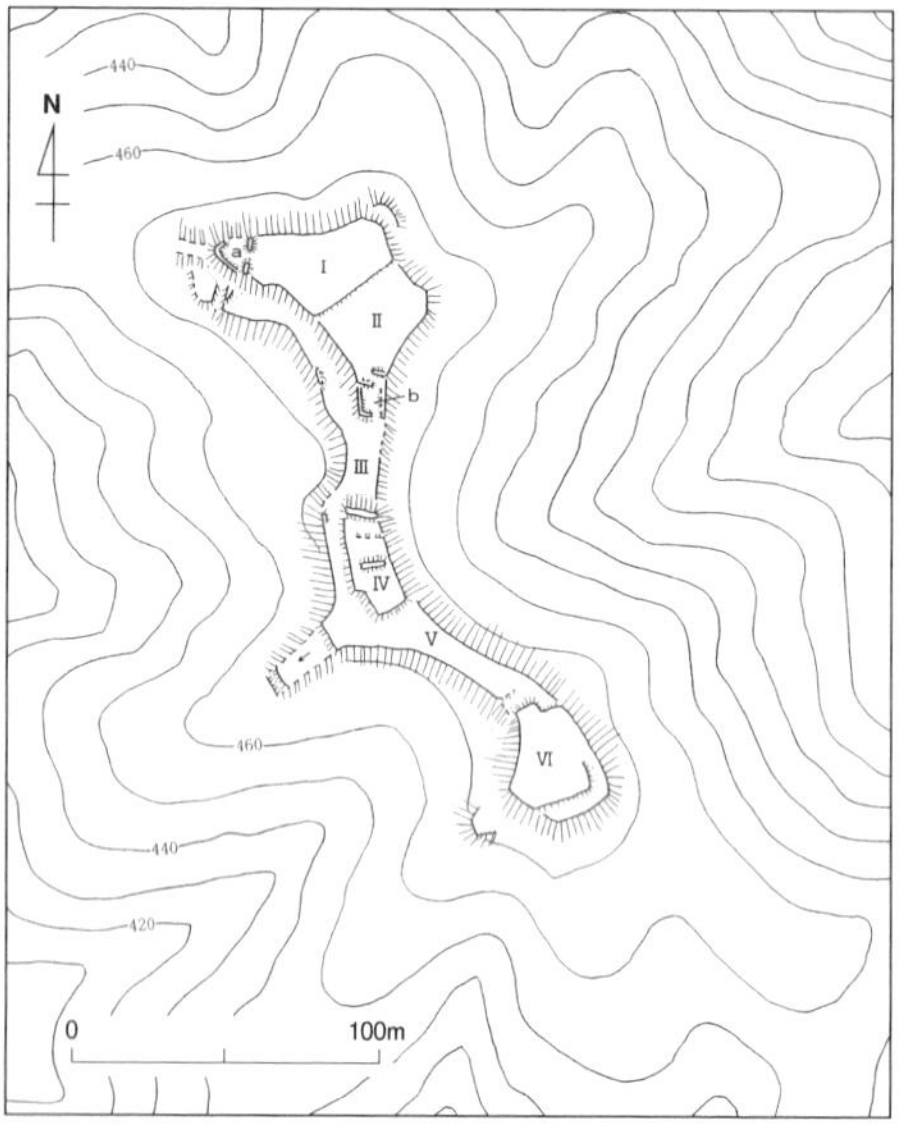

周山城跡主要部（上）と周山西の城跡（右）

部は総石垣に近い構造になっている。さらに竪石塁cやlのように斜面も守ろうとする姿勢が強く、斜面を行き来する城道も側壁を石垣で補強しており、曲輪間の関係を保持しようとする強い意思が反映されている。こうした構築姿勢は、秀吉の朝鮮出兵時に築かれた西生浦倭城にもつながっている。また、虎口の形状も多様であるが、もっとも重要な虎口aに虎口空間を持っていることは象徴的である。

【謎多い周山西の城】　この周山城から西の二本の堀切を隔てて、約三五〇メートルの地点に、西の城と呼ばれる土の城が見られる。一九九〇年代に確認された遺構で、南北二〇〇メートル、東西一五〇メートルの規模を持ち、三つのピークを占拠している。中心部のⅠとⅡに各々虎口空間a・bが設置し、各々外枡形《ますがた》状になっており、計画的に築かれた様相を持つ。周山集落から見れば、西にある周山城の、さらに西に位置しており、より奥まった立地である。

　このような構造から、純粋な土の城である西の城跡は、総石垣に近い周山城本体と新旧関係で捉えがちである。ただし、西の城の虎口空間a・bの存在から、平面構造的には織豊系プランに近いことがわかる。そのため、新旧差があったとしても、大きな差異ではなく、並存していた可能性もある。ただし、恒久的な石垣造の周山城と、一過性の陣城に近い西の城が、どのような役割分担をもって構築されたかは、明確ではない。

【まとめ】　このように周山城跡は、恒久的な石垣造の大規模山城と一過性の陣城に近い西の城が並存するという特徴を持つ。文献的には、天正九～十二年にあたり、明智時代と羽柴時代に分けられるが、竪石塁などの形状は羽柴段階と考えるべきであろう。ただし、なぜ丹波の山中に、このような大規模な総石垣の山城が築かれたか、明確には説明できない。また、前述した土の城との機能分化も、どのようになされていたか、は今後の課題である。多くの謎を残す遺構であるが、整備された石垣に食傷気味の城郭ファンには、古城の雰囲気を満喫できる実に貴重な存在である。ただし石垣や石段の崩落などには、充分注意をして踏査してほしい。

【参考文献】　京都府教育庁編『京都府中世城館跡調査報告書』二（二〇一三）

（福島克彦）

●京都をうかがう陣城

一《いち》乗《じょう》寺《じ》城《じょう》

〔所在地〕京都市左京区一乗寺城
〔比　高〕二九〇メートル
〔分　類〕山城
〔年　代〕元亀元年（一五七〇）
〔城　主〕浅井氏、朝倉氏
〔交通アクセス〕叡山電鉄叡山本線「修学院駅」下車、東へ約二キロ

【城の位置】　一乗寺城は、比叡山《ひえいざん》系から西へ延びる支尾根《おね》が南へ曲がる地点に位置している。尾根上には、前近代にわたって京都と坂本と結ぶ間道白鳥越え（青山越え）が走っていた。城郭は標高四二二メートルのピークの南側に立地する。

【二つに分かれる城の遺構】　遺構は、前述した白鳥越えのルートによって部分的に破壊されている。このルートが主要遺構の真ん中を通っており、南北に分かれている。便宜上、北側のAブロックと南側のBブロックに分かれている。

Aブロックは北東から南西へ傾斜した広い曲輪《くるわ》群が中心になっている。全体として内部の削平の度合は低い。ただし、西斜面際には土塁《どるい》、東側には切岸《きりぎし》があり、曲輪の輪郭は明確である。西の土塁の外縁には帯曲輪と畝状空堀《うねじょうからぼり》群が刻まれている。尾根上となる北東部には、虎口《こぐち》aがある。aの北側には堀切があり、竪堀《たてぼり》と土橋が連続している。一方Aブロックの南側には、白鳥越えにつながる通路の際に長方形状の窪みが見られる。これは通路の際にあり、一種の武者だまりであろう。

Bブロックは、西側に微高の土塁を設けるが、東側はほとんど切岸が明確でなく、未削平の様子を示す。曲輪の内部も、細かい微高の土塁で区画している。また西側には、細かい畝状空堀群が続いている。

このように、一乗寺城は、A・Bブロックともに西側に土塁と畝状空堀群を築造し、逆に東側はきわめて削平や切岸が

粗野である。つまり、西の京都側にのみ集中して普請を進めている様子がわかる。こうした遺構状況から察して、当城跡は臨時的に築かれた陣城と推定される。

【入洛への前戦基地】 次に築城主体であるが、比叡山系には京都をうかがう諸勢力が陣取ることがたびたび見られた。たとえば北白川城や如意岳《にょいがたけ》城・中尾城などがそれにあたる。これらと比較すると、当城は比較的一過性の陣城の要素をよく残している。その意味で「青山越」にあったこともあることから、元亀元年（一五七〇）九～十二月に朝倉・浅井連合軍が陣取った「青山」の一部が当遺構ではないかと考えられる。当時、京都を守る織田信長と、入洛を目指す朝倉・浅井軍は激しい京都攻防戦を展開した。朝倉・浅井連合軍は近江の壺笠山城に陣取り、さらに「青山」なる場所に陣取ったという。この「青山」なる場所は不明であるが、前述した青山越ルートのいずれかに築かれた陣所であろう。また、連合軍は比叡山系から下りて、一乗寺・修学院・高野・松ヶ崎など、一乗寺城西麓の村落を焼いている。こうした行動範囲から考慮しても、一乗寺城も使用された可能性が高い。苦しい戦いを強いられた信長だが、年末には和平交渉へ持ち込み、朝倉軍は「青山」を焼いて撤退した。その意味で、一乗寺城は朝倉・浅井氏の前線基地だった可能性がある。

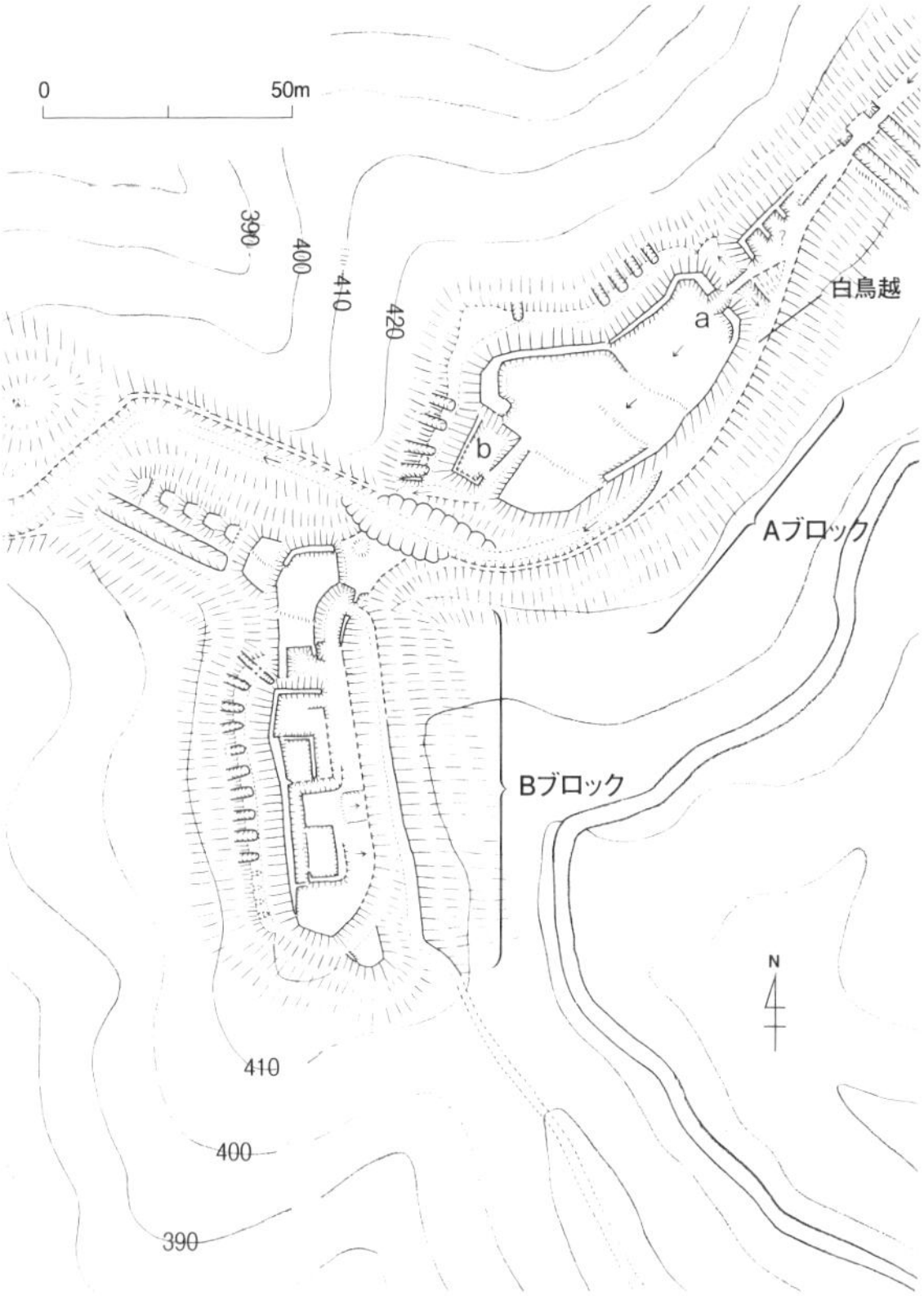

一乗寺城跡

【参考文献】福島克彦「元亀元年『志賀御陣』における浅井・朝倉の陣城について」（『近江の城』二六、一九八七）、高田徹「越前朝倉氏築城術の一考察」（『中世城郭研究』二七、二〇一三）

（福島克彦）

北《きた》白《しら》川《かわ》城《じょう》

●京都を防衛する将軍の山城

〔所在地〕京都市左京区一乗寺松原町
〔比　高〕二〇〇メートル
〔分　類〕山城
〔年　代〕戦国時代
〔城　主〕細川高国
〔交通アクセス〕叡山電鉄叡山本線「茶山」下車、東へ二キロ

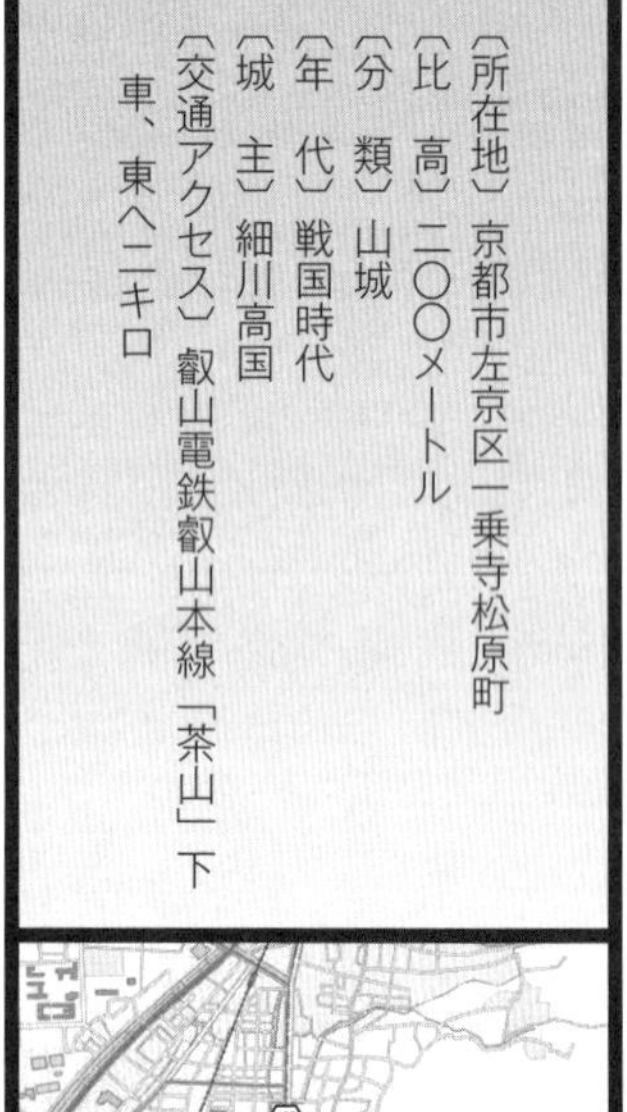

【城の立地】 北白川城跡は京都市左京区北白川にある標高三〇一メートル、比高二〇〇メートルの瓜生《うりゅう》山（勝軍《しょうぐん》山）一帯に位置する。京都市の東には、比叡山から如意岳《にょいがたけ》へと続く南北の山地が広がるが、それから派生した西尾根の突端にあたる。書籍によっては勝軍山城、あるいは東山新城と呼ばれ、区分する場合もあるが（『日本城郭大系』）、歴史的には境界が明確ではないため、ここでは一括して北白川城跡と称する。なお、勝軍山の名は延文六年（一三六一）に山頂に勝軍地蔵が安置されたためといわれている（『勝軍地蔵縁起』）。

城跡の南麓に位置する北白川集落は、京都と坂本（大津市）方面を結ぶ山中越えの出入口であり、天文三年（一五三四）頃には「白川口商人中」などの活動が見られた（『土御門《つちみかど》文書』）。京都と近江国を結ぶ交通の要衝であったため、何度も山城が築かれた。常に戦国期京都の戦乱に登場し、近畿地方の中世城郭では、もっとも史料が多い遺構の一つである。

【京都攻防戦の舞台】 その最初に史料的に現れるのは、応仁・文明の乱の頃である。文明二年（一四七〇）九月、東軍の若狭守護武田氏の部将逸見《へんみ》氏は「北白川上山構」を築造していた（『山科家礼記』）。この山中越えも当時通路留めがなされたという。同十五年七月には幕府政所頭人伊勢氏が「北白川御新造」を築造し（『親元日記』）、以後も伊勢氏は当地周辺に居住地域をしていたようである。

十六世紀前半に入ると、細川政元の暗殺を契機に、細川京《けい》兆《ちょう》家が分裂し、その家督をめぐって抗争が続いた。その戦

いを鎮め、永正～大永年間にわたって君臨したのが細川高国であった。北白川城周辺にあった勝軍地蔵は、彼が出陣の際、祈禱したといわれ、大永元年（一五二一）九月には多くの人々が参詣する場になり、以後「勝軍地蔵堂」と呼ばれた（『二水記』）。

しかし、大永七年頃、高国に対して、柳本賢治《やなぎもとかたはる》が神尾山《かんのおやま》城（亀岡市）で籠って抵抗を示すようになった。賢治は、京兆家当主の座を狙っていた阿波国の細川晴元と手を結んでいた。賢治が高国の征討軍を返り討ちにすると、攻守逆転して、今度は賢治が京都を攻め上る番となった。高国は京都を押さえつつ籠城できるよう「勝軍地蔵山」に築城するため、近隣十一郷に対して築城人夫の徴発を命じた。しかし、丹波の柳本勢の勢いに押され、高国は一旦京都を離脱する。同年九月に高国軍は早くも京都をうかがい、北白川城へ入った。すなわち「勝軍地蔵堂」に陣取り、京都をうかがっ

北白川城全体

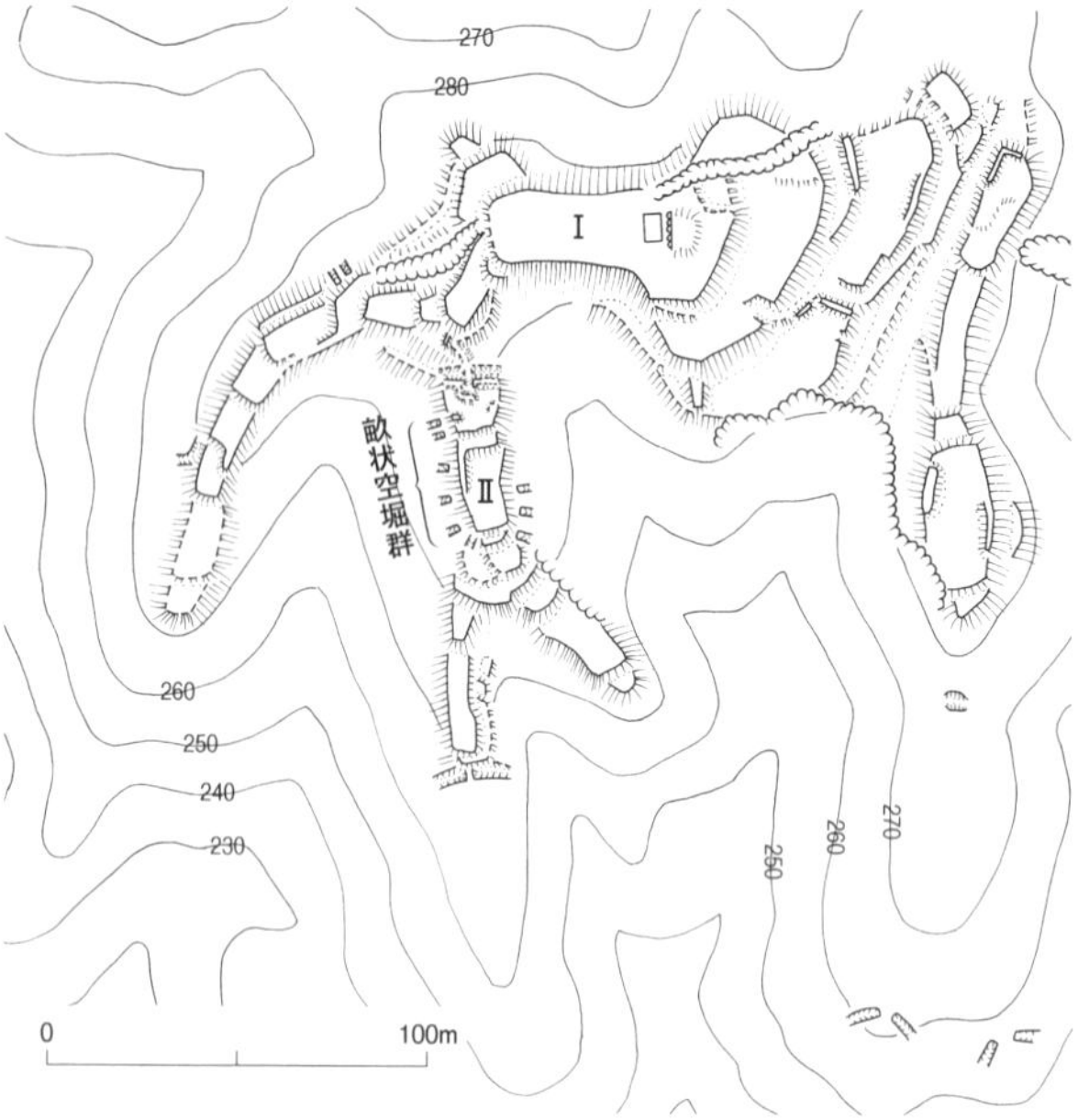

北白川城跡A群

た。ところが、この直後の戦いで、高国方は再び敗北した。以後、京都は柳本賢治が統治するが、その後も高国派に属する内藤彦七が、北白川城に陣取り、京都をうかがう状態が続いた。

この時「東山新城」が新規で築かれたといわれる。これは勝軍城の傍にあり、かつては応仁・文明の乱の際、武田氏が陣取った場所だったという。享禄四年（一五三一）段階は近江衆が新規で築き、数軒の小屋を構えていた。しかし、結果として旗色が悪くなったため、これらを燃やし、「山道」から没落した（『二水記』）。ここでわかることは、近接している城の遺構のうち、かつての戦争で築かれた遺構を当時の人々が覚えていた点である。また、城を引き上げて没落している際も「山道」を使っており、こうした尾根上の山道が、こうした京都攻防戦には重要な役割を果たしたと思われる。

その後、天文二年に、高国の座を継承した細川晴国が丹波

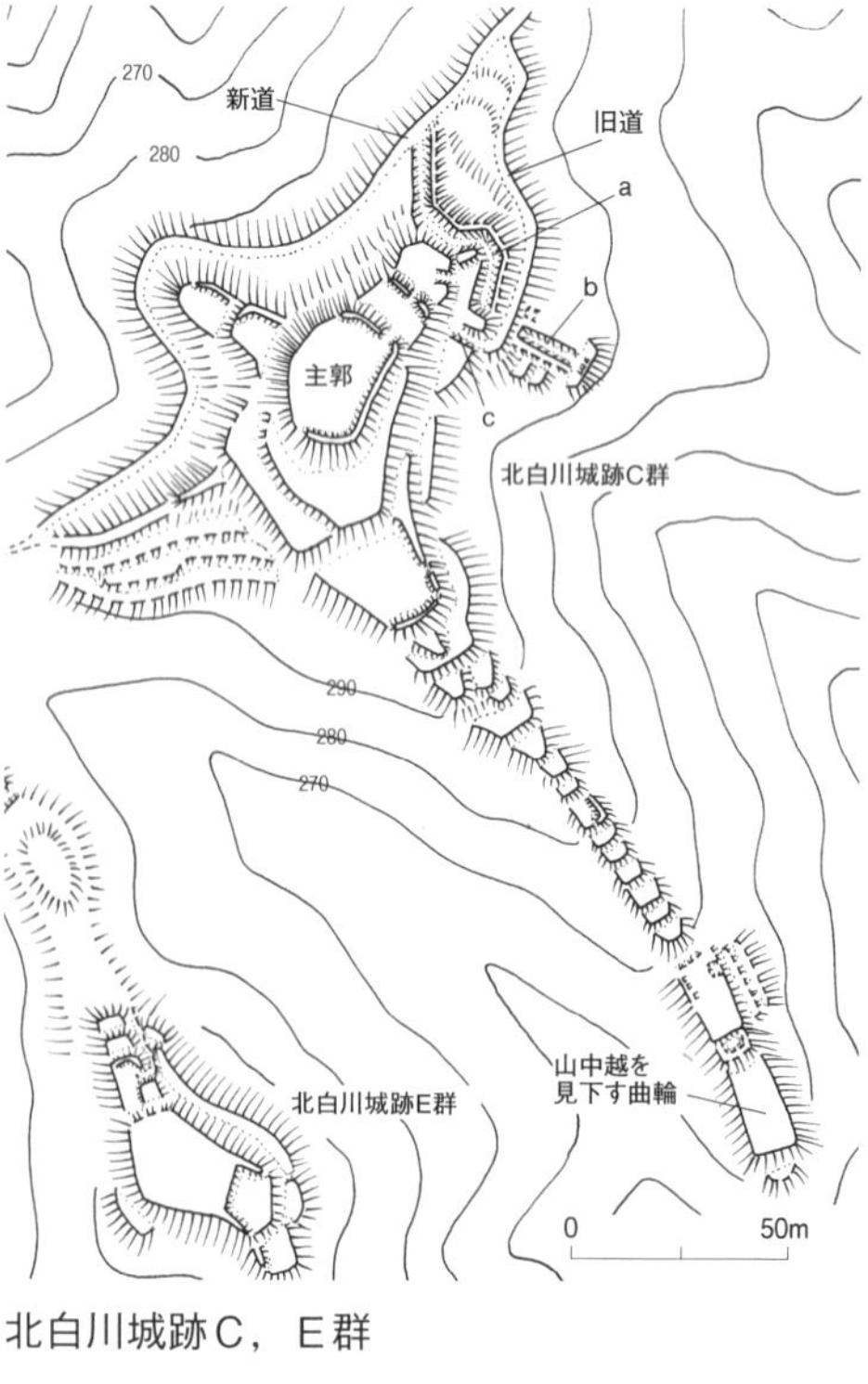

北白川城跡C，E群

から京都をうかがうと、今度は対する近江衆は勝軍城に陣取り、篝火を焚いたという。

【将軍の山城へ】 さて、晴元は高国派を破り、時の十二代将軍義晴と連携し始めた。しかし、以後も高国を継承した細川氏綱が河内・和泉で活動し、京都も緊張が走った。さらに、義晴も晴元と不和になる事態があり、政治的に複雑な状況が続いた。天文十五年十一月、十二代将軍義晴は「東山白川山上」に「御城」を構え、こうした軍事的緊張に対応しようとした。築城は、公権力たる将軍が本格的な山城を築くことになったことを意味する。この城は「勝軍之下之山」に築かれたという。この時、近隣の郷村では築城人夫と竹木の徴発が課せられ、現地では迷惑と認識されていた。山科七郷では「御城米」が徴発されたが、これらは一旦年貢が召し上げとなり、三分の一が「御城米」になったという（『厳助往年記《げんじょおうねんき》』）。

天文十八年、三好長慶が台頭し、主君晴元を江口合戦で撃破して、入洛を果たすようになった。この時、十三代将軍義輝は慈照寺背後の中尾城を新規築城し、これに対処しようとしたという。しかし、一方で北白川城も築いたようで、天文一九年四月「北白川城」には奉公衆三〇人が居住し、さらに御殿も四棟建っていたという（『言継卿記《ときつぐきょうき》』）。これは前述の中尾城のことを指す可能性もある。ただし、同年十月には義輝が「勝軍山」に陣取り、すでに北白川城が中尾城と同時並行で機能していた可能性がある。これに対して、三好方は義輝らを攻撃し、北白川城を破却した。

天文二十一年正月に三好長慶と将軍義輝、晴元は一時和睦を結び、義輝は無事入洛を果たした。しかし、晴元は丹波に籠り、長慶に対する抵抗を続けた。同二十二年になると義輝が再び晴元と結び、長慶との戦いとなった。永禄元年（一五五八）六月、入洛を目指す義輝・晴元の軍勢が陣取る風聞がたったため、三好方が気勢を制して「勝軍地蔵之山」に小屋懸けをした。すると義輝・晴元は如意岳城に陣取り、北白川城の三好方と対峙することになった。両軍は東山や賀茂川周辺で戦ったが、三好方が晴元方の隙を突き、如意岳城の晴元郡の雑兵や馬を分捕った。これに対して、義輝・晴元方は三好方が放棄した北白川城へ入っている。

この後、長慶と義輝の妥協がなり、以後両者は良好な関係にあったが、永禄四～五年、近江国六角義賢が河内国畠山高政と手を結び、義輝・長慶の京都を挟撃する事態となった。その際、六角義賢は「勝軍」に籠城し、京都を制圧した。

さて、長慶が死ぬと、三好権力も次第に分裂を遂げ始める。その間隙を突いた織田信長は、永禄十一年（一五六八）

京都府

九月、十五代将軍義昭を奉じて入洛を果たした。当初、この勝軍城も義昭の山城として機能していたようである。その後、上京に義昭御所が設置された。

ところが元亀元年（一五七〇）九月、越前の朝倉義景・近江北部の浅井長政による京都攻撃が始まった。この時、義昭の奉公衆は、比叡山に近い青山越えの朝倉・浅井軍と対決するため、勝軍城に陣取った。その中には明智光秀も入っていたという。この元亀元年九〜十二月の戦いを最後に、北白川城の歴史は幕を閉じた。

【北白川城の構造】　北白川城は瓜生山一帯の細かい尾根線に、大別して八つの城が築かれている。これらは、構造・規模・立地が比較的拮抗しており、個々が独立したような存在であった。このうちＡ〜Ｄは東西に連続し、青山越へ接続する山道でつながっていた。これに対してＥ〜Ｈは、南へ延びた尾根《おね》上にあり、南麓の山中越えを見下ろしていた。

Ａは瓜生山頂周辺の曲輪《くるわ》群で、山頂の奥之院周辺が主郭Ⅰである。この場所を中心に各尾根に沿って曲輪が続く。曲輪Ⅱには東西の側壁に畝状空堀《うねじょうからぼり》群が築かれている。また、曲輪Ⅲにも南北に延びる曲輪群があるが、これは間の鞍部を埋めて城域を広げている。全体として南側の尾根へ曲輪が続くが、北側の尾根は緩い尾根がありながら曲輪が広がらない。全体として虎口《こぐち》や土塁の発達は抑制的である。

これに対して、ＢやＣは、より局地戦に即した構造となっている。たとえばＢは小規模な平坦地によって形成された曲輪群であるが、東方向から山道から敵を想定し、逆Ｌ字状の土塁を構築していた。Ｃは、やはり北東の山道からの侵入に対して、尾根を断ち切る横堀ａと竪堀ｂを築いて、尾根上の山道を迂回させ、虎口ａから入城させるような構造にしている。この虎口ａの手前には横堀があり、侵入路に対して側射できる工夫が凝らされている。この場所は尾根上の山道が防御施設によって迂回を強いられており、道と遺構が噛み合った事例としても貴重である。なお、このＣからは南の尾根へ、小規模な曲輪群が階段状に続き、山中越えを見下ろせる地点まで城域を広げている。

一方、Ｄは、削平の度合も弱く、やや古い構築物である。さらにＥ・Ｆ・Ｇも部分的に土塁が見られるが、規模は限定的である。これに対して曲輪群Ｈは、削平された曲輪がまとまって残る遺構で、切岸や帯曲輪の発達も見られる。ただし、ここでも土塁や虎口の発達はみられない。ちなみにＨの眼下に山中越えの出入口たる北白川集落がある。

【各曲輪群の評価】　北白川城は、京都を防衛する側の拠点として、あるいは京都を攻撃する側の要として、使用された。

さらに足利将軍が取り立てた山城の一つでもあった。A～Hまで、山城が並立する構造を持っていたが、構造から時期差や時代相を見ることは、やや困難と思われる。同一時期に、A～H範囲ですべて使用した確証はなく、戦局に応じて、曲輪群の範囲を選択していたものと思われる。

戦国期でも、当遺構を分けて捉えようとしていたことは窺える。たとえば「勝軍之下之山」「勝軍之上之山」「東山新城旧武田城也」などの表現のように、広い城域を区分するような記述をしている。このうち注目されるのは天文十六年に足利義晴が築いた「勝軍之下之山」の城の時期に「北白川」の表現が頻出する点である。これを遺構に当てはめれば、曲輪群Hが、この「勝軍之下之山」に該当すると思われる。

一方、主郭である山頂部Aは規模を広げようとする意図が感じられる。またBやCに見られるように、山道からの侵入を想定した構造であることがあげられる。特にCは横堀・虎口・竪堀を効果的に配置し、北東尾根に対する強い警戒感がうかがえる。元亀元年に「勝軍城」の信長、義昭方は、北東尾根に陣取った朝倉・浅井連合軍と対峙していた。Cの横堀は、その時期の可能性がある。また、小曲輪が連なるCの南東尾根、あるいはEFGHは、南に続く山中越えを意識した存在である。一方、北斜面に眼を転じると、緩傾斜ながら北斜面には曲輪が広がらない。したがって、当遺構は尾根上の山道と、南麓の山中越えを強く意識した城郭遺構といえる。

【参考文献】村田修三「戦国期の城郭」（『国立歴史民俗博物館研究報告』八、一九八五）、中西裕樹「京都　勝軍山城・如意岳城の再検討」（『愛城研報告』四、一九九九）

（福島克彦）

●銀閣寺の裏山にそびえる将軍の城

中《なか》尾《お》城《じょう》

〔所在地〕京都市左京区浄土寺大山町
〔比　高〕一九〇メートル
〔分　類〕山城
〔年　代〕十六世紀中葉
〔城　主〕足利義晴・足利義藤
〔交通アクセス〕京都市バス「銀閣寺道」下車、登山道まで徒歩一五分

【銀閣寺の裏山に位置】　銀閣寺の背後の山に戦国期の城、中尾城があることは、あまり知られていない。訪城するには銀閣寺境内の北側に周りこみ、大文字川に沿った登山道に出る必要がある。直進すると送り火で有名な大文字山、如意岳《にょいがたけ》城に至るが、中尾城へは山道左側に石塁をみて、登山道北側の山に取り付かなければならない。なお、城の北側には、京と大津とを結ぶ山中越が通っている。

【館城と連郭式山城がセットの遺構】　城跡は、一般に中尾城を指すとされる連郭山城と、そこから北西に二五〇メートルほど離れた大山出城と仮称される館城とから構成される。

　山道を登り最初に到着するのは、大山出城である。ピークを外したところに曲輪《くるわ》を設け、三方を土塁《どるい》で囲む構造となっている。ところどころに石積みが観察でき、『万松院穴太記』で記される、堀切と「壁」の間に「鉄砲用心」のため「石」を入れたという記述と合致するところとして注目される。

　大山出城を離れ南東方向に登っていくと、中尾城主郭北に位置する土塁を設ける曲輪に到着する。そこから山頂に向かうと、見事な土塁があり、主郭に至る。土塁の南側の曲輪は主郭よりも一段低くなっている。この曲輪から主郭への虎口は明確ではないが、南方向からこの土塁の西側に迂回して主郭に入るルートが想定される。土塁南側の曲輪の先には、堀切と土橋が設けられ、張り出した曲輪先端からは、高低差が設けられ、防御制が高められている。山頂周辺には木々が茂っているが、主郭から東部に派生する尾根の堀切周辺は眺

望が開け、京都盆地一帯を眼下に収めることができる。

【将軍義晴・義藤の城】　中尾城は、天文十九年（一五五〇）二月十五日に、将軍足利義藤《よしふじ》・前将軍義晴父子により築かれたものである（『厳助往年記』）。前年に三好長慶が細川晴元に叛旗を翻したことにより細川晴元政権は崩壊、晴元に擁立されていた義晴・義藤父子は近江坂本に没落していた（義晴は同年五月没）。中尾城は父子にとって、京都奪還のための足がかりであった。

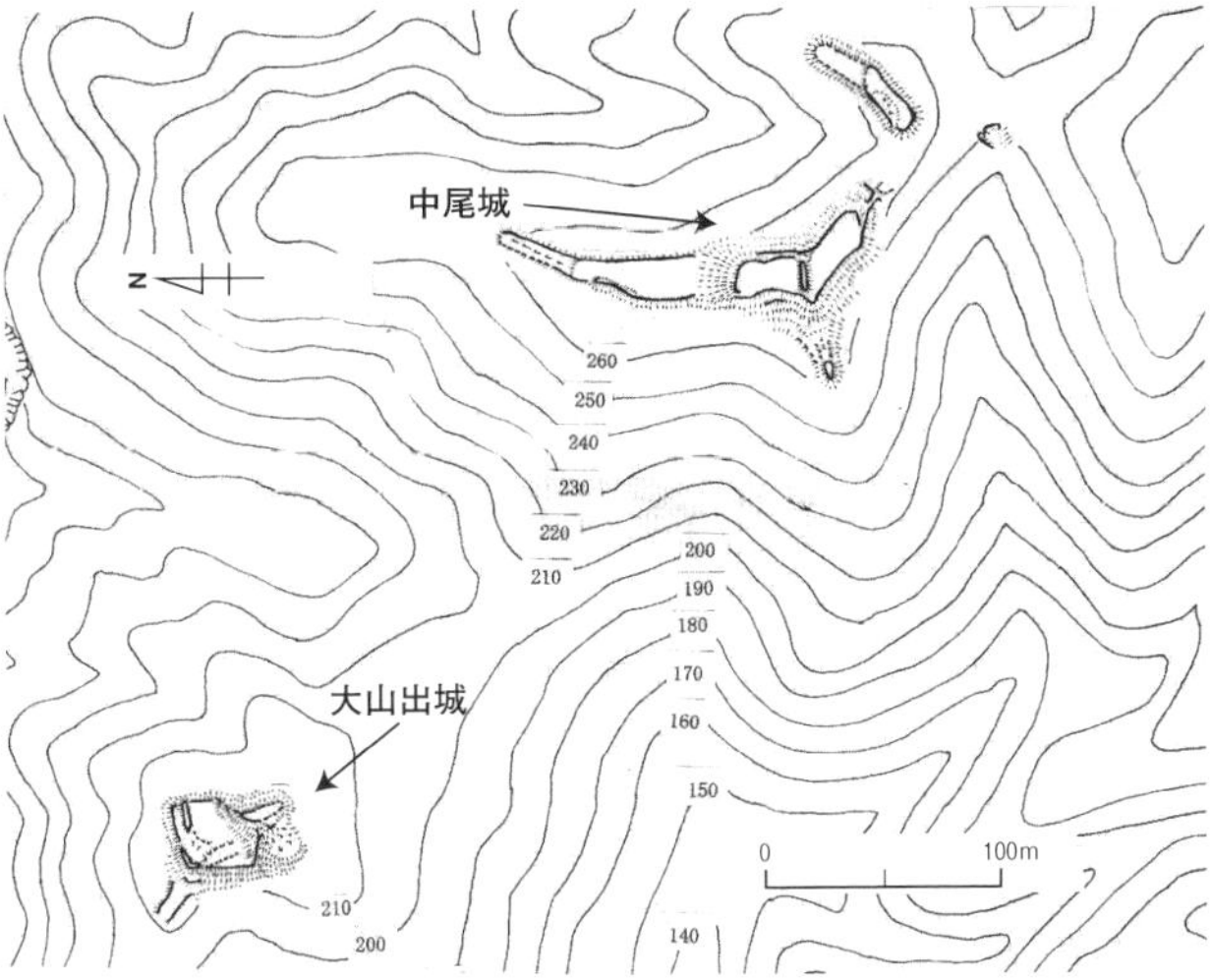

中尾城縄張

中尾城主郭

山中越の京都からの入口に位置する当所への築城は、近江国との連絡（進撃路あるいは退路）を重視したものと思われる。しかし、同年七月から三好長慶勢の攻勢が始まった。義藤は、六角義賢《よしかた》勢と細川晴元勢の援護を得て奮戦したが、ついに十一月中尾城にみずから火をかけ、近江堅田へ退却することとなった。三好勢が入洛した際に、徹底的に中尾城を破壊しているのが、本城の性質を象徴するものとして興味深い（『言継卿記』天文十九年十一月二十一日、二十三日条）。

【参考文献】今谷明『戦国時代の貴族—『言継卿記』が描く京都—』（講談社学術文庫、二〇〇二）、池田誠「将軍・足利義晴の中尾城を再検討する」（『中世城郭研究』三、一九八九）、福島克彦「洛中洛外の城館と集落—城郭研究と首都論—」（『中世都市研究』一二、二〇〇六）

（笹木康平）

如《にょ》意《いが》岳《だけ》城《じょう》

●京都近郊屈指の規模の横堀をめぐらせる山城

〈所在地〉京都市左京区鹿ヶ谷菖蒲谷町
〈比　高〉三六〇メートル
〈分　類〉山城
〈年　代〉十五世紀末
〈城　主〉多賀高忠・武田信賢・三好之長・細川高国・足利義輝など
〈交通アクセス〉市バス「銀閣寺道」下車、登山道まで徒歩一五分

【如意越えに位置する城】 送り火で有名な大文字山には、京都の鹿ヶ谷と大津の三井寺とを結ぶ如意越えが通る。現在もハイカーが多いが、標高四六五メートルの山頂一帯に南北約三〇〇メートル、東西約四五〇メートルにわたり大城郭が展開していることは、あまり知られていない。京都方面からは、銀閣寺境内北側を流れる大文字川沿いの登山道を通るのがよい。

【横堀がめぐる大城郭】 現在ハイカーたちの休憩スポットとなっている山頂付近が主郭である。主郭の北側斜面には雛段《ひなだん》状に平坦面が展開し、その先には土塁と横堀を配する。横堀は主郭東側に周りこみ、主郭東の虎口《こぐち》につながる。その先の南側斜面で縦堀となる。途中、横矢掛《よこやがか》りが観察される入念な造りとなっており、横矢の先で横堀が三方向に分岐しているところは見どころである。さらに主郭東部の曲輪にも、主郭から続く横堀が巡る。東側の防御の箇所は最も厳重であり、三重の堀切が施されている。

総じて曲輪内の削平は不十分だが、陣城の駐屯地としては十分機能すると思われる。また、横堀により城域全体に明確な防御ラインが設定され、城域の広さのみならず、横堀の発達という観点からも、京都近郊屈指の山城としてかなり突出した存在である。

【戦国期を通じて諸勢力が使用した城】 如意岳城には、応仁・文明の乱以来、戦国期を通じて諸勢力が陣取っている。文明元年（一四六九）五月には、近江へ降る途中多賀高忠が

陣取っている（『応仁別記』）。また、翌九月十三日には武田信賢以下の軍勢が、京都と分国若狭との連絡確保を意図して陣取った（『山科家礼記』）。文明三年七月二十一日には武田氏は自ら火をかけている（『大乗院寺社雑事記』）。

その後も永正十七年（一五二〇）五月三日には、細川澄元の攻勢により京都を追われ近江に退避していた細川高国が、京都へ進出する際に当所に陣取っている（『後法成寺関白記』）。永禄元年（一五五八）六月八日には、足利義輝が使用している（『惟房公記』）。

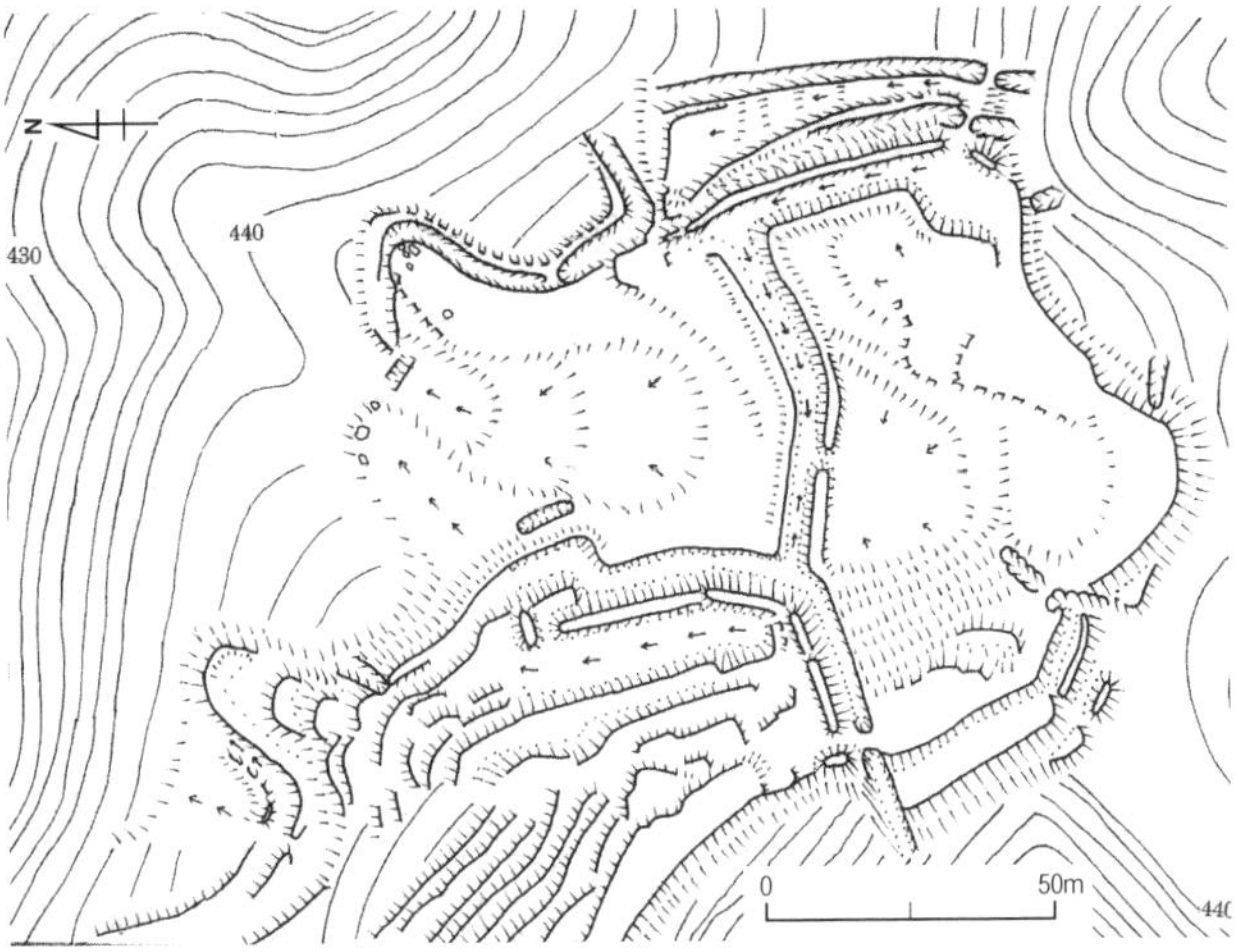

如意岳城縄張図

如意岳城山頂付近

このように如意岳城は恒常的には使用されず、あくまで戦時に陣城として用いられた。また、右にあげた以外に史料上直接記載がなくとも、東山一帯で戦闘が起きた際に、如意岳城が使用された可能性もある。

では現在の遺構は、どの段階に構築されたものだろうか。東山一帯は信長上洛後も戦闘が行われているため、織豊系城郭として改修されている可能性があるが、遺構からは織豊系城郭の陣城の特徴は見出し難く、現状では織豊期より前の永禄前半の遺構を遺しているものと考えておきたい。

【参考文献】中西裕樹「京都勝軍山城・如意カ岳城の再検討」（『愛城研報告』四、一九九九）

（笹木康平）

●知られざる将軍の山城

霊《りょう》山《ぜん》城《じょう》

〔所在地〕京都市東山区清閑寺霊山町
〔比　高〕七〇メートル
〔分　類〕山城
〔年　代〕十六世紀中葉
〔城　主〕足利義藤
〔交通アクセス〕京都市バス「東山安井」下車、徒歩一〇分

【東山霊山山頂に位置する城】　護国神社の鳥居をくぐり、霊山歴史館の前を通り過ぎると、正法寺をみることができる。その裏にそびえる東山三六峰の一つ、標高一七七メートルの霊山山頂に霊山城がある。霊山は山頂より南方へなだらかな尾根が展開しており、尾根の先には谷をはさんで清水寺境内が広がっている。なお「維新の道」（霊山官修墳墓）からの登山道は、現在通行止めになっているので、注意が必要である。

【城の構造】　霊山山頂の主郭は、約一五メートル四方のものである。その主郭の東側には、二本連続して堀切が配され、当城一の見どころとなっている。主郭東端からの高低差と相俟って、防御性が高められており、清水山方面から尾根伝いとなっているところを、遮断する意図がうかがえる。

主郭の南方には、尾根《おね》伝いに多数の小規模な曲輪《くるわ》を配する。それが途切れたかと思うと、尾根沿いに南北約一〇〇メートルに及び削平が不十分な曲輪が確認される。

【知られざる将軍の城】　この城は、天文二十一年（一五五二）十一月に将軍足利義藤《よしふじ》により築かれた（『厳助往年記《げんじょおうねんき》』）。義藤は中尾城落城以来、近江に没落していたが、三好長慶と細川晴元の和睦により、翌正月二十三日に入洛を果たす。和睦も束の間に、晴元は若狭・丹波方面に潜伏し反三好の行動を開始した。一方の義藤は、父義晴の代から在京し将軍を支えてきた晴元と、再び連携をとり始める。霊山城築城はこうしたなかでなされた。

同八月に三好長慶が大軍を率いて上洛すると、義藤は霊山城での籠城を避け自身は船岡山へ陣を移し、霊山城には配下のものを入れた。丹波にいた晴元との連携を考えてのことだろう。義藤・晴元は北山周辺で威嚇行動をとっていたが、多勢に無勢で霊山城は落城し、両者は丹波へと没落することとなった（『厳助往年記』）。

戦国期の京都では、武家勢力による山城の築城は遅れた。なかでも将軍権力によるものは、天文年間（一五三二〜五五）を待たなければならない。義晴による勝軍山城修築はその端緒であり、将軍が京都を追われることが多くなってからの中尾城、そして霊山城の築城である。霊山城は中尾城と同様、結果として築城してすぐ落城してしまったためかあまり認知されてはいない。しかし将軍権力により築城された城として、より評価されるものであろう。

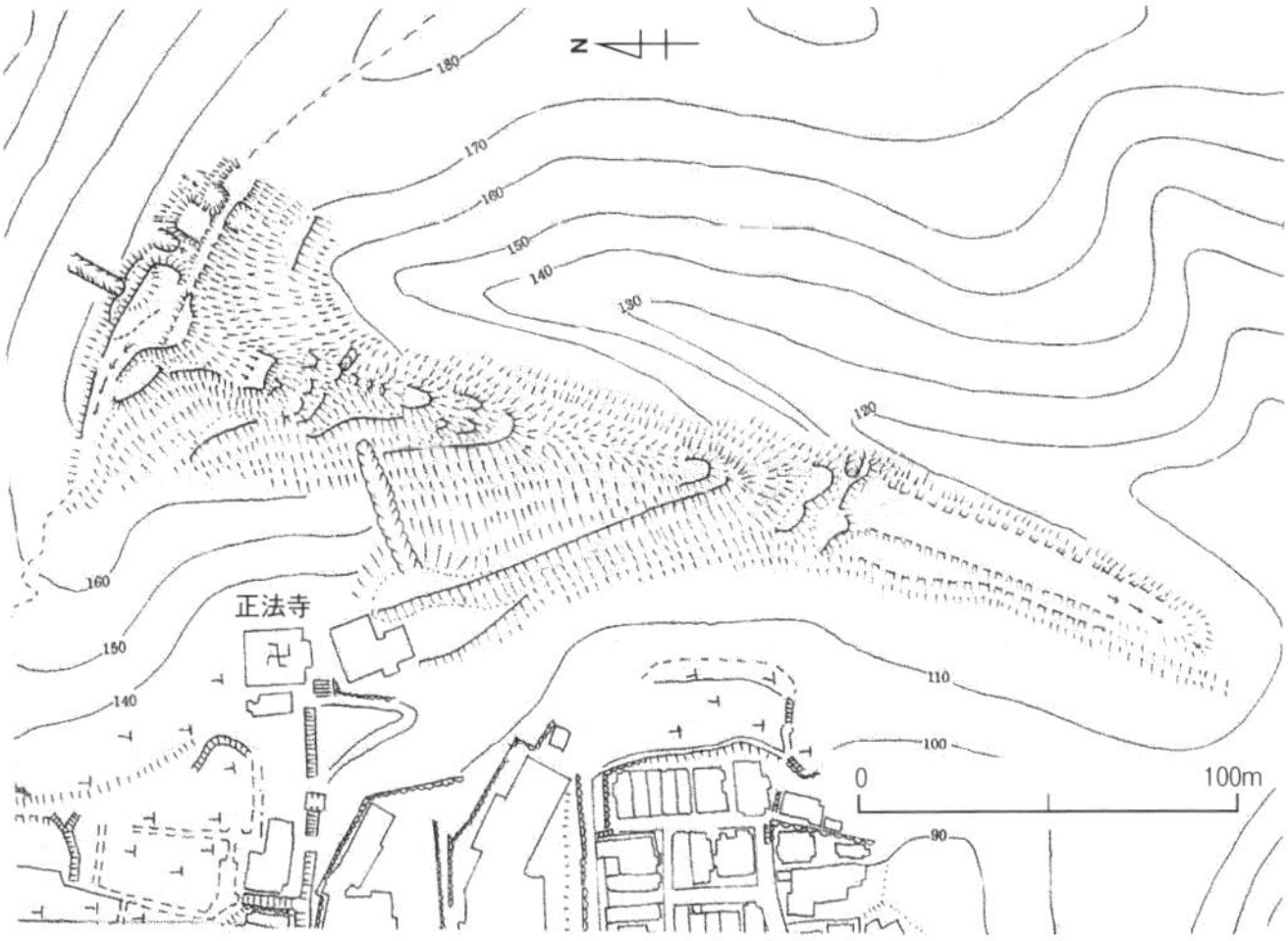

霊山城縄張図

霊山城主郭から西を望む

【参考文献】今谷明『戦国時代の貴族—『言継卿記』が描く京都—』（講談社学術文庫、二〇〇二）、福島克彦「洛中洛外の城館と集落—城郭研究と首都論—」（『中世都市研究』一二、二〇〇六）

（笹木康平）

京都府

●乙訓を臨む要衝に築城！

峰《みね》ケ《が》堂《どう》城《じょう》

〔所在地〕京都市西京区山田
〔比　高〕四五メートル
〔分　類〕山城
〔年　代〕――
〔城　主〕――
〔交通アクセス〕阪急嵐山線「桂駅」下車後、京阪京都交通バス「東桂坂」下車、北へ徒歩一五分

【城の位置】　小畑川の上流域、桂川右岸の丘陵上に築かれた城館跡である。亀岡盆地から京都に入る山陰道を見下ろす要衝に位置し、城館跡からは沓掛《くつかけ》から乙訓《おとくに》方面を一望できる。

戦国時代には、亀岡盆地から京の都へ入る主要な道の一つ「唐櫃《からと》越え」があり、当城館跡は、ほぼそのルート上にも占地する。現在は、南西側一帯に丘陵を大規模に宅地造成した桂坂ニュータウンが広がっている。城館跡は住宅地の北側に隣接しており、宅地内道路から東側に続く整備された山道から入ることができる。城館跡は丘陵頂部から谷を挟んで周辺の尾根《おね》上に広がっている。これらは大きく四ヵ所の曲輪《くるわ》群に分けられる。なお、城域の北側には唐櫃越えの山道がはしる。

【城の構造】　1郭は電波塔のある丘陵頂部の最高所に位置する。中央に櫓台《やぐらだい》状の高まりがあり、西側には帯曲輪がめぐる。堀切を挟んで北側に2郭が取り付く。南側には3郭が付き、浅い堀切を挟んで不整長方形のⅣ郭がつづく。3・4郭のいずれも西側が崩落により削られている。2郭から尾根を下ると東西約六〇メートルに広がる6郭に至る。この郭は中央に約二～三メートル規模の方形の高まりをもち、周囲は浅い溝が三方にめぐる。この6郭の東側に帯曲輪と7～8郭が続く。これらの曲輪群の北側に、谷を挟んで9・10郭が位置する。

9郭は北側に三メートル超の大規模な土塁をもち、東西六〇メートル以上の平坦地が広がる。9郭の西から北側には唐

櫃越えの山道が走るため、このルートを抑える上では重要な曲輪である。９郭は北西隅から東側にかけて土塁がL字状に巡り、東側の10郭に面する部分では二重になる。９郭の西側は現在では土塁終端部分から南北に尾根が切岸によって区画され、それより上部では緩やかに西から東へと傾斜し、西側では尾根続きへと接続する。本来は、堀切や土塁などの城館遺構が存在していた可能性があるが、現状では広場として利用されており、改変が著しく旧状はわからない。東側に10郭が取り付き、その下にも二段ほど曲輪が続く。10郭は、北西端から中央部にかけて土塁が巡る。この土塁は、９郭の土塁より高く、また９郭の塁線よりも北へ突出する。11郭は８郭から谷を挟んで東側に位置し、六〇メートル弱の長方形を呈する。南西と北東の両短辺部分に曲輪を東西に横断する土塁をもつ。続く北東側の尾根筋には、12郭の平坦面が続くほか小規模な曲輪が二つ、階段状に取り付く。

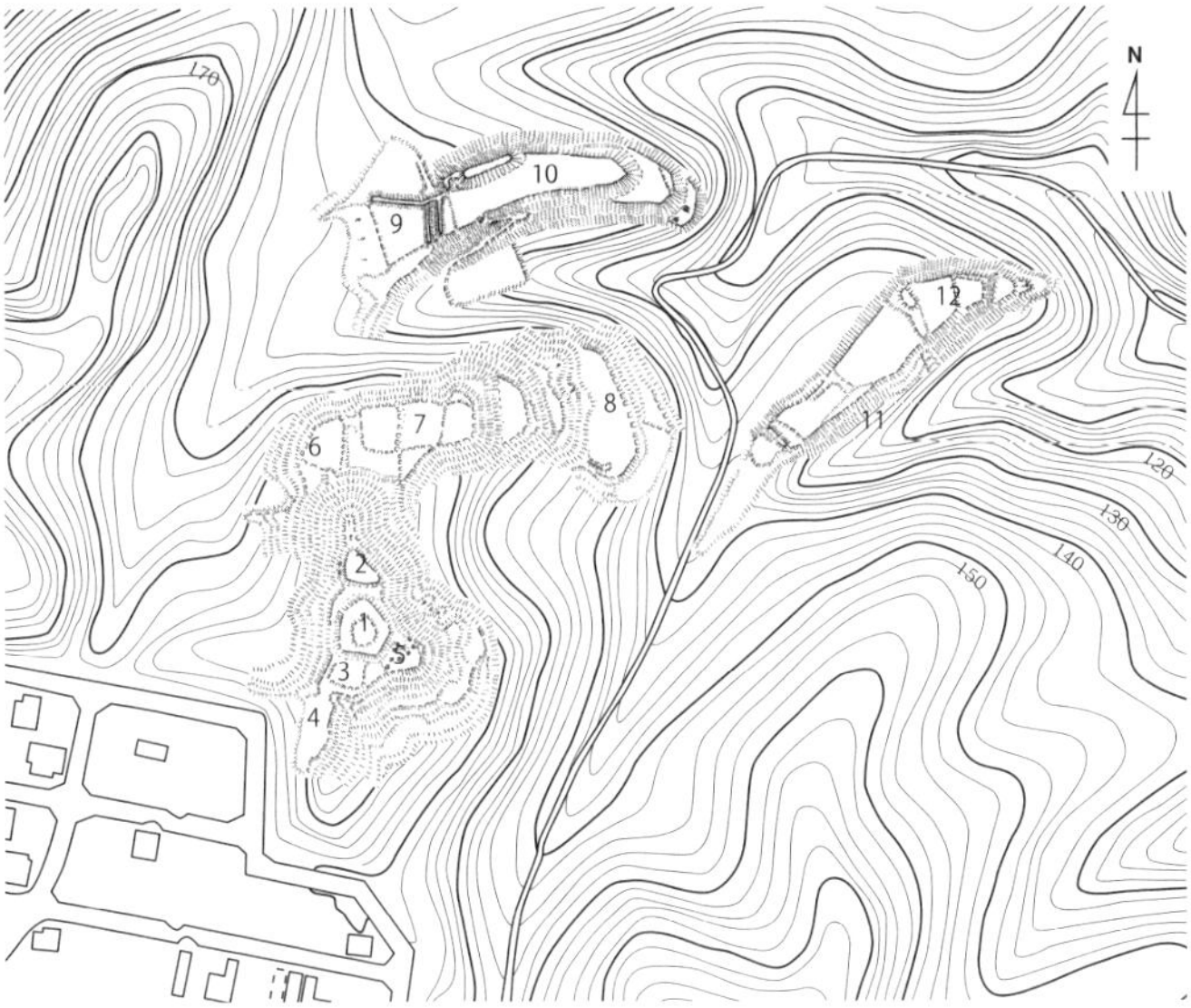

峰ヶ堂城縄張図

櫓台状の高まりがある１郭は、相当見通しのよい地点であり、鎌倉時代から戦国時代まで、たえず京の都をめぐる戦いの戦略的要衝であっただけに、その重要性は大きい。一方、この城で最大の土塁がある９郭は、西側上部の様相がわからないものの、唐櫃越えに近接し、土塁を設けることから、街道に対しての監視といった機能も想定することができる。また、６・８・９・11郭の平坦地は、城館跡以前に創建していた山岳寺院の伽藍建物の規模を想像するに十分な広さである。

【参考文献】京都府教育委員会編『京都府中世城館跡調査報告書』三　山城編１（二〇一四）

（永恵裕和）

聚《じゅ》楽《らく》第《だい(てい)》

●行幸を迎えた豊臣政権の確立の舞台

〔所在地〕京都市上京区須浜池町ほか
〔比　高〕不明
〔分　類〕平城
〔年　代〕天正十四年（一五八六）～文禄四年（一五九五）
〔城　主〕豊臣秀吉・豊臣秀次
〔交通アクセス〕市バス「大宮中立売」下車すぐ、または市営地下鉄「今出川駅」下車、南西へ徒歩約一・三キロ

【天下人の城】　聚楽第は、関白となった豊臣秀吉がその政庁・公邸として築いた城である。天正十九年（一五九一）に甥の秀次に関白位とともに譲られたが、秀次事件後に破却されたために、現地に残された明確な遺構はわずかである。

【内　郭】　幻の城といわれた聚楽第の位置と規模を解明するきっかけとなる発掘調査が行われたのが、大宮中立売交差点南西角に建つ京都西陣ハローワークの地点である。平成三年度の発掘調査で本丸東堀が発見され、堀を埋めた土から大量の金箔瓦が発見された。聚楽第の確実な遺構が発見された最初の事例であり、この地点を定点として聚楽第の復元研究が進展した。ハローワークの北向かい側には「聚楽第址／此付近　大内裏及聚楽第東濠跡」の石碑が建てられている。

ハローワークの建物の西端から大宮通を挟んで東側に建ち並ぶ民家の裏側までが東堀の範囲と推定されるが、その幅は約四〇メートルで、『兼見卿記《かねみきょうき》』（天正十四年二月二十四日条）に記載された「堀幅口廿間」と一致する。

中立売通を西に約二五〇メートル進むと、正親《せいしん》小学校の北側に「此付近　聚楽第址」の石碑と「この付近　聚楽第本丸西濠跡」の駒札が建てられている。裏門通から西側が本丸西堀の推定地であるが、現地形には堀の痕跡は残っていない。なお、この北東側にある本丸の北西隅に天守が建てられていたと考えられる。

平成二十四年（二〇一二）に本丸南堀の石垣が発見された地点は、智恵光院通と上長者町通の交差点の南東にある京都

府警本部西陣待機宿舎の南端である。この南にある辰巳児童公園の大半が本丸南堀にあたる。東西方向に延長約三二メートルにわたって発見された石垣は、大きなものでは長さ一・五メートルもある花崗岩《かこうがん》を主体とした自然石を、面が横長になるように積み上げたもので、本丸の中心に近い東側ほど大きな石材が使われていた。この石垣は建物の下に埋められてしまったが、将来、辰巳児童公園内の南堀を掘り下げて石垣の公開施設が設けられることを希望したい。

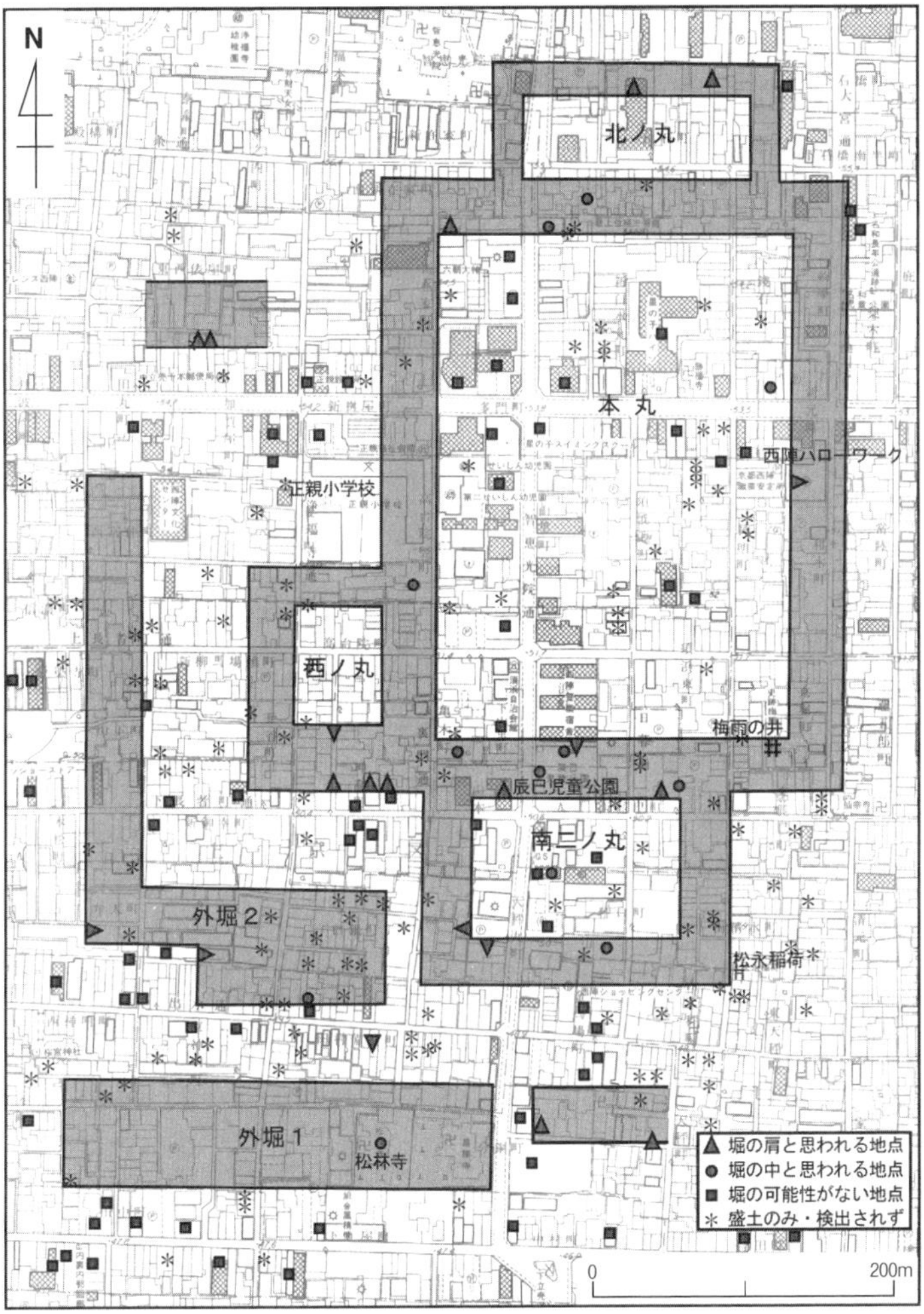

聚楽第遺構配置図

辰巳児童公園の南の下長者町通を東に進み、松屋町通を北に進み、最初の路地を東に入ってさらに北に折れたところに「梅《つ》雨《ゆ》の井」がある。昔から聚楽第の遺構として有名ではあるが、史料に現れるのは江戸時代になってからで、復元案では本丸南堀の中に位置する。この付近には「梅雨の井」のほかにも梅雨時に自噴する井戸が複数あったとされるが、埋められて地下水脈となった東堀を流れてきた地下水が、南東隅部で堰き止められて水位が上昇するために自噴したものと推定される。

下長者町通に戻って松屋町通

を南に約九〇メートル進むと松屋町通がわずかに屈曲している。この屈曲点の東にある松永稲荷社前に、「聚楽城　鵲《かささぎ》橋《ばし》乃旧蹟」の石碑が建っている。鵲橋は同時代の史料には見えないが、「南二ノ丸」の南東隅付近に架かっていた橋の伝承が伝えられているものと考えられる。ここから北西側が「南二ノ丸」と推定される。

「西ノ丸」は上長者町通の高台院町付近に想定される。この南の坤高町は聚楽第本丸の南西に位置することに由来する町名と考えられるが、坤高町の下長者町に面した民家の北側は、大正頃にはまだかなりの低地が残っていたようで、「西ノ丸」南堀の痕跡と考えられる。

一条通から北側を見ると、約七〇メートルを隔てて一条通と平行して続いている高さ三メートルほどの段差が、路地や建物の隙間から垣間見える。この東西に一〇〇メートル余り続く直線的な段差が「北ノ丸」北堀の北限と考えられる。段差から南約二〇メートル付近では、北面する石垣などが数ヵ所で発見されていて、段差と発見された石垣との間が「北ノ丸」北堀にあたる。前述の段差は、現状では智恵光院通の東側で途切れているが、本来は智恵光院通を超えて西側に続いていたものと推定される。

なお、「北ノ丸」は、『鹿苑日録』に「北方御新殿」とあるのをはじめ、文禄二年八月以降の史料に現れることから秀次の時代になってから付加されたもので、秀吉の築城時に「北ノ丸」は存在しなかったと考えられている。

【聚楽第の選地と築城の目的】　秀吉築城時の聚楽第は、一条大宮を北東隅としていたことになるが、一条大宮は平安京大内裏の北東隅でもある。このことは、聚楽第築城が、『多聞院日記』（天正十四年二月二十七日条）に「去廿一日ヨリ内野御構普請」、『兼見卿記』（同年二月二十四日条）には「内野普請在之」、『顕如上人貝塚御座所日記』（同年三月二日条）には「京都内野辺ニ関白殿ノ御殿タテラレルベキニ付而」と記されるように、かつて天皇の宮殿があった「内野」を意識して聚楽第が造営されたことを明確に示している。

「内野」に後陽成天皇の行幸を迎え、豊臣政権の成立を天下に宣言するための舞台として築かれたのが聚楽第である。

内郭に当時の遺構の痕跡がほとんど残されていないのは、築城時に堀を掘って得られた土を盛土整地や建物基壇の造成などに使用し、破却時にはこれらの土で堀を埋め戻したことによると思われる。このことは、ハローワークの調査で発見された東堀を埋めた土が本丸のある西側から東に向かって下がる傾斜で堆積していたことや、西陣待機宿舎の調査で本丸内部に聚楽第の時期の遺構面は残らずに、室町時代後期のゴミ捨て穴などが残っていたことなどから判明する。ジアン＝クラセが『日本西教史』に「一宇も残さず、基礎にいたるまで悉く毀たしめ」と記したのは、まさにこの様子であった。

【外　郭】　一方、これらの周囲には外郭の堀の痕跡と考えられる地形が比較的よく残っている。「南二ノ丸」の南西に位置する松林寺の門前から階段を降りた一段低いところに庫《く》裏《り》が建ち、さらに一段低いところが墓地になっていて、墓地の南の敷地は石垣を隔てて高くなっている。庫裏の建て替えの際に行われた発掘調査では湿地性の堆積物はみつからなかったので、一番低い墓地の部分だけが水堀になっていたのかもしれない。この堀は千本通のやや東側から東に直線的に続き、智恵光院通付近で途切れた後、幅を減じてさらに東に続くと推定される。

聚楽第跡石碑

　このほか、「西ノ丸」の外側を取り囲む外堀が想定される。松林寺から出水通を挟んで北側の白銀町は、幕末の『豊公築所聚楽城跡形勝』に「此堀跡今猶存セリ、寛政、享和ノ頃迄ハ此所水アリ石橋六本計リ有リシヲ覚ユ今如何ニセシヤ惜シムベシ」と注記されたところで、発掘調査を行なっても遺構面は検出されない。この堀は屈曲して土屋町通の東を北に延びるが、中立売通の手前で終わるか東に折れると推定される。土屋町通は中立売通の南側で急坂になっており、その東側には南面する石垣を伴う段差が今も残っている。

　さらに、この北側の中立売千本郵便局の裏側一帯は今も周辺より土地が低く東西方向の堀が推定される。

　幻の城といわれた聚楽第であるが、発掘調査の成果を踏まえて注意深く歩くと処々にその痕跡を見つけることができる。

（森島康雄）

【参考文献】日本史研究会編『豊臣秀吉と京都—聚楽第・御土居と伏見城—』（文理閣、二〇〇一）

●日本一の惣構（都市城壁）

御《お》土《ど》居《い》

〔所在地〕京都市北区・上京区・中京区・下京区・南区
〔比　高〕四メートル
〔分　類〕平城（惣構）
〔年　代〕十六世紀末
〔城　主〕豊臣秀吉
〔交通アクセス〕ＪＲ「京都駅」、京都市営地下鉄烏丸線・阪急電鉄京都線などの各駅、京都市バスなどの各停留所

【豊臣秀吉の京都改造と御土居】　天正十年（一五八二）に織田信長のあとをついで天下人としての歩みをはじめた羽柴（豊臣）秀吉は数年後、信長がほとんど手をつけることができなかった京都の都市改造に乗り出した。

秀吉の京都改造は、①聚楽第《じゅらくだい(てい)》と武家屋敷街、城下町の築造、②公家邸・寺院の公家町・寺町への移動・集中、③平安京の条坊グリッドの真ん中に南北道路を貫通させること（天正地割）などからなる。こうした一連の改造によって、武家中心の首都構造の確立、公武統一や宗教勢力圧服の実現、都市民衆を天皇・公家や寺院から引き離すことなどを達成し、また京都経済の一層の活性化をもくろんだ。

御土居もこれら京都改造政策の一つとして天正十九年に築造された。同年一月から工事が始まり、諸国の大名が動員されて、その家臣らが実際に工事に従事したようである。早くも三月ころにはほぼ完成したらしく、秀吉が三月六日に北野神社近くの御土居の視察に訪れている（『北野社家日記』）。

完成した御土居は、加茂川中学（京都市北区紫竹《しちく》）のあたりを北端とする。東側のラインは、鴨川（賀茂川）西岸を南下し、三条通・四条通を越え、八条通付近で西へ折れ、京都駅のあたりを通って東寺《とうじ》（京都市南区九条）にいたる。一方、御土居の北辺は、加茂川中学から西南西に延びる。低位段丘を東西に横断し、北側に堀を設けている。鷹峯《たかがみね》付近で南に方向を変え、紙屋川沿いに南下して北野神社付近にいたる。この区間は紙屋川が形成した河岸段丘の高低差を利用してお

り、地形に沿ってかなり屈曲する。これらの部分を除くと、御土居は東側も西側も大半は平地部を通っているため直線的になっている。北野神社の南の北野中学校（京都市中京区大将軍）付近では、御土居は西へ二〇〇メートル以上出っ張るかたちになっている。この部分を御土居の「袖」と呼ぶが、どうしてこの部分だけ飛び出しているのか、確かな説明はなされていない。その後、紙屋川（天神川）と分かれてさらに南下をつづけ、四条通を越えたあたりでいったん東へ折れ、再度南下し、東寺の南側にいたる。御土居で囲まれた範囲は東西約三・四キロ、南北約八・五キロで、御土居の総延長は約二二・五キロにおよぶ。都市を囲繞する人工構造物として日本一の規模である。

【築造の目的】　では、秀吉は何のために御土居を築造したのであろうか。その理由は、同時代からさまざまに語られてきた。①京都の市中で犯罪をおこした犯罪者を逃がさないため。②京都を防衛するための都市城壁（惣構《そうがまえ》）。とりわけ築造当時、東から攻めてくる可能性があった徳川家康軍を阻むため、鴨川、御土居、寺町による防衛ラインを京都の東側に構築した。③鴨川沿いの御土居は、洪水から京都の町を守るためで、御土居の内側に寺院が立地したのも、寺院は比較的堅牢な建物によって構成されるので洪水に強いから。④戦国時代の京都において都市共同体が中心になって構築していた上京・下京の惣構を圧倒的規模で克服する都市城壁として築かれたもので、秀吉の権威を示す。京都を攻撃する外敵の侵入を防ぐことを前提に、都市民衆に上から「平和」を保障し、それを梃子に支配を貫徹することを意図した装置。⑤いまだ法制的に不分明であった洛中と洛外を、視覚的・物理的に区分するための装置。御土居に近接してキリシタンの居住地や、近世の被差別部落が立地した。近世初期のキリシタンの多くは低階層の人びとであったと推定されることから、御土居が設けられた場所が、都市京都の周縁部に位置したことを示すなど。これらの説明が主なものであろう。

御土居は、北野社・東寺・大徳寺などを囲い込んだ。これらは戦国時代、鴨川西岸においては洛外の主要な寺社であり、それぞれの門前町は都市としての一定の機能を果たしていた。しかし、御土居で囲繞された範囲のうち、その段階までに都市化していた面積は全体の五分の一程度ではないかと推定される。つまり御土居は、当該期の京都の町をあまりにも大きく囲ったのである。とりわけ北西部においてはそうした傾向は顕著で、上京の町並みから鷹峯の御土居の北西端までは二キロ近くも離れていた。こうした広がり方を見た時、都市城壁として御土居を評価してよいのかどうか、疑問も生

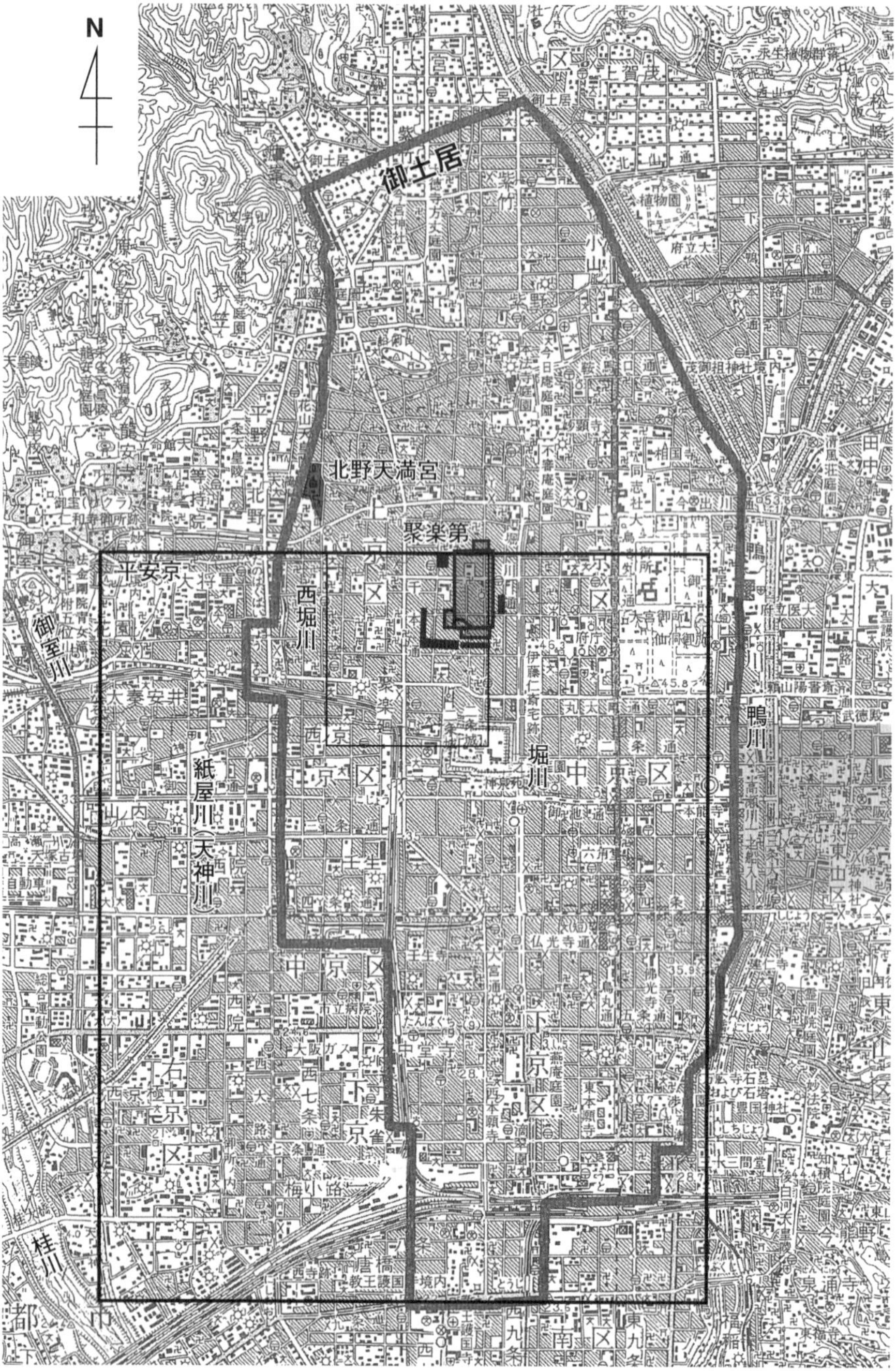

御土居の広がり（古代平安京との比較）
（京都市埋蔵文化財研究所編『平安京跡・御土居跡』2007年掲載図に加筆）

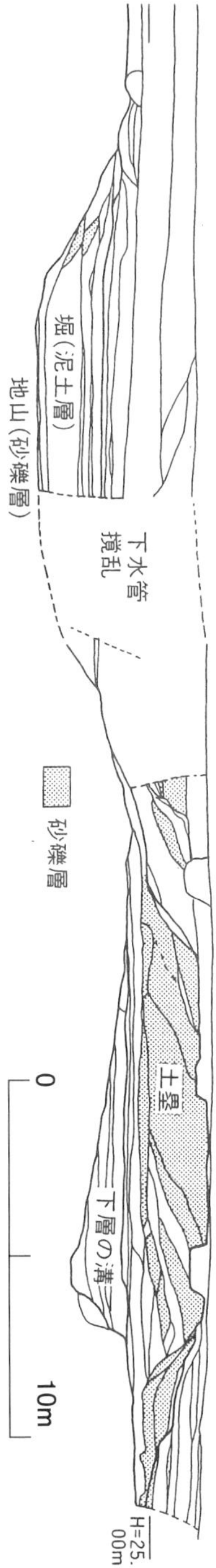

御土居の堀と土塁の断面図（作図：丸川義広，京都市下京区中央卸売市場における発掘調査成果，1982年度．日本史研究会編『豊臣秀吉と京都』文理閣，2001年より）

じるのである。

【御土居の構造と変容】　御土居は、それぞれの部分によって土塁《どるい》の高さ・幅、堀の深さ・幅にかなりの差があり、決して均質ではなかった。

発掘調査や現存の御土居などから知られている限り、土塁の高さは約三〜四メートル、基底部の幅は九〜三〇メートルあった。土塁を構築する際、堀に近い側から盛りはじめるのではなく、堀から遠い地点に小山を築き、そこを起点に順次土を積み上げてゆく工法を採用している。これは通常の土塁の築造方法とは異なることから、工事人夫の動員方法に何らかの原因があると考えられている。石垣はともなわない。築造時から御土居の上には竹が植えられていた（ルイス・フロイス『日本史』）。これは土塁の崩壊を防ぐ目的であったと考えられるが、数年経つとこの竹が資材として活用されはじめた。

堀は、深さ約二〜四メートル、幅三〜二〇メートルで、平地部では水堀が基本であった。堀障子《ほりしょうじ》のような施設も発見されているが、これが軍事的な構造物か、工事の工程によって生じたものかは不明である。御土居の西側北部の紙屋川沿いなどでは、自然地形の段差も利用しているため、実際の比高差はより大きくなる。

十七世紀の初めになると、御土居の遮蔽性が問題になりはじめた。はじめ御土居には十ヵ所しか出入口がなかった（『三藐院記』）らしいが、とりわけ人口が密集して都市化の進展がはげしい、上京・下京の鴨川寄りでは御土居を崩して、道を通したり、畑や町屋に改変してしまったりする事例が急激に増えてゆく。河原町通と鴨川の間に高瀬川が開削されて御土居より東側の都市発展が一層進む一方、寛文十年（一六七〇）には、鴨川の洪水防止のために寛文新堤が築かれたことも、この地区の御土居の消滅に拍車をかけた。

しかし、近世になると幕府は御土居に生えている竹の資材としての重要性に注目するようになる。角倉家に管理させたりして、それらを建築資材として活用するとともに、余った竹は民間に払い下げて収入をえるようになる。そのため御土居は大切な収入源となり、その改変は許されなくなる。この頃の御土居を描いた「京都惣曲輪御土居絵図」（京都大学総合博物館所蔵）には、厳重に管理される御土居の実態が正確に描かれている。

御土居は、構築された当時は「洛中惣構」「土居堀」「京惣廻土居」などとよばれた。やがて公的な管理が強まると幕府への敬語表現として「御土居」と「御」を付けて呼ぶようになったらしい。明治時代になると幕府の保護がなくなったため、道路の開通のために各地で御土居が崩されたが、明治二十二年（一八八九）の地図を見る限り、西側を中心にまだ大部分の御土居は残っていた。しかし、近代京都の都市化の進展にともない、西側、北辺の御土居も急速に姿を消してゆくのである。

大宮御土居（京都市民局文化芸術都市推進室文化財保護課提供）

【御土居の現状と研究】 昭和五年（一九三〇）、八ヵ所の御土居が初めて国史跡に指定され、現在、史跡指定部分は九ヵ所となっている。この内、北野神社の境内西側の御土居は残りもよく、また北野神社から平野神社へ向かう途中にある御土居（北区平野鳥居前町）はきれいに整備されている。北辺では、加茂川中学校付近や、普段は立ち入ることができないが、北区大宮土居町付近の土塁と堀は残存状況がよい。特に後者では、複雑な地形に対応して築かれた御土居の迫力ある様子をつぶさに観察することができる。この他、断片的であるが、御土居は大宮交通公園（京都市北区）、北野中学校などに残っていることが確認されている。また北区旧土居町などに御土居由来の地名が残されている。東側の御土居は早い時期に崩されたのでほとんど残っていないが、上京区廬山寺《ろざんじ》の境内に一部残されている。

現在も御土居の破壊はつづいているが、この二十年余り、御土居の顕彰が進み、残存する御土居の確認、御土居をめぐるツアーの実施などがなされ、御土居の文化財としての価値が市民に急速に普及した。こうした御土居をめぐる新たな社会動向を生みだしたのが中村武生であり、中村の地道な研究成果と市民への働きかけが現在の御土居の保存・活用に大きな功績となったことは記憶にとどめておくべきであろう。

発掘調査の進展にともない、御土居の構築方法についての新たな知見も示されつつある。文献史料の精査によって、御土居の意義にかかわる新しい解釈が生まれるかもしれない。御従来のように、御土居を城壁とみなし、都市京都を囲繞する惣構であると単純に考えることはむずかしくなりつつある。では、京都の都市史のなかでの御土居をどのように位置づけるのか。今後もその研究は注目されるところである。

【参考文献】丸川義広「御土居跡の発掘調査とその成果」(『日本史研究』四二〇、一九九七)、日本史研究会編『豊臣秀吉と京都—聚楽第・御土居と伏見城—』(文理閣、二〇〇一)、中村武生『御土居堀ものがたり』(京都新聞出版センター、二〇〇五)、仁木宏『京都の都市共同体と権力』(思文閣出版、二〇一〇)、京都市埋蔵文化財研究所監修『京都秀吉の時代—つちの中から—』(ユニプラン、二〇一〇)

(仁木　宏)

●豊臣・徳川両政権の中核的城郭

伏見城《ふしみじょう》

〈所在地〉京都市伏見区桃山町
〈比　高〉八〇メートル
〈分　類〉平山城
〈年　代〉十六世紀後半
〈城　主〉豊臣秀吉・徳川家康
〈交通アクセス〉近鉄「桃山御陵前駅」下車、東へ徒歩約一・五キロ

【秀吉、隠居所を伏見に築く】　文禄元年（一五九二）、豊臣秀吉は京の南郊、伏見の地に築城を開始する。『兼見卿記』には「伏見御屋敷」と記され、『多聞院日記』には「大（太）閤隠居所」と記されている。伏見の地は観月の名所であり、平安貴族が山荘や寺院を営んだ地である。関白職と聚楽第《じゅらくだい》を秀次に譲った秀吉が隠居所を築くにはふさわしい土地であったといえよう。

　秀吉によって最初に築かれた伏見城は現在の伏見城跡ではなく、その西側一キロほどの場所に築かれていた。このため現在の伏見城跡と区別するため、指月《しづき》の岡に築かれたことより、指月伏見城と呼んでいる。これが第Ⅰ期伏見城である。

　築城直後の文禄二年に秀頼が誕生すると、大坂城を秀頼に与え、翌三年より伏見城をみずからの居城とするために改修を行なった。また、文禄四年の秀次事件によって聚楽第を破却すると、その建物の多くを指月伏見城に移築している。これが第Ⅱ期伏見城である。

　慶長元年（一五九六）に文禄の役の和平交渉のために明の冊封使の使節団が来日することとなり、秀吉はこの改修された指月伏見城で迎える準備を行なう。ところがその直前の七月十三日に近畿地方は巨大な地震に襲われ、指月伏見城は全壊してしまう。秀吉自身も倒壊した御殿から命からがら脱出して一命をとりとめている。

　さて、この指月伏見城に関しては絵図も残されておらず、その構造はおろか、所在した場所すらわかっていなかった。

近年の発掘調査や地形などから、現在の伏見城跡の西南側に、宇治川に対して直線的な谷地形が認められる。これが舟入りの痕跡と考えられ、この舟入りを東端として、東西約六〇〇メートル、南北約三〇〇メートルの方形区画が存在していたと考えられ、ここが指月の伏見城であったと推定できる。巨大な方形館タイプは、まさに「太閤隠居所」にふさわしい構造であったといえよう。

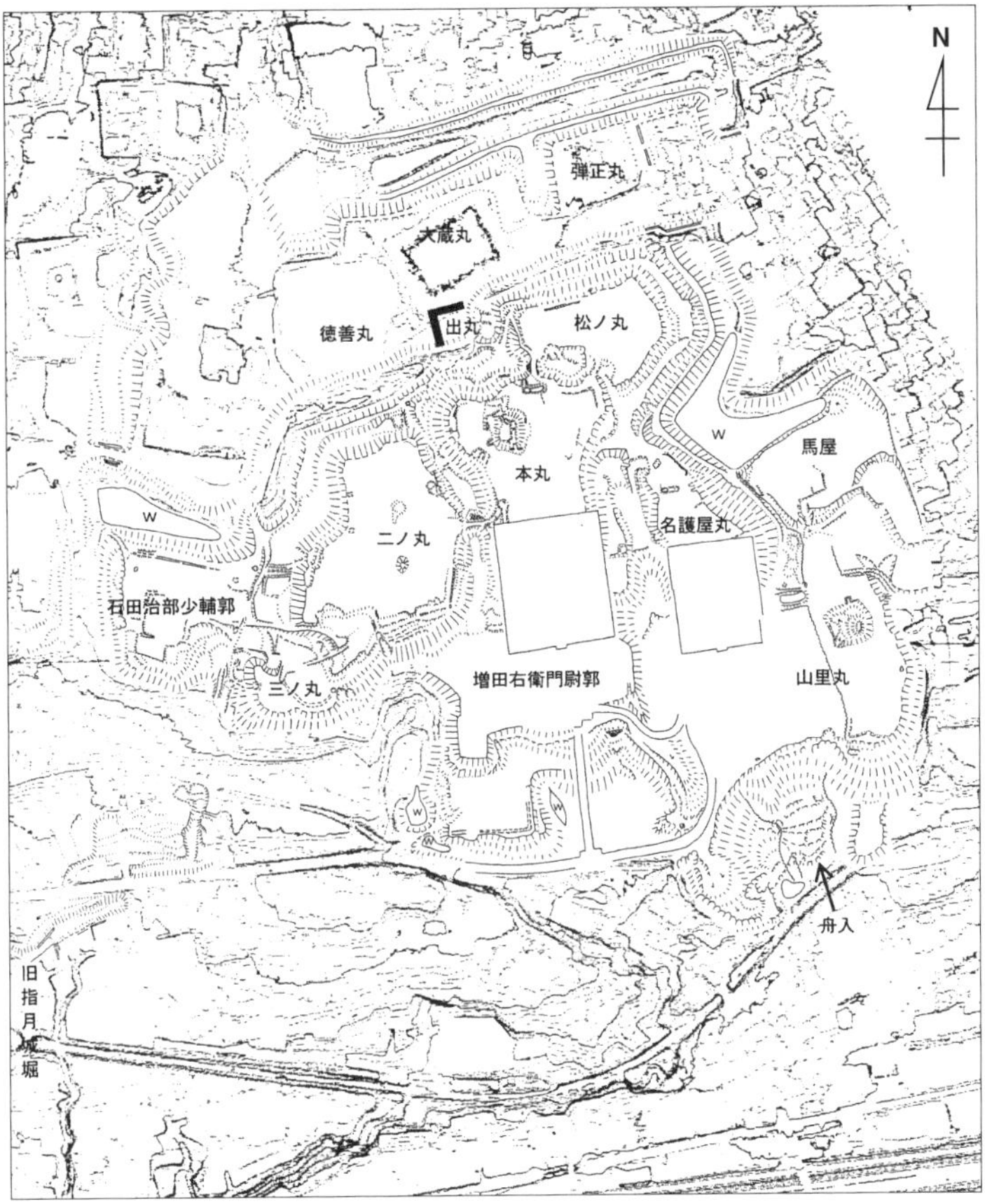

伏見城（木幡山城）縄張り図（作図：中西裕樹）

【慶長地震と木幡山築城】全壊した伏見城は、場所を移動してただちに再建される。再建の場所として選ばれたのが、指月の岡の北東背後に位置する木幡《こはた》山であった。標高一一〇メートルの木幡山は東山丘陵の最南端にあたり、宇治川の段丘面にそびえる天然の要害ともいえる場所であった。秀吉は再建にあたり、方形館タイプではなく、本格的な城郭としての伏見城を築いたのである。この段階の伏見城を選地した山の名称より木幡山伏見城と呼んでいる。

秀吉は晩年をこの木幡山伏見城で過ごし、慶長三年（一五九八）に伏見城で没した。これが第Ⅲ期伏見城である。

翌四年になると、徳川家康が伏見向島屋敷から伏見城の西の丸に入城する。『多聞院日記』では本丸へ入城したと誤解しており、「天下殿ニ被成候」と記している。伏見城が天下人の居城としての象徴であったことを物語る記事である。

慶長五年、家康は主力を引き連れ、会津攻めに向かい、伏見城を鳥居元忠・内藤家長・松平家忠らに守らせた。西軍の大将となった毛利輝元は伏見城を明け渡たすよう命ずるが、元忠はこれを拒否したため、西軍は総大将宇喜多秀家、副将小早川秀秋をはじめ、毛利秀元・吉川広家・小西行長ら四万の軍勢によって攻められ、全焼落城した。

【将軍宣下の城】 関ヶ原合戦に勝利した徳川家康はただちに上洛し、伏見城の再建にとりかかる。慶長七年には藤堂高虎が普請奉行に任じられ、年末には家康は再建された伏見城に入城している。翌八年に家康は伏見城で征夷大将軍の宣下を受けている。伏見城での将軍宣下《しょうぐんせんげ》は、秀吉政権の正当な後継者であることを天下に知らしめるための工作であったと考えられる。

慶長十年には朝鮮の使節を伏見城に迎えている。秀吉の朝鮮出兵による関係悪化を修正する場を、征夷大将軍となった家康が、再建した秀吉の城で行なうことが重要だったのであろう。

同年に秀忠の将軍宣下も伏見城で行なわれる。元和元年（一六一五）の大坂夏の陣によって豊臣氏が滅びると、徳川家における畿内の橋頭堡《きょうとうほ》的位置にあった伏見城の存在意義は薄れ、同五年には廃城が決定され、翌六年より始まった大坂城再建に石材はことごとく大坂へ運び去られた。

しかし、元和九年に家光の将軍宣下も伏見城で執り行なわれることとなる。家光にとっては祖父である神君家康の将軍宣下の場である伏見城で行なうことが重要だったのである。すでに解体中であったため、「先年破壊残りの殿閣にいささか修飾して御座となす」（『徳川実紀』）と、残されていた本丸御殿で執り行なわれた。このように初期の徳川幕府は江戸幕府ではなく、伏見幕府と呼び得るものであった。この徳川時代の伏見城が第Ⅳ期伏見城である。そして家光の将軍宣下を最後に伏見城は完全に廃城となった。

江戸時代には城跡に桃の木が植えられる。桃山の名の由来である。城跡は伏見奉行の管轄で、立ち入りは禁じられていた。

明治天皇の崩御により本丸の南端に伏見桃山陵が造営され、名護屋丸の南端には昭憲皇太后の伏見桃山東陵が造営された。さらに城跡のほぼ全域が桃山御料地（桃山陵墓地）として宮内庁が管理しており、城跡への立ち入りはできない。

【壮大な構造】 このように第Ⅲ、第Ⅳ期伏見城跡は現地に立ち入ることができず、その構造は絵図などに頼らざるを得なかった。伏見城の絵図については城郭部分を描いたものと、

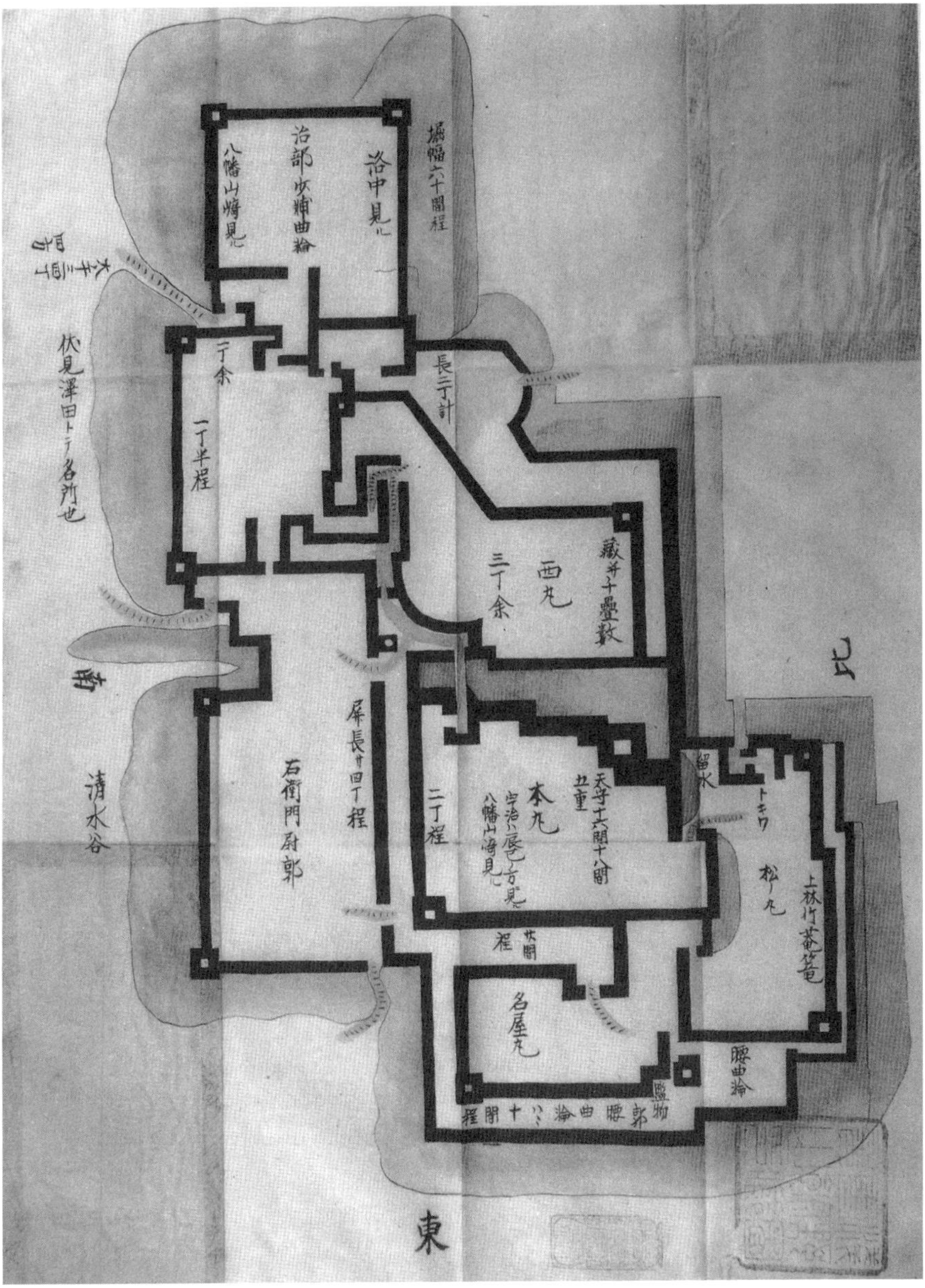

「山城伏見」（浅野文庫『諸国古城之図』より，広島市立図書館所蔵）

城下町まで描いたものの二種類が存在する。浅野文庫『諸国古城之図』に収録されている「山城伏見」は江戸時代に作成されたものであり、絵図自体に信頼性の問題があることは否定できない。しかし、『諸国古城之図』には大坂城に関して全体図、本丸図、真田丸図が収められている。また、山城国内で収録されているのは聚楽第と伏見城のみしかない。さらに肥前名護屋《なごや》城図も収められている。どうも秀吉によって築城された城については意識的、意欲的に収集されたことはまちがいない。そうした趣旨からは徳川再建のものではなく、秀吉時代の城の構造を描いた絵図を厳選して収集したものと考えられ、伏見城も徳川再建のものではなく、秀吉時代の構造を描いたものと考えてよい。つまり第Ⅲ期伏見城を描いたもののようである。

絵図に描かれた構造は本丸と、堀を隔てた西側の二ノ丸（西ノ丸）を中心に本丸の北側に松ノ丸、東に名護屋丸、南に増田右衛門尉郭を配し、二ノ丸の西側に石田治部少輔郭、南側に三ノ丸を配している。そしてこれらの曲輪《くるわ》に堀が巡らされている。

さらに城下絵図には松ノ丸の虎口前面に方形の小曲輪が描かれており、角馬出《かくうまだし》が構えられていた。加藤次郎作成の「秀吉在世時代伏見城丸の内図」は、実際に城跡を踏査して作成されたものと伝えられる城跡図であるが、そこにはこの角馬出を出丸と記している。また、城下図には名護屋丸の南方には百間長屋《ひゃっけんながや》・学問所・御茶屋山が描かれているが、加藤図ではこの一画を山里丸としている。

伏見城　増田右衛門尉郭石垣

城下絵図ではこうした城郭の外郭として、北側に巨大な空堀を巡らせ、山岡道阿弥、名束《なつか》大蔵曲輪と記している。さらにこの堀の北方には広大な空間があり、土塁によって仕切られた万畳敷《まんじょうじき》が描かれている。一方、南側は山里丸の先端に舟入が描かれ、宇治川と直結していた。

西側には惣構《そうがまえ》の土塁《どるい》と堀が巡り、その内側に大名屋敷が描かれている。

伏見城天守台

【現存する遺構】 平成二十一年（二〇〇九）に御料地への立入調査が実施された。その結果、石垣の大半は大坂城へ持ち運ばれ、ほとんど残されていないことが明らかとなった。そうしたなかで増田右衛門尉郭の南側に残された石垣はほぼ旧状を保っていた。花崗岩《かこうがん》や砂岩《さがん》、チャートなど多様な石材が含まれていることより、秀吉時代の石垣と考えられる。

本丸の中心には天守台が残存しているが、その規模は南北一六メートル、東西一二メートルと極めて小規模なものである。絵図では本丸塁線の端部に位置し、規模も「一六間十八間五重」と記されており、位置、規模ともに現状とは異なる。やはり絵図は秀吉のⅡ期伏見城を描き、現存する天守台の遺構は徳川再建のⅢ期伏見城のものと考えられる。

松ノ丸、名護屋丸の東側切岸部には二段の帯曲輪が残されているが、これは石垣を段築した痕跡である。下段には石垣石材が散乱しており、これは廃城後、石材を運び出した痕跡であろう。

もちろんこうした遺構は御料地内で見学することはできないが、外郭の北側の壮大な空堀や、明治天皇陵への参道に展示されている出土した刻印のある石垣石材は見学することができる。また、惣構の北側土塁の一部が栄春寺《えいしゅんじ》の墓地となって現存している。

【参考文献】日本史研究会編『豊臣秀吉と京都』（文理閣、二〇〇一）

（中井　均）

●城郭機能を有する寺院

山《やま》科《しな》本《ほん》願《がん》寺《じ》

〔国指定史跡〕

〔所在地〕京都市山科区西野山階町ほか
〔比　高〕一メートル
〔分　類〕平城
〔年　代〕十五世紀後半～十六世紀前半
〔城　主〕本願寺蓮如・実如・証如
〔交通アクセス〕市営地下鉄東西線「東野駅」下車、西へ約〇・七キロ

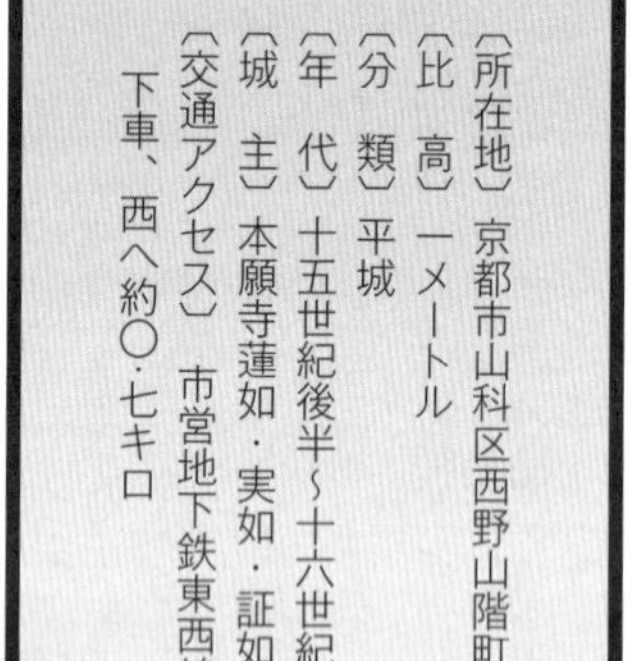

【先進性のある城郭】　山科本願寺は、同時代の法華二十一箇本山や室町殿を祖型とする平地居館の形態が方形を基本とするのとは異なり、個々に堀と土塁を備えた「御本寺」「内寺内」「外寺内」の複数の郭を組み合わせた城郭機能を有する寺院である。この寺院は、複雑に屈折した堀と土塁《どるい》により、攻めて来た敵に対し、正面及び側面から防戦できる構造、いわゆる横矢掛《よこやがか》りの機能を持たせるなど、のちの織田・豊臣政権期に認められるような先進性から注目されてきた。また、築城（一四七八年）と落城（一五三二年）の時期が明らかな貴重な城郭でもある。本願寺第八世蓮如が建立、第九世実如の頃に拡張され、第十世証如の段階で落城する。

　現在、史跡指定されている内寺内北東隅の土塁のほか、御本寺の北西隅と西辺にわずかに土塁と堀が現存している。

【築城から落城まで】　現在の京都市東山区にあった大谷本願寺が寛正六年（一四六五）に比叡山衆徒の襲撃により失われたのち、蓮如は、近江、ついで文明三年（一四七一）に越前（福井県）の吉崎御坊に坊舎を建てて北陸で布教活動を活発化する。その後、摂津や河内での布教活動を続けた蓮如は、文明十年春に当時宇治郡山科郷野村と呼ばれた地に「柴ノ庵」を造り、移り住んだ。この地は、京と東国や北陸を結ぶ東海道沿いの交通の要衝にあたる。

　蓮如自身の記述になる御文から、同年には「馬屋」が建てられ、翌文明十一年に寺務所の「綱所《こうしょ》」のことと考えられる「向所」、四月には堺にあった古坊を移築して「寝殿《しんでん》」が建て

山科本願寺全体図

られ、十二年に宗祖親鸞《しんらん》を祀る「御影堂」の建立が始められる。十三年には「寝殿ノ大門」、続いて「阿弥陀堂」が造作され、十四年に完成する。この頃「御影堂《みえいどう》大門」も造られている。この年、物構えの四壁の内側に滞留する雨水や汚水を排水させるための「小ホリ」を南北に掘らせている。

蓮如の門弟空善の記録である『第八祖御物語空善聞書』によると、蓮如は死没直前の明応八年（一四九九）二月二十五日に、「マハリノトヰ（廻りの土居）」と「ホリ」の巡検を行い、二十九日にも「ホリノトヰ（堀の土居）」の視察を行なっている。また、御影様（親鸞）像への参詣にあたり、御堂（御影堂）の南より阿弥陀堂へ参るとあり、御影堂が北、阿弥陀堂が南にあることがわかる。

永正元年（一五〇四）閏三月十五日には将軍足利義澄が本願寺を訪れ（『後法興院記』）、永正三年七月十四日～十六日には細川政元が本願寺を訪れている（『後法成寺関白記』『宣胤卿記』）。

落城の経過については、蓮如の子の実従の日記『私心記』から、室町幕府管領の細川晴元、近江（滋賀県）半国守護の六角定頼、京の法華衆徒の連合軍による攻撃が、天文元年（一五三二）八月二十四日早朝に始まり、四時《よつどき》（朝八時頃）に「水落」より乱入され、六時《むつどき》（十二時頃）に落城したことがわかる。

【最新の見解】 先進性を持つといわれる城郭構造の成立について、近年多くのことが分かってきた。文献史学の草野顕之は、御文に「普請作事ツキ地等ニ至ルマテ」、「惣而四壁」とあることから、創建当初は一般的な方形の境内であり、周囲は築地塀が巡らされていた可能性があること、『第八祖御物語空善聞書』に、「マハリノトヰ」、「ホリ」、「ホリノトヰ」とあることから、蓮如晩年に御本寺の土塁と堀が築かれた可能性を示している。

さらに、蓮如の第二三子、実悟の記録である『山科御坊事並其時代事』に永正のはじめ頃と永正十年頃の普請の記事があることから、永正初年頃に第二郭「内寺内」の土塁と堀を、永正十年頃に第三郭「外寺内」の土塁と堀が普請され、防御性を高めた可能性が示されている。

【発掘成果】 公益財団法人京都市埋蔵文化財研究所の一連の発掘調査成果により、草野の推定を裏付ける資料が得られつつあるとともに、伽藍の配置も明らかになりつつある。「御本寺」西辺の土塁基底部の調査により、土塁構築土の下層から、壁土等を採取するための土取穴が見つかった。この土取穴の内部から十五世紀末～十六世紀初頭に位置づけられる土器が多量に出土したことから、この付近の土塁の構築時期を十六世紀以降としている。さらに、土塁構築土の下層では断面が台形状の盛土とその端部に張り付く粘質土層が確認された。この盛土の幅は五・七メートル、高さ約〇・四メートルあり、規模は築地塀の基礎として十分であるものの、強度の面で脆弱であり、板塀や築垣など築地塀以外の遮蔽施設が土塁以前に築かれていた可能性も指摘されている。

しかし、蓮如は亡くなる直前に土塁と堀を何度も視察しており、山科本願寺の防御に心を砕いていたことは確かである。蓮如の最晩年に「御本寺」と隠居所である「南殿」には土塁と堀が存在していたと考えたい。

さて、天文元年の落城期に存在した土塁と堀の規模、そして土塁の構築方法も明らかになっている。「御本寺」南西隅の堀は、幅五～一二メートル、深さ一・五～四メートルある。土塁の痕跡が確認できなかった部分では、堀の規模が大きくなっており、焼討ちの際の侵入口となった「水落」と推定されている。同地点に現存していた土塁は、高さ五～六メートル、基底部の幅が一八メートルであった。土塁は、核となる高さ約一メートルの土盛りをした後、内側斜面に礫を多く含む土と礫を含まない土を交互に積み重ねて高くしていたこともわかった。一方、「御本寺」西辺では、堀の幅は一〇～一一メートルあり、土塁の基底部幅は約八・五メートル、堀を踏襲する農業用水路の底から現存土塁頂部までの高さは約六・二メートル、土塁内側基底部からの高さは約三・七メートルであった。

また、土塁には石組の暗渠排水施設が存在することも明らかとなった。暗渠排水施設は、構築された土塁を断ち割って造られており、施設構築後、再び土塁が盛られている。

これまでの調査で「御本寺」中心部から、巨大な景石を据えた泉や、池、石敷などの庭園遺構が見つかっている。また精巧な石組井戸の内部から、壁土や米俵に入っていたと考えられる炭化した米の塊が多量に出土しており、炊事施設や米などを貯蔵した土蔵の存在も推定されている。この施設の南側では、掘立柱建物・石風呂・竈・土間・井戸からなる風呂関連遺構も検出された。これらの施設は宗主一族の居住及び寺の実務に関連する施設と考えられる。この宗主空間の東側に隣接して基壇状の高まりが二ヵ所南北に並んで認められることから、北側を御影堂、南側を阿弥陀堂と推定することも可能となった。

【参考文献】柏田有香「山科本願寺跡の造営と堂舎配置―最新の調査成果より―」（京都府埋蔵文化財研究会編『京都府下の重要遺跡の再検討』3所収、二〇一四）、草野顕之「創建時山科本願寺の堂舎と土塁について」（中尾堯編『中世の寺院体制と社会』所収、吉川弘文館、二〇〇二）

（馬瀬智光）

●「国」の「年老衆」の城

物《も》集《ず》女《め》城《じょう》

〔所在地〕向日市物集女
〔比　高〕五メートル
〔分　類〕平城
〔年　代〕十五世紀～十六世紀
〔城　主〕物集女氏
〔交通アクセス〕阪急電鉄京都線「洛西口駅」下車、西へ徒歩七〇〇メートル

【西岡の「国」と物集女城】 京都の西南の郊外にあたる京都市南区・西京区、向日市《むこう》、長岡京市あたりは、戦国時代、西岡《にしのおか》とよばれ、一定のまとまりをもつ地域であった。十六世紀初頭には、村々の連合が成立して「国」を自称し、地域で発生した諸問題を解決したり、外部の武家勢力の浸透を排除するなど、自治的な権能を発揮していた。

村内では、土豪たちがそれぞれの村の代表として、また小規模な領主として勢力を蓄えていた。土豪たちの居館の多くは、まわりを土塁《どるい》や堀で囲む城館の構えをとっていた。彼らの中でもっとも強い勢力をもち、「国」の「年老衆《としより》」として活躍したのが物集女《もずめ》氏、神足《こうたり》氏、鶏冠井《かいで》氏などであった。このうち物集女氏は、向日市の北端に位置する物集女村を本拠として成長した土豪で、その居城が物集女城であった。

西岡地域を貫通する主要街道に、京都と摂津方面を結ぶ西国街道（播磨大道）と、京都と丹波国を結ぶ山陰道があった。西国街道上の寺戸（向日市）と山陰道の樫原《かたぎはら》（京都市西京区）との間を結ぶ道が物集女縄手（街道）とよばれた。この物集女縄手と、東西方向の街道である伏見道の交点に物集女集落は位置した。物集女村の旧集落（近世）は東西約五〇〇メートル、南北約五五〇メートルの規模をもつが、そのほぼ中心部に物集女城は位置する。西岡の村の土豪の居館のなかには、①村の中心部に位置するもの、②村の縁辺部に位置するもの、③村と少し距離を置いて位置するもの、④独立した城館としては認められず、集落の中の一邸宅にすぎないものな

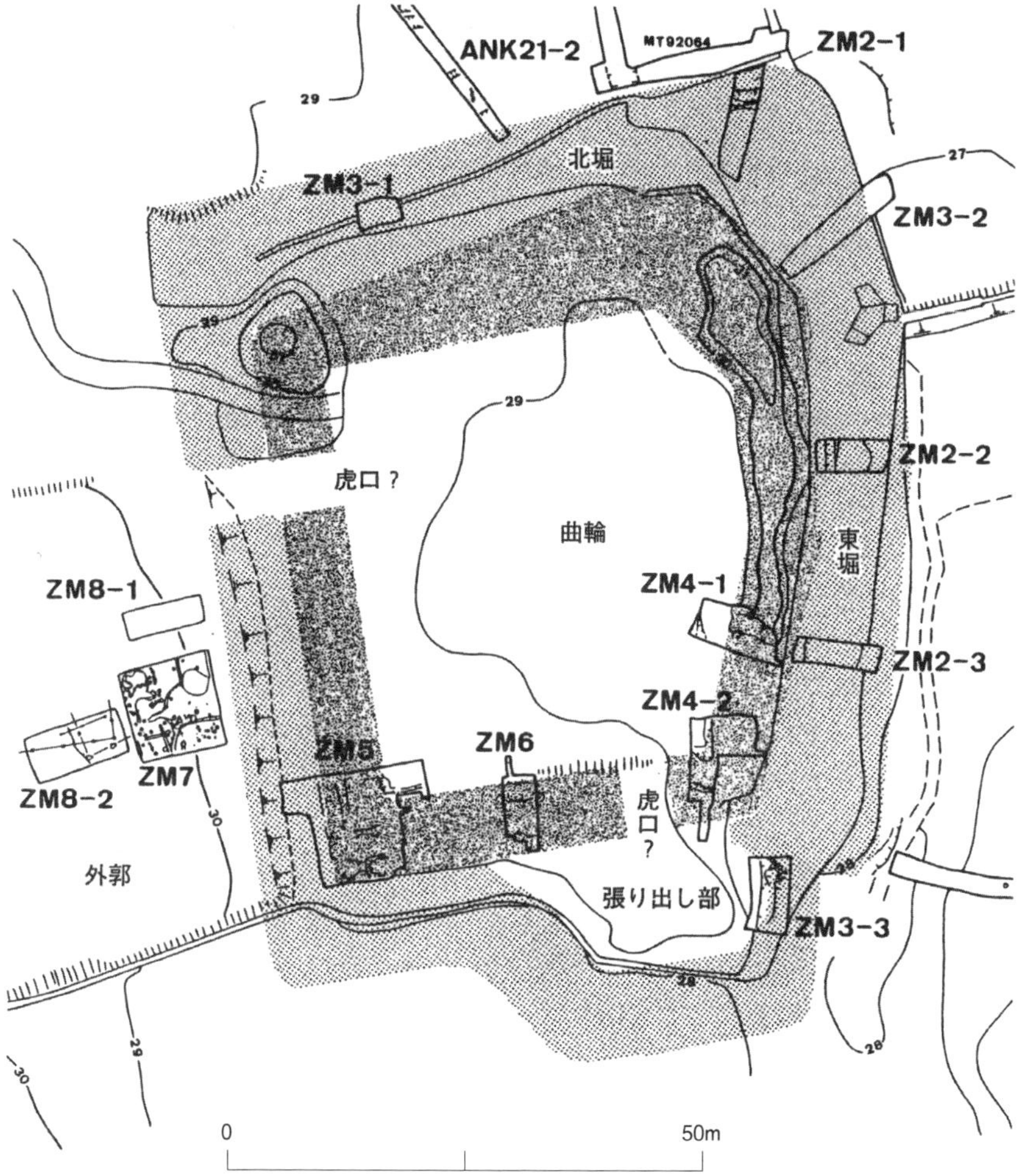

物集女城復元図（作図：國下多美樹）

どがあるが、物集女城はこのうち①にあたる。その立地から物集女氏が卓越した力を村内で振るっていたことがうかがえる。

物集女村は、西の山地から東の平野部へくだる扇状地の扇端近くに位置した。物集女城は傾斜地の途中に位置したため、東側の眺望が開ける立地条件にあった。物集女縄手に面して水堀を掘り、高い土塁を設けたのは、周囲に居館の存在をアピールするためではないかと言われている。実際、周辺に建物が建ちはじめる最近まで、物集女城は遠くからも目立つ存在であった。

【物集女城とその周辺の構造】

物集女城の主郭部は東西五〇メートル、南北四〇～五〇メートルにおよぶ。東側に、現状の高

主郭南東隅部を望む（南西から，発掘調査風景、右上に水堀が見える）（向日市埋蔵文化財センター所蔵）

さ二メートル程度の土塁が南北三〇メートルにわたり残っている。水堀はこの土塁の外側（東側）に沿って南北方向に伸びているがそれだけでなく、主郭部の北側にもまわりこんでいる。南側も同じで、全体として「コ」の字形に主郭部を取り囲んでいる。南辺の東端近くに主郭部の張り出し部があることから、ここに虎口《こぐち》があったのではないかと推定されている。北側と南側の堀のそれぞれ西端は傾斜地を上がり、空堀となってつづいている。

主郭部の西側には、発掘調査により小規模な堀が掘られていたことがわかった。そのさらに西側には小規模な曲輪《くるわ》（西外郭）が立地するが、この曲輪が主郭に付属する施設なのか、一族・家臣の屋敷なのかは不明である。さらにその西側の山手で溝がみつかっており、このあたりまで居住空間が広がっていたことが想定されている。

主郭の中心部は現在、畑などに利用されているが、発掘調査がなされたことはなく、建物などの展開の様子は不明である。主郭部周辺は、土器の編年から十五世紀後半に築造が開始されたことがわかっている。なお、主郭部の北側と南側には物集女村の集落がつづいている。北側の集落の中に立地する永正寺は物集女氏の菩提寺と考えられている。この他、村堂的な性格を帯びる光勝寺、荘園領主である天龍寺の末寺である崇恩寺などがあった。

物集女庄は、十四世紀前半、嵯峨《さが》天龍寺の荘園となる。この頃の物集女庄は、大枝沓掛《おおえくつかけ》（京都市西京区）付近をふくみ、丹波国との国境付近までのびていた。物集女氏は十五世紀には史料に登場し、物集女庄の荘官として勢力を拡大したと推定される。物集女城の水堀の水は、近世には村内東部の水田の灌漑に広く用いられていたが、こうしたあり方は中世後期までさかのぼるだろう。物集女氏は物集女庄の生産条件確保に大きくかかわっていたのである。物集女氏は、地域社会の中でも台頭し、西岡の「国」の「年老衆」の一人となった。

京都府

天文十一年（一五四二）には、物集女の新市で塩合物（塩漬けにした魚など）が売買されている。物集女氏が背後にいて市立てに尽力したと推定される。物集女氏がこのように卓越した地位を得たことの背景には、山陰街道・物集女縄手などの交通を掌握したこともあるだろう。

【戦国武士物集女宗入の最期】　一五五〇年ころより後、三好長慶が京都に勢力を伸ばすようになると物集女氏はその被官となったらしい。永禄十一年（一五六八）、足利義昭・織田信長らが上洛し、三好三人衆を逐うと、物集女氏も丹波国に逃散したようである。元亀元年（一五七〇）段階にはいまだ丹波国にいて山城復帰を企てていたらしく、勝龍《しょうりゅう》寺《じ》城主細川藤孝はそうした物集女氏の姿勢を気に入らず、「物集女城」を破却するように足利義昭に進言している。しかし、義昭は、西岡地域の土豪たちを将軍「御被官」として直轄軍に編成する意図からか藤孝の勧めに応じなかったらしい（『松井家文書』）。

元亀四年（天正元年）、信長が義昭を追放して足利幕府を滅ぼすと、藤孝は信長に属し、信長の権威を背景にして西岡の土豪たちに臣従を強要した。大半の土豪はこれに従い、勝龍寺城に祗候したが、当時の物集女城主であった物集女（忠重）宗入は、「（物集女村は）代々の所領に付き、（藤孝に安堵《あんど》してもらった）御礼申し上ぐべき子細これ無きのよし」を申し放って藤孝の指示を無視した。藤孝は、宗入の反抗的態度に業を煮やし、天正三年（一五七五）九月、宗入を勝龍寺城下へおびき寄せ、暗殺した。ただちに追討軍が勝龍寺から物集女に派遣され、物集女城も落城したと推定されている。現在残る物集女城の遺構は、この廃城時のものであろう。

物集女氏の一族も物集女村から退出したらしい。そのため、近世には物集女姓の方々はおられなくなった。やがて物集女氏の記憶も薄れ、物集女城はいつしか小笠原氏の居城であると地元では伝わるようになってゆく。

二十一世紀になって、物集女城周辺の開発が進み、城の周囲の様子もずいぶん変わった。地元では、物集女城を考える会の方々の活動もあり、復元模型の製作、案内板の設置などもなされている。物集女氏を主人公にした紙芝居が作成されて地元学校の郷土学習で活用されたり、物集女宗入の木像が近年発見されて供養されるなど、地域のなかで物集女城や物集女氏を顕彰しようとする活動も盛んになってきている。

【参考文献】仁木宏「松井家文書三題―元亀年間の山城西岡と細川藤孝―」（『人文研究』〈大阪市立大学文学部紀要〉四八―一二、一九九六）、中井均・仁木宏編『京都乙訓・西岡の戦国時代と物集女城』（文理閣、二〇〇五）

（仁木　宏）

●西岡の拠点城館

勝《しょう》龍《りゅう》寺《じ》城《じょう》

〔所在地〕長岡京市勝竜寺
〔比　高〕七メートル
〔分　類〕平城
〔年　代〕十五世紀後半
〔城　主〕今村慶満、石成友通、細川藤孝など
〔交通アクセス〕JR東海道本線「長岡京駅」下車、南へ徒歩九分

【陣城から恒常的な城へ】　勝龍寺城は、小畑川と犬川の合流点に立地する平地城館である。熊本藩細川家の祖である藤孝（のちの幽斎）立身の地として知られる。

　江戸時代の細川家では、明応六年（一四九七）に和泉守護家の細川元有が、勝龍寺城を築いたと考えられていた（『細川家文書』）。元有の跡は元常が継ぎ、さらに元常のもとへ藤孝が養子に入ったことがその考えの前提にあった。ところが、近年の研究で、藤孝は別家の細川晴広の養子であったことが明らかとなっている。したがって、元有築城説は、勝龍寺城と細川家との関係を強調するための創作と考えられる。元常の遠祖にあたる頼春が、暦応二年（一三三九）に築いたという説も根強いが、これもまた信用に値しない。勝龍寺城の濫觴については、和泉守護家との関係をまず措いてみる必要があるだろう。

　城の名前は、同地に今も残る勝龍寺という寺院に由来する。寺としての勝龍寺の初見は、十三世紀にまで遡る（『宝積寺文書』）。中世の勝龍寺は、現在と異なりいくつもの坊舎を連ねる大規模な寺院であった。十五世紀半ばになると、守護の畠山義就《よしひろ(なり)》が将軍足利義政の石清水八幡宮参詣にあたって警備の人足を勝龍寺に集めるなど、公的な場としても機能していた（『東寺百合文書』）。

　応仁・文明の乱の際にも、義就勢は勝龍寺に陣を構え、最後まで守りきった（「野田泰忠軍忠状」）。ただしこの段階では、あくまで戦時の陣城であって、恒常的に城が維持されてい

た様子は窺えない。京都西郊の西岡《にしのおか》と呼ばれる当地一帯は、各集落ごとに小規模城館を構える国人たちがおり、彼らが一揆による横の連帯を結んでいた。そのため、傑出した領主や

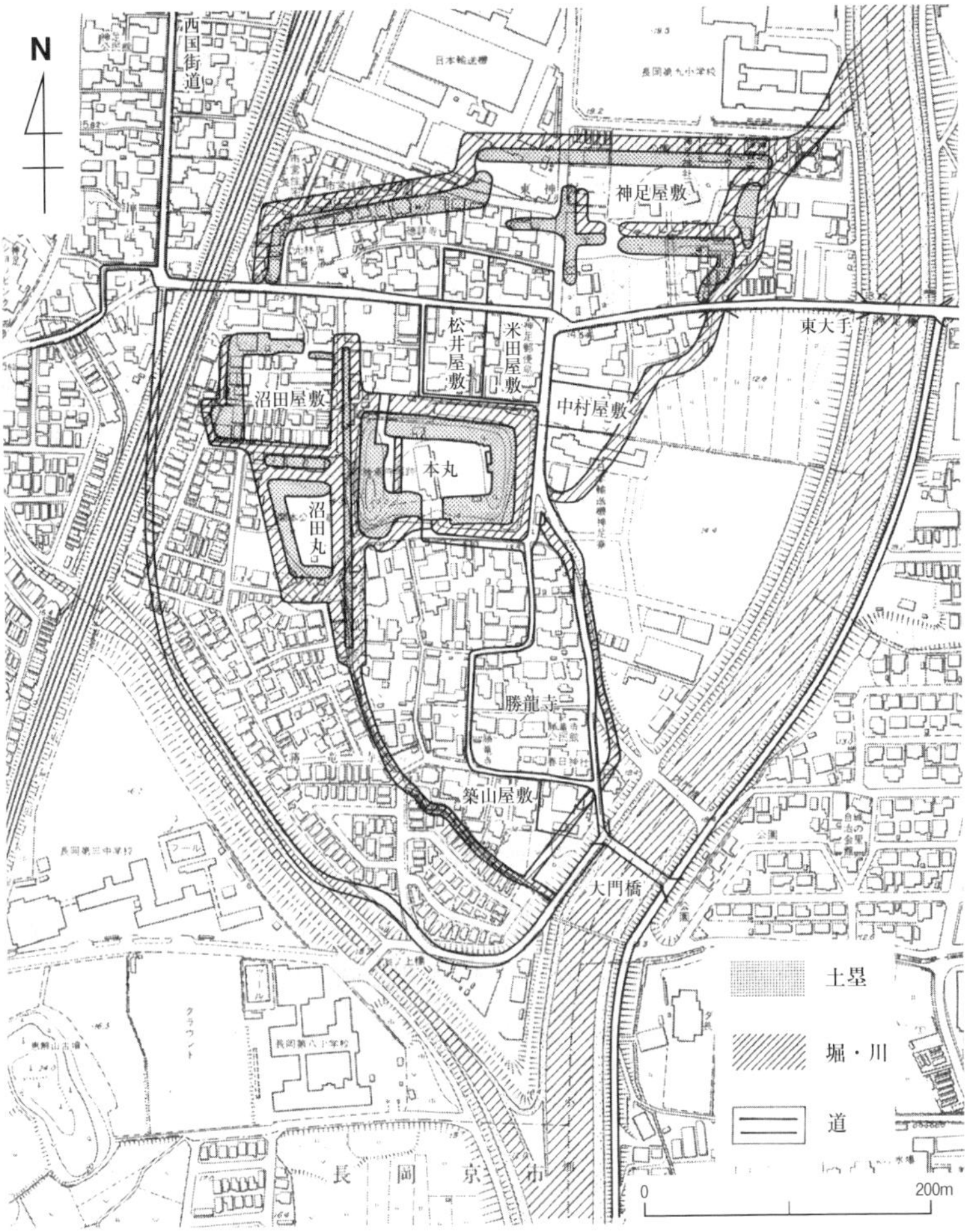

勝龍寺城縄張想定復元図（『長岡市埋蔵文化財調査報告書』6 から転載）

城館を生み出しにくい土地柄にあったのである。

戦国後期になると、勝龍寺城も恒常的に維持されるようになる。天文十五年（一五四六）に京都周辺を席巻した細川国慶の家臣たちは、翌年に国慶が没すると三好長慶に近づき、引き続き京都周辺の支配に参画することとなる。彼らの筆頭にあった今村慶満《よしみつ》は、松永久秀を介して三好氏に属していた。その慶満が、勝龍寺城に「帰城」すると述べていたり（『勧修寺文書』）、あるいは京都を追放され居場所がなくなった宣教師に対し、しばらくは勝龍寺城に留まるよう勧めていたりするなど（『フロイス日本史』）、みずからの居城としていた様子が窺える。

【勝龍寺城をめぐる合戦】 永禄五年（一五六二）には、畿内を掌握していた三好長慶が、北の六角氏と南の畠山氏から挟み撃ちにあい、今村慶満が勝龍寺城で防戦している（『長享

勝龍寺城北門発掘調査（昭和63年）

神足神社周辺の土塁と空堀（平成25年）

年後畿内兵乱記』）。慶満はそれからまもなく没したようである（『東寺光明講過去帳』）。

三好長慶なきあと、三好三人衆方と松永方に分裂して争いが始まると、永禄九年には畿内各地で戦闘が繰り広げられた。このとき勝龍寺城には、慶満段階に引き続き松永方の兵が籠城した。それに対して同年四月には、三好三人衆の一人である三好長逸の家来板東季秀が、勝龍寺城から北へ一キロ程の馬場（長岡京市馬場）に、攻城用の相城（付城）を築くので、人足を出すよう唐橋（京都市南区唐橋）の地下惣中へ命じている（『青山文庫』）。唐橋は洛外とはいえ、洛中と接する場所にあたり、勝龍寺城からも一定の距離があるので、同様の命令はかなりの広範囲にわたって出されたものと推察される。

この戦いでは、西岡の国人も二派に分裂しており、勝龍寺城には松永方に与した土川《つちかわ》氏と志水氏が籠城し、対する三人衆方の付城には物集女《もずめ》氏が入っていた（『永禄九年記』）。しばらくして土川氏と志水氏が三人衆方に内通して投降するが、勝龍寺城はなおも堅固であった。このように平地城館とはいえ、守りが堅かったため、攻め手も付城を設けて長期戦の構えをみせたのであった。七月中旬になると、籠城兵は謝金を支払って開城し、三好三人衆の一人である石成友通《いわなりともみち》が城を受け取っている（『永禄九年記』）。

以後、勝龍寺城は友通が居城として整備し、次第に西岡の国人たちを掌握していった。しかし、それも長くは続かず、永禄十一年には、上洛してきた織田信長と三好三人衆の間で戦端が開かれる。ただし、西国街道を下る信長勢が勝龍寺城に迫ると、早々に和睦を結び、友通は城を明け渡した（『言継卿記』）。

【藤孝入城後の勝龍寺城】 それからしばらくして、義昭の近臣であった細川藤孝が勝龍寺城に入城する。元亀二年（一五七一）に隣接する高槻城主の和田惟政が三好三人衆方の攻撃を受けて敗死するなど、防備を固める必要性が生じると、信長は藤孝に対し西岡一帯の各戸から延べ三日ずつの人夫を徴発して、勝龍寺城に普請を加えるよう命じた（『細川家文書』）。現在残る遺構は、このときの普請によるものと考えられている。

天正元年（一五七三）に信長と義昭が対立すると、信長方の立場を示した藤孝は、西岡一帯の支配を信長から任されるようになる（『細川家文書』）。これを契機として、藤孝は長岡の地名を名字として使用しはじめた。

天正八年に藤孝の丹後国替えが決まるが、勝龍寺城は廃城とならず、翌九年に信長近習の矢部家定と猪子高就が城代となり引き渡された（『信長公記』『東文書』）。さらに天正十年には、本能寺で信長を討った明智光秀が勝龍寺城に陣取り、羽柴秀吉を迎え撃った。これを最後に勝龍寺城は使われなくなる。

寛永十年（一六三三）に永井直清が二万石を与えられて当地に入封するが、水はけの悪い勝龍寺城は避けられ、北側に新たに神足館《こうたりやかた》を設けた（JR長岡京駅付近）。直清が当地にいたのもわずかな期間で、慶安二年（一六四九）に摂津高槻へ転封となり神足館は廃された。

【城の遺構】 主郭および西側に隣接する沼田丸は、昭和六十三年（一九八八）から発掘調査が実施され、石垣造りの城であることが明確となった。五輪塔などの転用石材が多いことも織田期の特徴を示している。また、主郭南側中央と北西隅に、城道を屈曲させた枡形状の虎口も確認された。

主郭周辺は、平成四年（一九九二）に近世城郭風の管理棟などが並ぶ都市公園として整備されたが、外郭線の北東隅にあたる神足神社周辺には、土塁と空堀が旧来の姿のまま残されていた。土橋と虎口《こぐち》も伴っており、織田期の遺構としては非常に稀少な存在である。しかも、土塁はクランク状に曲げられており、土橋を渡る敵兵に横矢が掛かるようにしていたことも読み取れる。この部分は、旧来の姿に近づける形で平成二十六年度に公園化された。

【参考文献】長岡京市埋蔵文化財センター編『長岡京市埋蔵文化財調査報告書』六（一九九一）、仁木宏「戦国期京郊における地域社会と支配」（本多隆成編『戦国・織豊期の権力と社会』所収、吉川弘文館、一九九九）

（馬部隆弘）

●織田から豊臣への端境期の城

山《やま》崎《ざき》城《じょう》

〈所在地〉乙訓郡大山崎町大山崎古城
〈比　高〉二四〇メートル
〈分　類〉山城
〈年　代〉十四世紀前半～十六世紀後半
〈城　主〉山名是豊・赤松政則・羽柴秀吉
〈交通アクセス〉JR東海道本線「山崎駅」、阪急電鉄京都本線「大山崎駅」下車、大山崎駅から約一・二キロ

【京都を守る立地】　山崎城は、大山崎町北側の標高二七〇メートルの天王山山頂にある。淀川を挟んだ対岸の男山とは山崎地峡を形成し、首都京都の南西出入口を扼する天然の要衝であった。山麓には、八世紀に山陽道と関所が設置されるなど、軍事上、交通上の要として位置づけられていた。中世期も山陽道から転化した西国街道が走り、その沿道には油販売で有名な大山崎神人が居住し、都市を形成していた。鎌倉時代末期には、討幕にめぐる戦いが続いたが、その際は、こうした西国街道などが戦闘の場となった。南北朝の内乱が決定的となると、京都をめぐる争奪戦が激しくなった。それにあわせて、大山崎の集落背後にあたる天王山にも軍勢が占拠するようになった。建武五年（一三三八）六月、北朝方の林真弘は「八王寺山」に馳せ参じ、「鳥取《とっとり》尾《お》城」を「用害警固」にして守っていた（『尊経閣文庫文書』）。この「八王寺山」は、天王山のことであり「鳥取尾」は、その尾根の一つと考えられる。

十五世紀後半、応仁・文明の乱がおこると、戦火は瞬く間に洛中洛外から山城、そして畿内・近国へと広がった。応仁・文明の乱は東西両軍が京都へ軍勢や軍事物資、兵糧を調達する戦いでもあり、京都と西日本を結ぶ大山崎は重要な争奪戦の場となった。

文明元年（一四六九）十二月、西軍が乙訓《おとくに》に陣取るという情報が流れると、東軍方の山名是豊は「鳥取尾山」に「在陣」し、これを牽制しようとした（『尊経閣文庫文書』）。その

後、是豊が備後国の戦線へ配置換えになると、やはり東軍の赤松政則が入れ替わりに当地に入った。文明三年十一月と同四年八月に西軍の来襲があり、大山崎周辺は戦場となった。特に後者では西軍の畠山義就《よしひろ(なり)》による夜討ちによって、一時天王山が西軍に占拠されるに至った。しかし、地元「大山崎諸侍中」による応援によって、東軍は「大山崎山城合戦」で勝利し、天王山の奪還に成功した（『応仁別記』『離宮八幡宮文書』）。このように、東軍の使用は陣取という臨時的なものであるが、実際の駐屯は三年間に及んでおり、山中、山麓において軍勢が恒常的に滞在していたことになる。山崎城は、戦国期にも使用された可能性があり、天文七年（一五三八）三月には細川晴元が「山崎」に城を築いたという記事がみえる（『親俊日記』）。

【羽柴秀吉による拡張と政局】　天正十年（一五八二）六月十三日、羽柴（のちの豊臣）秀吉は、山崎合戦において、明智光秀を撃破した。戦いに勝利した秀吉は、清洲会議によって、京都を管轄し、京都の南西部にある大山崎に城を築いた。当地は、すでに油売りで有名な大山崎神人の在所として街道集落が発達していたが、秀吉は油売りの特権を保護し、当地を城下町とした。

信長の不慮の死を察した中国の戦国大名毛利輝元は、その哀悼の意を伝えるため、秀吉のもとへ使僧を遣わした。ところが秀吉は「山崎に於いて我ら普請申し付け候故」葬儀は延期すると返報した（『毛利家文書』）。この普請は山崎築城を指すと考えられるが、主君信長の葬儀よりも拠点城郭の普請を優先した様子がわかる。九月には、大和の筒井順慶が「山崎財寺城」を訪れ、秀吉と会談し（『多聞院日記』）、十月には丹後の細川幽斎が大山崎に滞在していた。両者は明智方として嫌疑をかけられた武将たちであり、直接秀吉に面会するなかで、戦後の対応について指示を仰いでいたものと思われる。また「山崎財寺城」という表現から中腹にある真言宗寺院、宝積寺のことと考えられるが、本寺も城域として認識されていた。ただし、これは子院に部下が駐屯していたものと思われる。一方で「宝寺のうへに城をかまへ」（『豊鑑』）と伝えられるように、宝積寺背後の天王山頂に主要部は築城されていた。

秀吉による強引な築城は、同じ織田氏の宿将柴田勝家を刺激した。十月、勝家は秀吉が「御分国之内、私のため、新城を構え」たと認識し、一体誰を敵視する城なのかと憤慨した（『南行雑録』）。これに秀吉も強く応じたため、勝家との間に一時緊張が走った。その後両者は歩み寄り、勝家からは「和睦之使」として前田利家らが派遣された。秀吉は、宝積寺において、彼らを茶湯で接待したという（『宝積寺絵図』）。その直後には、千利休・津田宗及・今井宗久・山上宗二らとともに、「山崎」において茶会を催している（『津田宗及茶湯日記』）。このように秀吉は、短い大山崎の滞在期間において、本能寺の変後の戦後処理と、柴田勝家との対決という政局に向かい合っていたことがわかる。また茶湯に対する関心も深め、茶人との交流も広げた時期でもあった。

天正十一年三月、賤ヶ岳合戦で勝家を倒した秀吉は、翌年には織田信雄、徳川家康と戦った。同年四月、秀吉は、その軍事行動を起こしているさなか、「山崎之天主」を取り壊した（『兼見卿記』）。当時、秀吉は小牧長久手合戦で美濃周辺まで出陣していたが、その隙を突き、紀伊の雑賀《さいが》一揆が築城中の大坂城方面へ軍を進める動きが見られた。防衛が手薄な山崎城を奪われないために、あえて廃城を急がせたものと考えられる。以後、大坂城普請が本格化したため、山崎城が再び使われることはなかった。

【山崎城の立地と構造】 このように山崎城は、南北朝時代から織豊期まで、戦時に応じて断続的に使用されてきた。ただ、結論から先に述べると、現存する天王山頂の遺構は、羽柴秀吉時代のものである。文献上登場する「鳥取尾」なる城は、地名も残っていないため、現地で戦国期の遺構を特定していくことは難しい。

ちなみに秀吉の時代は、宝積寺《ほうしゃくじ》も城域として意識されていたが、伽藍はのちの文禄・慶長期に大幅に改変されたため、城が機能していた当時の寺院の様子はわからない。したがって、現在は、当時の遺構としてわかるのは、やはり天王山頂周辺の城郭遺構となる。

天王山は、大阪と京都の間に位置し、駅からも至便なことから、手軽なハイキング道として重宝されている。登山道は中腹の傾斜が急だが、上に登れば登るほど傾斜が緩くなる。そのため、山頂周辺が広く、細かい谷や尾根が複雑に入り組んでいる。山崎城は、こうした自然地形の谷線を最大限に利用して構築されている。特に山頂の北と西にめぐる谷は、天然の堀をなしている。

山頂部に楕円形の主郭Ⅰがあり、その北先端に天守台aがある。秀吉が築いた天守台は曲輪《くるわ》の縁辺部に配置することが多いといわれるが、山崎城はその事例のひとつである。天守台は周囲に石列が看取され、その基底部を推定することができる。また、主郭周辺には、多くの転用石材と礎石が残っている。ただし、主郭の礎石は、新しく配置しなおした可能性がある。大山崎では、アジア・太平洋戦争の際、天王山頂に監視小屋が作られ、地元の青年団が詰めていた時期があっ

山崎城縄張図

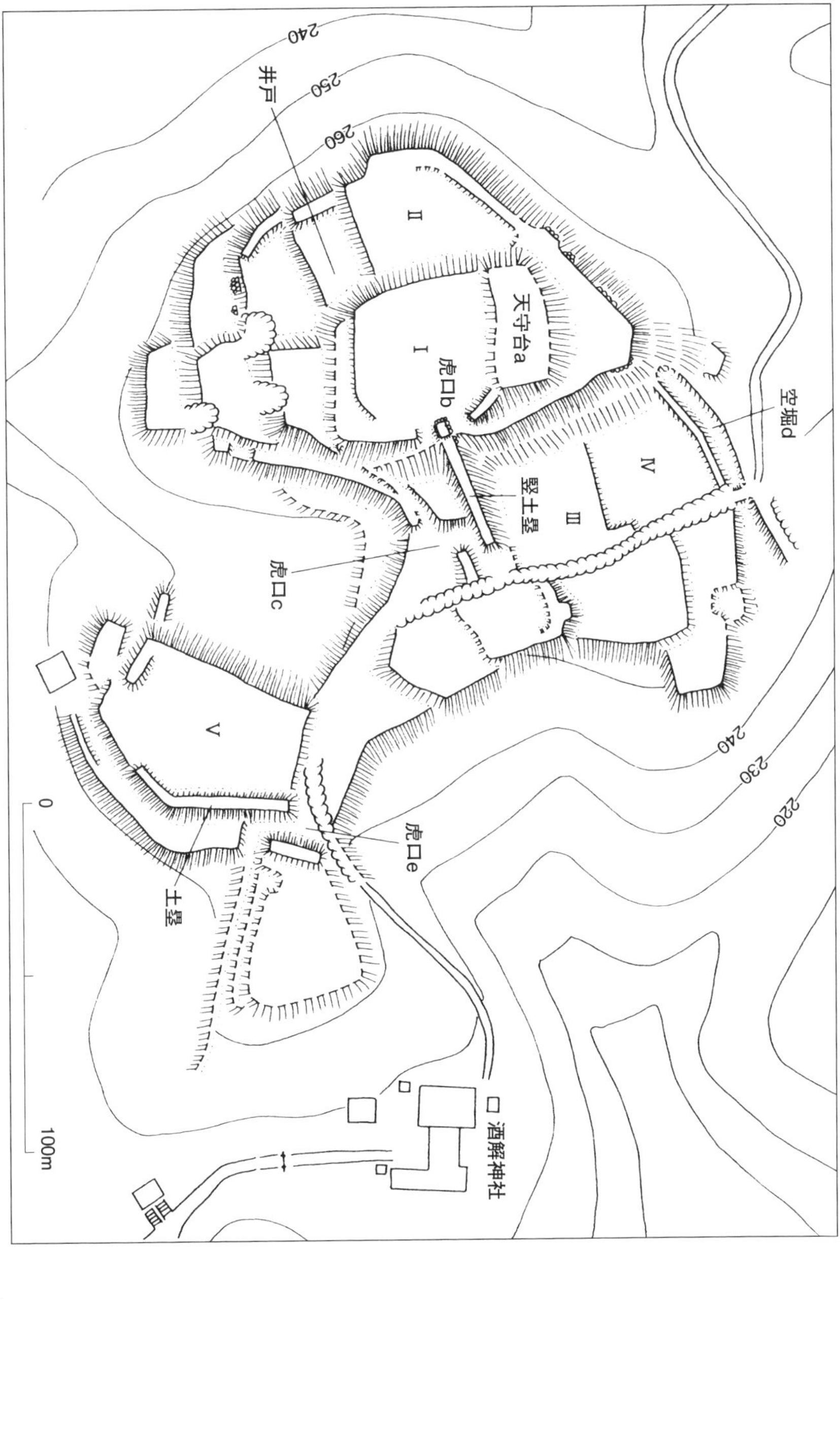

240
250
260
井戸
II
天守台a
I
虎口b
空堀d
IV
竪土塁
III
虎口c
V
240
230
220
0
100m
虎口e
土塁
酒解神社

た。その時期に配置しなおしたものであろう。

主郭の東側には虎口《こぐち》bがあり、長方形の石塁《せきるい》が見える。この石塁は、東側へ続く竪土塁《たてどるい》へと延長して、曲輪Ⅲの南にある虎口cと接続している。

主郭Ⅰの西には曲輪Ⅱがあり、以下南側に曲輪が階段状に配置されている。なかには井戸や土塁が残る曲輪もみられる。主郭の北側には帯曲輪と土塁が廻り、やや段差をもって、東の尾根に下りると、土塁や空堀の工夫が見られる。曲輪Ⅲの南側には、虎口cがあり、通路を二折れのクランク状にしており、北の尾根筋からの関門となっている。この虎口の西側壁には石列が看取される。曲輪Ⅲ、Ⅳは、北へつながるハイキングルートになっており、表土が削られている。曲輪Ⅳの北縁には土塁と空堀dがあり、背後を遮断している。

また、大山崎集落とつながる東側尾根には虎口eを設置し、やはり二折れのクランク状になっている。この虎口は曲輪Ⅴの土塁の延長に位置し、曲輪の構築とセットになっている。虎口c、eともに土塁を伴う二折れの虎口であり、類似性が高い。やはり秀吉の時代に同時期に築かれたものであろう。両方の虎口とも城へ入るルートを扼しており、曲輪から独立した存在である点に特徴がある。

現在、主郭Ⅰの一部の区画が発掘されているが、残念ながら城に関する明確な遺構は検出されなかった。ただ、九世紀中期の尾張猿投《さなげ》産の蔵骨器が完形で出土しており、山頂部が古代の墓域だったことを示している。同時に、築城以前の遺跡が残存している事実は、主郭の削平が比較的最小限に留まっていたことを示す。その一方で、曲輪Ⅱでは、現代のハイカーのごみを埋めたといわれ、逆に地下遺構は破壊された可能性がある。

主郭周辺では当時のものと推定される軒丸瓦《のきまるがわら》、軒平瓦《のきひらがわら》が採集できる。このうち、軒平瓦の一部は、聚楽第《じゅらくだい》出土瓦と同《どう》笵《はん》であり、同系列の瓦職人がいたか、山崎城瓦を聚楽第に再利用した事実を示している。

【織田から豊臣へ―端境期の城―】 このように、当城跡では天正十〜十二年の羽柴秀吉使用時の構造が残存している。特に石垣においては転用石材の量が多いことが推定できる。転用石材の使用は勝龍寺城跡（長岡京市）、福知山城跡天守台（福知山市）、兵庫城跡（神戸市）などで顕著であり、織田権力最末期の特徴と重なる。また、二折れの虎口は、当時の織豊系城郭の技術において、決して新しいとはいえない。ただし、上位の曲輪が下位の曲輪に対して、竪土塁を用いて仕切ろうとする姿勢は、のちの豊臣期へつながる構築物といえるだろう。

また、天守台は、背後の尾根上にあり、全体として北に奥まった位置にある。そのため、天守は南麓の城下町から見ることはできなかった。

城下町としては、中世期から続く西国街道沿いの都市集落をそのまま活用していたと考えられる。大山崎は、もともと街道沿いの一本街村状の集落だったが、それに街区を形成しようとする意図などはみられなかった。また、家臣団の屋敷も宝積寺の子院に仮住まいした模様で、特に屋敷割をした形跡は見られない。そのため、秀吉は新たに都市プランを施して、都市部を改修しようとする意図はなかったと思われる。山崎城の天守が町場を意識した構造になってなかったことも関連するだろう。ただ天守は、京都や大坂方面からからは充分遠望できたと考えられる。当時の秀吉の意図を考える上でも、山崎城の構造は気になるところである。

【参考文献】中井均「山崎城の構造」（中山修一先生古希記念事業会編『長岡京古文化論叢』所収、一九八六）

（福島克彦）

●十五代将軍足利義昭挙兵の城

槇《まき》島《しま》城《じょう》

〔所在地〕宇治市槇島町大幡
〔比　高〕〇メートル
〔分　類〕平地城館
〔年　代〕十五世紀後半～慶長五年（一六〇〇）
〔城　主〕真木嶋氏、細川昭元、一柳氏
〔交通アクセス〕ＪＲ奈良線宇治駅下車、北へ徒歩約一キロ

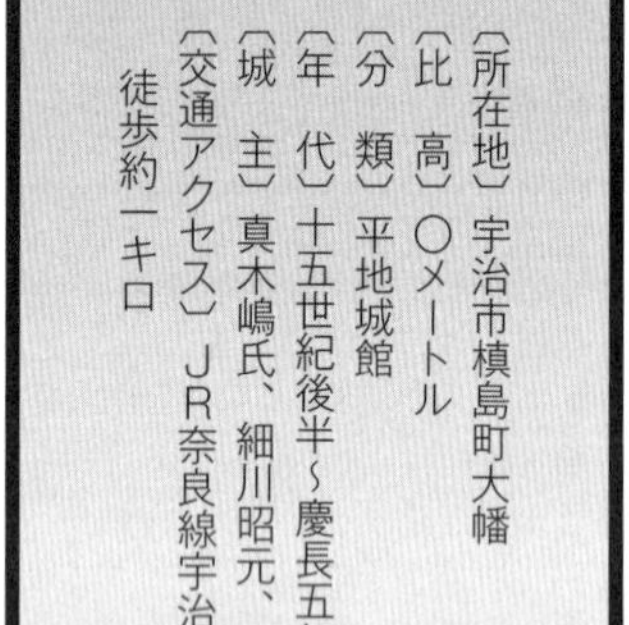

【城の位置】　槇島城は、宇治川の中洲にあたる槇島に位置していた平地城館である。中世都市宇治の北西に位置し、中世後期は、この地を本貫地とする国衆真木嶋氏の拠点であったが、巨椋池《おぐらいけ》によって分けられた山城国の北部と南部を中継する軍事的要地であり、たびたび外部勢力が入城している。

【真木嶋氏の没落】　この宇治周辺は、応仁・文明の乱の際に戦場となり、文明二年（一四七〇）七月、西軍に追われた真木嶋氏は槇島から離れ、白川別所（宇治市）へ逃れている（『大乗院寺社雑事記』）。明応四年（一四九五）十一月には、畠山氏方の遊佐《ゆざ》弥六の攻撃で、やはり真木嶋氏が一旦三室戸《みむろど》へ退避した（『後法興院記』）。同八年九月には細川政元と畠山尚順《ひさのぶ（より）》が戦った際、「真木嶋館」が没落したという（『同』）。これは真木嶋氏が尚順方に服属していたことを意味する。同九年八月、やはり政元が「真木嶋」に入っている。文亀元年（一五〇一）六月には、将軍義澄《よしずみ》を「真木嶋城」へ招き、金春太夫《こんぱるだゆう》の猿楽を催している（『同』）。永正元年（一五〇四）九月、政元に対して薬師寺与一が反旗を翻して、淀城に籠城した。その際、政元の家臣赤沢宗益が槇島から離脱したといわれ（『同』）、細川氏関係者が管理していたことがわかる。

【将軍の挙兵】　槇島城を一躍有名にしたのは、元亀四年（一五七三）七月の十五代将軍足利義昭による挙兵であろう。当時、義昭は織田信長と激しく対立し、両者の衝突は時間の問題であった。義昭は、上京にあるみずからの御所を補強し、戦いに備えたが、信長が上京を放火するに及んで、作戦を変

更した。すなわち京都を出て、近臣の真木島氏の居城であった槇島城へ入った。義昭の挙兵の報を聞いた信長は槇島から宇治川を挟んだ対岸の「上やなぎ山」に陣取り、家臣らに攻撃を命じた（『信長公記』）。信長方は宇治川を渡り、槇島城の「外構」を打ち破った。そして、いよいよ「本城」へ突入しようとしたところで、義昭方から和睦の要請があり、彼の子息を質とする条件で、退城することになった（『本願寺文書』）。室町幕府の最後を見届けた城として知られることになった。

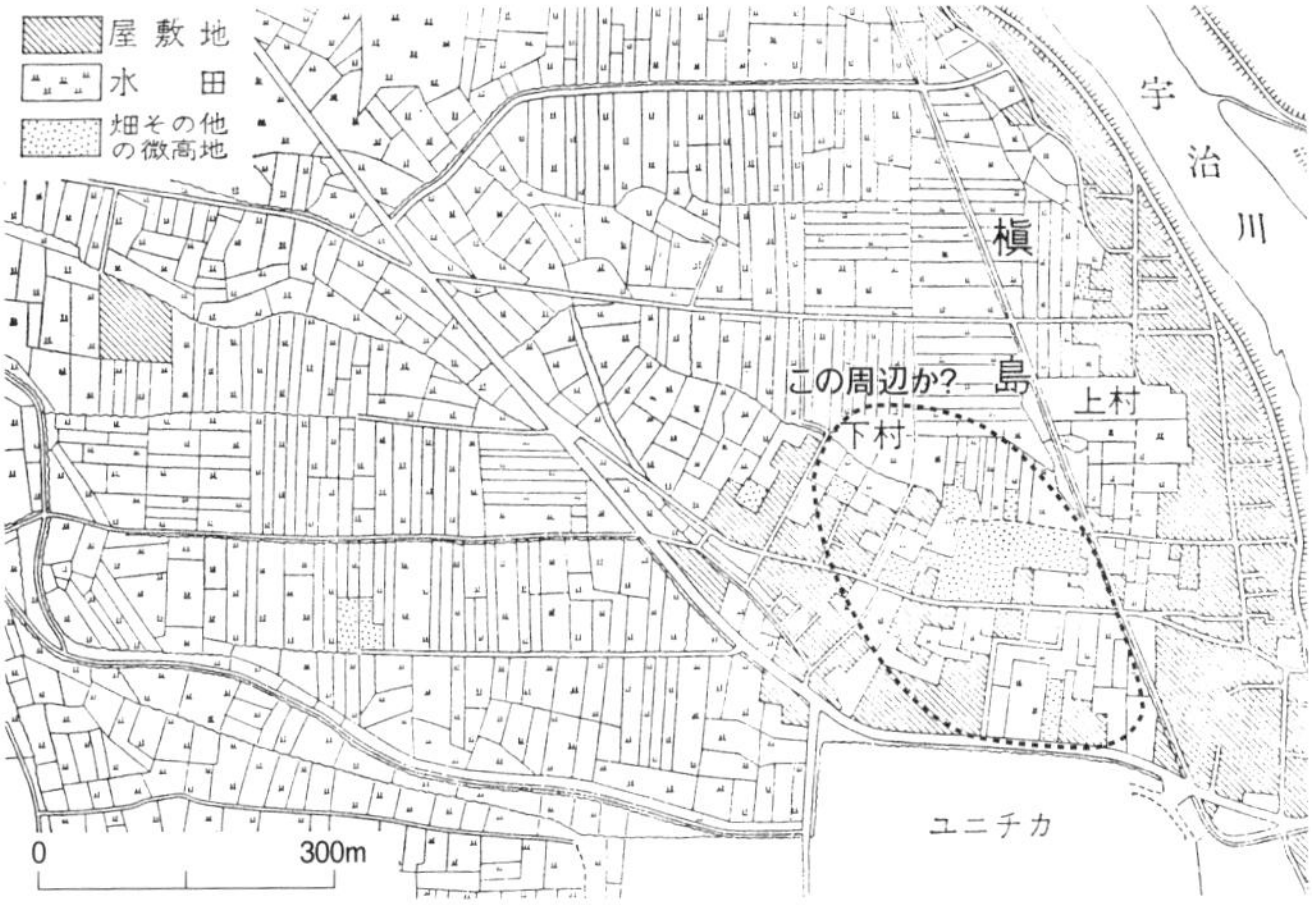

槇島城跡周辺地籍図（『宇治市史』2より）

その後、同年十二月、信長は宇治の上林氏に対して「諸商人荷物陸地河上通路并宿」の支配を「宇治・真木嶋」において申し付けているため、真木嶋においても商業活動の拠点があったものと思われる（『上林文書』）。さらに信長は、みずからと和睦した細川京兆家《けいちょうけ》の昭元を当城へ入部させている。信長滅亡後は、秀吉の家臣一柳氏が一時入城したという。その後、秀吉の宇治川付け替えによって、槇島は河川から離れ、急速に陸地化した。しかし、慶長五年（一六〇〇）七月の関ヶ原合戦で西軍が伏見城を攻撃した際に、槇島築城の話題が上っている。宇治川が離れたあとも軍事的要地であった可能性が高い。これを最後に城に関わる記述はなくなる。

【近世の槇島城】 近世期は「今城旧跡茶園」となり「高地」が残されていたという（『山州名跡志』）。また「古城」などの地名がみられたが、現在はほとんどわからない。歴史的には、何度も使われており、軍事的な要地であったことがわかるが、平地のため、籠城戦では不向きだったようである。ただし義昭の頃には「本城」「外構」という表現があり、一定の機能分化が進んでいたものと思われる。

【参考文献】『宇治市史』二（宇治市、一九七四）、荒川史「槇島城跡」（『宇治市埋蔵文化財発掘調査概報』三九、一九九七）（福島克彦）

●初期の枡形虎口を持つ城

田《たな》辺《べ》城《じょう》

〈所在地〉京田辺市田辺奥ノ城・丸山
〈比　高〉一四メートル
〈分　類〉平山城
〈年　代〉十五世紀末～十六世紀後半
〈城　主〉田辺氏、竹林氏
〈交通アクセス〉ＪＲ片町線「京田辺駅」下車、南西へ徒歩約一・二キロ

【立　地】　田辺城跡は甘南備《かんなび》山東方の丘陵縁辺部に位置し、城跡の下には木津川左岸の平野が広がる。城跡には南北に並ぶ三つの平坦面があるが、その間の尾根の切断は不明瞭で、南の二つの平坦面が城を構成するものかどうかは不明である。

北端に位置する郭Ⅰの東半部で平成八年度に府道木津八幡バイパス建設に伴う発掘調査が行われた。堀切1の北側は国道三〇七号や公共施設で削られて残っていない。

【城の構造と検出遺構】　郭Ⅰは、古墳時代の方墳を削平して北側に一メートル程度の盛土を行なって平坦面を広げる一方、周濠は埋めずに通路や堀として利用しているようで、周濠内に礫《れき》を敷いた遺構・周濠に沿った石組遺構や周濠から延びる瓦質土管をつないだ暗渠《あんきょ》排水溝などが検出されている。平坦面上には溝・土坑・柵列などがある。また、調査区外では、郭Ⅰの南から西に土塁が築かれている。郭Ⅰの北側では幅約七・〇メートル、底部幅〇・四メートル、深さ四・五メートルの薬研堀の堀切1と、郭Ⅰの北東部を回り込む横堀状の堀切2が検出されている。

【枡形虎口】　この城で最も注目される遺構は郭Ⅰの東斜面で検出された石垣を伴う枡形《ますがた》虎口《こぐち》である。城の北東から石段のある通路を登ると東に向いた門に至る。門は礎石の心々間が約二・二メートルで、門の南北には石材の抜き取り痕跡や栗石の広がりが確認されたことから、石垣が築かれていたことがわかる。門内の枡形は砂と粘土を混ぜて搗き固めた東西約

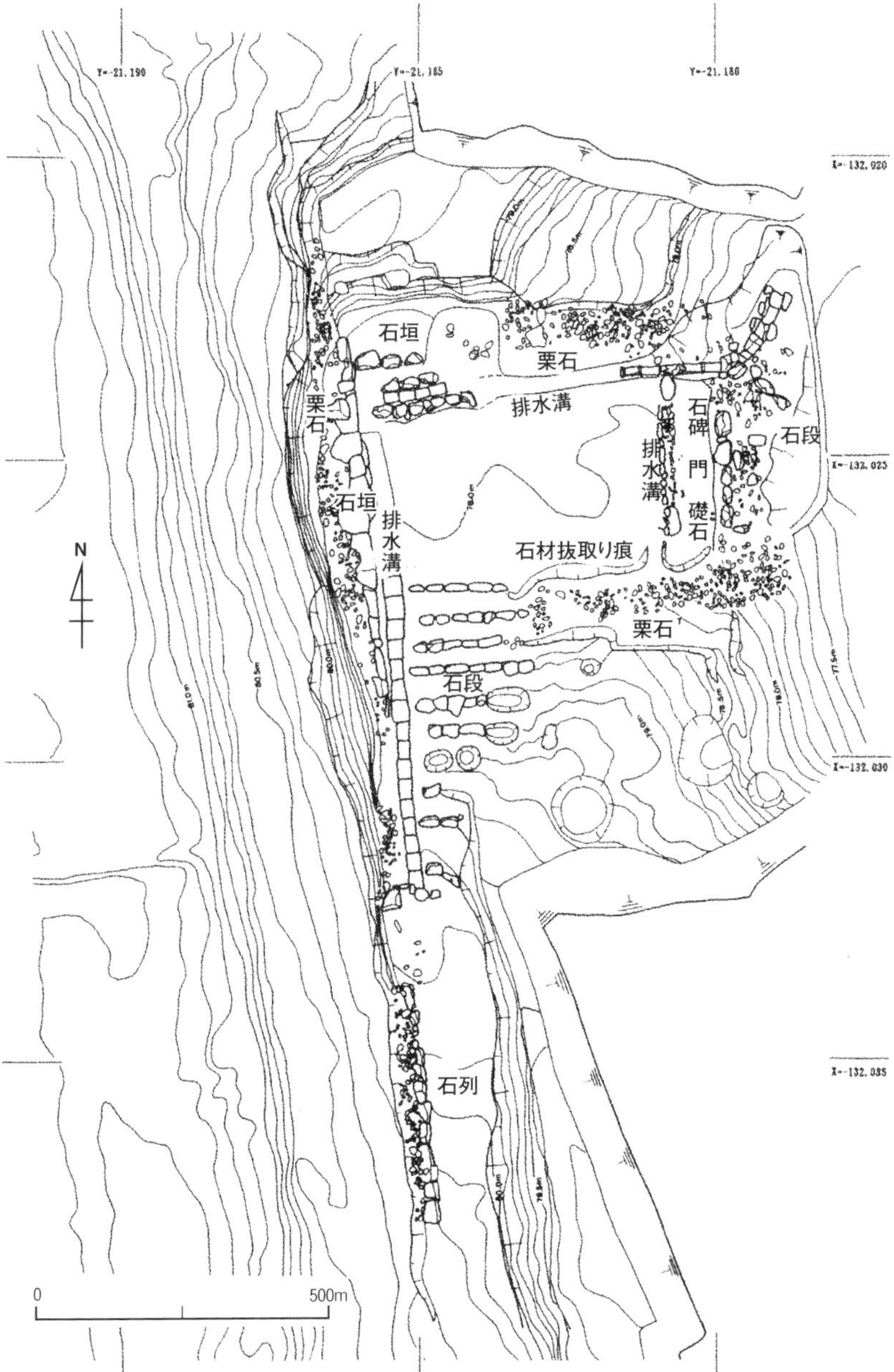
Y=-21,190
Y=-21,185
Y=-21,180
X=-132,020
X=-132,025
X=-132,030
X=-132,035
石垣
栗石
排水溝
石碑
門
礎石
石段
石垣
排水溝
石材抜取り痕
栗石
石段
石列
N
0
500m

田辺城跡虎口平面図

五メートル×南北約三・五メートルの平場で、三方を石垣に囲まれる。虎口正面の石垣は高さ約一メートルが残っていたが、本来は二メートル余り積まれていたものと推定される。花崗岩の割石や堆積岩の自然石を、横目地を意識しながら布崩し積みにしたもので、幅約〇・五メートルの掘形に栗石を詰めて、ほぼ垂直に積み上げている。

枡形の南西部から南に登る幅約二・一メートルの石段が設けられ、郭Ⅰに至る。石段を登り、緩傾斜路となったところに石列が途切れた部分があり、ここで折れて郭Ⅰに進む通路と、さらに南の石列に沿って進み、礫敷き遺構で折れて方墳の周濠を通って郭Ⅰ南部に進む通路に分かれるものとみられる。

田辺城跡縄張図

通路の上部から、石段の西側に沿って平瓦を敷き、半裁した平瓦で護岸した排水溝が作られている。この排水溝は、枡形の北辺と西辺では平瓦を敷き、石材で護岸した排水溝、門の礎石の北側では瓦質土管を連ねた暗渠排水溝と構造を変えて北東方向に続く。

枡形間を埋めた土の中からは文様のまとまった瓦が出土しており、上部の塀に瓦が葺かれていたものとみられる。

【出土遺物と城の年代】 遺構や包含層から土師器皿《はじきざら》・羽釜《はがま》、白磁皿、青花小椀、瓦質土器擂鉢《すりばち》・香炉、備前焼擂鉢・甕《かめ》・鉢など十六世紀後半までの遺物が出土している。瓦の年代から十五世紀末〜十六世紀初頭に築城され、十六世紀後半に廃城となったものと考えられる。石垣・瓦を備えた初期の枡形虎口を持つ城として貴重である。

【参考文献】 京都府埋蔵文化財調査研究センター編『京都府遺跡調査概報』七七（一九九七）

（森島康雄）

●大和の国境を防御する境目の城

鹿《か》背《せ》山《やま》城《じょう》

〈所在地〉木津川市鹿背山
〈比　高〉七五メートル
〈分　類〉山城
〈年　代〉十五世紀中葉〜十六世紀中葉
〈城　主〉興福寺・松永久秀
〈交通アクセス〉ＪＲ関西本線「木津駅」下車、東へ徒歩約三〇分

【大和・山城の国境】　鹿背山城は東西約四〇〇メートル、南北約三〇〇メートルの規模を誇る、南山城地域で最大の山城である。近世の地誌にも城跡と記載されているが、その歴史や城主に関しては不詳とされていた。

城跡の位置する標高一四一メートルの通称「城山」は、南下すれば大和北部に通ずる奈良坂があり、北上すれば奈良街道として木津川を渡り京へ通じ、さらに木津川をはさんで対岸には伊賀街道が横断しており、伊賀・近江に通じ、歌姫街道《うたひめかいどう》は木津川西岸を北上し、京・河内へ通ずるという交通の要衝に位置している。また、城跡からは木津川を眼下に望むことができ、相楽郡《そうらくぐん》・綴喜郡《つづきぐん》全域をはじめ、平城山一帯も一望することができる。

こうした立地より鹿背山城は山城側に対して、大和の国境を防御するために構えられた境目の城であったことがうかがえる。

【興福寺による築城か】　近世の地誌には「有城跡不詳」と記されているが、十五世紀の南山城の動向を知るうえで重要な史料である『大乗院寺社雑事記《だいじょういんじしゃぞうじき》』には、文明元年（一四六九）の記録に興福寺六方の末寺、菩提院《ぼだいいん》方分として「鹿山」の名が記されている。同じく文明十一年（一四七九）には一乗院の御祈願所として「鹿山」の名がみえ、同年には成身院順宣が「賀世山」に主張した記録も見える。こうしたことより十五世紀には鹿背山に興福寺と強い関係にある施設が存在していたようである。

さらに同年十月二十五日には狛氏や成身院、佐川父子が大和中川寺に出陣したことに対して、「木津執行ハ加世山ニ引退了」とあり、木津氏と鹿背山との関係が現われ、築かれていた施設とは城郭であった可能性が高い。

万治四年（一六六一）に作成された『山城国四郡石高古城図』（喜多亮次氏所蔵）にも「鹿背山城・興福寺出城」と記されており、江戸時代前期まで鹿背山城と興福寺の関係が伝えられていたようで興味深い。

【山城国最大規模の城郭】　鹿背山城は東西約四〇〇メートル、南北約三〇〇メートルを測り、ほぼ鹿背山全山を城郭としており、その規模は山城国では最大級を誇る。城の構造は山頂部に並立するように三つの曲輪《くるわ》を配置している。標高にはほとんど差がないが、北側の曲輪が最も広く主郭と考えてよい。中央、南側が副郭となるものの、それぞれが極めて独立性の高い曲輪となっている。この三つの曲輪から派生する尾根《おね》には階段状に曲輪が配置され、その先端に堀切を設けている。特に主郭の西方に伸びる尾根筋と、中央の副郭から西方に伸びる尾根筋には、先端近くまで曲輪を配置している。これは両尾根に挟まれた谷筋が大手であり、それを守るためのものと考えられる。なお、中心の三つの曲輪間にも堀切が設けられているが、この堀切は深くて、急峻な切岸としている。

さて、鹿背山城の構造で特に注目されるのが、畝状竪堀《うねじょうたてぼり》群《ぐん》である。主郭より西方に派生する尾根上の曲輪群の先端に放射状に配されている。この畝状竪堀群は規模が大きく、横堀から設けられるなど、戦国時代後半の完成された形態を示している。一方、山頂部南端の副郭では、周囲に横堀状の帯曲輪を巡らせ、そこから竪堀を構えているが、この畝状竪堀群は短く、規模も小さい。

このような構造、規模は山城国の戦国時代の山城では突出して巨大で、完成されたものであり、その築城に中央権力の介在していたことはまちがいない。

【松永久秀支配の大和と鹿背山城】　現存する遺構は戦国時代末期に築かれたものであることはまちがいなく、文明年間に築かれたものとはとても考えられない。『多聞院《たもんいん》日記』にはそうした戦国時代の鹿背山の状況を示唆する記録が認められる。文明十一年より九十年後の永禄十一年（一五六八）九月十三日に、木津へ毛見《けみ》に遣わされた多聞院の等春、少太郎が、三好政康の軍勢三〇〇〇人に、にわかに攻められたため、「カセ山」へ逃げ込んだことが記されている。当時、多聞院は松永久秀と組んでいたことより、鹿背山には松永方の城が構えられており、等春らはそこへ逃げ込んだものと考え

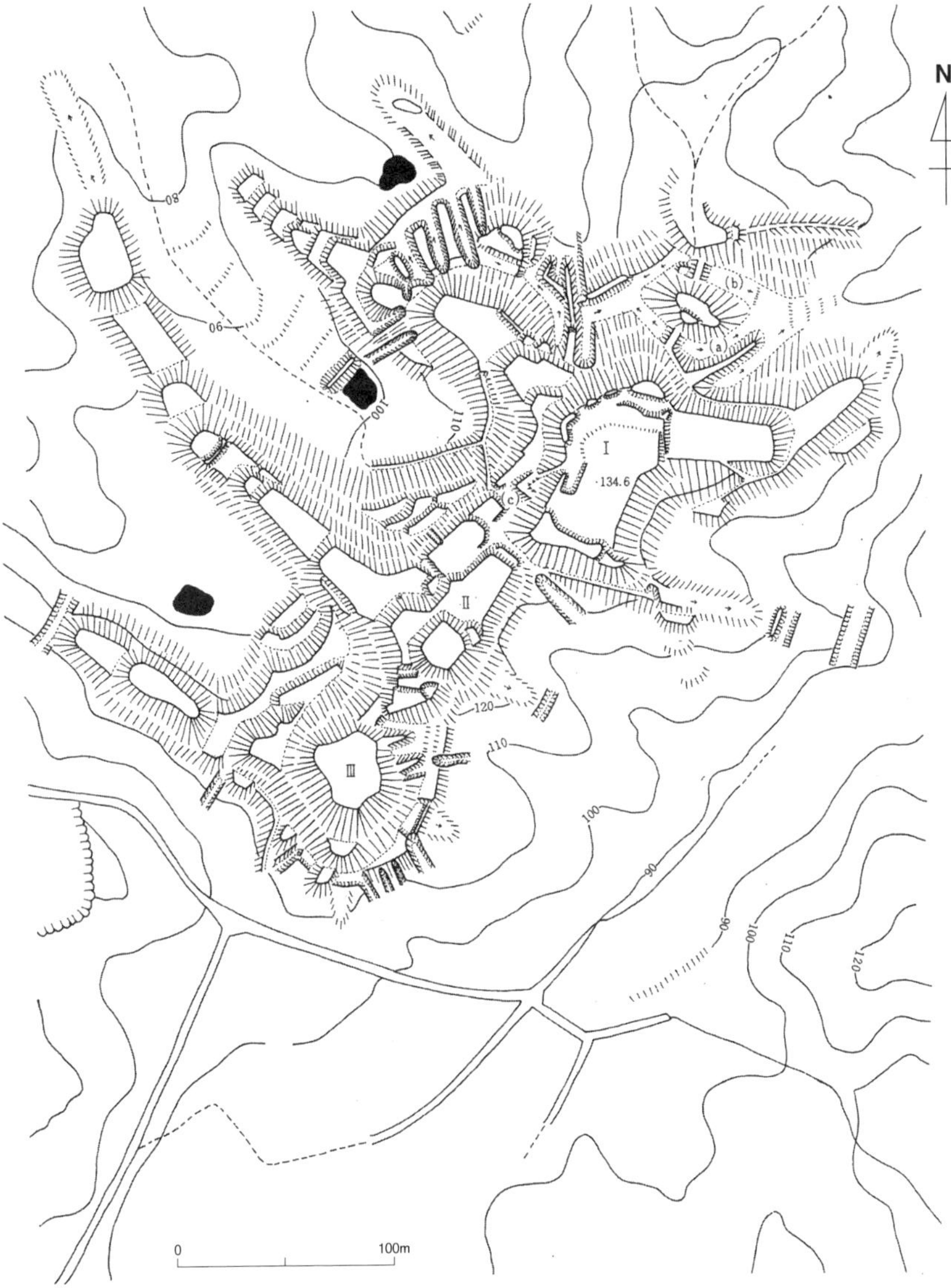

鹿背山城跡概要図（作図：中井均）

られる。

　永禄二年八月、松永久秀は大和に乱入し、筒井氏らの国衆を追い払い、八月八日には信貴山城《しぎさんじょう》を改修して居城とし、大和を領有化することに成功した。翌三年には多聞城の築城を開始し、大和の領国支配をより強固なものとした。久秀はこの多聞城を事実上の本城とし、信貴山城との間を往復していた。また、天理市に所在する十市《といち》氏の居城であった龍王山城も永禄十一年以降松永方の城として利用されている。

『多聞院日記』に記された鹿背山城はこうした状況で改修されていたのである。これは松永久秀が多聞城を本城とし、三好三人衆に対して奈良丘陵北方に位置し、山城、木津川の渡河点を押える要衝として鹿背山が着目され、河内方面に対する前線基地として松永方が修築して守備していたものと考えられる。現存する大規模な鹿背山城の遺構もこの修築時によるものであることはまちがいないだろう。この鹿背山城の修築により、松永久秀は多聞城を本拠にして、出城として東方防御を龍王山城に、西方防御を信貴山城に、そして北方防御を鹿背山城によっていたと考えられる。

元亀二年（一五七一）八月、辰市《たついち》の合戦で、筒井順慶が松永軍を破ると、大和は織田信長政権下で、筒井・松永両勢力が争うようになるが、松永方は徐々に劣勢となる。『多聞院日記』天正二年（一五七四）四月二十五日の記録に「カツ山ノ城落了」と記されている。具体的にどこのカツ山かは不明であるが、松永氏の衰退時期と併せて考えると、この「カツ山」が鹿背山である可能性は高い。

【発掘調査された鹿背山城】 鹿背山城跡では平成二十年（二〇〇八）より発掘調査が実施されている。主郭では南辺の土塁上で礎石が検出され、多聞櫓のような建物が存在したことが明らかとなった。また、主郭からは十五世紀後半の土師質《はじしつ》土器《どき》が大量に出土するとともに、瓦の出土もあり、寺院的な施設が十五世紀に存在したことが明らかとなった。幅郭などの調査でも十五世紀の整地層が検出されており、『大乗院寺社雑事記』に記された興福寺との関係が深かった「鹿山」に関わる遺構と遺物ではないかと見られる。さらに中央の副郭より西方に伸びる尾根筋に築かれた曲輪の一画からは十二世紀末に遡る整地と遺物が出土しており、「鹿山」の創建に関わるものと考えられる。

しかし、現存する遺構が築かれたと考えられる十六世紀末の松永久秀による築城に関する遺物は出土していない。おそらく戦国後半の出城的城郭は遺物が出土しない使われ方をしたのではないだろうか。

【参考文献】中井均「町内の中世城跡」（『木津町史』本文編所収、一九九八）

（中井　均）

●岩を削りて城となす

笠《かさ》置《ぎ》山《やま》城《じょう》

〔国指定史跡〕

〔所在地〕相楽郡笠置町笠置
〔比　高〕約二〇〇メートル
〔分　類〕山城、寺と重複
〔年　代〕十四世紀前半～十六世紀前半
〔城　主〕木沢長政
〔交通アクセス〕JR関西本線「笠置駅」下車、笠置寺本堂に向かって山道を登る。徒歩約六〇分

【南北朝動乱のきっかけ】　笠置山城跡は、京都府最南端の山間を流れる木津川に張り出す標高二八八メートルの笠置山山頂とその周辺にある。山頂には奈良時代創建と伝える笠置寺がある。境内には磨崖仏《まがいぶつ》が二つあり、高さ三～五メートルの大岩に線刻されている。平安時代にはすでに有名な寺であったようで『枕草子』では、参詣すべき寺としてあげている。平安時代末期には興福寺の僧貞慶《じょうけい》が入山し、ここで、般若経六〇〇巻を写経し、これを収蔵する六角堂を造営している。鎌倉時代中期には東大寺僧宗性《そうしょう》が入山し、ここで、多くの著作をした。その後、東大寺の末寺となっている。

笠置寺の歴史の中で特筆すべきなのは元弘の変（一三三一年）の舞台となったことである。元弘元年（一三三一）八月二十七日に鎌倉幕府を倒す計画を練っていた後醍醐《ごだいご》天皇は、この計画が発覚したので比叡山を出て、東大寺に向かった。しかし、寺の応援は得られず、やむなく、木《き》津《づ》川の北側にある和束町の鷲峯山《じゅぶさん》寺に入ったのであるが、この地は、不便であるとのことで、笠置寺に入ったのである。この時、本堂を行在所《あんざいしょ》とした。九月二十六日に鎌倉幕府の大軍は木津川の加茂（木津川市）に駐屯した軍勢と、柳生方面から進軍した軍勢が攻めてきたのだが、この時は撃退した。

しかし、二十八日夜に降雨にもかかわらず、城の北側の絶壁をよじ登った鎌倉軍のため、不意を突かれた籠城軍は総崩れとなり、このため、後醍醐天皇は笠置を離れた。『太平記』によれば、この戦いで六角堂や千手堂、大湯屋以外は炎上し

たという。その後、本堂は永徳元年（一三八一）に再建されたものの、応永五年（一三九八）にふたたび焼失したという。

【笠置山城の形状】　地上観察によれば、本堂を主郭とし、そこから派生する複数の尾根《おね》を段々にカットして平坦地を造成している。本堂がある南北四〇〇メートルほどの平坦地の北端が行在所跡である。南端には鐘楼跡と六角堂跡とがある。これより南は一本の尾根が現在東海自然歩道となっており、四段の平坦地がある。この平坦地の南端は堀切となっており、尾根は分断されている。さらに南方は自然地形で、約一キロ進むと奈良県の柳生の里に入っていく。

【笠置山での発掘調査】　後醍醐天皇が入山し、城が陥落するまでおよそ一ヵ月の間、後醍醐軍は防御体制を整えていた。『太平記』には木津川からの急峻な崖の上に城を築き、山には露出した大岩が多数あることから、さながら岩を削りて城となすという形状であったという。笠置山での発掘調査は三回行なわれた。一回目は六角堂の調査である（笠置町教育委員会、一九七五）。六角堂は元弘の変の時には焼失を免れたものの、いつの頃かは不明だが焼けたことが確認されている。

二回目の発掘調査は平成十七年（二〇〇五）に行なわれた。防災工事に伴うもので、六角堂より南西側の丘陵部と南側の東海自然歩道の東側の丘陵部と西側の谷部とが調査された。この結果、鎌倉時代から室町時代にわたる建物跡や堀跡が発見された。この成果を受けて、遺構が良く残っていた場所をはずし、谷部を中心に平成十九年に三回目の発掘調査が実施された。

三回の調査で判明した事実は、調査地は城跡の南端に位置していることで、遺物と遺構の内容はほとんど鎌倉時代後期のもので、平安時代末期の遺物や室町時代のもの、および戦国時代のものは少量であったことである。地上観察から笠置城の南端に相当する箇所では、堀切と土塁《どるい》が観察されていたが、調査の結果、これらは戦国時代の施設であることが判明した。幅四メートル、深さ二メートルであった。土塁は高さ一・五メートル、下端幅が二メートルであった。この下に大きな堀が隠れていたのである。東海自然歩道の東側では幅五・五メートル、深さ二・五メートル、西側では幅六・七〜七・二メートルと広くなっていた。トレンチが狭く深さは不明である。この堀切より北側は尾根と谷とに分かれており、東尾根には一〜二メートルの段差をつけた平坦面が四ヵ所あり、細い尾根が広い尾根に変わるところに二重の堀切を設けていた。平坦面は二〇〜三〇メートルある尾根幅いっぱいを使い、長さ二〇〜五〇メートルであった。

狭い尾根が終わり、六角堂がある広い尾根に入る地点には堀切が二重にある。その間の土塁状施設は発掘調査の結果、岩山を削り残して傾斜角度約五〇度の土塁状としていたことが判明した。六角堂から南西に伸びる尾根には一間×二間の掘立柱建物跡が一棟あった。

これらの尾根の下には谷部がある。堀切のある南端から谷は始まり、ゆるやかに地形は下がり、約七〇メートルから傾斜地を一～二メートルカットし平坦地を七面造成している。丘陵から谷部へ降りた地点には、雨水を防ぐために第二平坦面では石組の水路を造っていた。また、第三平坦面では斜面にある大岩を一部削って水が流れるように水路を造っていた。それぞれの平坦面には建物が一棟程度建てられていたようである。その第二・第三平坦面の境界は二～三段の石を組み合わせて石段を形成していた。平坦面は約一メートルの厚さの土が堆積していたが、除去すると焼け土を大量に含んでいることが判明した。出土した遺物はいずれも、鎌倉時代末期のものである。

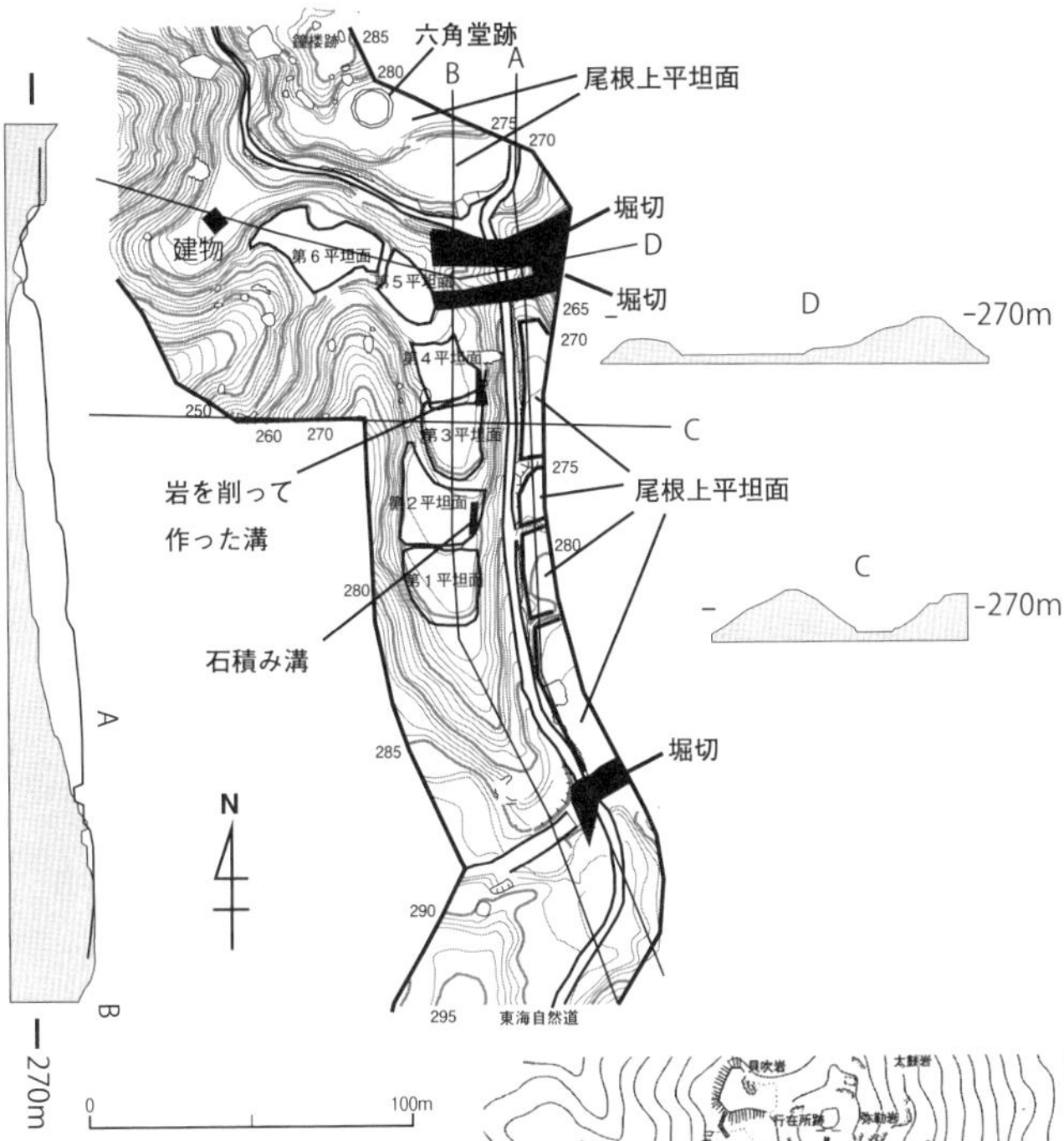

笠置山城跡遺構図

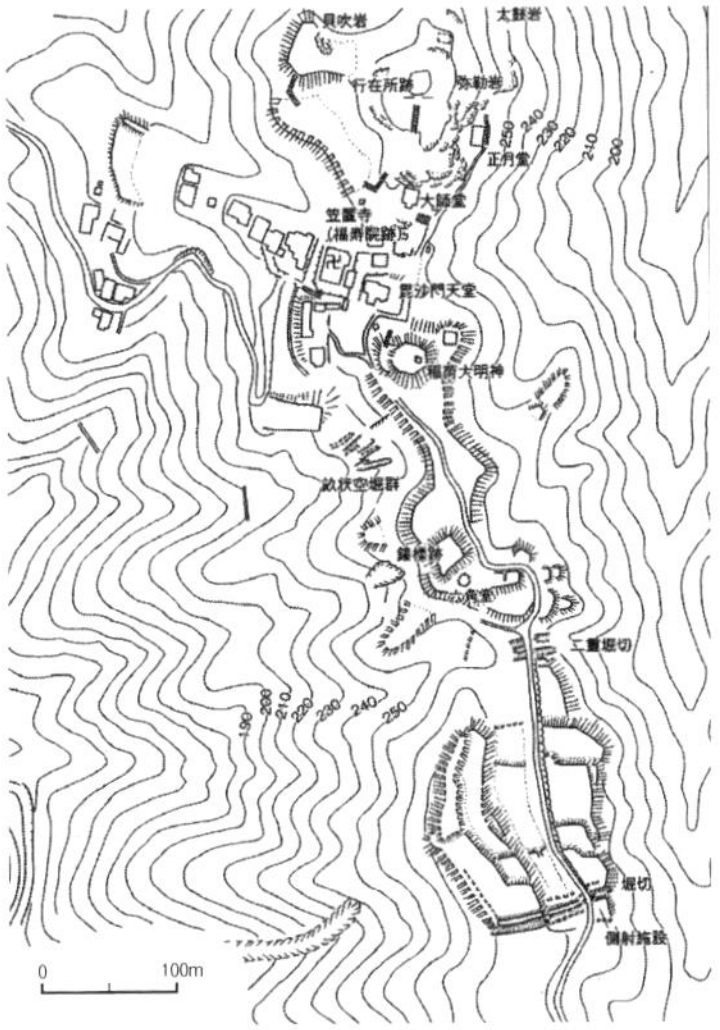

笠置山城縄張り図
（作図：福島克彦 52%縮小）

元弘の変にともなうものといえよう。

【高麗青磁出土の意味】 出土した遺物の種類は近隣で生産された土師器皿《はじきざら》・羽釜《はがま》、瓦器椀《がきわん》・火鉢。東播磨で生産された須恵器《すえき》鉢・甕などのほか、常滑《とこなめ》甕・壺、長崎県で生産された石鍋もあった。このほか、中国産青磁香炉・椀、青白磁小壺、白磁壺・皿、高麗青磁椀小片三点もあった。また、火を受けて大きくゆがんだ銅製椀一点もあった。高麗青磁を除く製品は有力な寺や城館で出土するものとかわらない。しかし、笠置で出土した高麗青磁は粗悪品で、朝鮮半島からの交易品ではなく、日常品と考えられる。鎌倉時代末期に京都東福寺が仕立てた船が韓国新安沖で沈没していたことが判明しており、有力な寺が船を仕立てた際に、交易関係者などが物資を運ぶことがあったと考えれば、笠置寺が交易の一部を担っていた証拠になるのではなかろうか。

元弘の変で衰亡した寺は徐々に再興されたらしく、室町時代の遺物も出土している。

【石工の存在】 大岩を削って堀や水路、あるいは石塁を作っており、石工が存在したことは明らかである。現在でも整備された六角堂跡地には大岩を削った階段がある。寺域には石を切り出した跡もあり、石工を護する寺であったことがわかる。

【戦国時代の笠置寺】 戦国時代、笠置の地は南が大和の柳生に通じ、北は木津川に面することから軍事上の要衝であった。そのため、山城守護細川晴元のもと、守護代には木沢長政が補され、山城として使用されたらしい。『多聞院日記』天文十年（一五四一）十一月二十六日条には、伊賀衆が攻め込んできて戦となり、いくつかの建物が焼かれたことが見えている。この時期の笠置城の縄張りについては、中井均や福島克彦の図が参考になる。発掘調査が行なわれた南部の成果によれば、南端の堀は幅が狭くなり直線的で複雑な屈曲はないので、戦国時代でも末期の防御体制ではなく、文献にあるように十六世紀前半の施設と考えられる。また、平坦面に建物などは認められないので、多くの兵を擁したとは考えられない。発掘調査が実施されていない、北部に施設の中心があるのではなかろうか。

【参考文献】中井均「笠置城」（『城』一一三、一九八二）、大山崎町歴史資料館編『戦国 京都周辺の城をめぐる』（特別展図録、二〇一三）、京都府埋蔵文化財調査研究センター編『史跡名勝笠置山』（『京都府遺跡調査概報』一一九、二〇〇六）、同編『史跡及び名勝笠置山発掘調査報告』（同一二七、二〇〇八）

（伊野近富）

●京都府南部に残る城館

田《た》山《やま》西《にし》の城《しろ》

〔所在地〕南山城村田山西尾
〔比　高〕一五メートル
〔分　類〕平山城
〔年　代〕十六〜十七世紀
〔城　主〕西城氏
〔交通アクセス〕ＪＲ関西本線「月ヶ瀬駅」下車、南山城村村営バス「宮ノ前」下車、東南へ約一キロ

【城の位置】　田山西の城跡は田山集落の西にある標高一八〇メートルの山頂に位置する城跡である。ただし集落自体が標高一七〇メートル台の地点に立地しており、実態としては台地上の城といった方がよい。

【城跡に居住する郷士】　この山城国相楽郡のうち、南山城村周辺は、東を伊賀国（三重県の一部）と接しており、その長らく、その文化圏に属していた。戦国期は、伊賀と同じく各集落に土豪が分立していたものと思われる。彼らは、そのまま在村し、江戸時代には武家領主と被官関係を結んで郷士となっていた。彼らのなかには、戦国期の城跡にそのまま住居とした場合があった。この田山西の城跡も、そうした歴史を持っており、城跡は現在も個人宅である。

この田山西の城は西城《さいじょう》氏の城跡として伝えられている。十六世紀前半には、地域の名字である田山氏の存在が確認できるが、十六世紀後半になると西城氏が現れる。十七世紀に入ると、西城氏は柳生《やぎゅう》氏に服属し、日常は田山の郷士として在村し、有事の際は柳生陣屋に詰める存在であった。

【城の構造】　城跡の中心となる主郭Ⅰは、方形を指向した楕円形状の曲輪《くるわ》で、周囲を分厚い土塁《どるい》で取り囲む。土塁はⅠの北と西に残り、高さ二〜五メートルを測る。この土塁は、盛り土によるものではなく、地山の土砂を掘り残した工法で築かれている。これは隣接する伊賀・甲賀の館城の構築方法と酷似する。土塁の内、幅が広がっているのがⅡ部分である。Ⅱは、幅六・五メートルで、主郭Ⅰの面よりも七メートル

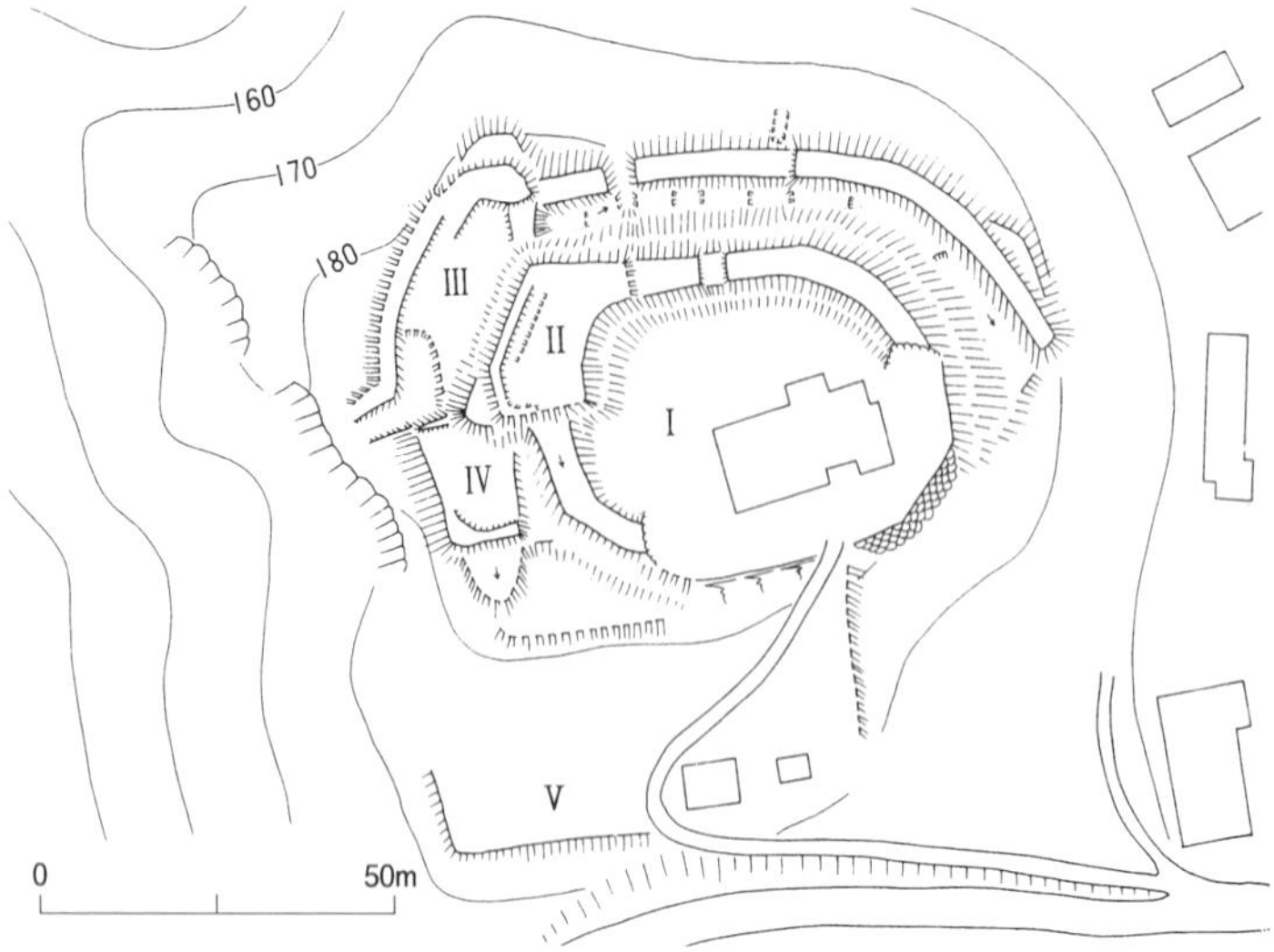

田山西の城跡

もの段差を付けている。これは本来の地形の頂部にあたり、この箇所を残しつつ、全体プランを普請したことがうかがえる。また、人が配置できるよう空間となっており、一種の櫓台と想定できる。

土塁の外縁には、横堀が取り巻く。特に北と東側に、下辺幅二〜三メートルの堀がめぐらされ、堀底には細かい段差が設けられている。横堀は城の北西に築かれたⅢによって区画されている。Ⅲは一見、曲輪に見えるが、竪堀《たてぼり》とも接続しており、幅の広い横堀と捉えられると思われる。なお、Ⅰの西側には、曲輪のⅣとの間に竪堀が見られる。

【国境を越える文化圏】 ちなみに南側の鞍部を挟んだ南一〇〇メートルに位置する尾根上にも西の城跡の一部が見られる。この場所も現在個人宅となっている。また、同じ田山集落には、東ノ城、東出城と呼ばれる城跡も残っている。これらも掘り残しの大型の土塁で囲繞するプランになっている。こうした一集落に複数の館城がある形態は、やはり伊賀・甲賀の中世城館の構造、分布と酷似している。南山城地域は、国境は越えつつも、こうした伊賀・甲賀と同じ文化圏であったことがうかがえる。

田山西ノ城は、土塁・横堀とも残存度が高い。各々の遺構も高低差が明瞭で、わかりやすい。ただし、個人宅になっているので、許可を得て見学する必要がある。

【参考文献】 京都府教育庁編『京都府中世城館跡調査報告書』三（二〇一四）

（福島克彦）

奈良県

秋山城（宇陀松山城）：松山城西口関門

多《た》聞《もん》城《じょう》

「華麗驚耳目」天下の名城

〔所在地〕奈良市法蓮町
〔比　高〕三一メートル
〔分　類〕平山城
〔年　代〕永禄四年（一五六一）～天正四年（一五七六）
〔城　主〕松永久秀、松永久通、織田信長
〔城番〕明智光秀、細川藤孝、柴田勝家、原田直政、山岡景佐
〔交通アクセス〕近鉄奈良線「近鉄奈良駅」下車、北へ徒歩約一・八キロ

【多聞城の残存遺構と縄張り】　多聞城は、権門都市奈良北端の丘陵頂部に選地する。東側の善鐘寺《ぜんしょうじ》山（現グラウンド）を越えた先には京街道が通り、柳生を経由する東西路も派生する交通の要衝である。当地からは、奈良はいうまでもなく、国中《くんなか》（大和盆地）をも一望することができる。

現在は奈良市立若草中学校の敷地となり、校舎造成によって大部分が破壊されてしまったが、西側と北側、東から南側斜面は改変を受けながらも各所に遺構が残存している。特に西側遺構は、一部が陵墓として立ち入り禁止区域になっていることもあり良好である。まず東側遺構Ａは、善鐘寺山とのあいだの大規模な堀切ａが切り通し道として残り、斜面には複数の削平地が確認される。ついで南側遺構Ｂは、宅地造成も重なるため改変が著しいが、斜面裾に土塁《どるい》を設ける曲輪《くるわ》が残存する。このうち、道より東側の曲輪には、発掘調査の際に出土した石造物が安置される。北側遺構Ｃは、造成の削り残しが東西約八〇メートルにわたって残存し、東端は北に張り出す。この張り出しは略測図の東北隅櫓台《やぐらだい》に該当し、東西端には土塁がみられるが、造成に伴う廃土の可能性もあり、注意が必要である。当土塁上からは、複数の丸瓦や甕《かめ》の破片が採集された。西側遺構Ｄは、一部改変を受けるものの、当時の曲輪面が残り、北端には土塁や櫓台がみられる。南東には同様に土塁がのび、南西隅は約五×一〇メートルの櫓台が構築され、堀切ｂと虎口ｃ、それに伴う城道を牽制する。堀切ｂは佐保山南陵と多聞山を分かつ大規模なもので、

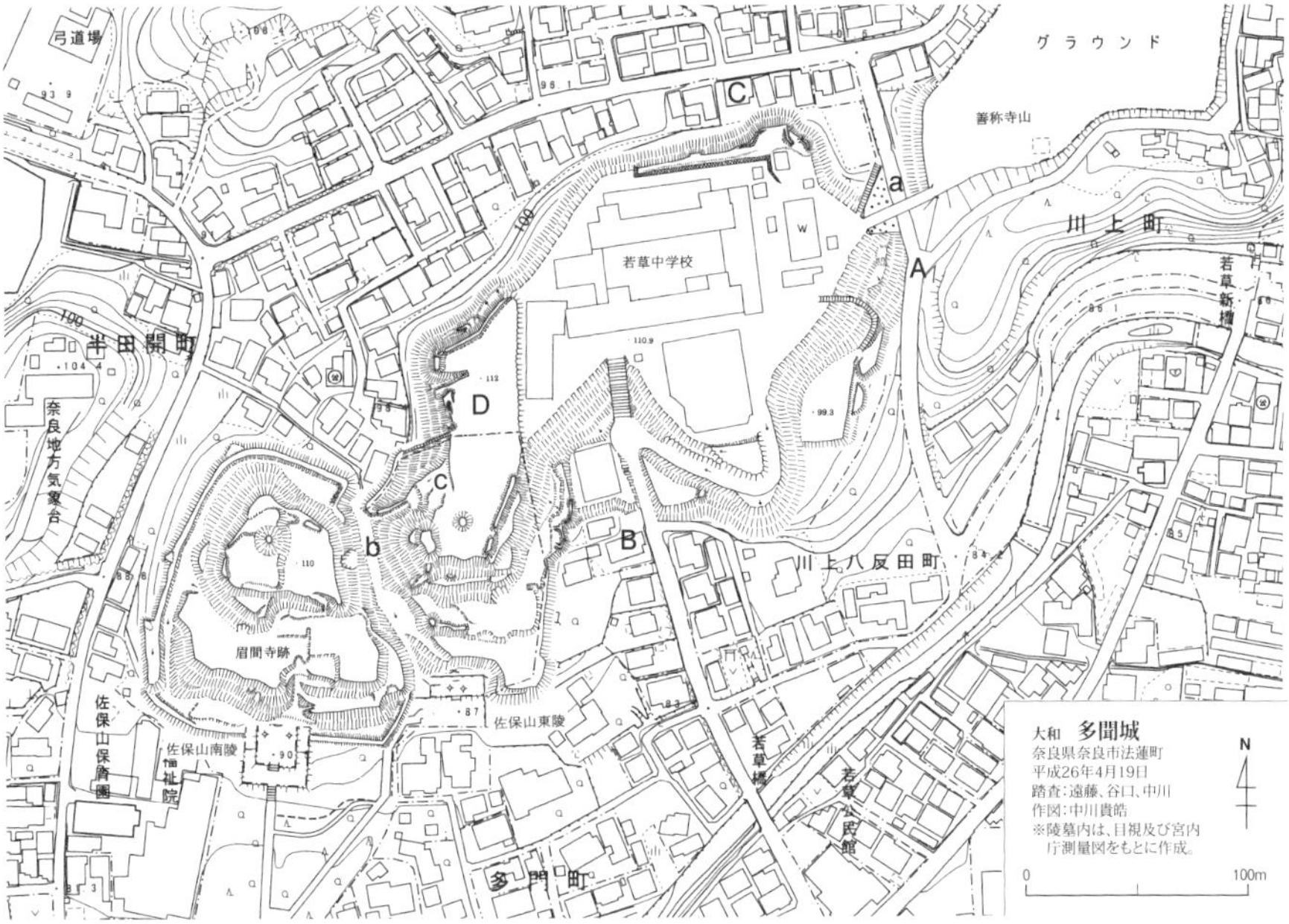

多聞城現況図

城域を画する。堀底からは虎口ｃに至る城道が派生する。南山腹には比較的広めの曲輪が二段形成され、上段のものは小規模な櫓台と土塁を備える。なお善鐘寺山には明確な遺構を確認できず、佐保山南陵は山腹に眉間寺《みけんじ》が移築されていたことを踏まえると、積極的に城域と捉えることは難しい。しかし、有事の際に臨時的に利用されたことは想像に難くない。

　中学校建設以前の様子は、発掘調査に先立って作成された略測図よりうかがえる。略測図によると東西の尾根続きを堀切ａ・ｂによって遮断し、城域を画すとともにそのあいだには広大な曲輪Ｉを中心とした曲輪群が造成された。Ｉ周囲は土塁が巡り、四隅部には櫓台が設けられた。Ｉ東半分は方形を志向し、土塁・櫓台の規模が相対的に大きくなっていることがわかる。また東端中央部は土塁が開口し、虎口《こぐち》が形成された。その先は逆Ｌ字状の帯曲輪が取り囲み、南尾根の曲輪や南側斜面の曲輪に連絡したようである。北側山麓には外縁土塁を設けて横堀をめぐらせ、東西の堀切に接続し、さらに南側山麓にも横堀をのばしており、四方を横堀が取り巻いていた。北側横堀底はいくつかの段差が設けられ、遮断機能に特化していたようである。発掘調査では、井戸・礎石建物が検出され、多量の石造物・瓦を用いて排水溝の構築や土塁基礎の根固めが行なわれていることが判明した。また瓦も多く

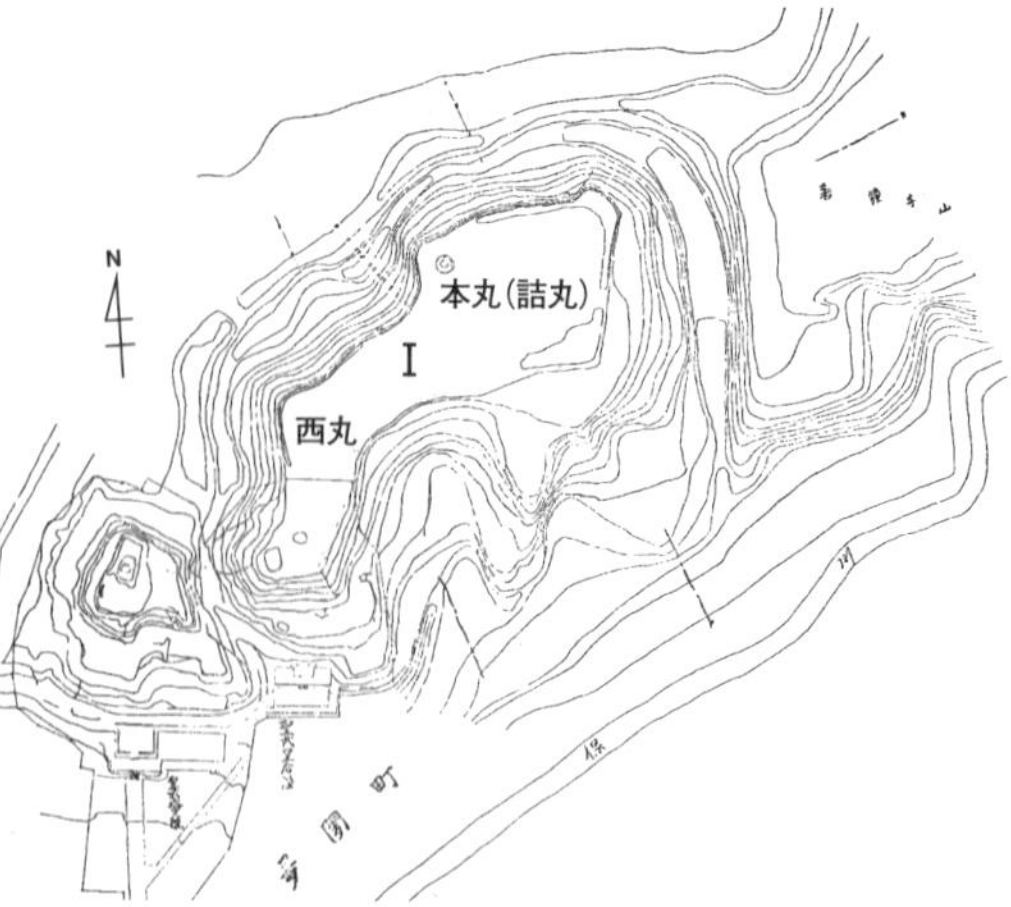

多聞城略測図（『奈良県史跡名勝天然記念物調査抄報』第10輯より、加筆・転載）

出土しており、大半は多聞城専用に新調されたことが指摘されている。

【松永・織豊権力と多聞城】 築城以前には東大寺戒壇院末寺の眉間寺があり、眺望の良さと要害地形からたびたび諸勢力による陣取りが行なわれ、合戦の場ともなっていた（「(永正四年)十一月十八日付赤澤長経書状」『東南院文書』など）。

永禄四年（一五六一）、大和国の大半を支配下においた松永久秀は、眉間寺を移して築城を開始する（『二條寺主家記抜萃』）。翌年八月には、奈良住民が見物するなか棟上げが行なわれた。城内では、相論裁許やそれに伴う文書の発給受給、検断権の行使、人質の収容などが行なわれ、政庁としての機能をもつ一方、常駐する軍勢を各地に派遣し、永禄八〜十一年には籠城して三好三人衆方を迎え撃つなど、軍事拠点としても機能した。また興福寺関係者や京の公家、宣教師らが頻繁に訪れ、都市民との茶会も開催されるなど、日常的かつ文化的な交流の場ともなっていた。元亀元年（一五七〇）、久秀は信貴《しぎ》城に移り、多聞城は嫡子久通に譲られる。その後、松永氏は足利義昭に対し謀叛を起こした織田信長と対立するが、天正元年（一五七三）十二月、久通は織田方に当城を明け渡し、信長直轄の城となった。翌年三月に信長は城内で蘭奢待の切り取りを行なっている。織田期では、城番による管理のもと、建物の移築・撤去と普請が同時に行なわれ、改修を受けつつ維持されていたものの、天正四年には破城となった。このとき、久通は奉行となり、筒井順慶とともに破城が進められ、「高矢倉（四階ヤクラ）」は安土城、石垣の石材は筒井城へと運ばれた。破城により機能を停止した多聞城であるが、文禄三年（一五九四）、豊臣政権のもとで、郡山城に代わる拠点として再利用の動きが高まり、伏見城普請とともに「和州多門普請」が計画される。諸大名への普請役割り振りまで決定したが（「(文禄三年)五月十七日付豊臣秀吉朱印状写」『古蹟文徴』）、計画は中止となった。以降、使用されず、寛永期には「多聞城古跡」として認識されている。

【松永期多聞城の空間構成】　多聞城を正しく理解するには、城内の空間構成を適切に把握することが求められる。そこで、あらためて史料を確認しよう。

当城は築城過程や内部構造に関する史料が比較的多いため、松永期の様相をある程度復元することができる。曲輪に関しては、「本丸（詰丸）」「西丸」の存在が確認され、それぞれに井戸が掘られていた。本丸には、「主殿」や「会所」「庭園」などがあり、将軍御所プランに則った伝統的な館が形成された（「（永禄五年）十月二十八日付松永久秀書状」『柳生文書』など）。また城内の道に沿って有力家臣の屋敷もつくられ（「二条宴乗記」など）、上階のある建物や蔵が伴った。屋敷と堡塁（櫓）は瓦が葺かれ、城壁と堡塁の壁は漆喰で白く輝いていたという。これらは、山を切り崩して造成した中央の大きな平地（曲輪Ⅰ）のなかに存在したため、宣教師は、都市のような空間と評している（「アルメイダ書簡」）。上記と先述の縄張りを踏まえて解釈すると次のように復元できる。

Ⅰ東側は方形を志向し、明確な虎口を設け、土塁や櫓台の規模が突出することから、「本丸」として久秀の館があったことが推測される。一方で、西側は「西丸」として、重臣屋敷が道に沿って所狭しと立ち並んでいたようである。両者の間には普請による明確な差別化が確認されず、周囲をめぐる土塁によって一体化し、土塁上には城壁などが築かれ、櫓《やぐら》台《だい》上には瓦葺きで漆喰壁の重厚な櫓がそびえていた。また石垣も存在し、山麓には四方を横堀がめぐっていた。

以上のように外見は近世城郭に少し似た様相であるが、普請による曲輪構成は、本丸と西丸が一括となる特異なものであった。この有り様は、同時期の戦国期拠点城郭と一線を画し、松永氏関連の城郭にも類例はみられないため、多聞城の独自性と見做すべきである。それゆえ、従来指摘されるような、信長の城やそれを前提とする近世城郭への影響・連続性という積極的な評価は難しいだろう。

また、松永氏権力は久秀への集権性が指摘されるが、多聞城をみると、縄張り構造と権力構造が一致せず、必ずしも縄張りが権力構造を反映したわけではないことがうかがえる。

なお、校内見学にあたっては、学校長の許可を得たうえで、教職員生徒に配慮しつつ散策していただきたい。

【参考文献】福島克彦「大和多聞城と松永・織豊権力」（『城郭研究室年報』一一、二〇〇二）、高田徹「松永久秀の居城―多聞・信貴山城の検討―」（大和中世考古学研究会・織豊期城郭研究会編『織豊系城郭の成立と大和』所収、二〇〇六）、中川貴皓「多聞山普請について」（『戦国遺文』三好氏編月報二、二〇一四）

（中川貴皓）

●記録に残る十五世紀の陣城

西《さい》方《ほう》院《いん》山《ざん》城《じょう》

〈所在地〉奈良市高畑町
〈比　高〉一一メートル
〈分　類〉山城
〈年　代〉文安元年（一四四四）
〈城　主〉古市氏
〈交通アクセス〉近鉄奈良線「近鉄奈良駅」下車後、奈良交通バス「奈良ホテル」下車、徒歩一五〇メートル

【大和を支配する興福寺の分裂】　観光客で賑わう奈良公園は、明治の廃仏毀釈まで大部分が興福寺の境内地であった。興福寺は室町幕府から大和の守護格として扱われ、寺内の有力院家である一乗院門跡と大乗院門跡が大和武士を衆徒（興福寺僧）と国民（春日大社神官）に分けて組織していた。

しかし、十五世紀中頃に大乗院門跡が経覚派（越智《おち》・古市氏）と尋尊《じんそん》派（筒井氏・成身院）に分裂し、大和武士を巻き込み抗争すると、興福寺内に武士による築城が行なわれた。

【西方院山城の築城】　西方院山城は、標高一一一メートルの西方院山（瑜伽山）と呼ぶ尾根上に位置する。平地との比高差は一一メートルと低いが、興福寺の中心部と旧大乗院を隔てるように屹立しており、寺内での軍事的主導権を握る上で掌握すべき立地であった。

当寺の僧侶の日記によると、文安元年（一四四四）に尋尊派の筒井氏らを駆逐した経覚派は、大乗院境内で西方院山の尾根続きにあたる鬼薗山《きおんざん》に築城を企図した。ところが境内地という制約で工事が難航し、西方院山での築城を並行させ二重堀を築いたが、鬼薗山城が先に完成したことで放棄された。鬼薗山城は越智方と筒井方が争奪するが、長禄二年（一四五八）に廃城となったという。

両派の抗争は文明五年（一四七三）に経覚が没した後も続き、同十一年に筒井方と越智方が南都で再び激突。越智方は、鬼薗山城は諦めたが、古市氏を奉行として西方院山城を一ヵ月がかりで再興し、「堀二重」も改修した。閏九月二十

九日に完成したが、十月二日に筒井方に攻められ、城兵は城を焼き逃亡。僅か三日のできごとであった。

その後は永禄十一年（一五六八）に松永久秀の多聞城に対峙した筒井方が当地に天満城を置いたことが確認できる。

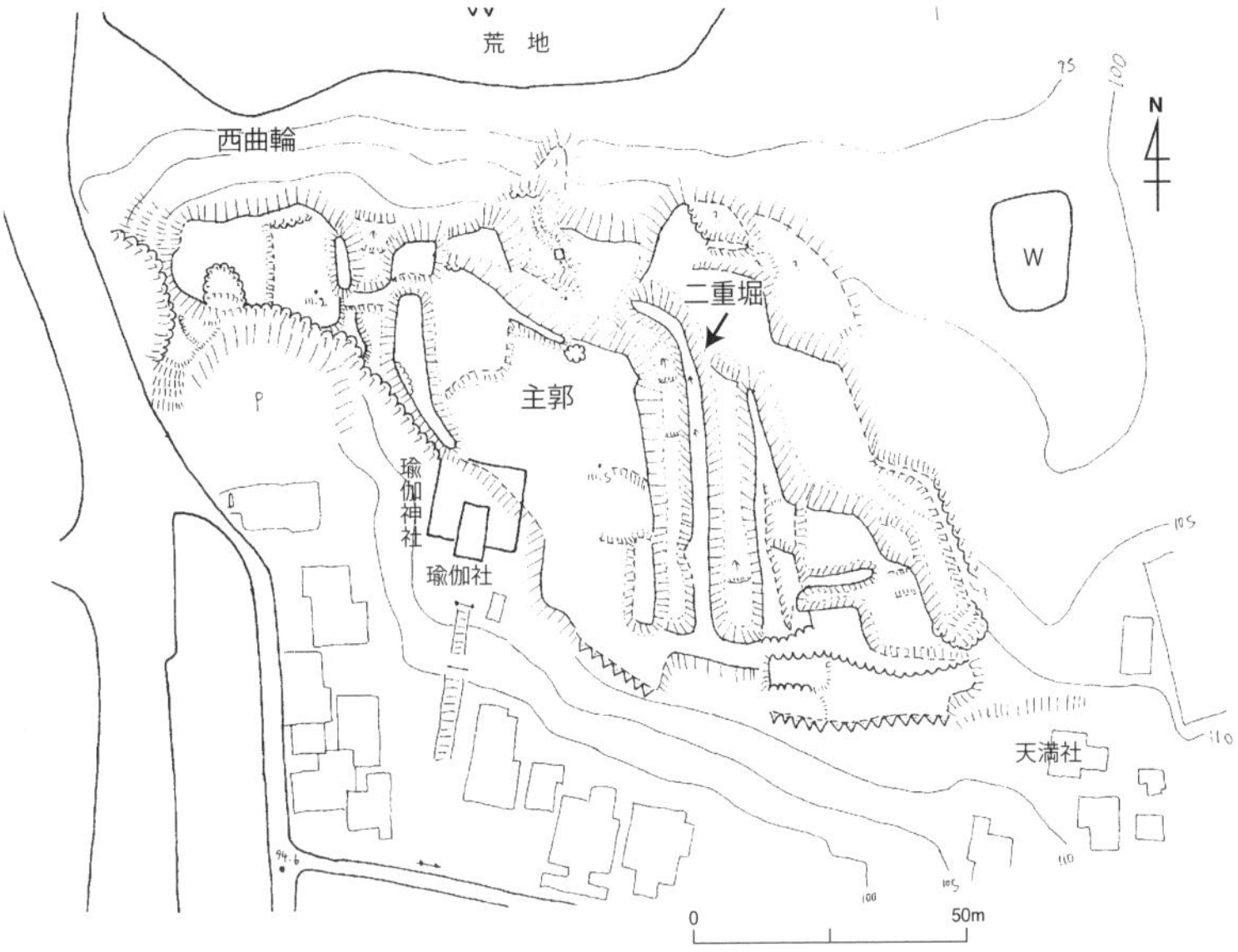

西方院山城復元図

【市中に残る十五世紀の築城技術】 奈良ホテルで破壊された鬼薗山城に対し、西方院山城は明確に遺構を残す。天満神社の地続きとなる城域の東側には記録に見る二重堀がある。南端は土橋があり堀底は浅いが、北側斜面に向かうに従い四から五メートルの深さに達する。堀切の北側端部は主郭に沿ってL字に曲がるが、山腹には廻らず堀切の遮断で発達が止まっている。

主郭は五〇×六〇メートルを測る。享保十七年（一七三二）に遷座した瑜伽《ゆうが》神社により南面が崩されているが、もとは方形で、堀切で限られた東と西に土塁《どるい》を廻らせていた。明瞭に残る西側土塁は幅が広く、西曲輪《くるわ》に向かう土橋に対し、平入り虎口《こぐち》を開口するが、横矢《よこや》は掛けず、永禄期の改修は軽微であったと思われる。

当城は、国人の対南都戦略で築かれた陣城といえるが、戦国期とは異なり、主郭に兵員を収容した曲輪内部の身分差が無い一元的な構造である。十五世紀の山城の多くは原形を留めないが、当城はその実態を知る数少ない貴重な遺構である。

（藤岡英礼）

【参考文献】村田修三「西方院山城」（『図説中世城郭事典』二所収、新人物往来社、一九八七）

●城と城下の並立を目指す先駆的城郭

古《ふる》市《いち》城《じょう》

〔所在地〕奈良市古市町
〔比　高〕一七メートル
〔分　類〕平山城
〔年　代〕十五世紀〜十六世紀中頃
〔城　主〕古市氏
〔交通アクセス〕ＪＲ桜井線「京終」下車、南東へ徒歩二キロ

【古市城の繁栄】　興福寺のある南都の南郊外に位置する古市の里は、鎌倉時代に大乗院門跡が支配した福島市の故地であり、室町時代には商人や馬借が行き交う都市的な場として機能した。

　古市城の城主である古市氏は、福島市の下司（代官）であり、中世後期に大和で勢力を競った五大国人（筒井・十《と》市《いち》・箸尾《はしお》・越智《おち》氏）の一人として、十五世紀中から後半に全盛期を迎え、胤仙・胤栄・澄胤の三代に渡り城を整備・拡張した。当時の記録によると、古市城内には大規模な馬屋が建設され、連歌会や茶会が開催。大乗院門跡の尋尊と大和を二分した経覚を古市の迎福寺に迎えるなど殷賑《いんしん》を極めた。

【謎の多い古市城】　城跡は、奈良盆地と大和高原の境をなす稜線から、西に降った段丘上中位に位置し、興福寺のある南都を見通すことができる。耕地と宅地化で遺構を留めていないが、明治期の地籍図などを参照すると、字古城では内部を二つのエリアに分け、北東隅をクランクさせた一五〇×一四〇メートルの方形居館の痕跡が確認できる。幕末に書写された絵図では、ここを二の丸とし、谷を隔てた南側台地の字上ノ段を本丸とする。しかし、十五世紀代には「上壇衆」と呼ぶ集落住民（地下人）の居住と、経覚の迎福寺がこの地にあったと想定されるため、古市氏の居館は字古城に限定されよう。また、これまで古城と上ノ段の東を縦断する長大な横堀が指摘されているが地籍図では確認できなかった。

【古市集落は初期城下町か？】　古市城の西側台地下に広がる

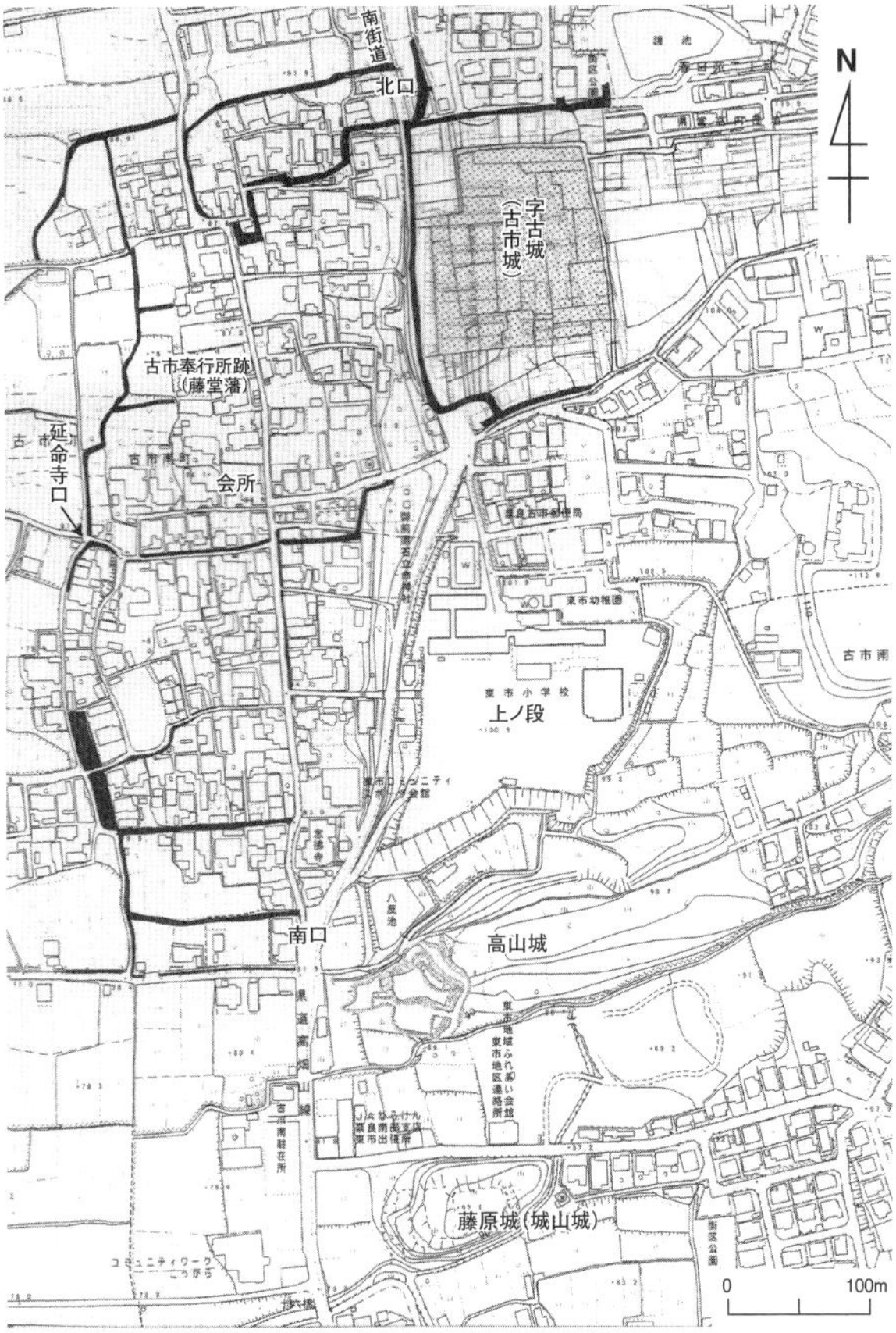

古市城復元図

古市集落は、三つの出入口を結ぶ直線道路に沿って短冊型の地割り（家屋）が並ぶ南北五〇〇メートルの町屋集落であり、東を除く三方を濠で囲む環濠集落とされる。その濠は古市城を縦断する東堀と一体化し、応仁の乱から戦国初頭までに、戦国大名に先駆けた惣構の前身となる初期城下町を経営したと評価されてきた。

しかし地籍図によると集落の堀は三つの出入口周辺に限定される上、集落の堀と接続するはずの古市城の東を縦断する横堀も認められないため、惣構の初例と評価することはできない。

また、古市集落の代表者は十五世紀半ばに荘園領主が任命した庄屋から古市氏の息がかかる代官に換わるが、いずれも集落の代表者が選任されている。集落の濠の古市氏が主導して建設されてはいたが、町場の自律性は維持されており、古市氏の支配力は限定されていた。このため古市城と古市集落の関係は横並びであったといえるだろう。

戦国期の古市氏は筒井氏に風下に立ち、しばしば稜線上にある古市山の城（鉢伏山城）や東山間部の大平尾に後退したことで古市城は拠点城郭としての機能を失った。しかし戦国期に城下町経営を志向しない畿内の城郭において、町場機能を取り込もうとした動きは評価されるべきであろう。

【参考文献】藤岡英礼「畿内における最有力国人城郭と都市的な場の防御について―奈良盆地を中心として―」（『中世城郭研究』一七、二〇〇三）、清水克行「室町期畿内における町場の構造」（『比較都市研究』三〇―二、二〇一一）

（藤岡英礼）

●大和最大の城郭と城下町

郡《こおり》山《やま》城《じょう》

奈良県

〔所在地〕大和郡山市城内町
〔比　高〕約三〇メートル
〔分　類〕平山城
〔年　代〕十六世紀末〜幕末
〔城　主〕筒井順慶、豊臣秀長、増田長盛、水野勝成、松平忠明、本多忠勝、柳沢吉里
〔交通アクセス〕近鉄橿原線「近鉄郡山駅」下車、北へ徒歩五〇〇メートル

【近世大和の政治・軍事的拠点】　天正八年（一五八〇）、織《お》田《だ》信長《のぶなが》の命により、大和では郡山城以外の城は破却を命じられた。初代城主の筒井順慶《つついじゅんけい》は筒井城から郡山城に居を移し、ここを新たな大和支配の拠点とするべく、天守の造営も含めた大がかりな築城が実施された。ついで天正十三年、豊臣秀吉《とよとみひでよし》の弟秀長《ひでなが》が入城したことにより、郡山城は大坂城に次ぐ大規模な城郭に改築され、この時、現在見られる城や城下町の基本的な骨格ができた。さらに跡を継いだ増田長盛《ましたながもり》は、城や城下を取り囲む外堀を掘削し、郡山城は城下全体が堀で囲まれる惣構の構造になった。

関ヶ原の戦の後、長盛が西軍に与したために郡山城は一時的に廃城となるが、慶長二十年（一六一五）年、水野勝成《みずのかつしげ》が入城し、荒廃した石垣や堀を修築した。また勝成に続いて元和五年（一六一九）に郡山城主となった松平忠明《まつだいらただあきら》も修復に尽力し、近世郡山城の姿が整った。

享保九年（一七二四）、甲府から柳沢吉里《やなぎさわよしさと》が入部し、以後、幕末まで柳沢氏が城主を務めた。

【郡山城の縄張】　郡山城の内部は内堀で巧みに区画され、機能的に郭が配置されている。さらにその外側には家臣団の居住地や城下町からなる外郭が取り囲む。

南北に長い西ノ京丘陵の南端付近に城郭主要部分を置き、守りを固める。城下町は南東の低地部分に広がるが、奈良方面に向かう街道を領域内に取り込んでおり、交通の要衝に市場を開く形となっている。すなわち郡山城は、山城と平城両

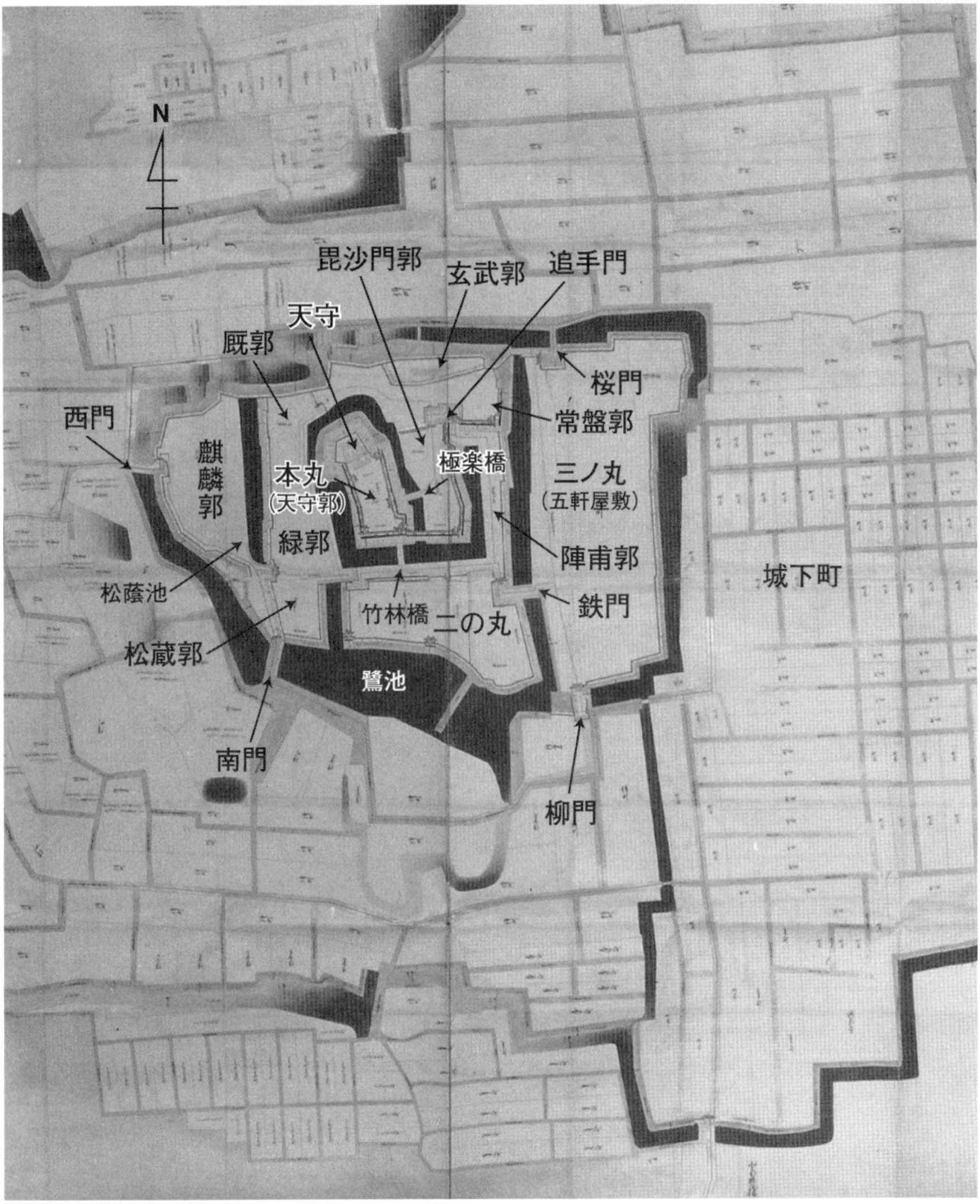

郡山城の縄張（「和州郡山城絵図」に加筆）

方の特徴を上手く活かした作りとなっている。

本丸（天守郭《てんしゅぐるわ》）は北側に折れを設け、その北端に天守台を置く。天守台の南には天守への進入路となる小天守台が設けられている。本丸の東には堀を隔てて毘沙門郭《びしゃもんぐるわ》があり、北に常盤郭《ときわぐるわ》（法印《ほういん》郭《ぐるわ》）・玄武郭《げんぶぐるわ》と続く。従来の説では、これらの郭と天守郭を合わせて広義の本丸と理解していた。

毘沙門郭と天守郭は、平時には極楽橋《ごくらくばし》という木橋でつながっており、天守郭側には白沢門が設けられていた。また、敵が毘沙門郭に侵入しようとする際、虎口《こぐち》となる追手門は城郭中枢部への正面玄関で、門を出て東側には、陣甫郭《じんぼぐるわ》が南北に細長く伸びていた。ここは本来、建物がない空間で、馬出《うまだし》（虎口前面に設けられた防御拠点）としての機能を有していた。

天守郭の西には、堀を隔てて南に緑郭《みどりぐるわ》、北に厩郭《うまやぐるわ》がある。このうち厩郭は、前述の玄武郭とは陸続きである。なお、緑郭と厩郭は、もちは新宅郭《しんたくぐるわ》と呼ばれた部分である。

追手門（右）と追手東隅櫓

本丸から見た毘沙門郭

【二の丸の範囲】 天守郭の南には、堀を隔てて二の丸があり、近世にはここに藩主の屋敷があった。天守郭とは竹林《ちくりん》橋《ばし》と呼ばれる木橋（現在は土橋）でつながっており、天守側に竹林門が設けられていた。二の丸は、前述の緑郭とは陸続きである。南側は、本来は溜池であった鷺池《さぎいけ》を堀として利用している。

ところで、毘沙門郭は、最古の城絵図である『正保城絵図《しょうほうしろえず》』（十七世紀中葉）では「二之丸」と記載されている。また、緑郭と厩郭がかつて「新宅郭」と呼ばれていたことを勘案すると、郡山城における二の丸とは、本来は現在二の丸と呼ばれる部分も含め、これら陸続きの郭全体を指すものであった可能性が高いと思われる。それはあたかも、本丸（天守郭）の四周を取り囲むように配置されていたのである。

【三の丸の範囲】 緑郭の西には、堀（松蔭池《しょういんいけ》）を隔てて麒麟《きりん》郭《ぐるわ》がある。ただしこの名称は柳沢氏以降の呼称で、正保城絵図では、ここは「侍町」と記載されていた。また、貞享二年（一六八五）の『和州郡山城図《わしゅうこおりやまじょうず》』では、この郭は「三の丸」と記載されている。なお、麒麟郭から緑郭・二の丸に至る虎口には、松陰門《しょういんもん》が設けられていた。

天守台石垣

一方、通常三の丸と呼ばれる部分は、陣甫郭から堀を隔てて東側の空間である。ここには「五軒屋敷《ごけんやしき》」と呼ばれる大型の居館群が南北に並立しており、一番北が「会所《かいしょ》」と呼ばれる藩の評定所で、他は重臣の居住地であった。屋敷の裏手にも堀が巡らされており、東側の城下町とは隔絶していた。また、城下町から三の丸に入る虎口には柳門《やなぎもん》があり、東に隣接した頬当門《ほおあてもん》の間に枡形《ますがた》を構成していた。一方、三の丸から二の丸に至る虎口には、鉄門《くろがねもん》が設けられていた。

なお、麒麟郭が「三の丸」と呼ばれていた点を重視するならば、郡山城における三の丸とは、本来は二の丸の東西に設けられていた重臣の居住区であったと考えることもできる。すなわち郡山城は、主郭を二の丸が取り囲み、その左右両脇に三の丸を配した構造であったと思われる。

【城下町と城の外郭部】 城下町は、城の南東部に長方形の街区が形成されており、整然とした町割が見られる。また、城の北から南まで、城を取り囲むように家臣団の屋敷が配置されていた。すなわち城の中核部は、城下町や家臣団居住区に取り囲まれる形になっている。

こうした外郭部も、中核部と同様に堀（外堀）で囲まれていた。また、外部から外郭部へ至る虎口は全部で八ヵ所あり、このうち城下町の入り口にあたる鍛冶町《かじまち》・高田町《たかだまち》・九条町《くじょうちょう》・柳町《やなぎまち》にはそれぞれ大門《だいもん》が設けられていた。

【参考文献】 下高大輔・高田徹編『大和郡山城』（城郭談話会、二〇〇九）

（山川　均）

●大和最大級の中世平城

筒《つつ》井《い》城《じょう》

〔所在地〕大和郡山市筒井町
〔比　高〕〇メートル
〔分　類〕平城
〔年　代〕十四世紀中頃～天正八年（一五八〇）
〔城　主〕筒井順覚、順昭、順慶、松永久秀
〔交通アクセス〕近鉄橿原線「筒井駅」下車、北東へ徒歩約一〇分

【中世大和を代表する平城】　大和から河内へ至る交通の要衝に位置する筒井城は、大和最大級の平地式城館である。文献上の初見は永享元年（一四二九）であるが、発掘調査の成果によれば、十四世紀中頃にはすでに幅八メートルに及ぶ大規模な堀や、それに付随する土塁などの遺構が検出されていることから、筒井城はその頃には本格的な軍事施設としての威容を誇っていたものと思われる。なお、城主である筒井氏も、康永二年（一三四三）の文献が初見であり、発掘調査成果とほぼ一致する。

　この頃、筒井氏は大和の覇権をかけ、奈良盆地南部の越智氏や箸尾氏と抗争を繰り広げていた。永享六年、当時筒井氏の惣領であった順覚《じゅんがく》が越智氏の館を攻めたが、逆に敵方によって殺害され、筒井城も攻撃を受けた。前述の堀は、この頃に埋め戻されていることがわかっている。

　その後、筒井氏は順覚の長男・順弘《じゅんこう》と、その弟・成身院《じょうしんいん》光宣《こうせん》が内紛状態となり、両者は筒井城の帰属を巡って争った。長禄三年（一四五九）には光宣の弟である順永《じゅんえい》が筒井城主となり、以後、筒井氏の家督は順永の家系が継ぐことになった。

　その後も筒井氏は、大和国内の他の豪族たちと抗争を続けたが、十六世紀に入る頃になると、赤沢朝経《あかざわともつね》や柳本賢治《やなもとかたはる》など国外の勢力が大和に侵入するようになる。すると筒井氏や越智氏らの大和の武士は、時に一致団結してこれらの侵入者に対抗した。

【筒井氏による大和統治】　十六世紀前半の一時期、実質的に大和を支配するようになったのは、室町幕府管領畠山氏の被官であった木沢長政《きさわながまさ》である。権謀術数を多用した長政は、やがて主家を凌駕するほどの勢力を一代にして築いたが、三好氏や細川氏と対立し、天文十一年（一五四二）、河内太平寺において、三好長慶《みよしながよし》らに敗れて戦死した。

この機に乗じて、一気に大和支配を進めたのが、筒井順《じゅん》昭《しょう》である。しかし順昭は、二十八歳の若さで志半ばにして

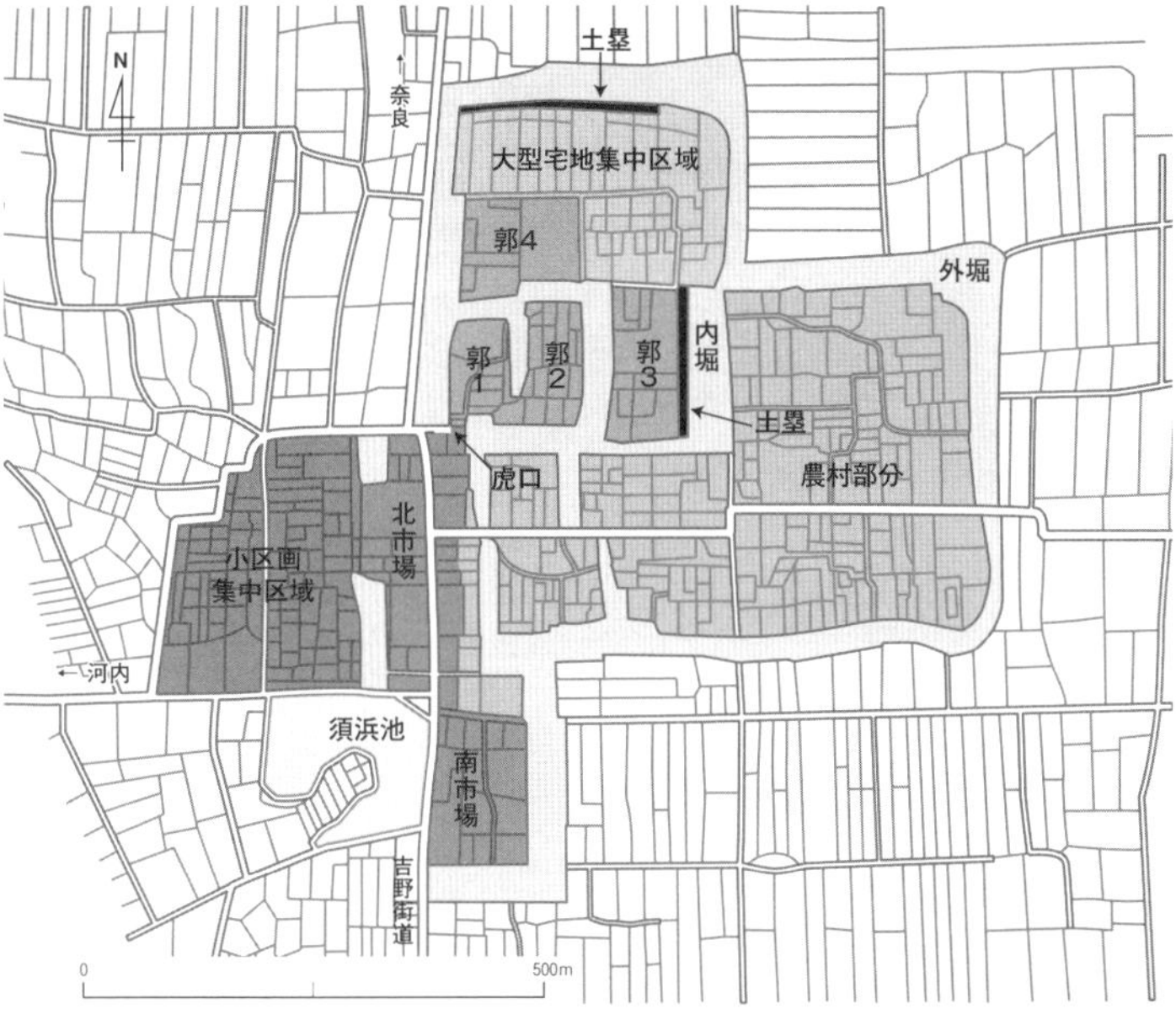

筒井城の縄張（原案：山川均、作図：福地貴子）

発掘された大型井戸

病死してしまう。すると永禄二年（一五五九）、河内方面から松永久秀《まつながひさひで》が大和に進攻した。順昭の跡を継いだ幼い順慶《じゅんけい》では、百戦錬磨の久秀には太刀打ちできず、筒井城は落城、大和は久秀の支配下に入った。発掘調査では、この時に松永軍が使用したとみられる鉄砲の弾が出土している。

その後、筒井城は長らく松永方の手にあったが、織田信長《おだのぶなが》の大和進出に伴う政治的な駆け引きの結果、天正四年（一五七六）、順慶が大和の支配を任されることになり、筒井城がその拠点となった。発掘調査では、順慶の居館に伴うとみられる巨大な石組井戸が見つかっている。

信長は天正八年、大和の城は郡山城を除き全て破却せよという命令を発し、筒井城は廃城となった。順慶は、高石垣《たかいしがき》や天守など、当時最新鋭の設備を誇る郡山城へとその拠点を移す。

筒井城跡の内堀

筒井城跡の外堀

【筒井城の縄張】 筒井城は、南北約一〇〇メートル、東西約二〇〇メートルの範囲を城郭の中枢（内郭）とし、その内部は堀で区画されていた。内郭の北には重臣の屋敷地と思われる大型の宅地割りが展開し、また西に接する吉野街道沿いには南北二ヵ所に市場が設けられていた。

十六世紀中頃には、これらの大型宅地群と市場のほか、内郭の南に位置する農村部分も併合し、南北約四五〇メートル、東西約六〇〇メートルに及ぶ広域を外堀で囲い込む惣構《そうがまえ》の構造となる。

筒井城跡において現在見ることができる地表面の遺構としては外堀跡と内堀跡

があり、このうち外堀跡は城跡の北端部において、内堀跡は菅田比売神社《すがたひめじんじゃ》（郭3）の東側、さらに内郭の南辺部（蓮畠）においてよく残っている。また、主郭と思われる「郭2」は周囲より若干高く、その北西角には切岸《きりぎし》の痕跡を明瞭に残す。この部分は大半が公有地化されており、筒井城の解説板もこの「郭2」の南側にある。

このほか、吉野街道から内郭に至る導入部には虎口《こぐち》が里道の一部としてそのまま使われており、直角に二回折れる様子を見ることができる。近鉄筒井駅から城に行く場合は、ここから城跡に入るとよい。

（山川　均）

【参考文献】大和郡山市教育委員会・城郭談話会編『筒井城総合調査報告書』（二〇〇四）

発掘された内堀

内堀から出土した大量のカワラケ

筒井城跡の虎口跡

●土豪と村落民が築きし防御集落

番《ばん》条《じょう》環《かん》濠《ごう》

〔所在地〕大和郡山市番条町
〔比　高〕〇メートル
〔分　類〕平城
〔年　代〕十五世紀
〔城　主〕番条氏・番条郷民
〔交通アクセス〕JR関西本線「大和郡山駅」下車後、奈良交通バス「丹後庄町」下車、徒歩五〇〇メートル

【奈良盆地に残る村の城】　南北朝時代から激しい戦乱が続いた大和国は、村落民も豊かな経済基盤を背景に一揆を結び寺社や国人に対峙する勢力を持っていた。このため水利権などで有利に立つ村落は、十五世紀代に集落の四方を濠で囲み、出入口に側射可能な横矢掛りを設ける軍事要塞化した環濠集落を構築した。稗田《ひえだ》環濠集落（大和郡山市）はその代表である。

環濠集落は、村落だけの「惣村《そうそん》型」と土豪や国人の居館を集落の中心や縁辺に設けるタイプに大別できるが、後者であっても村落民は土豪の軍事力の基幹を担っており、しばしば戦闘の惨禍を蒙った。

【番条環濠の戦闘】　番条集落での合戦は、興福寺大乗院門跡の尋尊の日記に記録されている。長禄三年（一四五九）八月、番条村の国人（土豪）である番条長懐は、室町幕府管領の畠山氏の分裂に際し、南大和の越智《おち》氏とともに畠山義就《よしなり（ひろ）》を支持していた。しかし、畠山政長方の筒井氏が越智氏を破ると身の危険を感じ、子息とともに館を自焼して村から脱出。援軍の古市氏も本拠に帰陣し、見捨てられた東山内（奈良県東山間部）の国人鞆田《ともだ》氏や番条の村人（郷民）は、筒井方に攻め込まれ、男女問わず堀水に落ちて死んでしまった。

この記録により、番条集落が水を湛えた堀に厳重に防御されていたこと。出口が少なく敵に突破されると逃げ場がないこと。村外の国人がともに籠城していたこと。村人は国人が逃亡しても戦闘に臨む高い武力を保有したことが判明する。

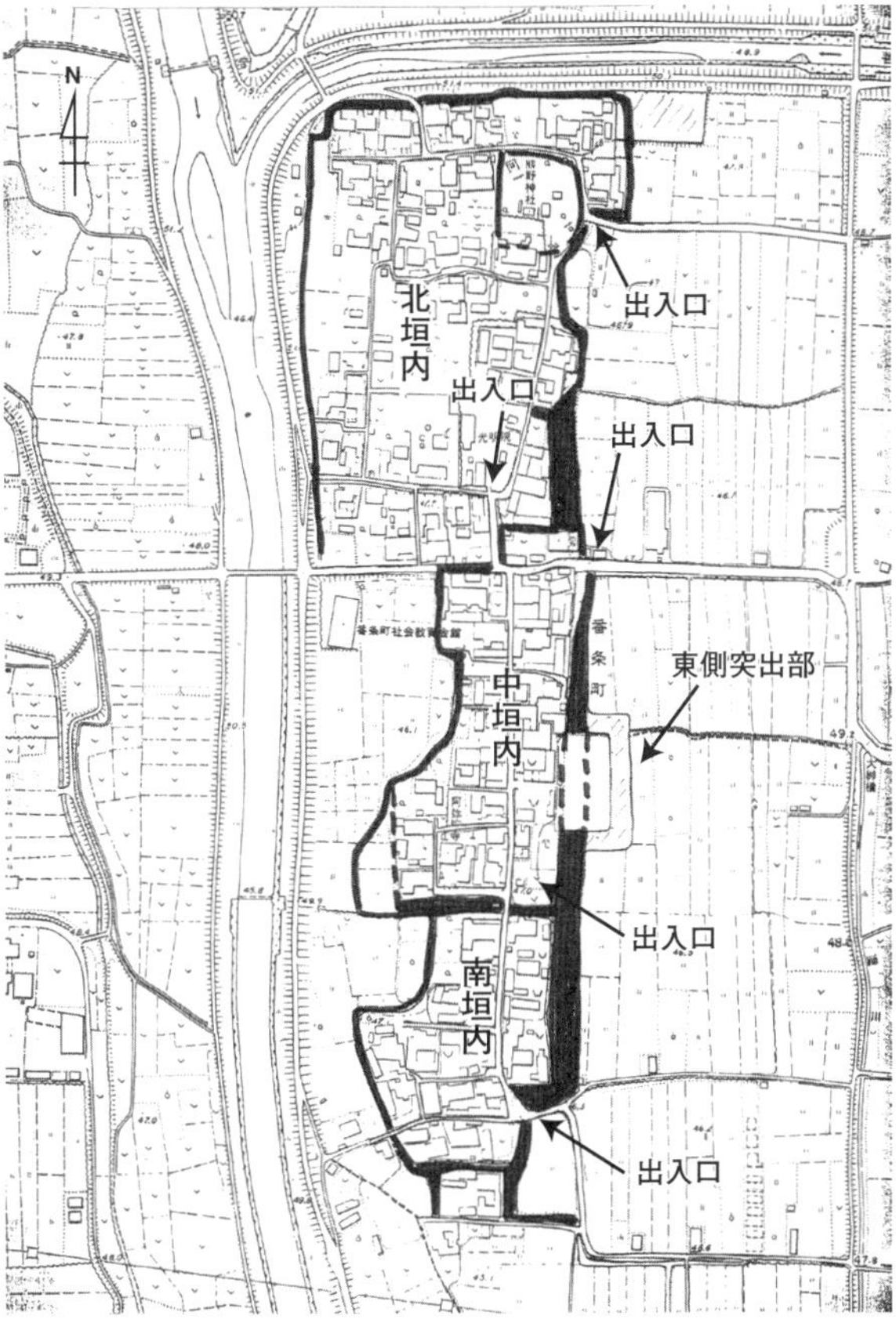

番条環濠復元図

その後の番条集落は、復帰した番条氏とともに歩み続け、戦国期の永正四年（一五〇七）に赤沢長経が、永禄年間（一五五八―七〇）には松永方と筒井方が陣所として争奪を繰り広げ、軍事集落として重きをなした。

【番条環濠の縄張り】 番条環濠は北・中・南の三つの垣内（集落）からなる。垣内は連結しているが、それぞれが濠に囲まれており独立性は高い。

番条氏の居館は、鎮守社の頭屋を務めた家筋が最も少ない北垣内にあったと思われる。このため居館と集落が並立し、土豪を中心とした集落編成を採らない構造である。

出入口は各垣内に二ヵ所ずつあり、侵入する敵兵に対し横矢を掛けている。平地城館における横矢の成立時期は不確かだが、大和では少なくとも十五世紀代には村落レベルでも成立していた可能性がある。

ところで、番条環濠で最大規模とされてきた中垣内の東側の突出部は、近世の絵図には描かれておらず、濠は屋敷に沿って廻っていたようである。このため垣内を構成する村人の屋敷地は、すべて環濠に面した事になる。換言すれば全村民が均等に軍役（防衛）を負担したといえ、争乱時における共同体の過酷な住民統制がうかがえる。

【参考文献】村田修三「番条城」（『図説中世城郭事典』二所収、新人物往来社、一九八七）、藤岡英礼「中世後期における環濠集落の構造」（『新視点中世城郭研究論集』所収、新人物往来社、二〇〇二）

（藤岡英礼）

●最前線に馬出を備える謎の城

立《たつ》野《の》城《じょう》

〔所在地〕生駒郡三郷町城山台
〔比　高〕四五メートル
〔分　類〕山城
〔年　代〕十六世紀初頭〜後半
〔城　主〕不明（立野氏、松永氏）
〔交通アクセス〕近鉄生駒線「信貴山下駅」下車、西へ約六五〇メートル

【要衝を抑える立地】　立野城は、大和と河内の国境に近く、大和川が大きく蛇行する三郷《さんごう》町北端の尾根《おね》上に位置する。この尾根は信貴《しぎ》山より派生する一稜線で、勢野《せや》と立野を分かつように張り出している。当地は、大和と河内を結ぶ主要道「亀瀬路《かめのせみち》」が直下に通る古代以来の要衝で、微視的には平群《へぐり》谷南口と信貴山への一ルートを扼する。

【中世立野と謎の城】　中世において、立野は興福寺大乗院方の国民立野氏の本拠であった。立野氏は一時期、筒井氏と婚姻関係を結び、没落先として当地に迎え入れるなど、筒井派として動いていた。また隣接する法隆寺と一族の立野吉井信栄の関係も古文書から確認することができる。このように立野氏に関する史料は散見されるものの、立野城に関しては当該期史料からは確認できず、立野氏との関係は定かでない。城名・城主のわからない謎めいた城なのである。しかし、後世の編纂物『大和志』では、「信貴山ノ城松永久秀所拠天正中廃ス、其ノ子城ハ在立野村ニ、其ノ東南ニ有吉井上野介之塁址」とあり、立野村に信貴城の支城とその東南に立野吉井氏の城跡があったと記す。ちなみに立野城の東南約六〇〇メートルの丘陵上には小字「ヲヤシキ」があり、発掘調査の結果、南北方向の堀状遺構が検出されている。

【縄張りとその特徴】　遺構は宅地造成により残存していないが、村田修三の縄張り調査や橿原考古学研究所による発掘調査の成果により、城の構造を確認することができる。

城は信貴山旧参道の両側にのびる尾根に築かれ、A～Dの

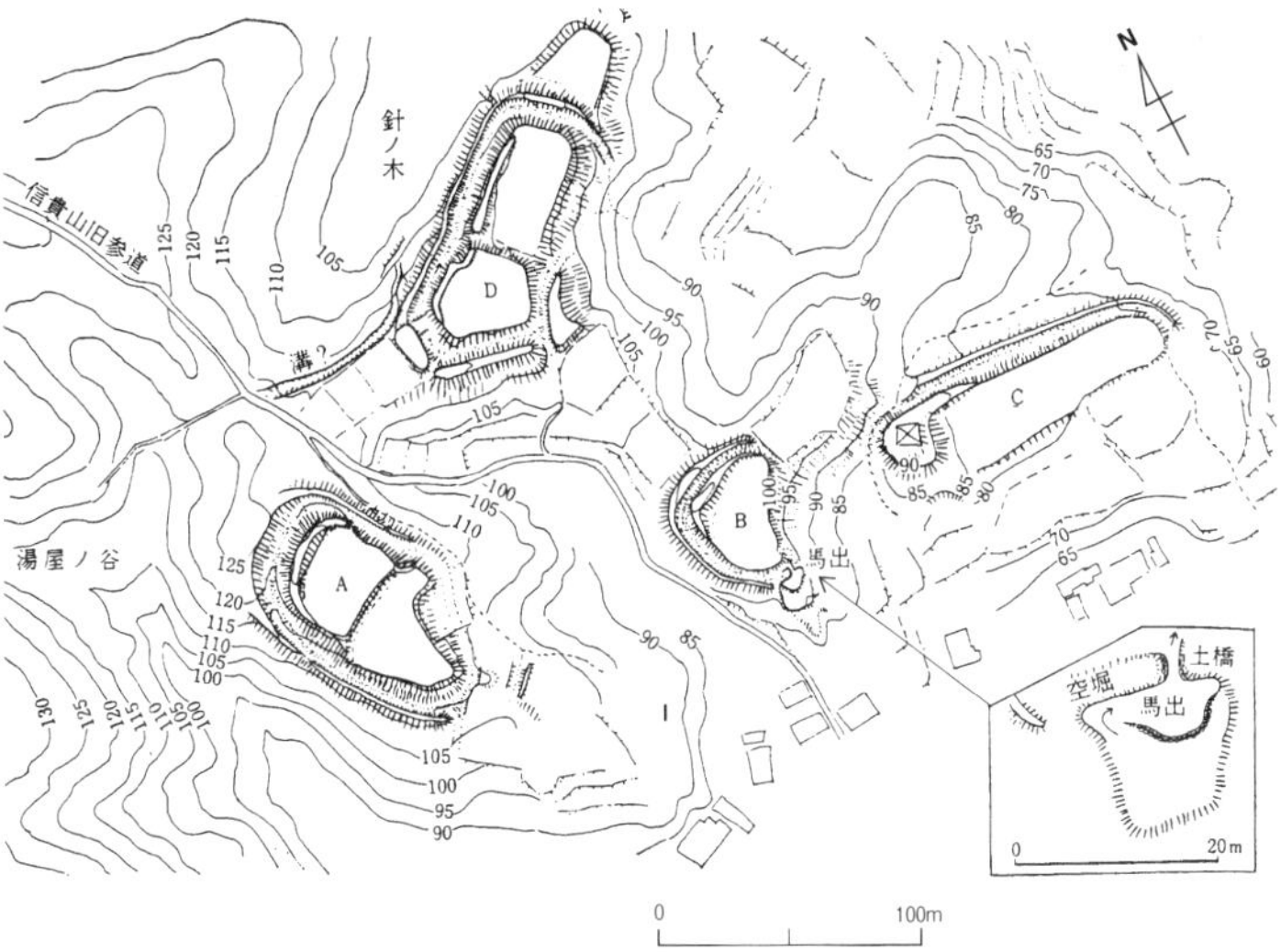

立野城縄張り図（作図：村田修三，『日本城郭大系』10より）

四つの曲輪群からなる。各曲輪群は散在して選地し、一・二の曲輪を土塁・横堀によって囲み、コンパクトにまとめる。特筆すべきはBの馬出《うまだし》である。発掘の結果、馬出前面の壁面と土橋の両側壁面に石積を築いていたことがあきらかになった。前面に堀が設けられていないため、初源的な馬出と評価されている。この馬出は、全体的にみると城域最南端の尾根上に位置し、旧参道にもっとも近く接する。すなわち、敵と遭遇する最前線に構築されているのである。織豊系城郭にみられるような主郭への求心性強化を目的としたものではなく、軍事機能に特化したものといえるだろう。加えてDでは、遺構の切り合い関係から二時期の利用が判明し、大量の瓦や礎石がまとめて堀底に放棄されていることから、瓦葺き礎石建物の存在と、破城を受けたことが指摘されている。

当城は、各曲輪群が同様のプランニングで構築されていることから、同時期に同一権力によって築城・改修がなされたことがわかる。しかし、現段階では判断材料が少なく、立野氏によるものなのか、松永氏の関与があるのか断定しがたい。立野城の謎を解くには、出土遺物など発掘成果の詳細な分析が必要不可欠なのであるが、正式な報告書は未刊であり、研究が留まっているのが現状である。今後、発掘成果が幅広く公開され、研究が進展することを期待したい。

【参考文献】奈良県立橿原考古学研究所編『立野城跡』（一九七五）、同『奈良県遺跡調査概報』一九七九年度（一九八一）、村田修三「立野城」（『日本城郭大系』一〇所収、新人物往来社、一九八〇）

（中川貴皓）

●大和国屈指の大規模城郭

龍《りゅう》王《おう》城《じょう》

〔所在地〕天理市中山町・柳本町・藤井町、桜井市笠
〔比　高〕北城四二二メートル、南城四八六メートル
〔分　類〕山城
〔年　代〕十六世紀前半〜天正六年（一五七八）
〔城　主〕十市遠忠・遠勝、木猿氏、箸尾氏、秋山氏、松永久通
〔交通アクセス〕JR桜井線「柳本駅」下車、東へ四キロ

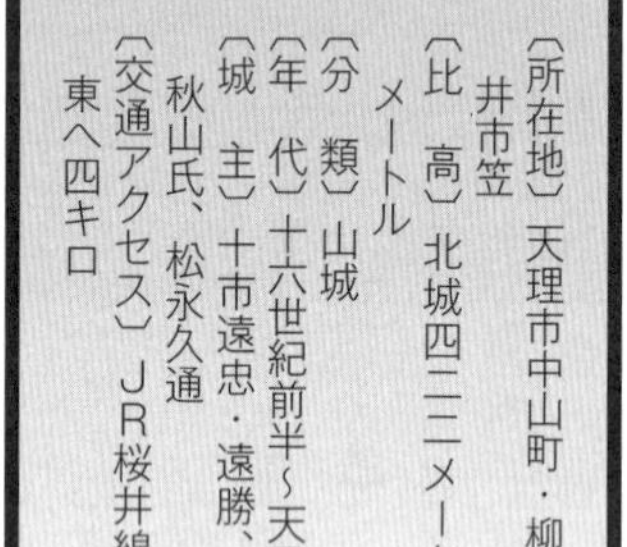

【龍王城の位置】　龍王城は、国中《くんなか》（大和盆地）の東端につらなる山脈のなかでも、もっとも標高の高い龍王山に位置する。この南北に伸びる長大な山脈は、国中と東山内（大和高原）を分かつ境目であり、筒井氏の椿尾上《つばおかみ》城や古市氏の鉢伏城が距離をおいて立地する。当地は、国中側から萱生《かよう》道・中山道・釜口道・穴師《あなし》道、東山内側からは笠道が伸びて山頂付近で収斂しており、国中と東山内を結ぶ交通の要衝である。

【十市氏の「山ノ城」】　龍王城は、興福寺大乗院方の国民十《と》市《いち》氏の山城として知られる。十市氏は、筒井・古市・越智《おち》・箸尾《はしお》氏と並び立つ大和国の有力な国人領主であり、南西七キロにある十市平城を本拠とし、十市郷を中心とした地域を支配した。

当城の史料上の初見は、永正四年（一五〇七）十一月、大和国衆による一国一揆が蜂起したときのことである。国衆らは、「二上山・三輪山・釜口ノ上・桃尾」という大和盆地を囲む山々の各所に篝火を焚いて立て籠るが、そのなかの釜口とは、龍王城の西麓にある長岳寺《ちょうがくじ》の山号であり、「釜口ノ上」、つまり龍王山に陣取っていたのである。先述したように当地には、国中から東山内に抜けるルートが通っており、時を遡って、文明十五年（一四八三）には、十市氏が東山内に没落する際にこのルートが使われている。このころは臨時的な軍事施設と推測され、砦のようなものであっただろう。

天文十一年（一五四二）には、「十市衆山城ヨリサカリ」とあるように「山城（山ノ城）」という表現が使われはじめ、

十市氏軍勢の出撃拠点となっていた。また同時期、十市氏と縁戚関係にある興福寺の多聞院英俊やその使者が頻繁に龍王城を訪ねており、城内には生活や政務・儀礼の場を備えていたことがうかがえる。さらに十市氏家臣団も城内に集住していたことが史料から確認され、恒常的な大規模山城として機能していた。当該期は、十市氏全盛期を築いた十市遠忠が当主であり、遠忠によって、生活・政治・軍事・儀礼など諸機能を統合した新しいタイプの山城、戦国期拠点城郭に整備されたと考えられる。関連して興味深いのは、『多聞院日記』同十二年六月十九日条である。英俊が龍王城へ使者を派遣したところ、西麓の萱生が普請中であるため、釜口に逗留したという内容であるが、龍王城の最前線として、山麓の萱生に防御施設が構築されたことを指摘できるとともに、当時は城への登り道が萱生道しかなかった可能性を示唆している。

永禄二年（一五五九）、松永久秀による大和侵攻の際に龍王城も攻められるが、麓の萱生口合戦にて撃退し、堅固に守り抜いている。しかし、翌年三月に松永方の箸尾・木猿氏によって攻め落とされ、遠忠の跡を継いだ遠勝は豊田氏の城まで逃れた。そののち、遠勝は娘の「御なへ」を人質として松永方に降るものの、再び反松永方に味方するなど去就が定まらず、同十二年に没した。遠勝の死を契機に十市家中は松永派と反松永派に分かれ、天正期まで争うことになる。

一方、龍王城は一貫して松永方が掌握していたようで、一時、一部の在城衆による謀反の騒ぎが起きるものの、同十一年は、秋山氏が在城しており、天正元年（一五七三）には、松永派の十市氏が復帰している。

このように永禄三年以降、龍王城は箸尾・秋山・十市氏が入れ替り在城しており、松永方の一拠点として機能するものの、松永氏（当主・一門・家臣）直轄ではなかった。つまり、松永氏にとって、間接的な支配に留まっていたのである。

【松永氏の本拠】 天正元年十二月の多聞退城以降、松永久秀に表立った動きはなく、替わりに嫡子久通が台頭し、織田氏権力下において、原田直正や筒井順慶とともに大和国支配の一端を担うようになった。同三年四月、久通は信長より十市郷三分の一を与えられ、七月には龍王城に入城し、城内において遠勝の娘御なへと祝言を挙げた。これにより、松永氏は十市氏を取り込み、大和入国以降、はじめて龍王城を直接の支配下におくことができたのである。久通は麓の長岳寺や柳本城とともに運用しており、松永氏の本拠として機能した。しかし、次第に柳本城に本拠機能が移っていくことになる。これらの動向を踏まえると、久通入城を契機とした改修の可能性を留意しなければならない。

同五年、久通は信長に反旗を翻し、信貴城の久秀とともに織田方を迎え撃つものの、柳本衆と黒塚衆の内輪割れによって柳本城で殺害された。その後の龍王城の動向は定かでないが、同六年一月十六日から破却が行なわれたという。

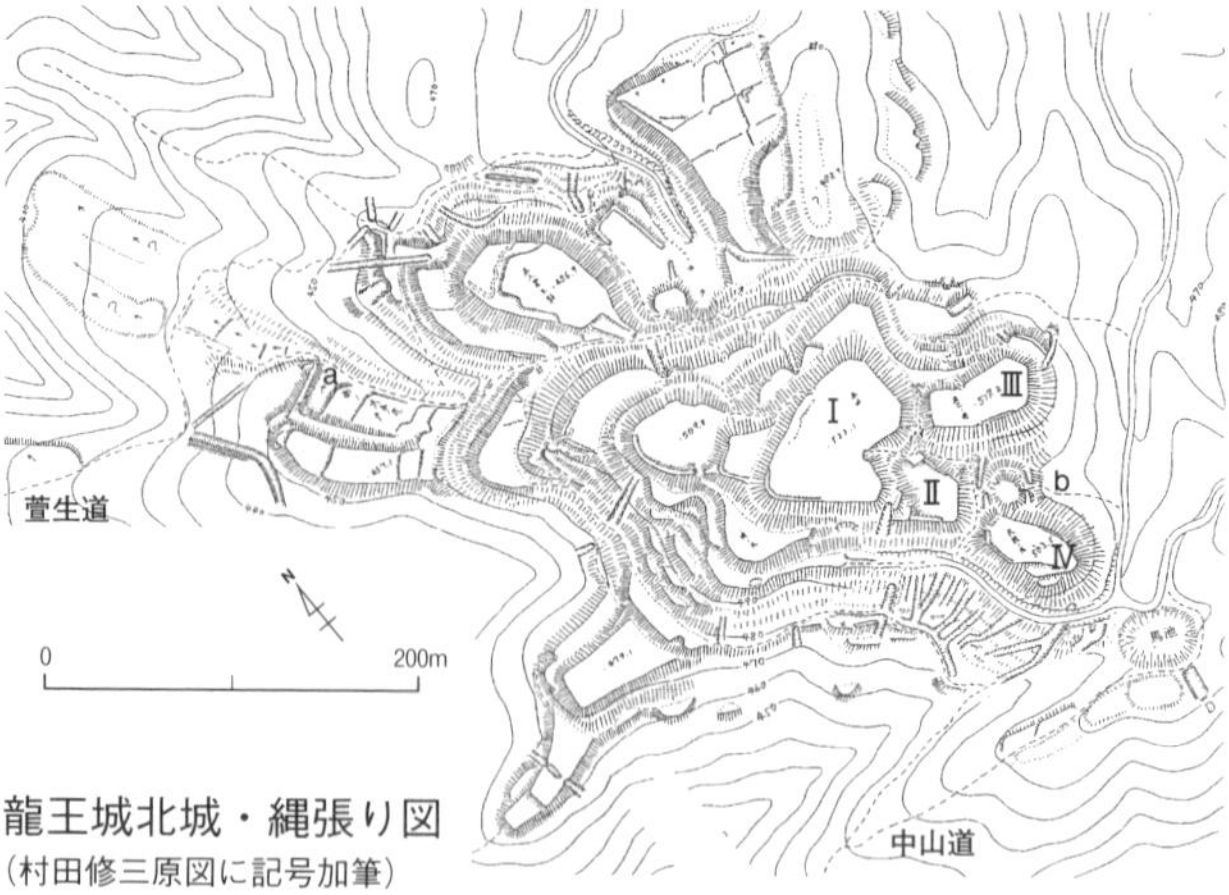

龍王城北城・縄張り図（村田修三原図に記号加筆）

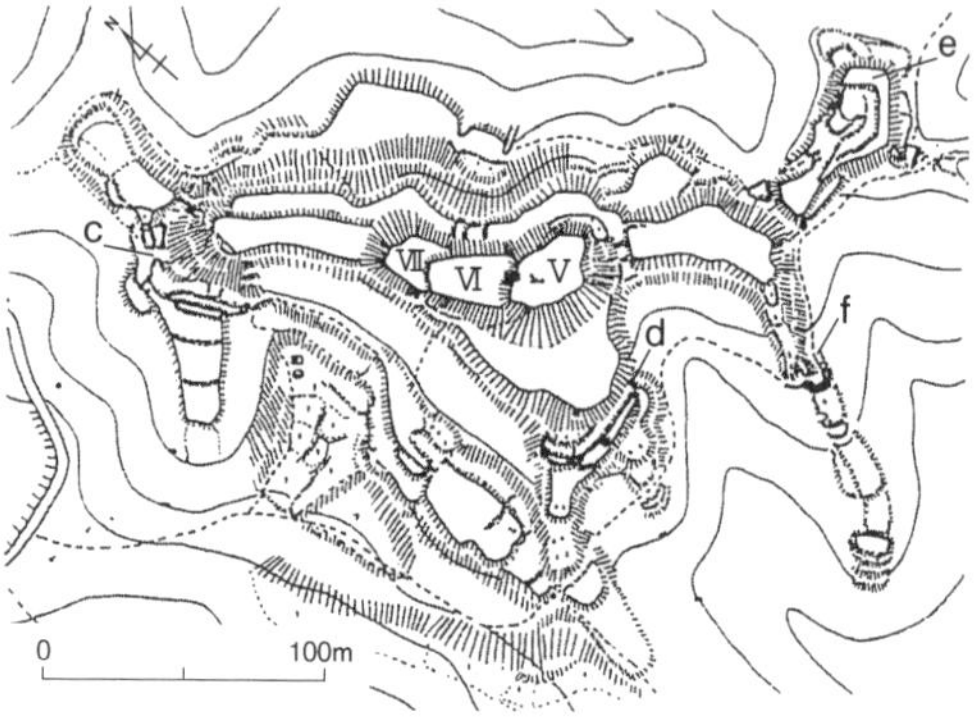

龍王城南城・縄張り図（藤岡英礼原図に記号加筆）

龍王城 南城（天理市教育委員会提供）

【大和屈指の大規模城郭】 遺構は、北城と南城、穴師山城塞の三つに分かれる。北城と南城は一部に石積が確認されている。

北城は、標高五二二メートルのピークを中心に東西約五〇〇メートル・南北約五六〇メートルにわたって展開する。最高所に位置し、大規模な曲輪《くるわ》Ⅰが主郭である。Ⅰを中心に地形にそって連郭となり、周囲に帯曲輪や腰曲輪を配置しながら要所を堀で遮断する。なかでも、北側は、面積が広く内部を方形に区画した曲輪を意図的に設けていることから、屋敷地として造成したことがうかがえる。見どころとして、城域端部の谷全体を加工した大規模で技巧的な虎口《こぐち》a・bは圧巻である。虎口aは萱生道が接続する。尾根先端の曲輪から竪土塁をのばして谷を塞ぎ、隅に平入りの開口部を設ける。内部には枡形《ますがた》状の空間があり、雛壇状に設けられた曲輪の脇にルートを通している。虎口bは、南城からのルートと中山道が取り付く。曲輪Ⅱ・Ⅲ・Ⅳに囲まれた谷部に二重のくい違い虎口を設け、そのあいだは擂鉢《すりばち》状に掘り込み、ルートを狭め湾曲させる。常に上位曲輪である三つの曲輪から牽制されており、Ⅲ・Ⅳの土塁は虎口やルートに対応させている。ほかには、Ⅰ南方緩斜面の大規模な畝状空堀群《うねじょうからぼり》を挙げられよう。中山道から北に廻り込まれるのを防ぐために構築された防御施設である。

南城は、北城より約六五メートル高い龍王山山頂に位置し、東西三四〇メートル・南北二五〇メートルの範囲に広がる。山頂の主郭Ⅴを中心に稜線上に連郭となり、周囲に帯曲輪や腰曲輪を配置する。連郭東側の帯曲輪はⅤ背後の堀切に接続して防御ラインを形成するとともに、各曲輪をつなぐ連絡路として機能する。見どころは、城域端部に設置される横堀c・d、土塁eによる防御ラインと村田修三が「城虎口」と評価した枡形虎口fである。fはルート上に構築され、虎口単独で機能する。各曲輪からのルートは、Ⅴ手前の曲輪Ⅵ・Ⅶに集約するため、一定の求心性をもつと評価できよう。またⅥでは発掘調査が行なわれており、瓦葺き礎石建物・石組庭園と各曲輪をつなぐ石段が検出されている。

穴師山城塞は、村田の調査により近年あきらかになった。南城の南南西約一・七キロの穴師山に位置し、曲輪などの削平地は一切確認されないものの、山頂北側の傾斜転換点と南西に張り出す尾根の基部に大規模な堀切が確認される。この堀切の規模・設置場所・造成技法から、多武峯《とうのみね》城塞群の大堀切との類似性が指摘されており、永禄期の十市氏によるものと比定される。当遺構は、十市平城や穴師道との位置関係から、十市氏支配下の龍王城の遠構《とおがま》えと評価されている。

【松永氏権力下における龍王城の位置付け】 松永氏の城郭政策については、歴史的背景や立地・規模の面から、よく多聞城・信貴城・龍王城の「三城体制」や南山城の鹿背山《かせやま》城を加えて、「四城体制」と表現されることがある。しかし、先述したように、龍王城が明確に松永氏の拠点として機能するのは、天正三年の久通入城を待たなければならない。また鹿背山城は、直接的な史料が確認されないため、松永氏が利用したか定かでなく、さらに本拠として機能した信貴・多聞・龍王城と同列に扱うことに疑問が残る。したがって、松永氏による城郭政策、とくに本拠の運用に関しては、永禄四年から天正元年までが多聞・信貴、天正三年から天正五年までが、信貴・龍王の「二城体制」と理解すべきなのである。

【参考文献】 村田修三『龍王山城跡調査概要』(天理市教育委員会、一九八一)、泉武「龍王山城南城跡」(『天理市埋蔵文化財調査概報』平成八・九年度、二〇〇三)、村田修三「龍王山城」(『図解近畿の城郭』一所収、戎光祥出版、二〇一四)

(中川貴皓)

●発掘調査で出現した今はなき居館跡

布《ふ》留《る》遺《い》跡《せき》居《きょ》館《かん》

〔所在地〕天理市豊井町・豊田町
〔比　高〕——
〔分　類〕平城
〔年　代〕十五世紀後半〜十六世紀初頭
〔城　主〕豊田氏
〔交通アクセス〕ＪＲ桜井線・近鉄天理線「天理駅」下車、東へ徒歩約二キロ

【遺跡の立地】　布留遺跡では昭和五十二年（一九七七）、同五十九年、平成二年（一九九〇）に行なった発掘調査で十五世紀代の居館跡を確認している。

布留遺跡は奈良盆地の東辺に位置し、布留川の扇状地上に営まれた縄紋時代から現代まで続く複合遺跡である。その範囲は東西二キロ、南北一・五キロに及び、居館は布留遺跡の東辺中央部に位置する。周辺は山地から西へ延びるいくつかの丘陵の間を流れる川が谷を浸食し河岸段丘を形成している。布留遺跡を西方へ貫流する布留川もその一つである。

また、布留川の上流域は伊賀への進入路であり、盆地部で南北に走る山の辺の道と交差する。南へは三輪・初瀬《はっせ》方面、北は奈良へと通じ、交通の要衝になっていた。

【豊田氏について】　居館跡は豊田頼英が築城した豊田山城（天理市豊田町）の麓で検出した。豊田山城は遺跡の東方七〇〇メートルの尾根先端部にあり、『和州衆徒国民郷土記』の「豊田山城」、『奈良県山辺郡誌』の「城台」、『大和志料』の「豊田殿」と称されたもの全てがこの豊田山城を指すと思われる。

豊田氏は、豊田山城を本拠とする武士である。北和の筒井氏と南和の越智《おち》氏が軸となって争乱が展開され、豊田氏と筒井氏とが敵対関係にあった頃、さらに、永享元年（一四二九）衆徒豊田中坊と衆徒井戸氏との間に対立が生じた頃から豊田の名前が記録にみえる。大和永享の乱では井戸氏と縁故関係にある筒井氏や井戸方を支援した十市氏に対し、国民越智氏

や箸尾氏らが豊田氏を支援し、軍事衝突をたびたび起こしている。豊田中坊とは城主豊田氏のことで豊田頼英を指すともいわれる（『奈良県史』一一）。頼英は応永十年（一四〇三）に

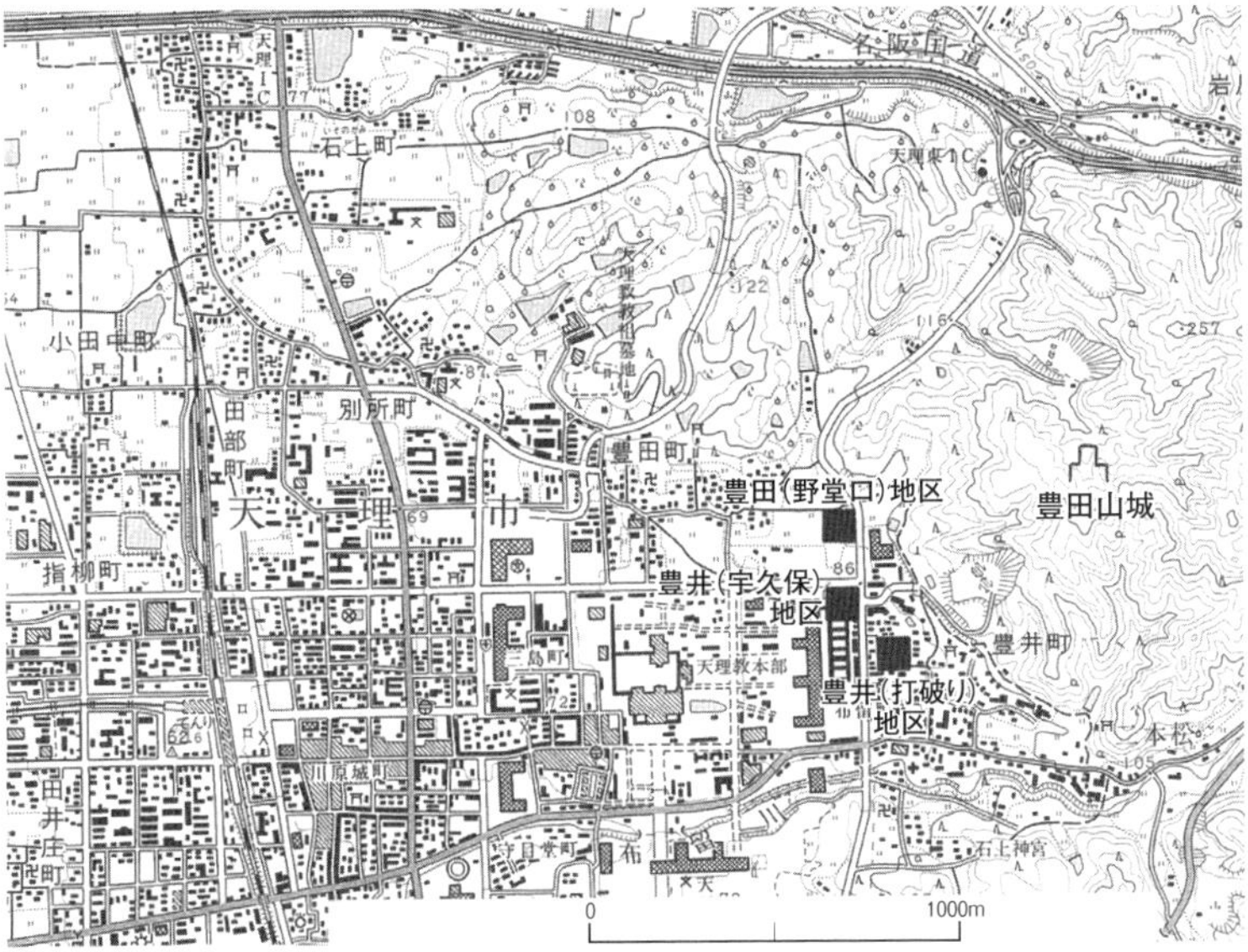

布留遺跡の居館遺構検出地区

生まれ、二十七歳の時に大和永享の乱を起こした一族の一人と考えられている。のちに和州山辺郡豊田村の豊田山城城主となり、八十八歳の高齢で亡くなっている。

頼英は興福寺の衆徒であり、同寺大乗院方坊人で山辺郡田井庄等の荘官だった。さらに知行高三六六七石余りの領主（『奈良県山辺郡誌』）であるほか、染田天神連歌会の会衆であったり、その子、慶英を長谷寺八講に頻繁に参拝させるなど（『大乗院寺社雑事記』）の文化人であり熱心な宗教家でもあった。それはまた連歌や仏事参列は情報の交換の場であり、時勢に遅れることのない情報通として、大和一円を見据えた戦略家としての一面をも持ち合わせた武将でもあった。

【布留遺跡で検出した居館遺構】 天理市に所在する城館遺構の中で、布留遺跡で検出した遺構は居館の全容を把握できる貴重な例であろう。居館遺構は、豊田（野堂口）地区（昭和五十二年調査）、豊井（宇久保）地区（同五十九年調査）、豊井（打破り）地区（平成二年～四年調査）の三ヵ所で調査され、すべて豊田氏に関連する遺構であったと考えている。布留川北岸から直線距離で北へ二五〇～五〇〇メートルのところに営まれており、標高は八六～九〇メートルである。現状は木々が生い茂り、眼下を見下ろせないが、当時は東方の豊田山城が見られる位置にあったと思われる。

外濠断面（南辺部）東より撮影

内濠（西辺部）南より撮影

【豊田（野口堂）地区】　居館跡の一部を最初に発見した場所で、豊田山城から西へ約四〇〇メートル下った平坦地にあり、掘立柱建物二棟以上を確認している。

【豊井（宇久保）地区】　豊田（野堂口）地区より南へ一三〇メートル隔てたところに位置する。遺構には濠およびそれに伴う暗渠《あんきょ》排水溝、土坑、柱穴がある。濠は二条あり、東西方向に併行に走る。二つの濠の間隔は一〇メートル程である。二つの濠は形状が異なり、北側は薬研《やげん》濠で、隅に水位の調整を計るための樋門がはめ込まれていた。南側は二段に築かれた箱濠である。

【豊井（打破り）地区】　豊井（宇久保）地区より南東一〇〇メートルのところに位置する。遺構には居館、濠などがあり、居館の全容がほぼ確認できた。居館の大きさは南北四八メートル、東西四四メートルあり、全体の形状は方形である。内部には礎石建物八棟以上、庭園一基、井戸一基、土坑八基以上、柱穴多数がある。居館の周囲には部分的に二重になる濠が巡り（内濠・外濠と呼ぶ）、防御機能を果たす。この内濠と外濠の南辺部中央には橋脚遺構があり、木橋が設けられていた。内濠は居館を方形に巡る薬研濠である。南辺部の大きさは、長さ四四メートル、最大幅八メートル、深さ二〜二・五メートルある。また外濠は内濠のように居館を方形に囲まず、西へ延びる箱濠で、南辺部での大きさは長さ六七メートル以上、最大幅八メートル、深さ二メートルを計る。内濠と外濠の間隔は約一〇メートルである。橋脚遺構は内濠の南辺部中央と外濠の中央よりやや西側にあり、柱穴数よりそれぞれ六本の橋脚をもつ橋が復元できる。柱穴の調査より三回の橋の建て替えがあったと考えている。

建物は五棟以上あり、梁行二×桁行三メートル～梁行六×桁行一〇メートルのものがある。柱穴の中には人頭大の石が入っているものが多いことから、建物の構造は礎石建物であったと考える。井戸は北東部に位置し、径一・七メートル、深さ四・九メートルの石組み井戸である。

庭園は調査地の北西部に位置し、七メートル四方の範囲の中に池と礎石建物一棟が築かれている。池は楕円形を呈し、南北五・三メートル、東西七・二メートル、最深部〇・四メートルを計る。池の水は、東側の溝より取水し、築山を通り、北側の溝へ排水されるように設計されており、その仕組みは遣《や》り水《みず》と呼ばれる工法が採用されている。

出土遺物には、土師器・瓦質土器・陶器・磁器・瓦・木器・金属器などがあり、日用雑器が最も多く、ほかに茶道具（土風炉《どふろ》）、大工用具（鋸《のこぎり》）、化粧用具（鉄漿《かね》溶き皿）、遊戯具（毬杖《ぎっちょう》の球）などがある。遺物の中心年代は十五世紀後半から十六世紀初頭で、豊井（打破り）地区以外の他の二地区の存続年代とも符合する。

以上のことから布留遺跡三地区の遺構は、十五世紀後半から十六世紀初頭にかけて存続した居館遺構であり、規模と豊田山城の麓という地理的条件、さらに遺物からみた遺構の年代が、『大乗院寺社雑事記』明応七年（一四九八）の「豊田本城煙立」や、翌年の「夜前豊田城辺焼亡了」という記事の内容に符号することなどから、遺構は、十五・十六世紀に布留郷一円を勢力圏においていた豊田氏の居館跡と考える。

居館の廃絶時期は、羽釜や中国産陶磁器の年代観より十六世紀初頭で、先の『大乗院寺社雑事記』明応八年の記事に関連して消滅したものと考えている。

【参考文献】布留遺跡範囲確認調査委員会編『布留遺跡範囲確認調査報告書』（天理市教育委員会、一九七九）、「太田三喜『布留遺跡豊井（宇久保）地区発掘調査報告書』（『考古学調査研究中間報告』二四、二〇〇六）、太田三喜ほか『布留遺跡豊井（打破り）地区発掘調査報告書』（同二九、二〇一二）

（太田三喜）

●発掘された中世平地式城館

菅《すが》田《た》遺《い》跡《せき》

〔所在地〕天理市二階堂南菅田町・北菅田町
〔比高〕〇メートル
〔分類〕平城
〔年代〕十三世紀後半～十六世紀末
〔城主〕菅田氏
〔交通アクセス〕近鉄橿原線「ファミリー公園前駅」下車、東へ徒歩約一〇分

【発掘された中世城館】　菅田遺跡周辺にあった「菅田荘《すがたのしょう》」は、平安時代には東大寺領荘園であったが、鎌倉時代後期には興福寺一乗院方坊人《いちじょういんかたぼうにん》であった菅田氏によって押妨《おうぼう》されたようである。菅田遺跡は、この菅田氏の拠点であったとみられる城館跡で、発掘調査によってその変遷が詳細に判明している。なお、菅田氏は戦国大和を代表する筒井氏《つついし》（筒井城主）を棟梁とする武士団「戊亥脇党《いぬいわきとう》」に連なる氏族である。

【鎌倉時代後期～室町時代中期】　十三世紀後半より大規模な溝が出現し、複数の区画を形成する。堀で区画された内側には比較的規模の大きい井戸が多く、階層的に堀の外部より位が高い者が住んだ可能性がある。報告書では堀の内側が菅田氏の居館、外側はそれに付随する一般集落として捉えている。

なお、十五世紀にはこうした堀はいったん埋められ、小規模な溝によって区画されるものに変化する可能性が高い。

【室町時代後期】　十六世紀になると再び堀が掘り直され、一辺五〇メートルの区画（南側）と六〇メートルの区画（北側）が出現する。堀の内部はその外側と遺構の面で格差があり、こうした区画は居館に伴うものと考えることができる。

なお、十六世紀後半には集落の外周を囲うと思われる堀（外堀）が出現し、その推定範囲は東西一五〇メートル、南北二五〇メートルに及ぶ。近世の史料では、この時期に「菅田備前守豊春《すがたびぜんのかみとよはる》」の居城として「菅田城」の名がみえ、本遺構がそれに該当する可能性は高い。

菅田遺跡全景（右が北、『菅田遺跡』より）

南から見た菅田遺跡（『菅田遺跡』より）

【参考文献】　奈良県立橿原考古学研究所編『菅田遺跡―大和の中世城館・近世集落―』（二〇〇〇）

（山川　均）

●大和国戦国期拠点城郭の先駆け

信《し》貴《ぎ》城《じょう》

〔町指定史跡〕

〔所在地〕生駒郡平群町信貴山
〔比　高〕三六〇メートル
〔分　類〕山城
〔年　代〕十四世紀前半〜天正五年（一五七七）
〔城　主〕楠木正成、木沢長政、松永久秀
（在城衆）山口秀勝ら
〔交通アクセス〕近鉄生駒線「信貴山下駅」下車、または近鉄生駒線・JR関西本線「王寺駅」下車後、奈良交通バス「信貴大橋」下車、北へ約一・二キロ。朝護孫子寺に駐車場あり

【大和と河内の境目】　城が築かれた信貴山は、大和と河内を隔てる生駒山地南部の一山塊である。深山の地であるが、古代以来の要衝で、古代山城の高安城や聖徳太子所縁の朝護《ちょうご》孫子寺《そんしじ》が立地する。中世には河内と大和をつなぐ主要道「信貴路」も整備され、交通の要ともなっていた。北西約一キロには高安山城、南西約一キロには南畑ミネンド城、南東約二キロには立野城が確認され、信貴城の支城とされる。

【木沢氏以前の信貴城】　当城には、南北朝期の楠木正成による築城説が近世より伝わるが、史料上の初見は寛正元年（一四六〇）十月である。両畠山氏の抗争のさなか、信貴山麓の龍田合戦に敗れた畠山義就は「信貴山」に逃れている。ついで明応九年（一五〇〇）〜永正二年（一五〇五）のあいだの十月には畠山尚慶勢が籠城した。押し寄せる細川政元勢を辛くも撃退した尚慶へ足利義材より感状が送られた。また永正三年十月、政元重臣の赤沢朝経《ともつね》は「信貴山」に参籠している。

　当該期は大和国外の武家勢力の臨時的な詰城として利用されるとともに、一方で信仰の対象として山腹の朝護孫子寺が用いられた。要害と聖地の並立関係を見出せる。ここで留意したいのは、大和国衆による関与が確認されないことである。

【木沢長政による整備と支配】　天文五年（一五三六）六月、普請・作事を終え、木沢長政は信貴城を居所とする。長政だけでなく、家臣団も山上の城内に集住しており、信貴城は居住空間を持ち、家臣団をも抱え込む恒常的な大規模山城とし

て大きく改修された。

木沢期において、城内には大坂本願寺や興福寺など諸権門の使者が頻繁に訪れ、日常的な音信贈答をはじめ、政治的交渉・儀礼の場となっていた。なかでも注目したいのは、興福寺より委託された一国規模の検断権を上意により城内で大和国衆の戒重《かいじゅう》氏に行使したことである。これは、『證如上人日記』同五年正月廿日条で、長政が「大和守護」を自認していることを裏付ける動向であり、長政は興福寺体制を否定せず、配慮しながらも、それに並び立つ武家側の支配者として大和に君臨しつつあった。木沢権力下の信貴城は、大和の「守護所」さながらであったといっても過言ではない。

このような政治動向の一方で、長政は信貴城を中心とした軍事行動をたびたび展開しており、城内や城域周辺には、軍勢の駐屯および集住スペースも確保されていたと推測される。また同十年には南河内・南大和の抑えとして二上山《にじょうさん》城を築き、南山城への抑えには笠置城を改修するなど、信貴城を中心とした大和国境ラインを固める本城支城体制を確立させた。権勢をふるった長政であるが、同十一年三月、落合川の戦いで畠山・三好勢に敗北し、討ち死にする。その夜、信貴城は二上山城とともに焼失した。

【大和の戦国期拠点城郭の先駆け】　先述した木沢期信貴城を大和国内の城郭のなかで位置付けてみたい。戦国期拠点城郭の概念をもちいて検討してみよう。

「戦国期拠点城郭」とは、十六世紀第2四半期を画期として、それぞれの権力再編成のうねりを受け、地域の拠点的山城が軍事・政庁・居住・儀礼などの諸機能を統合し、地形が許せば主要家臣屋敷地をも含みこもうとする新しいタイプの山城である。検討対象は、この概念に対応する木沢氏の信貴城、越智《おち》氏の高取城、筒井氏の椿尾上《つばおかみ》城、十市《といち》氏の龍王城とする。各城郭の成立時期を整理すると次のようになる。①信貴城―天文五年、②高取城―同八年前後、③椿尾上城―同十年前後、④龍王城―同十二年前後。

以上から、大和国では、戦国期拠点城郭成立の画期を信貴城に求めることができ、国衆はその概念を導入し大和特有のありかた（山ノ城）へと昇華させていったと考えられる。

【松永権力下の信貴城】　松永久秀は、大和の大半を支配下においた永禄三年（一五六〇）十一月、信貴城に入城した。これは、木沢長政という先例を意識した行動であり、長政を引き継ぐ新たな大和国支配者をアピールするデモンストレーションであった。翌年、久秀は多聞城を築き居城とするため、しばらく本拠機能はなくなるが、大和西部を管轄する拠点城郭として維持された。久秀が元亀元年（一五七〇）十一月に当城へ居所を移すと、多聞城と並ぶ松永氏分国の本拠、および大和の政庁としての機能が再び付与された。

松永期の当城は、大和支配の象徴であるとともに、久秀や奉行衆、久秀「下代」の宮部与介・加藤某や「信貴在城衆」を統率する山口秀勝などが集住し、城内において、久秀や彼ら家臣団による政治的裁定、それに伴う文書の発給受給、興福寺や法隆寺との日常的な音信贈答・儀礼・交渉などが行なわれ、地域社会を統治・管轄する諸要素を備えた政治的色彩がきわめて強い城郭であった。

軍事面では、信貴城から軍勢を各地に派遣し、また開城した諸城の在番衆を受け入れるなど、松永氏の中心的軍事拠点として機能した。さらに、永禄六年四月、筒井順慶によって占拠されるが、すぐに奪還し、同十一年六月には足利義昭方として、細川藤賢を迎え入れ、攻め寄せる三好三人衆に対して籠城戦を行なうものの城を明け渡すなど、幾度も攻防戦を経験している。同年十月の義昭による五畿内一統によって信貴城は松永氏に復するが、敵味方にとって、重要な戦略的拠点であったことがうかがえよう。

元亀四年二月、松永氏は義昭に対して謀叛《むほん》を起こした織田信長と対立するが、同年十二月、信長に降伏し、多聞城を明け渡して大和の支配権を失った。同時に信貴城も大和の政庁という性格を失うことになる。天正五年（一五七七）、松永氏は信長に反旗を翻し、久秀は信貴城に籠城するが、織田信忠率いる織田勢の猛攻を受け、落城。久秀は「天主」に火を付け自害した。

【信貴城の遺構】 信貴城は、標高四三四メートルの雄岳を中心に東西六〇〇メートル・南北八八〇メートルにわたって展開し、城域は雄岳地区・雌岳地区・支尾根地区に大きく三区分することができる。遺構の概説にあわせて、参考までに中井家所蔵「和州平群郡信貴山城跡之図」（以下、「中井図」）の書付を随時記したい。

雄岳山頂には主郭Ⅰがあり、東へ連郭式に二段の曲輪《くるわ》が設けられる。まとまりがあるため主郭部といえよう。当所は眺望に優れ、大和盆地を見渡すことができる。『中井図』によると、「本丸・二ノ丸・三ノ丸」とされる。この主郭部の北〜東南山腹を帯・腰曲輪により取り囲み、支尾根基部には曲輪Ⅱを配置する。Ⅱは支尾根の各曲輪群からのルートが集約しており、山頂部防衛、および支尾根統制の要となる。比較的広い面積をもち、切岸は高く急峻である。『中井図』では、北側山腹帯曲輪を「馬屋ノ丸」、東南腰曲輪を「蔵ノ丸」、Ⅱを「立入《たてり》殿屋敷」と記す。立入殿とは、久秀家臣で信貴在城衆の一人、立入勘介であろうか。

信貴城縄張り図（高田徹原図に記号加筆）

雄岳地区は、基本的に高低差のある鋭い切岸を防御の主体とする。古式ゆかしくみえるが、要害性の高い地形であるため、充分な普請といえよう。急峻な山を切り開いての普請は、かなりの土木量を必要としたようで、なかでも帯曲輪を区画する石塁は、岩盤を削り残して構築されており、見どころのひとつである。また宗教施設や山道など、後世の改変により、曲輪間の連絡が定かでなく、虎口構造が不明なのは残念である。

雄岳から南に鞍部を隔てた先には、標高三九九メートルの雌岳があり、ピークには細長い曲輪Ⅲが造成される。Ⅲは主郭についで眺望に優れ、周辺地域から仰ぎ見ると象徴的な山容である。Ⅲの急峻な切岸には石積が確認され、最南端には内枡形状の虎口が開く。「中井図」によ

信貴城　Ⅱ（立入殿屋敷）の切岸と竪堀

信貴城　雄岳地区の切岸と曲輪

れば、「女嶽宮部殿加藤殿」とあり、下代の宮部与介・加藤某の居所であったという。

支尾根地区は、雄岳から放射状にのびる各尾根を基軸に曲輪群が展開する。いずれも切岸を防御の主体とするが、土塁による囲繞や櫓台《やぐらだい》の構築、複雑な虎口の形成、要所に堀切や竪堀《たてぼり》・横堀の配置がされ、また一部に石積も確認される。雄岳地区に比べ、発達した防御施設を確認できるが、防御ラインは尾根単位や曲輪単位で完結する。関連して当地区の曲輪群は半独立的性格をもつものがあり、比高差やⅡへのルート集約で雄岳地区への求心化を図るものの、求心性はあまり強くない。なお、尾根ごとにプランニングが異なるのは、機能分化によるものと考えられる。

見どころは、A曲輪群である。尾根《おね》上に造成した五段の平坦地の四方を土塁《どるい》で囲み、ひとつの空間として一体化を図る。この曲輪Ⅳは城内でも唯一の構造であり、当所の重要性を物語る。塁線には折れが数ヵ所確認され、一部は虎口《こぐち》に対応する。虎口は東向きに二ヵ所あり、土塁が開口し、内側を窪ませて形成される。周囲の切岸は、ほぼ垂直に近く切り立ち、その様は圧巻である。Ⅳ両側には地形の制約を受けながらも多数の方形を志向した曲輪が造成され、屋敷地を彷彿とさせる。Aの全体的な縄張りを読み込むと、東を正面として構築されたことがうかがえる。また城域端部のaやbは、谷全体を加工した虎口を造成しており、龍王城との類似性も確認できる。これらの遺構は、是非見学していただきたい。

「中井図」では、曲輪Ⅴに「書付無之屋敷かまへ、何れも木沢殿取立之時之古屋敷ニ而御座候」とあり、書付のない屋敷曲輪は、どれも木沢氏時代の古屋敷であると記す。木沢氏段階では、すでに家臣団の集住も行なわれていたことを踏まえると、この書付の信憑性は高く、城域や基本的な縄張りプランは木沢氏段階で成立したといえる。またⅣ北半分は、「松永兵部大輔殿屋敷」とされる。よく「松永屋敷」や「弾正郭」とよばれ、久秀の屋敷地であり、天主の位置も当所に比定されるが、留意すべきことがある。まず、件の松永兵部大輔殿とは、一族の松永秀長を指す。そのため、「中井図」に従うと秀長屋敷となるのである。しかし、大方氏所蔵「信貴山城図」では、当所を「松永弾正少弼殿屋敷」と記し、久秀屋敷とするため、符合しない。どちらが正しいのか、現状では判断を下せないため、今後の課題としたい。ついで、天主の位置に関しては、後述のとおり、「本城」、すなわち雄岳にあったことが明確であるため、誤りである。

【史料にみる信貴城の空間構成】文献史料からは、信貴城の空間や建物に関する記述が確認できる。大まかな空間を示すものとして、「本城」「マワリ《周り》ノ小屋」「南ノメタケ《雌岳》」「信貴山ヒサ《毘沙》門堂」「城下」が挙げられる。「本城」は主郭を中心とした雄岳地区の曲輪群を示すもので、天正五年の籠城戦を諸史料から読み解くと、『信長公記』に記される「天主」は当所にあったようだ。「南ノメタケ」は、記述のとおり、雌岳の曲輪群である。「マワリノ小屋」は、支尾根地区に構えられた曲輪群の屋敷を指したものであろう。「信貴山ヒサ門堂」は、南山腹の朝護孫子寺本堂であり、「かけつくり《懸け造り》」で、信貴城攻防戦の際にたびたび争奪対象となっていた。ちなみに浅野文庫蔵『諸国古城之図』の書付によれば、当寺は「城内」に含まれる。「城下」に関しては明確な遺構が確認できず定かでないが、信貴城周囲に存在する削平地群であろうか。上記のなかで、狭義の城域としては、「本城」「マワリノ小屋」「南ノメタケ」が該当する。いずれも現況遺構と一致し、当時から三区分に認識されていたことは興味深い。なお、城内建物の作事に関しては、法隆寺から職人をよび寄せていることが史料から確認される。

【参考文献】高田徹「松永久秀の居城—多聞・信貴山城の検討—」(大和中世考古学研究会・織豊期城郭研究会編『織豊系城郭の成立と大和』所収、二〇〇六)、中川貴皓「木沢・松永権力の領域支配と大和信貴城」(『中世城郭研究』二五、二〇一一)、同「松永久秀被官に関する一考察—山口秀勝を中心に—」(『奈良史学』三〇、二〇一二)

(中川貴皓)

●織田信長に抵抗した町

今井寺内町《いまいじないまち》

〔重要伝統的建造物群保存地区〕

〔所在地〕橿原市今井町
〔比　高〕三・五メートル（町内部の比高差）
〔分　類〕環濠集落・寺内町
〔年　代〕十六世紀半ば
〔城　主〕——
〔交通アクセス〕近鉄橿原線八木西口駅下車、南西へ徒歩約三分

【環濠集落今井庄】　今井寺内町は、奈良盆地の南部に位置している。古代以来の主要街道である横大路（泉州堺と伊賀・伊勢を結ぶ）と下《しも》ツ道（奈良と吉野を結ぶ）の交点のやや南西部にあり、盆地南部における経済の中心地となった。戦国末期に寺内町として発展を遂げ、江戸時代には、在郷町として、木綿や繰綿業を中心に栄えた。現在でも今西家や旧米谷家などの重要文化財の家が存在しており、平成五年（一九九三）には、重要伝統的建造物群保存地区に選定され、多くの観光客で賑わいを見せている。

文献上で確認される今井の初見は、南北朝時代の至徳三年（一三八六）であり（『一乗院良昭維摩会講師段銭帳』『岡本文書』）、興福寺一条院領の荘園であったことがわかる。この頃の大和国の平野部では、戦乱からの自衛や潅漑のために環濠集落を形成していた。江戸初期の史料であるが、その様子について、「大和ノ在郷ハ、大形堀ヲ堀リ廻シテ、藪ヲ植ヘ申候、領主ナキ所々モ、盗人ナトノ用心ニヤ、普ク左様ノ様子ニテ候」（『大和記』『続群書類従』）と記されている。この集落を濠と藪《やぶ》で囲繞する景観は、今井も同様であったと推測される。なお、現在でも、稗田《ひえだ》（大和郡山市稗田町）のように、周囲に濠を廻らした環濠集落の姿を見ることができる。

室町時代の今井は、高取に拠点を持つ国民越智《おち》氏の支配下にあった（『越智郷段銭帳』『春日大社文書』）。それが、遅くとも明応八年（一四九九）に浄土真宗の受容があり（橿原市曲川町称念寺門徒講所蔵「方便法身尊形」）、天文年間（一五三二

～五五）には、今井道場（現在の今井御坊称念寺の前身）を中核に、寺内町として発展を遂げていった。

この町場化に主導的役割を果たしたのが今井道場の主、今井兵部であった。その活躍について、「今井村ト申処ハ、兵部ト申一向坊主ノ取立申新地ニテ候、此兵部器量ノ者ニテ四町四方ニ堀を掘リ廻シ、土手ヲ築キ、内ニ町割ヲ致シ、方々ヨリ人ヲ集メ、家ヲ作ラセ、国中ヘノ商等イタサセ、又ハ牢人ヲ呼集メ置キ中候」（『大和記』）と記す。

【天文一揆・石山合戦と今井】　天文元年七月、本願寺による摂津や河内での一揆蜂起の余波を受け、奈良市中で一向衆徒が中心となった一揆が起こった。世にいう天文一揆である。これは、大和一国に波及し、戦国期大和最大規模の争乱となり、一〇万人に及ぶ一揆が国民越智氏の居城、高取城を取り囲む事態となった。この時、今井も蜂起したようで、翌年、越智氏より今井の「小屋」が破却されている（『学侶引付写』）。

天文一揆からおよそ四十年が経過した元亀元年（一五七〇）九月、本願寺顕如は各地の門徒に檄を飛ばした。織田信長との十年に及んだ石山合戦（大坂本願寺戦争）のはじまりである。今井兵部が有力者であった今井は、これに呼応して蜂起した。といっても単独の蜂起ではなく、今井の南部に位置する、本善寺をはじめとする真宗吉野教団の存在があってのことであった。今井の蜂起には、大和平野部南部における本願寺側の地域的な協力体制が構築されていたことが大きかった。

この時期の今井は、合戦に備え、「牢人ヲ呼集メ置」いていたし、町自体も武装を強化していた。環濠集落時代以来の濠や藪を最大限に利用しつつ、各所に「矢倉等」が設けられていた。天正三

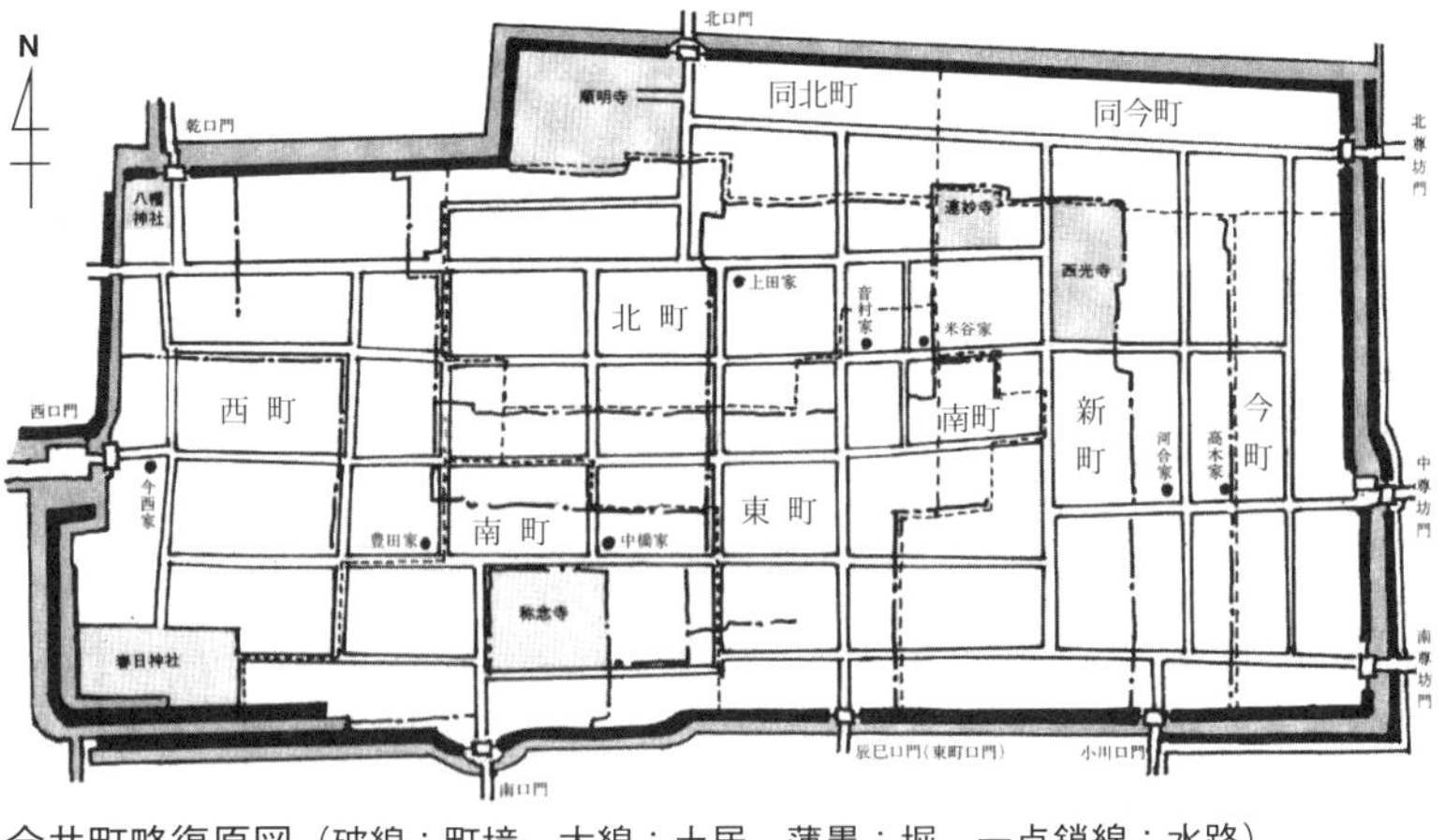

今井町略復原図（破線：町境、太線：土居、薄墨：堀、一点鎖線：水路）
17 世紀末頃

奈良県

今井寺内町・称念寺

今井寺内町・復原された濠

～四年頃の「惟任《これとう》（明智）光秀書状」（『称念寺文書』『今井町周辺地域近世初期史料』）からは、周囲に「土居構《どいかまえ》」が存在していたことがわかる。

なお、信長方との合戦の様子については、誇張もあるが、「半年計モ被攻候へトモ、終ニ落去不仕、剰へ明智殿手先ナトへ度々夜討等仕リ、強キ働共仕候」（『大和記』）とあり、半年ばかりも明智光秀の軍勢を苦しめたと記録されている。

天正三年十月に本願寺と織田信長との間で、一時的な和睦交渉が成立すると、今井は信長方と直接交渉を行ない、赦免されている（「織田信長朱印状」『称念寺文書』『今井町周辺地域近世初期史料』）。その条件には、「土居構」の破却という武装の解除が含まれていた。なお、この朱印状には、「陣取幷乱妨狼藉」の禁制文言が記されている。乱暴や狼藉行為の禁止は、今井が信長方に服することにより町の安全を確保しようとしたことを示しており、本願寺方との決別を意味するものであった。

【今井の環濠について】　今井寺内町は、いわゆる城郭を構えた「城」ではない。しかし、天文一揆や石山合戦で蜂起していたように、争乱に備えた防御施設が他の城郭並みに整備されていたと考えられる。ここでは、今井最古の絵図で、延宝八年（一六八〇）から貞享元年（一六八四）の間の成立である「今井町絵図」（細田家所蔵『今井町絵図集成』）や発掘調査の成果（橿原市千塚資料館編『かしはらの歴史をさぐる』七・八）を参照としながら、環濠について見ていくこととする。

戦国期ではなく、江戸初期であるが、この「今井町絵図」には、東町・南町・西町・北町・新町・今町といった今井内部の町域やその周辺の今井領田畠の様子が記されている。また、町を囲繞する濠や土居のほか、町の出入口である九つの門、町割、社寺、役屋敷、高札などが描かれている。

絵図の環濠について見ると、濠と土居の規模は、それぞれ三間程度の広さ（約五・四メートル）となっており、町は六間（約一〇・八メートル）前後の濠と土居で囲繞されていた。この濠や土居は、二重ないし三重となっている箇所もあり、最も厳重な町の南西部で濠三重、土居二重の一五間（約二七メートル）となっている。なお、この濠や土居の幅については、古来よりの規定があり（享保元年（一七一六）十月『御支配御替りニ付町中家持借家判形帳』『今井町近世文書』）、安易な変更は困難であった。また、土居の内外では垣が作られており、これは町の安全のためにもっともなことであると当時の住人に認識されていた（元禄十六年（一七〇三）三月『窺書』『今井町近世文書』）。

続いて、発掘調査について見る。称念寺境内南部の環濠の場合、最古の第一遺構面では、東西に延びる二重の濠が確認されている。内濠は幅不明、深さ約二メートル、外濠は幅少なくとも八メートル、深さ約二・二メートルの規模であり、十六世紀中頃から後半の出土遺物が確認されるという。また、二つの濠は自然埋没ではなく、一気に埋め立てられていたとの注目すべき指摘がある。これは、天正の今井降伏の際、「惟任光秀書状」にある「土居構崩之」という条件が忠実に実行されていたことを示している。つまり、この時、今井の濠は埋め立てられたことになる。

その後、「今井町絵図」に見られるように、遅くとも貞享元年までには、再度濠と土居が築造されたのである。豊臣秀吉は、天正十一年九月に平野郷の濠を、同十四年十一月には泉州堺の濠の埋め立てを命じており、天正年間には今井の環濠復原は困難であったであろう。発掘調査では、第一遺構面の南に第二遺構面があり、幅一〇・五メートル、深さ約二メートル、土居幅は四メートル前後であったといい、十六世紀末頃の出土遺物が見られるという。また、今井南口門付近の環濠では、下層環濠は幅一〇メートルで、その成立時期は、十六世紀末から十七世紀初めとされる。濠や土居の規模が絵図と発掘調査とでは差異がある場合もあるため、今後も継続的な調査研究の必要があるが、時期的としては、豊臣秀吉が没し、政治情勢に異変が生じた関ヶ原合戦前後の時期に、環濠が復活したのではないかと考えている。

【参考文献】『今井町史』（一九五七）、森本修平「大和における一向一揆と共同体」（『奈良歴史研究』七七、二〇一二）

（森本育寛）

奈良県

●大和第二の巨大平城

十市《とおち》平《ひら》城《じょう》

〔所在地〕橿原市十市町
〔比　高〕一・五メートル
〔分　類〕平城
〔年　代〕十五世紀～十六世紀中頃
〔城　主〕十市氏
〔交通アクセス〕近鉄橿原線「新ノ口駅」下車、北東へ徒歩一・三キロ

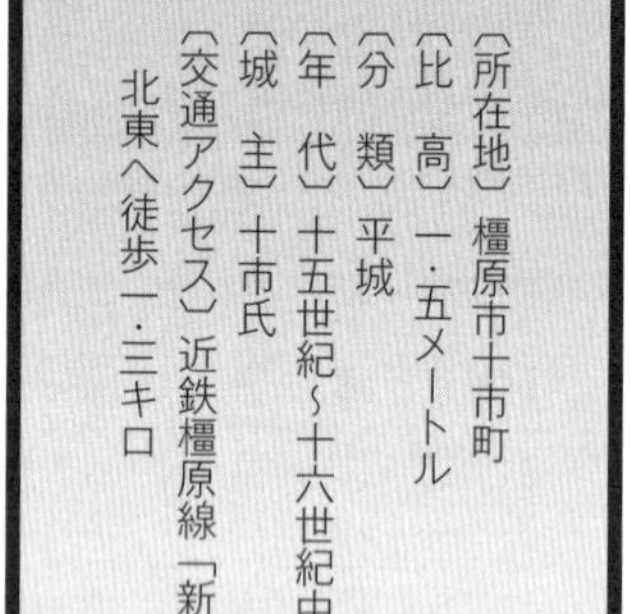

【十市氏の成長と十市平城】　大和五大国人の一人である十市氏は、十市館を拠点に奈良盆地中部から東山内南部（桜井市北山間部）に勢力を持ち、十五世紀前半に室町幕府の追討を受けるなど高い武力を有していた。しかし筒井氏と越智氏の巨大勢力に挟まれて伸び悩み、戦国初期には越智氏に本拠地の十市郷が接収され、没落を余儀なくされた。

ところが、河内守護畠山氏の被官であった木沢長政《きざわながまさ》が大和に侵攻すると、奈良盆地の勢力地図は塗り変わる。領地を回復した十市氏は、歌人大名で知られる十市遠忠《とおただ》が当主となる天文年間（一五三二～五五）に龍王山城（十市山ノ城）を整備。十市館を十市平城と呼ばれるほど大規模に拡張し、両城を併用して全盛期を迎えた。

しかし、遠忠の継嗣である遠勝が永禄十一年（一五六八）に死去すると、大和統一をかけ死闘を繰り広げていた筒井方と松永方に一族・家臣が分裂。十市平城は十市常陸介を頭とする筒井方となり、遠勝の後室を奉じる松永方の龍王山城の間で骨肉相食む状態となった。

十市氏は、筒井・松永氏にかわって織田信長から大和守護に任じられた原田直正の治下でも抗争を続けたため、天正四年（一五七六）に十市平城は直正に接収され、一族は退去し城は終焉をむかえたのであった。

【十市平城の復元】　十市平城の遺構は田畑と化し、地割りすら残さないが、江戸時代に作成された十市村古図と明治七年（一八七四）に作成された地籍図をもとに作成したのが次の

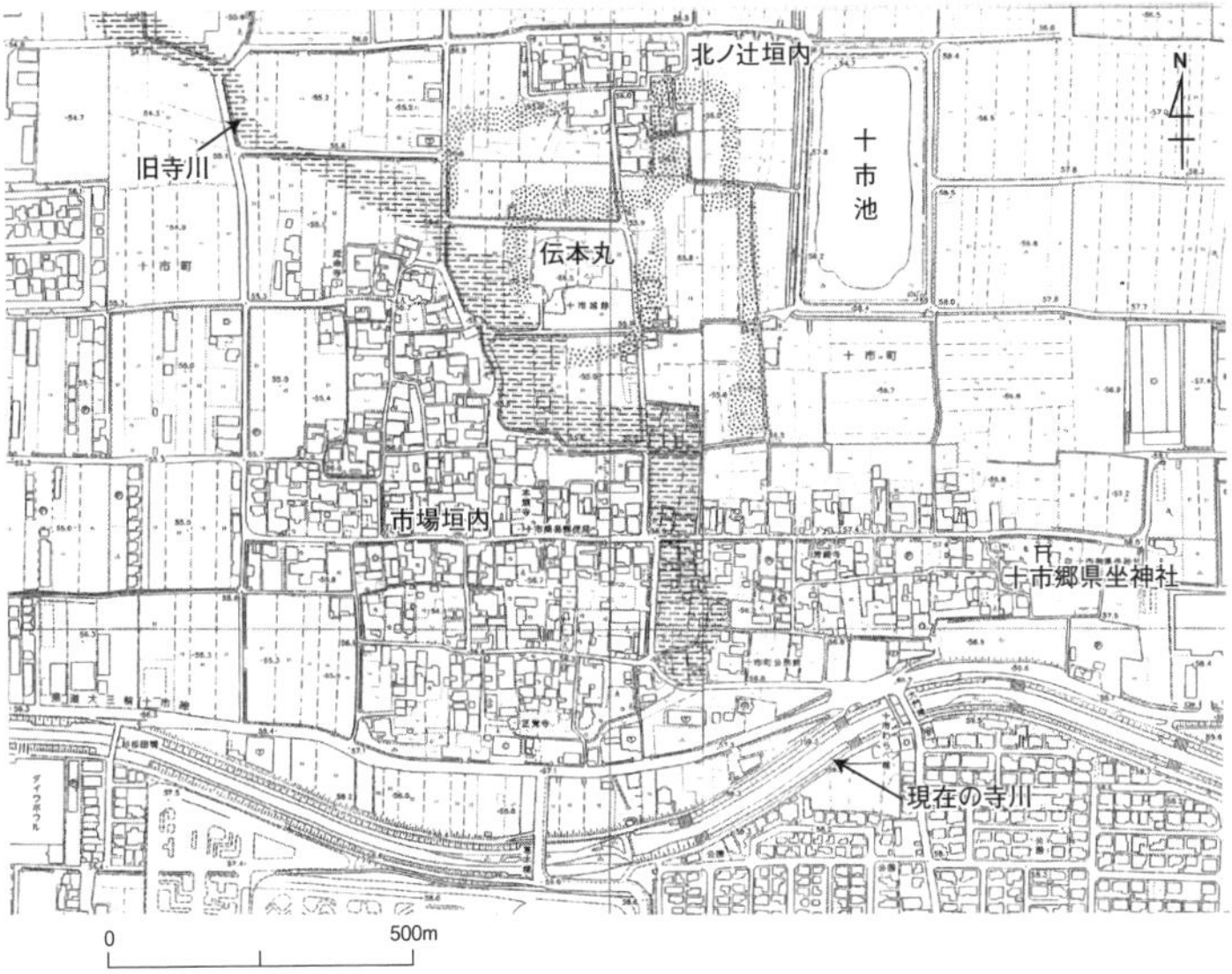

十市平城復元図

復元図である。

それによると、文禄四年（一五九五）に付け替えで廃絶し、水路化した旧寺川を西外堀とする三〇〇×三五〇メートルの城域となり、奈良盆地では筒井氏の筒井平城につぐ規模となる。

内部は二重に分かれる。Ⅰ区が字城の地名を持つ伝本丸跡で、現在も周囲より一段高い畑地がモザイク状に残っているが、もとは南東側に折れを持つ一五〇×一六〇メートルの方形区画であり、十市氏の当主が住む中心エリアであった。Ⅱ区では北《きた》ノ辻垣内《つじかいと》周辺で一族の居館や一般住人の居住が確認されているが、身分によって整然と居住エリアが分かれたというよりは、混住の可能性が高くなっている。

十市平城の南を東西に走る直線道路沿いには、市場垣内の地名や、短冊型地割を残すなど都市的な場となっているが、道路の軸線は延喜式内社の十市御県坐神社《とおちのみあがたにますじんじゃ》であり、城地との主軸は存在しない。また、環濠《かんごう》化された形跡もないため、城域に含まれなかったと見られる。

こうなると十市平城は、卓越した領主居館を中心とする環濠集落にとどまり、都市的な場を含む惣構《そうがまえ》化は実現できなかった。これは筒井平城とも共通しており、都市的な場が持つ自律性が領主支配を最後まで阻んだといえる。

【参考文献】森本育寛「大和十市の集落」（横田健一先生古稀記念会編『文化史論叢』下所収、創元社、一九八七）、藤岡英礼「畿内における最有力国人城郭と都市的な場の防御について」（『中世城郭研究』一七、二〇〇三）

（藤岡英礼）

●幼き筒井順慶を匿う難攻不落の山城

布《ふ》施《せ》城《じょう》

〔所在地〕葛城市寺口
〔比　高〕三二〇メートル
〔分　類〕山城
〔年　代〕十六世紀か
〔城　主〕布施氏
〔交通アクセス〕近鉄御所線「新庄駅」下車後、奈良交通バス「屋敷山公園前」下車、西へ徒歩二・三キロ

【国境地帯の国人たち】　奈良盆地南西部の金剛・葛城《かつらぎ》山系は、大和・河内・紀伊の国境をなす。通例なら国境地帯は大名の陣城や支城が築かれるのであるが、葛城地方は、南の吉野郡とともに各国の勢力争いに敗れた者が、捲土重来《けんどちょうらい》を期して身を寄せる地域であった。そのため、当地に割拠する国人はその軍事力を周辺の武将に期待されると同時に、それを好機として国境を越えた自己の勢力拡大に務めた。

布施城は、葛城山系から東に突き出た標高四六〇メートルの尾根上に位置する。城主の布施氏は江戸時代に新庄藩の陣屋となった平地の居館と背後の山城をセットとする根小屋式城郭を持つ。普遍的な存在とされる根小屋式城郭は、実は畿内周辺では少数派であるが、葛城地方では岡・布施・楢原《ならばら》・吐田《はんだ》城など分布密度が濃く、国人の領域支配を支えていた。

【長大な連郭式山城】　布施城の縄張りは東西五〇〇メートルに及ぶ長大なものである。城域の端部は、東側が土塁《どるい》に挟まれた谷道と横堀で遮断。南西の尾根《おね》先は畝状空堀《うねじょうからぼり》群で。葛城山の尾根続きとなる西側は堀切と、尾根を潰すように設けた畝状空堀群で遮断する。

ところが城内に入ると、中央付近に櫓台を置くだけで目立った遮断施設はなく、曲輪《くるわ》を単純に連ねるしまりのない構造となる。これは敵兵の侵入を前提とするのではなく、曲輪を多数連ねることで、収容する兵員の増加に努めていたと考えられる。

【筒井藤勝の布施籠城】　大和統一の夢半ばで急逝した父親の

筒井順昭にかわり、天文十九年（一五五〇）にわずか二歳で家督を継いだ藤勝（後の順慶）は、永禄二年（一五五九）に松永久秀の侵攻を受けて、本拠の筒井城から没落。以後、東山内（奈良県東部山間地）など大和各地を転戦した。同八年に布施城に迎えられ、松永方の反攻拠点を整備するが、長大な曲輪群や畝状空堀群はこの時期に築かれたのであろう。

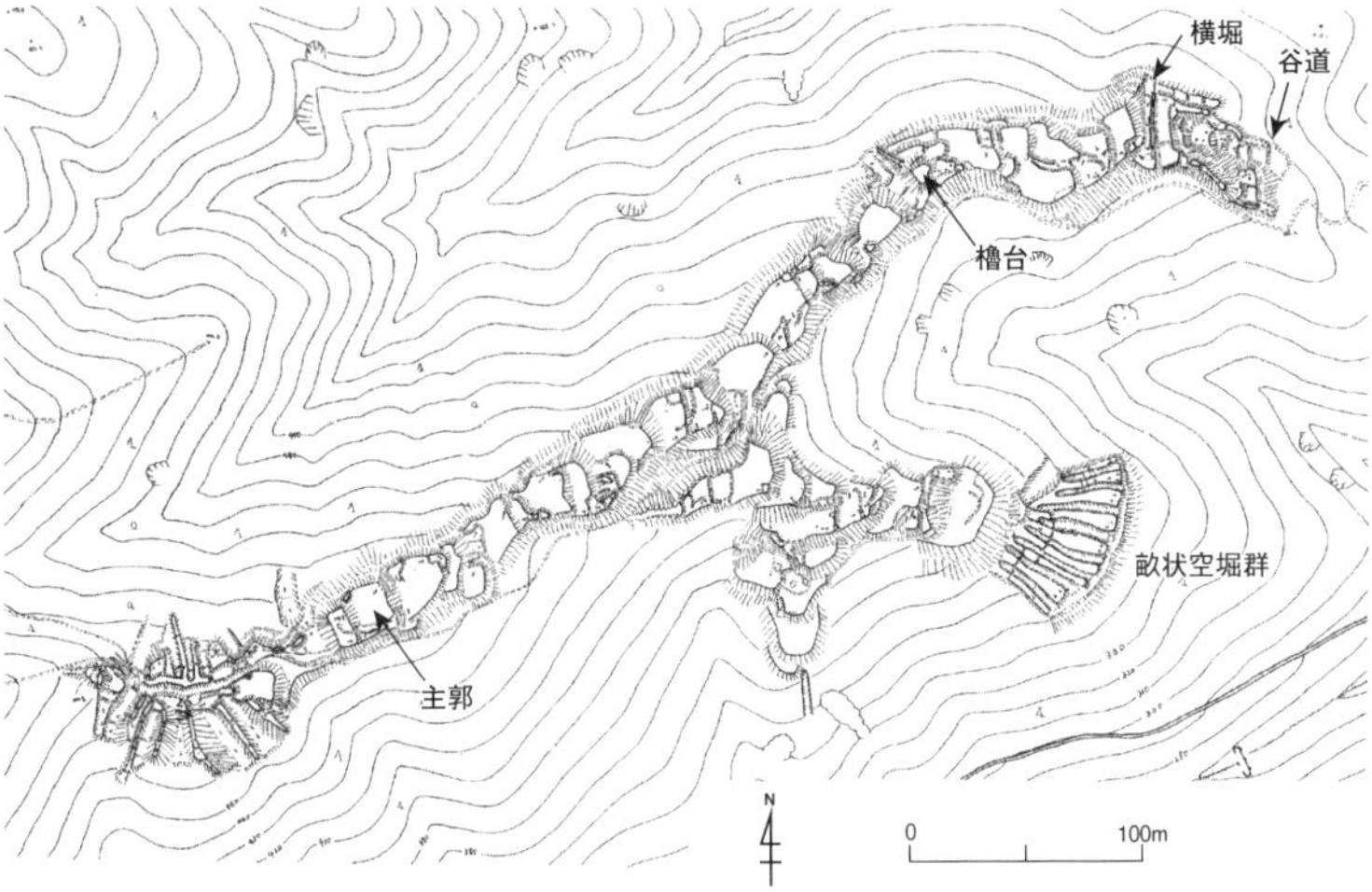

大和布施城縄張り図（作図：藤岡英礼 新原町史所収，千田嘉博図像に加筆，修正）

筒井藤勝が布施城を出た時期ははっきりしないが、布施氏は自身の領域である布施郷を松永方に焼き討ちされて劣勢となりつつも、一貫して筒井方として活躍した。

布施氏が籠城から解放されたのは、筒井順慶が松永方への勝利を確定させる元亀二年（一五七一）の辰市《たついち》合戦の頃であり、一〇年以上も山城を堅守し耐え抜いたのであった。

天正四年（一五七六）に筒井順慶が織田信長から大和守護に任じられた。布施氏は天正八年に信長への出仕が確認されるため、順慶には独立性を保ったまま、与力として大和支配に参画したのであろう。同年の大和一国破城で布施城は廃され、以後は平地の居館に拠って地域支配を続けたと思われる。

布施氏は天正十三年に筒井氏が伊賀国に転封された後も大和国に残り、郡山城を居城とした豊臣秀長に仕えたとされる。元和元年（一六一五）の大阪夏の陣に大坂方に参陣したという。

（藤岡英礼）

【参考文献】藤岡英礼「奈良盆地周辺における拠点的山城の縄張り構造（『中世城郭研究』一四、二〇〇〇）

●葛城地方随一の巨大山城

楢《なら》原《ばら》城《じょう》

〔所在地〕御所市楢原
〔比　高〕二一〇メートル
〔分　類〕山城
〔年　代〕十六世紀か
〔城　主〕楢原氏
〔交通アクセス〕ＪＲ和歌山線・近鉄御所線「御所駅」下車、徒歩二・五キロ

【楢原氏の動向】　楢原城は葛城地方で最大の山城である。ただ、その山容は葛城山系の中腹ということもあって、建物がない現在では目立たず、隠し砦の風情を醸している。探訪の際には詳細な地形図の携行をお薦めする。

城主の楢原氏は、葛上（南）党の刀禰《とね》（頭領）を務めた有力国人で、南大和では筒井氏と大和を二分した越智《おち》氏に次ぐ存在であった。そのため布施《ふせ》氏と同じく、大和国だけでなく河内国の政局にも関与して勢力を拡大し、楢原郷と称する領域を形成した。永禄期の筒井順慶と松永久秀の抗争下では、布施城に拠った筒井順慶を支援したと思われる。

【別城一郭の秘密】　楢原氏は山麓の楢原平城（居館）と楢原山城（山城）をセットで保持したが、いずれも良好に遺構を残す。楢原山城の縄張りは、東西六五〇メートルに及び、内部は三つのエリアに分かれる一城別郭の構造である。Ⅰは西の最奥部に基壇を持ち雛壇状の平坦面を連続させる。Ⅱ・Ⅲ区では出土しない瓦が散布しており、言い伝え通り「左音寺跡」に擬せられる。エリアの東端を限る掘り込みは、後世の切通し道であるためⅠは城域から外れる可能性があるが、戦時には兵士の駐屯地に利用されたと思われる。

Ⅱは、曲輪《くるわ》①を中心に扇状に土塁ラインを広げ、その内部に兵士が駐屯する細長い平坦面を抱える。土塁《どるい》ラインに沿って設けられた畝状空堀《うねじょうからぼり》群は、北側は幅が広く長大で、敵兵が城域に取り付くことを阻止する役目を持つ。一方南側は幅も長さも短く、城域よりも曲輪への侵入阻止を目的とする。

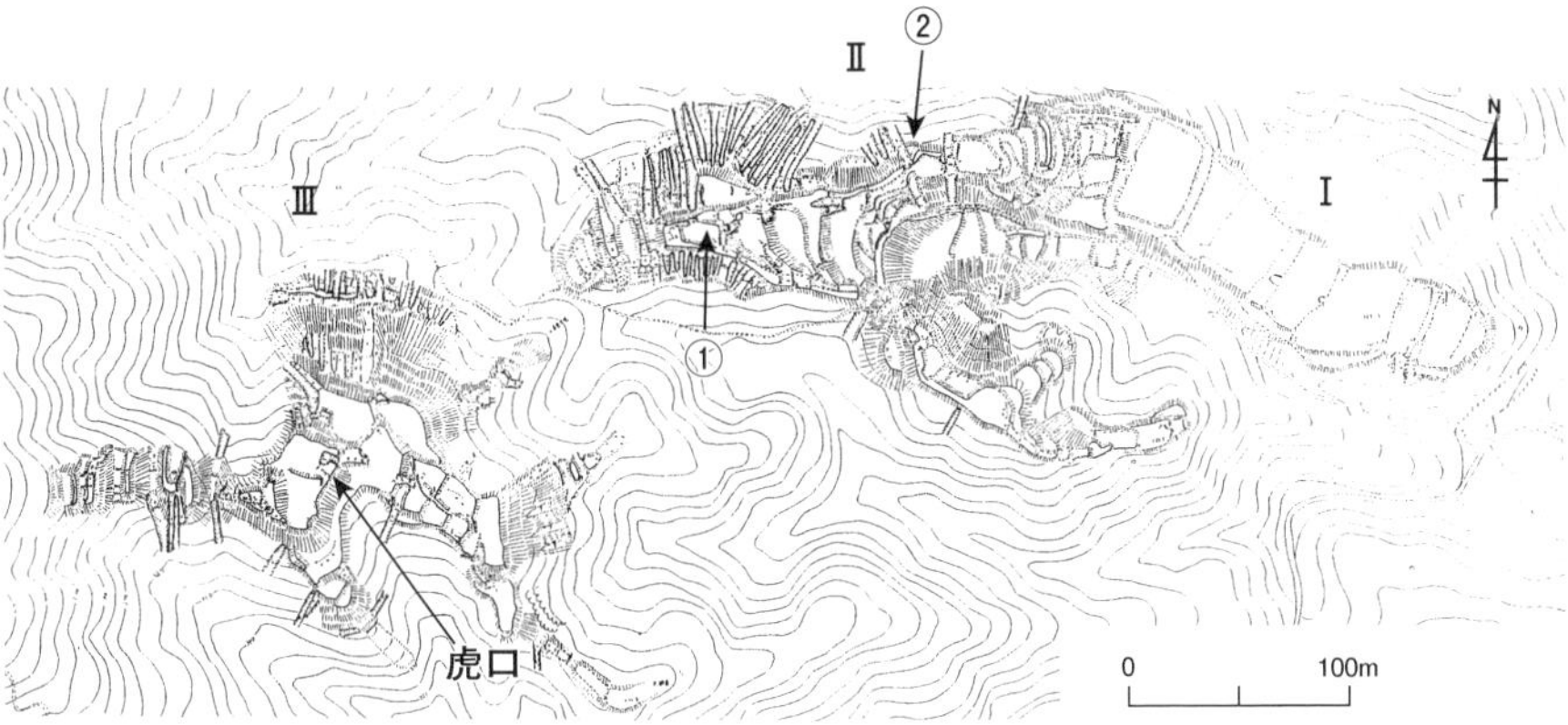

楢原城実測図（作図：藤岡英礼）

北側は城域の外側にあたるが、城域の内外で畝状空堀群の形態が異なり使い分けされている。

Ⅱ内部の連絡は、土塁や曲輪の側面を通すが、連郭から土塁ラインに入る地点に設けられた②は、二本の堀切に挟まれた虎口空間となる。ただし、背後の曲輪から横矢は掛らないため、空間上は取り残された印象が強い。織豊系城郭とは異なり大和国で虎口空間があまり意識されなかったことを物語る。

Ⅲは地域勢力が一般的に築く連郭式山城の形態を見せる。主郭虎口は内枡形を呈するが、実際は曲輪を掘り窪めただけで空間としては未発達である。最奥部の尾根続きは布施・吐田・佐味城と同じく河内国方面のつなぎを意識する空堀を中心とした独立的な遠構えを伴っている。

Ⅲで注目されるのは、城域北側の処理で、曲輪直下に展開する畝状空堀群のさらに下に、横堀と畝状空堀群がセットになった防御ラインを設ける。Ⅲの城域から遠くなるが、Ⅱの防御ラインとの連動を目的に新たに構築されたのであろう。大和国でⅡのような縄張りは松永方が関与した万歳山城などの陣城タイプの山城で見られるが、筒井方や松永方を問わず地域勢力の城に外部勢力が入部した結果、陣城と国人拠点の山城がセットになった巨大な別城一郭の城が築かれたのである。

（藤岡英礼）

【参考文献】藤岡英礼「大和楢原城の縄張りについて」（『愛城研報告』五、二〇〇〇）

●城郭に改造された山岳寺院

佐《さ》味《び》城《じょう》

〔所在地〕御所市鴨神
〔比　高〕一一〇メートル
〔分　類〕山城
〔年　代〕天文六年（一五三七）
〔城　主〕木沢長政
〔交通アクセス〕JR和歌山線「北宇智駅」下車、北へ三・五キロ

【金剛・葛城山系―日本屈指の山岳霊場―】　奈良盆地の南西に屹立する金剛・葛城山系は、役行者を開祖とする日本を代表する山岳霊場であり、峰々には修験道の行場が展開し、多くの山寺が建立された。山寺は石窟を中心とする小規模なものから、堂塔伽藍を備えた大規模なものまで様々だが、金剛山（寺）を中心に多くの僧徒を擁し、南北朝時代には楠正成を支援するなど、その武力は武家権力からも期待されていた。

しかし、当時の山寺は史料に○○寺城と記録された場合であっても、寺域の縁辺部に堀切を設けるだけで、境内中心部は基本的に城郭化せず信仰空間が守られていた。しかし戦国期になると様相が変化する。

【佐味城の縄張り】　金剛山の中腹、奈良盆地に向かって東に突き出た標高四六一メートルの台地状の尾根に位置する佐味城は、天文六年（一五三七）に河内や大和で勢力を奮った木沢長政が築城した琵琶尾城に該当する。その地形は、北は急峻な谷に遮られているが、東と南側は極めてなだらかで、どこからでも容易に登れてしまい城地として不利である。

このため緩い山腹は横堀という防御ラインで遮断し、地形の不利を克服しようとしている。虎口《こぐち》は東と西の二ヵ所に認められる。東虎口は屈曲させた横堀の内側に設けた虎口受を介し入城するが、城内側から横矢を掛けないため、ここを突破されると主郭まで容易に侵入を許してしまう。防御ラインと虎口が連動しないのである。横堀は永禄期以降に全国的に

展開する技術であり、当城はその先駆として注目されるが、永禄期には側射を行なう横矢《よこや》掛《がか》りも併せて発達するので、当城は天文期の水準と見なせよう。

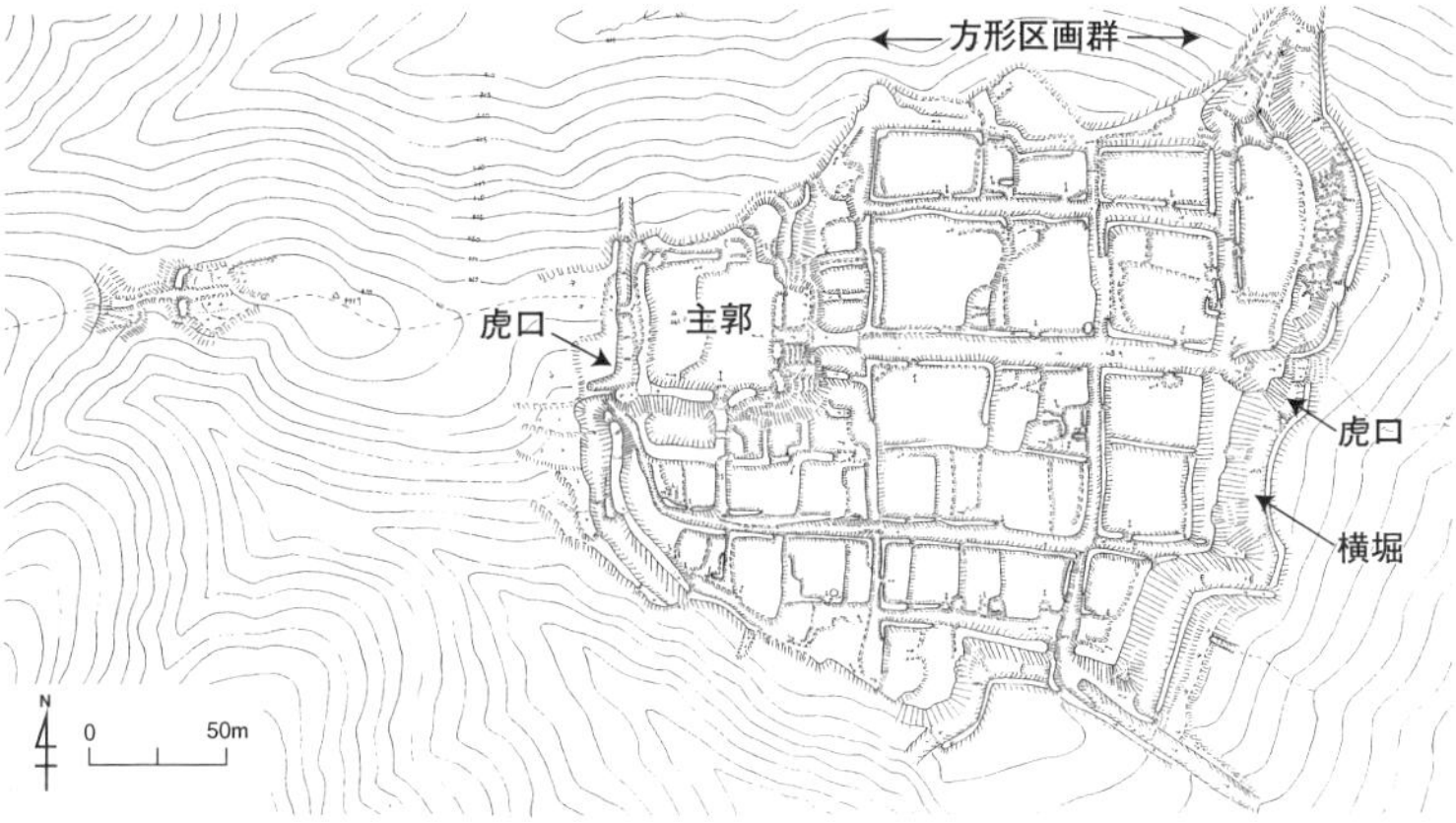

佐味城実測図（作図：藤岡英礼）

【城郭化する山寺】　佐味城は、寺院と歴史が明らかでないが、方形区画群を持つことから山寺を城に改修したとされている。木沢長政は入寺に際し本堂を城の主郭とし、主郭に接した平坦面は堀障子を伴う横堀として破壊し、主郭の防御を強化したと思われる。

　ただ、寺地での築城にあたり、本堂の改修には着手できたが、主郭（本堂）の下に展開する団地のような方形区画群―僧坊群は、城域を囲む横堀が築かれたにもかかわらず、改修された形跡はない。このため軍勢が駐屯し、本堂の宗教性が毀損したとしても、僧坊群の機能は温存されており、山寺の聖性を否定する軍事的改変には限界があったようである。しかし山寺側も十五世紀以降には僧坊群が本堂に対して独立性を高めた一揆的な惣寺組織を成熟させており、本堂に替わり城郭が入って武士と寺院の一体化が進む土壌は準備されていたといえる。

　なお、探訪にあたっては山麓側には出入口のない獣害柵が延々と取り巻き、この方面からの入山は難しいので、葛城山系の稜線上にある伏見峠から降るようにしたい。

【参考文献】村田修三「佐味城」（『図説中世城郭事典』二所収、新人物往来社、一九八七）

（藤岡英礼）

●改修を迫られた館形式の国人山城

佐《さ》比《ひ》山《やま》城《じょう》・多《た》田《だ》北《きた》城《じょう》

〔所在地〕宇陀市室生多田
〔比　高〕七七メートル
〔分　類〕山城
〔年　代〕十六世紀
〔城　主〕多田氏
〔交通アクセス〕近鉄大阪線「三本松駅」下車後、奈良交通バス「多田」下車、徒歩一・二キロ

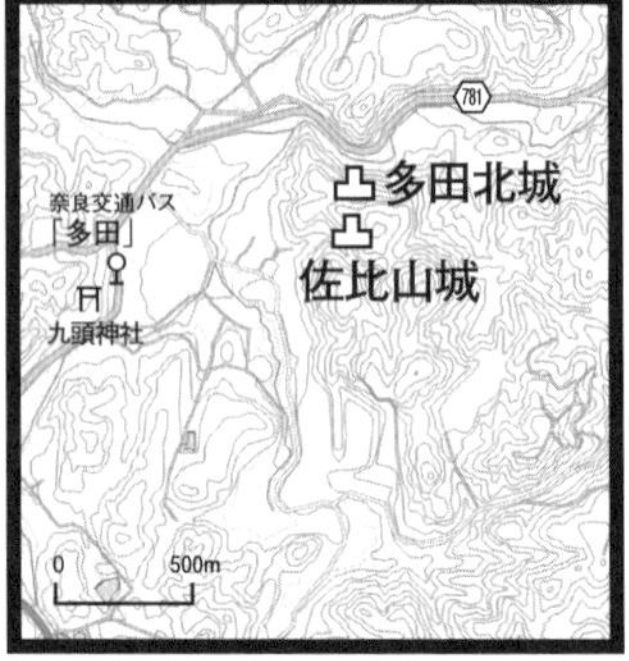

【地域一揆から有力国人に成長した多田氏】　奈良県の北東山間部は、中世に東山中（東山内）と称され、「山内衆《さんないしゅう》」と呼ばれる中・小の国人・土豪らが、伊賀国や近江国甲賀郡と同じく、単郭方形の館城に拠り、構成員の平等と横並びの結合を原則とする地域一揆を形成していた。

彼らは都祁水分《つげみくまり》神社の氏人として宮座を運営し、染田天神《そめだてんじん》では連歌会を開催し団結を強めていた。しかし東山内の内部は小さな谷や盆地に分かれていたため、紛争が絶えず、十五世紀には大和国中《くんなか》（奈良盆地）で覇を競う筒井氏・十市《といち》氏と越智《おち》・古市氏方の争乱に合して多田氏と吐山《はやま》氏が台頭。戦国期には多田氏がさらに抜け出し、天文年間（一五三二―五五）に自領である多田庄に接する都祁盆地に進出。その境目に貝《かい》那《な》木《ぎ》山《やま》城を築き、東山内を代表する有力国人に成長した。

永禄期の筒井氏と松永氏の抗争下での動向は詳らかでないが、両勢力に巻き込まれ領域支配は不安定になったであろう。

【改修される国人の本拠】　多田庄を見下ろす標高五一九メートルの佐比山城は、山麓の居館（多田下城）に付属する根小屋式の山城であった。主郭は五〇×八〇メートルで方形を呈しており、当初は地域一揆の横並び意識に規制された方形の館城が山上に登る形式であったが、多田氏の成長に伴い城域の周囲に小規模な畝状空堀群が作られる戦闘的な山城に生まれかわった。

この際、山麓から北東隅の横矢側面を通る登城路が廃止さ

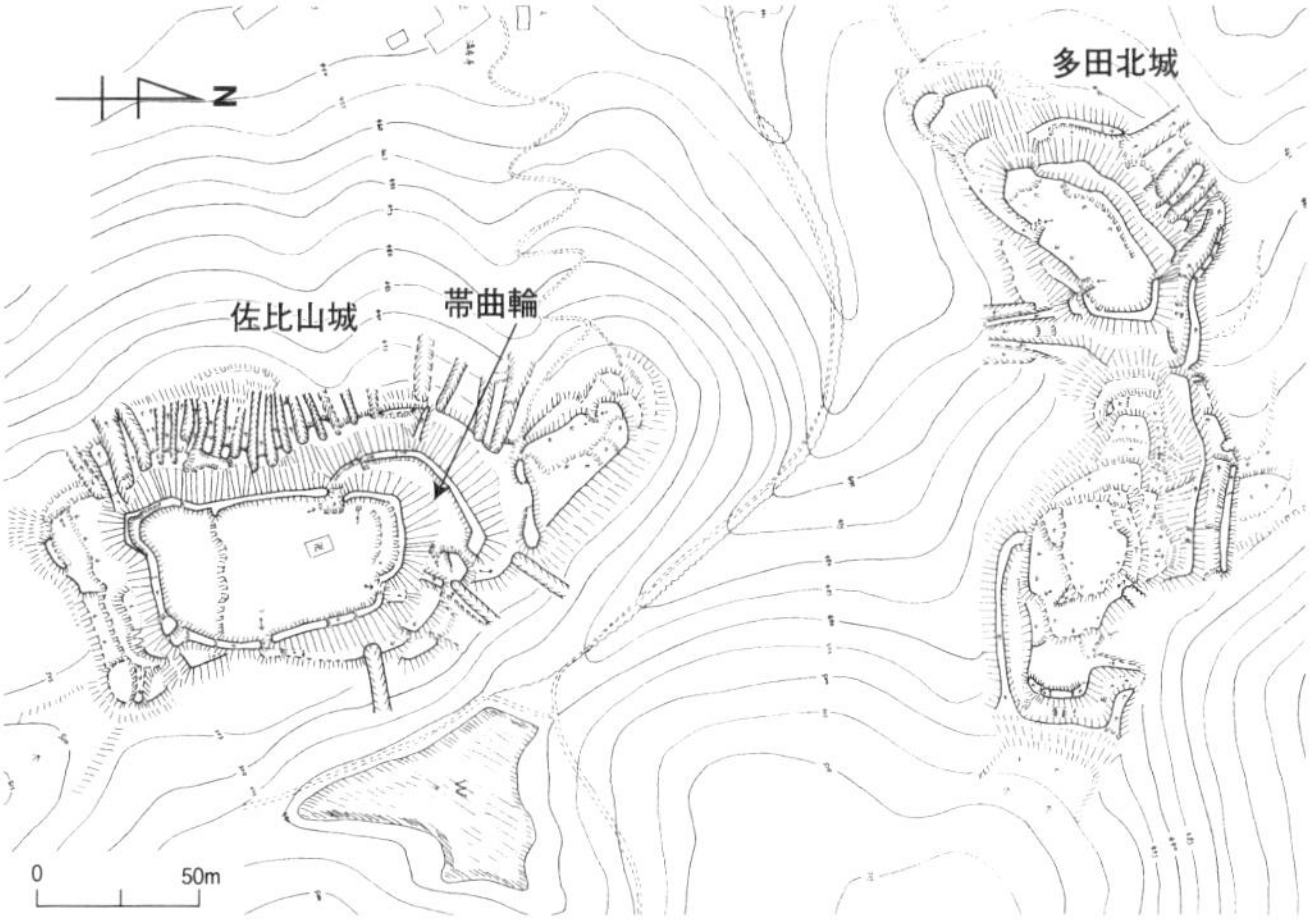

佐比山城縄張り図（作図：藤岡英礼　多田暢久の図版に加筆）

れ、新たに帯曲輪《おびくるわ》上に土塁《どるい》に挟まれた虎口《こぐち》を設け、主郭北側の突出部を迂回しながら主郭に至る、導線の長い登城路に改修された。

特に帯曲輪は全体が虎口空間の役目を持っている。天文年間に築城された貝那木山城は、畝状空堀《うねじょうからぼり》は見られるが、虎口は土塁を伴わない平入りのままである。このため佐比山城は永禄年間以降に大きく改変された可能性がある。

【多田北城の縄張り】 佐比山城改修の背景を考えるうえで重要になるのが谷を隔てた北側一五〇メートルの尾根上に残る多田北城である。

当城の歴史は詳らかでないが、城域の中間を堀切で隔絶し、東西二つの曲輪で構成する一城別郭の構えを持つ。虎口は曲輪端部から入るもので不明瞭であるが、城域を囲む防御ラインは、西曲輪は横堀と畝状空堀群をセットとするが、東曲輪は横堀だけである。両曲輪の造成は、西が良く、東が粗悪であるため、東に一般の兵士を駐屯させた陣城となろう。

佐比山城と多田北城は、本城と出城の関係が指摘されるが、曲輪配置だけでなく虎口や畝状空堀群をはじめとする防御ラインの構築方法も全く異なる。築城思想の異なる城が共存する事例は楢原城でも見られるが、これは在地外の勢力が進駐する際に見られる現象である。多田氏においても在地勢力が自己の築城思想を堅持しながら外部勢力の受容に対処したことをうかがえる。

（藤岡英礼）

【参考文献】多田暢久「城郭分布と在地構造—戦国期大和国東山内の動向—」（『中世城郭研究論集』所収、新人物往来社、一九九〇）

奈良県

●伊勢街道をにらむ馬出を持つ陣城

赤《あか》埴《ばね》城《じょう》

〈所在地〉宇陀市榛原赤埴上俵
〈比　高〉五〇メートル
〈分　類〉平山城
〈年　代〉十六世紀後半
〈城　主〉赤埴氏
〈交通アクセス〉近鉄大阪線「榛原駅」下車後、奈良交通バス「高井」下車、東南へ徒歩二・五キロ

【伊勢街道の走る交通の要衝】　宇陀市の東部で並立する赤埴と諸木野の両地区は、現在では山間の静かな小集落であるが、室町時代には大和国で最も重要な街道の一つである伊勢本街道が走る交通の要衝であり、通行税をとりたてる関所が乱立していた。

関所は有力な国人が支配し、その下で地元の土豪が管理にあたったが、莫大な権益をめぐって地域外の国人も争いに関与した。このため赤埴から諸木野の街道沿いには、細長い曲輪に堀切を付しただけの単純とはいえ在地土豪が築いた小砦が街道の側面に三ヵ所も築かれ、その掌握に腐心した様がうかがえる。

【街道を掌握する縄張り】　赤埴城（赤埴上城）は、高城山（標高八一〇メートル）の北西麓に広がる標高五八五メートルの台地端部に位置する。伊勢街道と女人高野で知られる室生寺への参詣道の結節点を見下ろす位置にあり、他城と同じく街道を掌握するために築かれている。

縄張《なわば》りは二つのエリアからなる。周辺には低い土塁《どるい》や造成の粗悪な平坦面があり、館城とか兵士の駐屯地と考えられることもあったが、猪垣《ししがき》や池の構築に伴うものであり、城域から外すのが妥当であろう。

三角形状の曲輪《くるわ》Iは、土塁を背に内部を三段に分けるが、北に位置する街道の結節点側は遮断せず、直に降りることができる。南の台地続きは深さ三メートル余の長大な横切と土塁で遮断し、街道の結節点を囲むように設営されている。

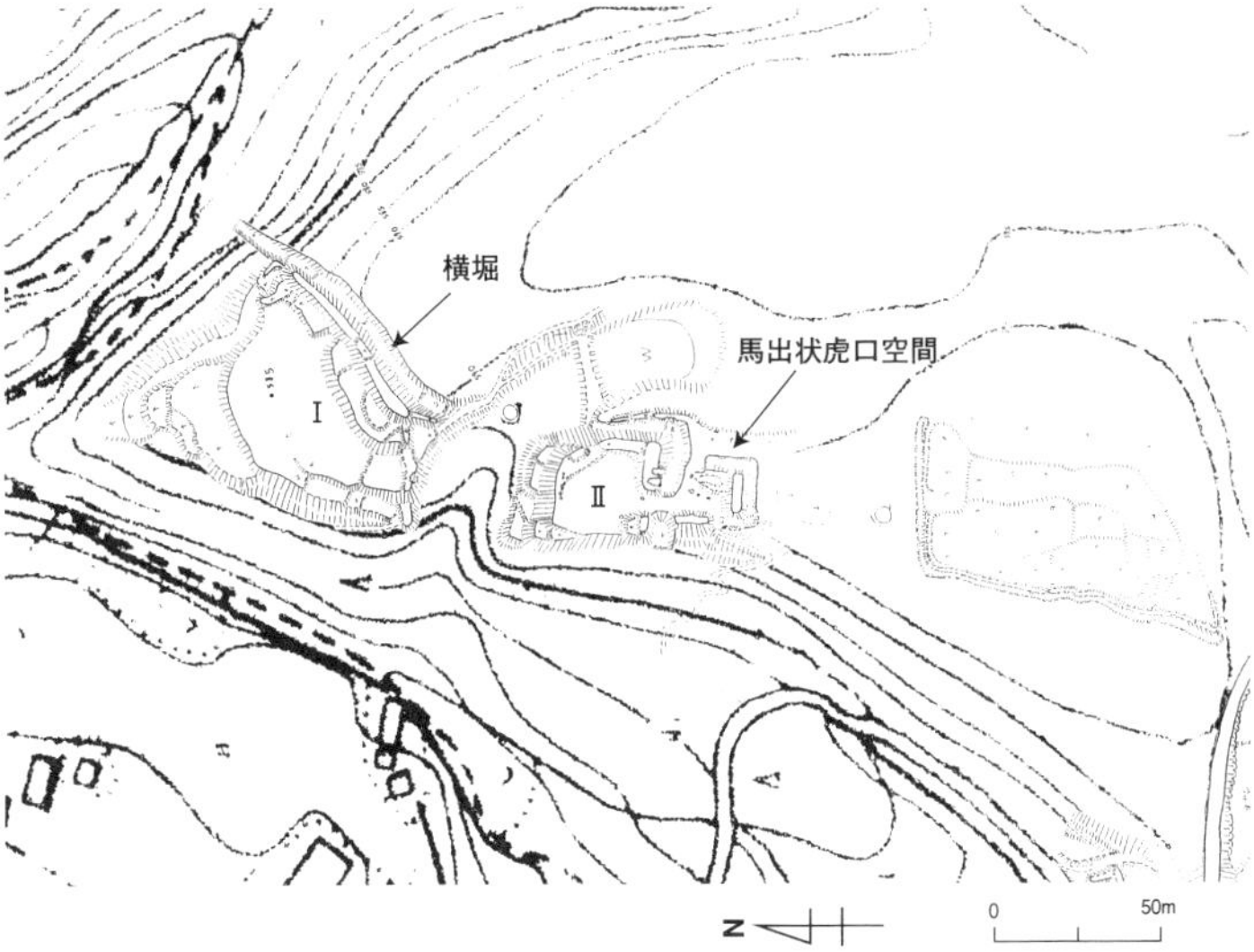

赤埴城縄張り図（作図：藤岡英礼　多田暢久の図版に加筆，修正）

曲輪Ⅱは Ⅰに比べて小規模だが、主郭の南前面にはコの字状にめぐる土塁と横堀に囲まれた馬出《うまだし》状の虎口《こぐち》空間がある。馬出空間は東と西に虎口が開口し、東口は伊勢街道に直接降りている。西口は曲輪Ⅰや台地方向に向いており、二方向の作戦に対応している。

当城の馬出は、城兵が城外に出撃するに際し、対峙する敵兵からの直接的な攻撃を防ぐだけでなく、伊勢街道への出撃路を確保しつつ、Ⅰの堀切で足止めされ広い台地に散開した敵兵に対し、城兵を繰り出し挟撃するようにしている。馬出は練度の高い城兵が攻守の機能分化を遂げて機動性的に展開する足場となっており、小規模ながら攻撃性の高い城郭となっている。

【築城の背景】　城主は在地勢力の赤埴氏とされるが、同氏の築城となる赤埴下城に比べ街道の軍事的掌握の度合いが格段に進んでおり、赤埴氏が単独でなしえる築城ではない。

赤埴氏は、宇陀郡が豊臣政権の武将である福島掃部《かもん》の管下に入った際に、その家臣となっている。豊臣政権は徳川家康と対峙した天正十二年（一五八四）の小牧・長久手合戦に際し、掌握した畿内から尾張に至る街道網にしばしば馬出状の施設を伴う陣城を築いており、当城もその一環として築かれた可能性がある。

【参考文献】　村田修三「赤埴城」（『図説中世城郭事典』二所収、新人物往来社、一九八七）、金松誠「宇陀赤埴城に関する一考察」（『文化財学論集』続第一分冊所収、文化財学論集刊行会、二〇〇三）

（藤岡英礼）

●高山右近、洗礼の山城

沢《さわ》城《じょう》

〔所在地〕宇陀市榛原澤・大貝
〔比　高〕約一三〇メートル
〔分　類〕山城
〔年　代〕十四世紀〜十六世紀後半
〔城　主〕沢氏、高山飛騨守図書、沢房満、沢源六
〔交通アクセス〕近鉄大阪線「榛原駅」下車後、奈良交通バス「比布」下車、東へ徒歩約三キロ、駐車場なし

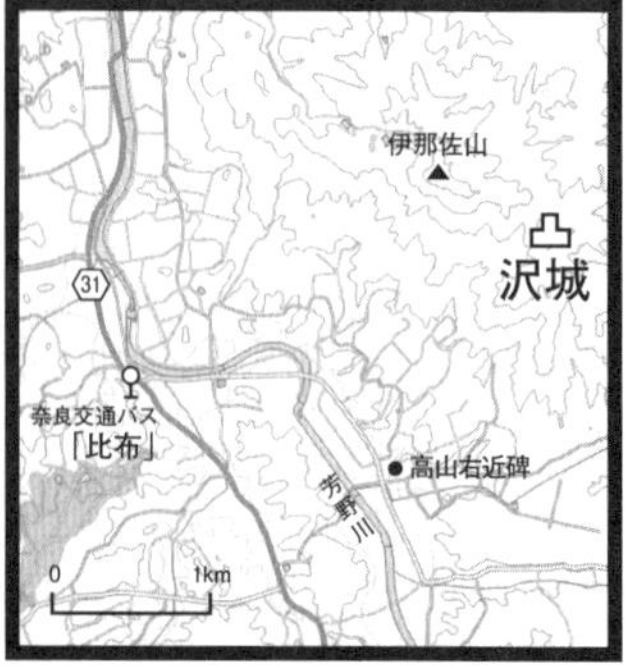

奈良県

【宇陀三将のひとり、沢氏】　中世の大和・宇陀《うだ》地域では、伊勢国司北畠氏の影響のもと、秋山氏・沢氏・芳野《ほうの》氏が勢力をのばし、三氏は、宇陀を代表する勢力となる。秋山氏は秋山城、沢氏は沢城、芳野氏は芳野城とそれぞれが山城をもち、その麓に居館をもっていた。

　鎌倉期には、春日社・興福寺はそれぞれの所領を宇陀にも多く持ち、その荘官として地元の土豪たちが任用される。このなかでも沢・秋山・芳野の三氏が台頭、やがて武士化し、宇陀を代表する勢力となる。正平八年（一三五三）、伊勢国司北畠氏が宇陀を手中に収めると、三氏をはじめとする地侍は、北畠氏勢力下に置かれることとなる。沢氏は、北畠氏の影響下、大和よりもむしろ伊賀・伊勢へとその勢力を伸ばすこととなる。南北朝期、沢・秋山氏は南朝方（興福寺一乗院方）として、芳野氏は北朝方（興福寺大乗院方）としてその名がみえる。

【沢氏の居城】　沢城は、標高約五二四メートルの山頂に造られた山城である。この城は、伊那佐《いなさ》山から南東にのびる尾根《おね》を切った二重堀切から大手口をおさえる郭群までの南北約七〇〇メートル、東西約四〇〇メートルに及ぶもので、東西両端を堀切で遮断された東西約三〇〇メートルの郭群が沢城の主要部分となっている。

　主要部分の東西には、深い堀切があり、東端は三重の堀切となっている。また、主要部分の中ほどにも堀切が認められ、これを境として東西に郭群をわけることができ、西郭

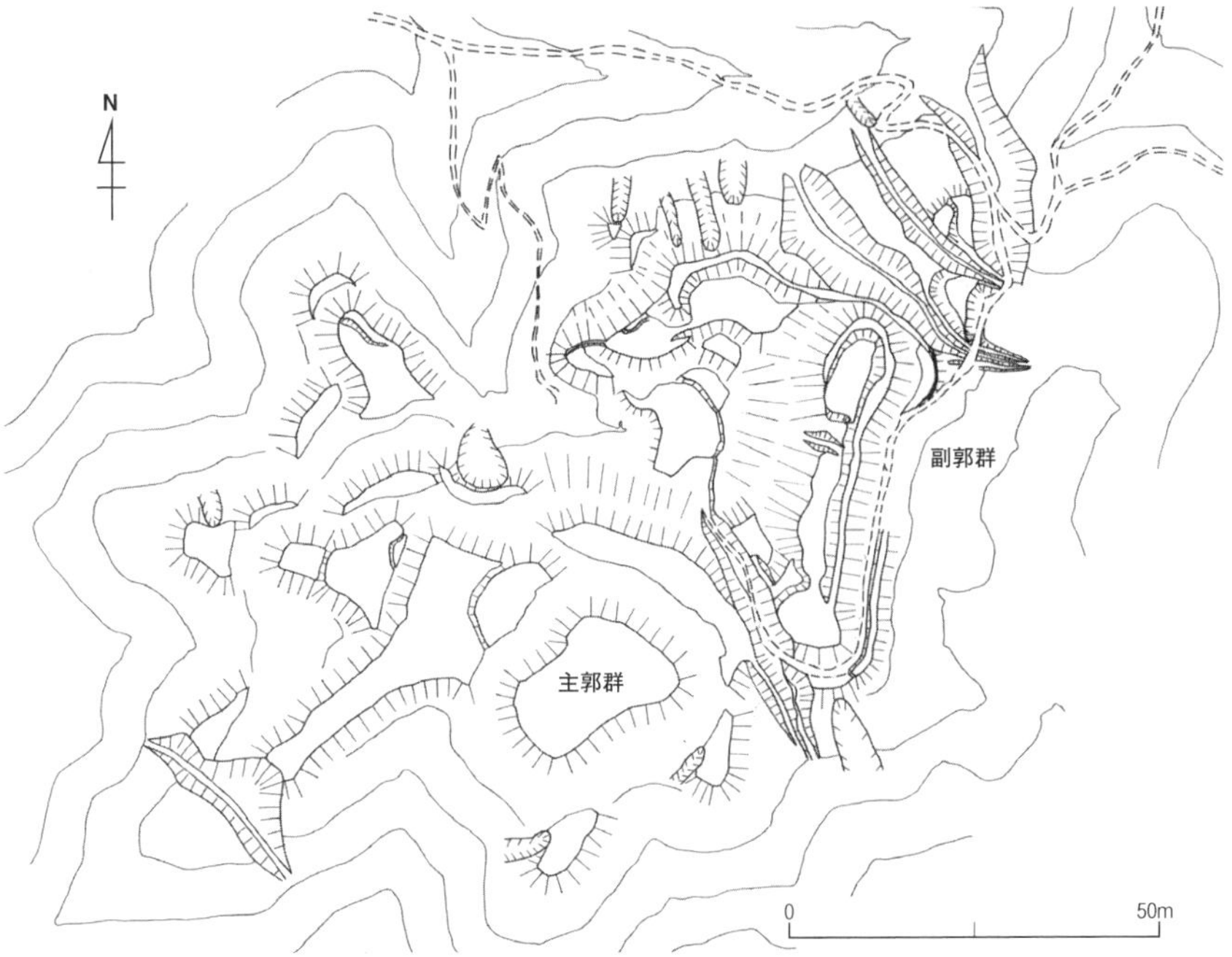

沢城縄張図

（主郭）群は本丸、二の丸等、東郭（副郭）群は出丸、クラカケバなどと呼称されている。

西郭群は、最高所にある東西約四〇メートル、南北約二〇～三〇メートルのやや不整な長方形を呈する主郭を中心に展開し、主郭の北西と北東には、細長い郭がめぐり、主郭と北西郭との斜面は緩傾斜となっている。この郭群は基本的には、土塁が築かれていないが、主郭から北へとのびる尾根先端に形成された郭の北端には、小規模な土塁が認められる。郭群の中心は、南北八五メートル、東西一〇～二〇メートルの細長い郭を中心にしており、これらは土塁で囲まれている。ここから北西に張り出す尾根上の郭は、「武者留り」と推定される。クラカケバ北側は、非常に急峻な斜面となっており、東郭群全体が城の東方に対する実戦的な縄張りとなっている。

【高山飛騨守図書・右近親子の入城】　永禄二年（一五五九）、松永久秀の大和進攻で、翌三年には沢氏城も占拠され、沢氏は伊賀へ逃れることとなる。そして、この城には松永配下の高山飛騨守図書親子らが入部する。のちにキリシタン大名として活躍する右近は、わずか八歳であった。

永禄六年、高山飛騨守図書は、奈良で洗礼を受け、ダリヨという霊名をもらい、城内に教会を建設する。

この頃の城内の様子を伝える史料としては、ルイス＝フロイスの『日本史』がある。これによると、城は高い山の上にあり、遠くまで眺望でき、城内には、高山図書の妻子や約三○○人の兵たちが住んだという。小さな砦には、長さ二○メートル弱、幅七メートル余りの教会があり、なかには礼拝堂・香部屋・宣教師の宿泊部屋・従者の間などの施設がある。『日本史』にあるこの教会は、その規模からすると主郭西方の郭内に設けられた可能性が考えられる。図書は、毎朝、この教会で礼拝を行なったという。永禄七年には、高山右近をはじめ、多くの人々がこの教会で洗礼を受け、右近は、ジュストという霊名をもらう。

一方、伊賀へと逃れた沢氏は、沢城を奪還しよう企てており、沢城では、昼夜不断の用心深い見張りがなされており、城門も設けていることがわかる。城内における具体的な建物配置は不明であるが、高山氏は、城主であった永禄三年から永禄十年までの間、山城で居住し、守りを固めていたことを窺い知ることができ、東郭群（副郭群）の土塁、深い堀切などは、沢氏の攻撃に備えて造られたとも考えられる。

当初の西郭群（主郭群）は、沢氏の手によるものと考えられるが、高山氏によって主郭を中心とした居住空間が整備されたことが推察される。現在、見ることができる沢城の遺構の大半は、永禄三年以降の高山飛騨守図書の改修によるものと推定される。

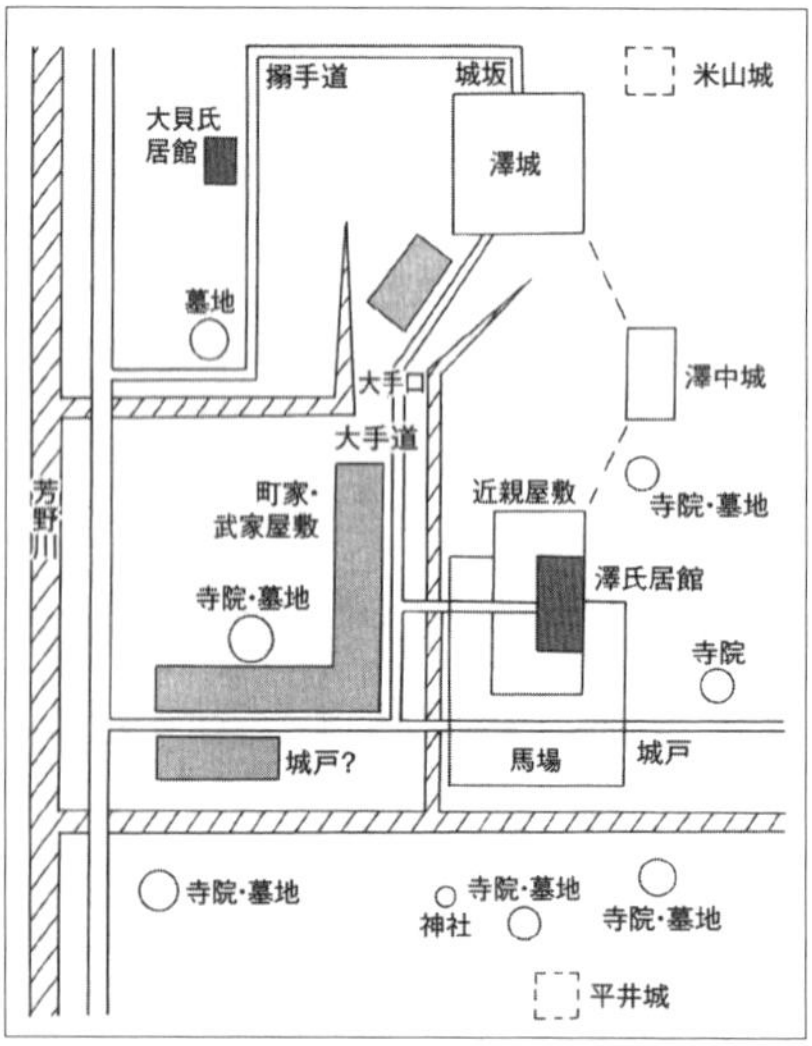

沢城跡と城下概念図

西郭群北西郭の試掘調査では、大規模な整地土や礎石建物の一部を確認している。東郭群では、土塁内側の試掘調査を実施しており、土坑などを確認している。

【周辺の城】 沢城に近接した米山城や麓の平井城、三宮寺城は、郭に土塁をめぐらす構造から、松永氏方の陣城であったことが指摘されている。また、沢中城は、初期沢城の陣城的な可能性も考えられる。

【城下の様相】 沢氏の居館は、遺構、遺物から下城《しもんじょ》・馬場《ばば》遺跡であったと考えられ、十二世紀後半には、居館として成立し、以後、十六世紀後半にいたるまでその機能を有していた。断片的な発掘調査ではあるが、最も広い平坦面からは、数時期の礎石建物を検出し、多量の土師器《はじき》や輸入陶磁器なども出土している。平坦面全体における具体的な建物配置は明らかでないが、これらの礎石建物は、この居館における主要施設である。礎石建物は、いずれも焼失しているが、文献にこの焼失と関係あると思われる記事をみることができる。『満済准后日記』正長二年（一四二九）二月二十四日条によると「衆徒国民等、宇多の処へ責め入る。沢・秋山一矢に及ばず、自焼せしめ没落す」（原漢文）とある。沢・秋山の両氏が興福寺勢力に攻められ、自焼没落していることがわかる。

下城・馬場遺跡（居館）からみた沢城跡

沢氏は、ほぼ一貫してここを居館としており、小字や地形などから沢氏の居館周囲には近親屋敷や馬場が想定できる。下城東方の沢川近くに小字名「池殿奥」をみることができ、沢氏の同名衆であった池氏の関係する小字名と考えられ、池氏の館は下城の東辺付近にあったとも推定できる。居館のほかに寺院、墓地も点在している。一方、高山氏は、下城には居館を構えておらず、その機能を山上に備えている。当時の様子は、『日本史』でみたとおりである。高山氏時代の下城の様子は明らかにできないが、沢氏が再び城主となってからは、その居館として再び機能している。

天正十年（一五八二）、沢源六は伊賀衆を匿ったことにより、織田信雄から沢城の取り壊しを命じられることとなるが、その伊賀衆を下城で討首にし、沢城は存続することとなる。しかし、蒲生氏郷《がもううじさと》の与力となった天正十三年には沢城は廃城となったと考えられる。

【参考文献】『日本城郭大系』一〇（新人物往来社、一九八〇）、金松誠「戦国期における大和口宇陀地域の城館構成と縄張技術」（『城館史料学』六、二〇〇八）、柳澤一宏「大和沢城跡とその城下」（『続文化財学論集』所収、二〇〇三）、宇陀市教育委員会事務局文化財保存課編『沢城跡第二～四次発掘調査報告書』（二〇一〇）

（柳澤一宏）

●中世山城から近世山城へ、そして破却

秋《あき》山《やま》城《じょう》（宇陀松山城《うだまつやまじょう》）

〔国指定史跡〕

〔所在地〕宇陀市大宇陀拾生・春日・岩清水
〔比　高〕約一二〇メートル
〔分　類〕山城
〔年　代〕十四世紀～元和元年（一六一五）
〔城　主〕秋山氏、伊藤義之、加藤光泰、羽田正親、多賀秀種、福島高晴
〔交通アクセス〕近鉄大阪線「榛原駅」下車後、奈良交通バス「西山」下車、東へ徒歩一キロ

【宇陀の要、秋山城】 中世の大和・宇陀《うだ》地域では、伊勢国司北畠氏の影響のもと、秋山氏・沢氏・芳野《ほうの》氏が勢力をのばし、三氏は、宇陀を代表する勢力となる。秋山氏は秋山城、沢氏は沢城、芳野氏は芳野城とそれぞれが山城をもち、その麓に居館をもっていた。

秋山氏は、標高約四七三メートルの山頂に本城の秋山城を築き、南側山麓の尾根上に居館（下城）を構えた。秋山城からの眺望は良く、口宇陀地域を一望できる好位置にある。このことからも秋山氏の宇陀地域での優位性は明らかである。宇陀を代表する秋山城は、後述のとおり大改修されることとなり、秋山期の遺構などは明らかではない。

【豊臣家大名から徳川家大名の城へ】 天正十三年（一五八五）、豊臣秀長の大和郡山入部による秋山氏の退去後は、豊臣家配下の大名である伊藤義之、天正十四年には加藤光泰、天正十六年には羽田《はねだ》正親が宇陀へ入部し、短期間に城主が入れ替わっている。文禄元年（一五九二）には多賀秀種《ひでたね》の居城となるが、慶長五年（一六〇〇）の関ヶ原の戦いで多賀秀種は、西軍に味方したことにより所領を没収され、代わって福島高晴（孝晴）が宇陀へ入部する。

福島高晴は、城を「松山城」と改名し、さらに城の改修と城下町の整備を進めた。しかし、元和元年（一六一五）に福島孝治が改易されたことにより、城は破却となった。この城割役を担ったのが小堀遠江守正一（遠州）と中坊左近秀政である。

【城割後の宇陀松山】　宇陀松山城の破却後、宇陀郡を領したのは織田信長の次男、信雄《のぶかつ》であった。信雄は織田家宇陀松山藩初代藩主となり、以降、二代高長、三代長頼、四代信武、五代信休（柏原藩初代）へと続いた。織田氏は、破却された城を使用することはなく、藩政の中心は長山丘陵付近に構えた長山屋敷にはじまり、春日神社西側に向屋敷、春日神社北側の上屋敷へとそれぞれ造営され藩政の中心は移った。元禄八年（一六九五）に織田家が丹波国柏原に移封された後、当地は幕府領となり明治を迎えることとなる。

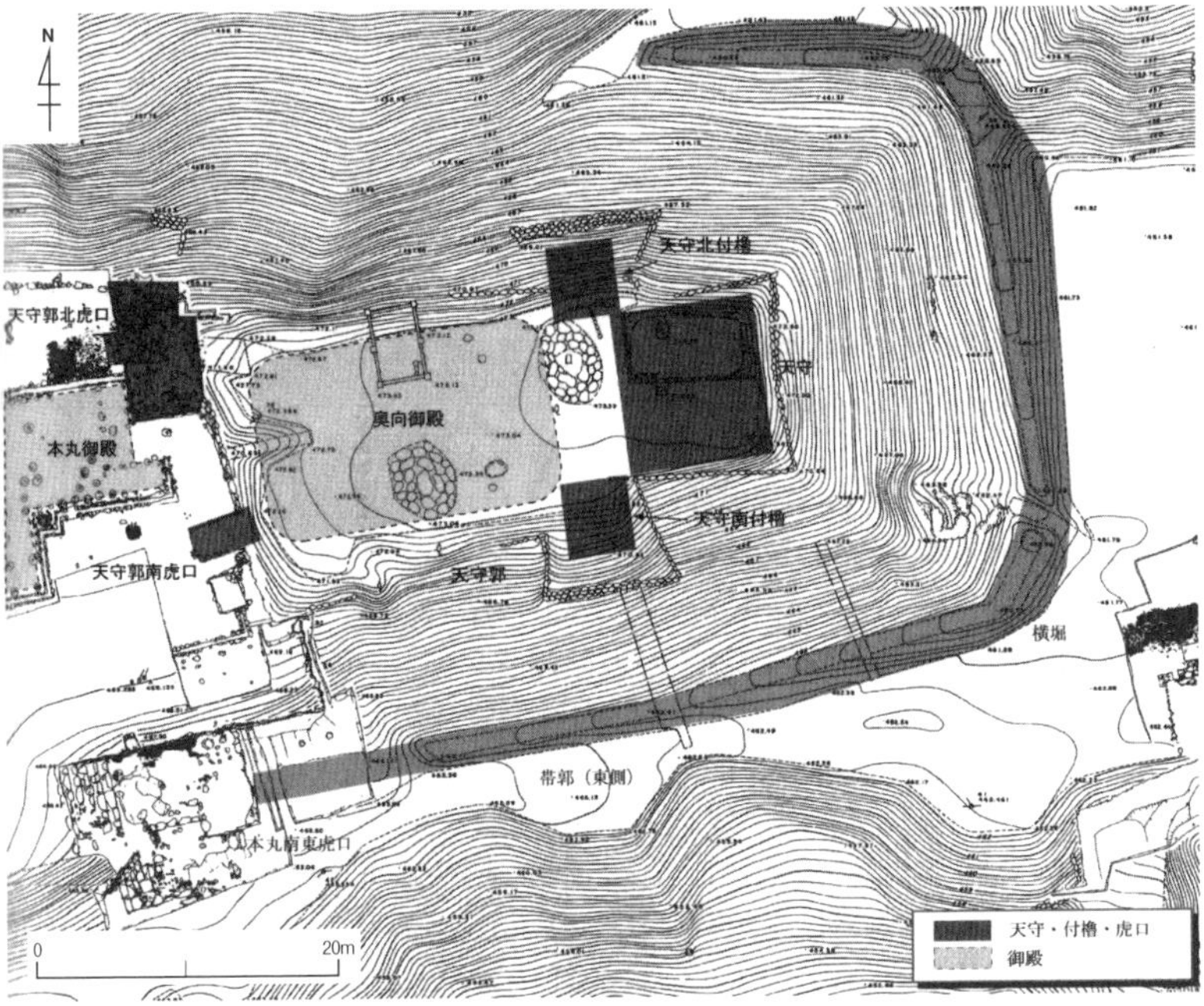

宇陀松山城　天守郭構造図

　城下町は、近世城下における商家町から在郷町として発展し、宇陀郡の政治・経済の中心として賑わった。今、宇陀松山には、近世から昭和前期までに建てられた意匠的に優れた町屋をはじめ土蔵や寺社などの建築群、石垣や水路などが一体となって歴史的景観が良く伝えられており、重要伝統的建造物群保存地区に選定されている。

【阿紀山城図】　宇陀松山城は、天正十三年以降に入部した大名により改修を受け、元和元年に破却されている。現在、見ることができる城郭プランは、織豊期から江戸初期にかけてのものであり、秋山氏時代の遺構は確認されていない。

　宇陀松山城には「文禄三甲午年八月十二日写　談山《たんざん》十字坊蔵」の付記がある「阿紀山《あきやま》城図」と題された絵図が存在する。現況の地形測量図とこの絵図とを比較検証してみると、各郭の形状・位置関係や郭間の通路、横堀、堀切等の位置が

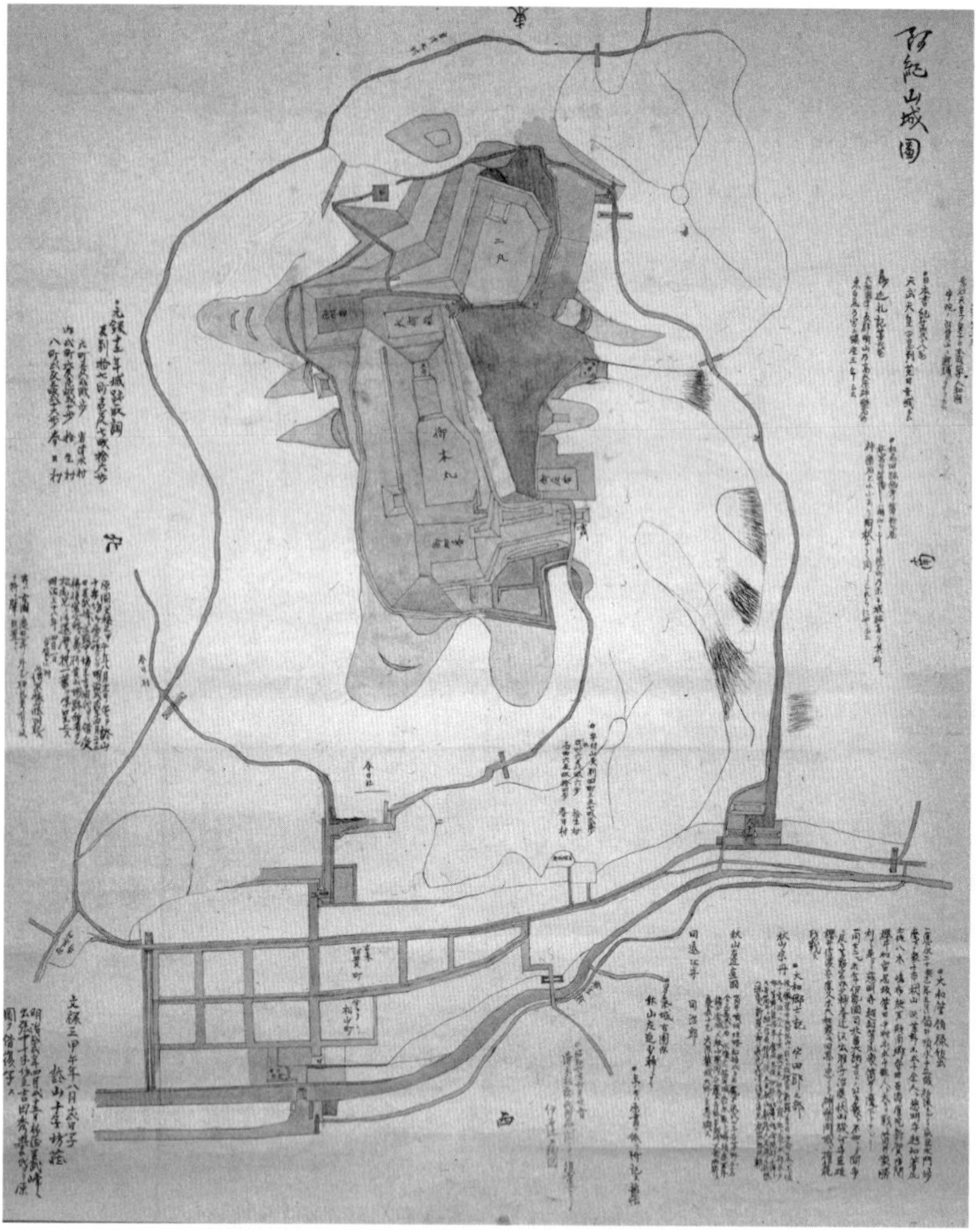

阿紀山城図

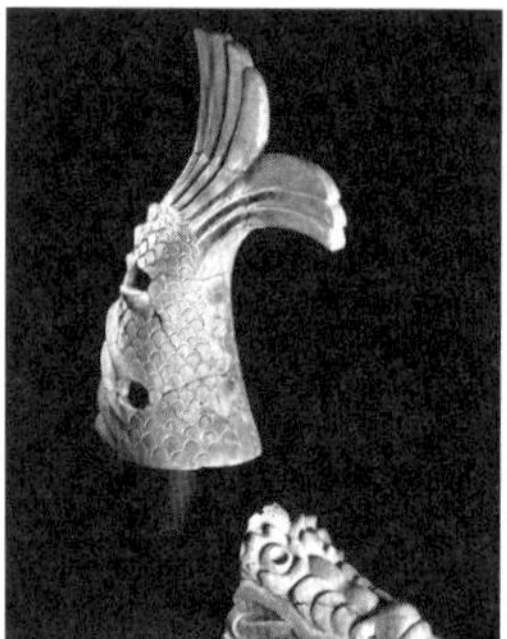

宇陀松山城跡出土　鯱瓦

宇陀松山城跡出土　桐紋瓦

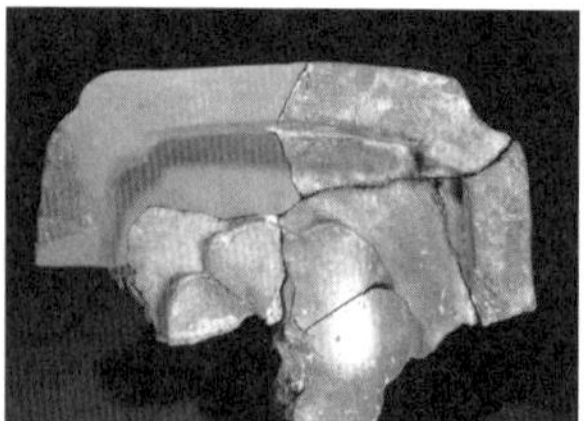

宇陀松山城跡出土　酢漿紋瓦

よく一致している。発掘調査の成果と若干の相違はあるものの、絵図は極めて正確に宇陀松山城の縄張りを描写しており、文禄・慶長期頃の宇陀松山城と城下町（松山町）の姿を正確に写しているものと思われる。

また、「阿紀山城図」には山上の城郭部だけでなく、山下の城下町の部分も描かれており、現在の様子とよく符号する。町割は西口関門から春日門を結ぶ東西街路を大手筋としており、これに直交する三本の南北街路を設け街区を形成する。城下町の北側には東の南北街路から宇陀川まで石垣で画された堀割を巡らせている。この堀と宇陀川とが惣構《そうがまえ》となる。城下町への出入口として、堀割横・町南端・西口関門・拾生《ひろう》村境の四ヵ所に門が記される。このほか城下町南側には大手門が図示されている。

町割の基軸線である大手筋に位置する西口関門と春日門では発掘調査が行われ、いずれの造営も十六世紀末頃にあたることが判明した。このことから、大手筋を含めた町割の設定と城下町の建設が文禄・慶長期の豊臣家配下の大名によるものであることが明らかとなった。なお、松山西口関門（国史跡）は、往時を偲ぶ唯一の建造物でもある。

【宇陀松山城の発掘調査】 平成七年度の一次調査から現在まで十次調査を重ねる。城郭は、本丸などの主要郭群を総石垣で構築する。大規模かつ巧緻な枡形《ますがた》虎口《こぐち》を採用し、多聞櫓や本丸御殿をはじめとする礎石建物群、桐紋・菊紋等の大量の瓦の使用など織豊系城郭の特徴をきわめて良好に残すことが明らかとなっている。また、城割の状況が明瞭に観察でき、文禄・慶長期の城郭構造がそのまま残されていることも判明した。

【特異な天守郭】 主郭部は、東西に連続する本丸・天守郭とそれを取り巻く帯郭から成り、近年の天守郭周辺で行なった調査により、天守郭全体の構造が次第に明らかになりつつある。

発掘調査で明らかとなりつつある天守郭の特徴は、次のとおりである。

① 南北に張り出し（横矢枡形）をもつ特徴的な平面プランを示す。
② 天守郭上に建物礎石が確認できる。
③ 天守郭周囲から夥しい量の瓦が出土する。
④ 天守郭上の建物で用いる軒平瓦（桐文・桔梗文）が存在する。
⑤ 家紋鬼瓦が集中する。
⑥ 複数個体（四個体以上）の鯱《しゃちほこ》瓦が出土する。
⑦ 鯱瓦が大型のものである。

⑧　上記の鬼瓦や鯱瓦が城郭中枢部の最も奥まった地点から出土する。
⑨　文禄三年写の『阿紀山城図』に「天守」の書き込みがみられる。

以上の点から考えて、郭上には「天守」に相当する建物が存在したと考えられ、その場所は、南北の張り出し部から東側の方形区画に当たる。この方形区画部分の平坦面を石垣の推定天端位置から復元すると、南北一二メートル（間口六間）×東西一〇～一一メートル（奥行五間～五間半）の規模となり、小規模な天守（三重天守など）には相応した広さを有する。また、南北の張り出し部上には「天守」との連絡が可能な付櫓が建ち、その西側は城主の日常の居所空間である「奥向御殿」の建物群が郭上全面に構えられていたのであろう。「奥向御殿」は天守郭北虎口を介し、本丸の「表向御殿」へと繫がる。先の家紋鬼瓦や鯱瓦は、こうした建物の棟端を飾っていたと思われる。

【多賀出雲守秀種の宇陀郡支配】　天守郭周辺部や南西虎口部の隅櫓周辺の発掘調査において、家紋を（酢《かたばみ》漿草文）を表現する鬼瓦が出土している。出土状況から天守郭上の建物などに用いられていたことは明らかである。歴代城主のなかで酢漿草文を家紋とするのは、多賀秀種である。天守郭や大手にあたる南西虎口部から多賀氏の家紋瓦が出土したことによって、城下を含めた宇陀松山城全体の本格整備が多賀秀種により着手された可能性が高くなった。

多賀秀種は、堀重治の次男として生まれ（永禄八年（一五六五））、近江国高島郡の国人、多賀貞能の婿養子となり多賀姓を名乗る。天正十年の本能寺の変では、明智光秀に与し改易となる。その後、兄秀政に家臣として仕え八〇〇〇千石を領し、佐和山城の城代を務める。秀政の死後、豊臣秀長・秀吉に仕え、小牧・長久手の戦い、小田原攻めなどに従軍する。

多賀秀種は、文禄元年に宇陀郡へ入部し、同四年、改めて宇陀郡内二万六六五九石を領することとなる。その知行地は、居城周辺の口宇陀地域南部と伊勢本街道沿いに集中して見られ、宇陀郡支配の拠点であるとともに伊勢国南部へと通じる幹線道路である伊勢本街道を押さえることを役割とした城郭に位置付けられる。豊臣政権下における大和国支配を見たとき、本城の大和郡山城を中心に高取城と宇陀松山城の二支城による三城体制を意図としており、宇陀松山城は、宇陀郡支配の拠点であるとともに、東国（伊勢国南部）に対する最前線の城であったと考えられる。

【織豊系城郭の姿】　秋山城を改修して築城され、山上の城郭部から山腹・山麓の家臣屋敷、山下の城下町に至るまで良好に遺構が残る。その構造は、主郭部（本丸・天守郭）と二の丸で構成される中心郭群と、中心郭群の外側下を壇状に囲繞する外縁部の郭群（御定番郭・御加番郭など）からなる。中心郭群は宇陀松山城の中核を占める主郭部に二の丸が出郭的に付加される構造をもち、天守郭を頂点として本丸及び帯郭が比高差を有しながら完結した郭群を構成している。

帯郭は南西虎口部（雀門）・南虎口部・南東虎口部（大門）の三ヵ所の虎口で外縁部と接続し、本丸と天守郭を囲郭する。本丸・天守郭に対する防御機能とともに城内の東西を連絡するバイパス的な機能を合わせもつ。本丸には対面・接客などの儀礼空間としての表向御殿（本丸御殿）が建ち、天守郭上には、大名の日常の居所空間となる奥向御殿と天守が存在するものと考えられる。帯郭・本丸・天守郭は、それぞれが石垣と虎口で画され、天守郭を核として連続する三重の閉じられた空間を形づくる。

宇陀松山城跡　本丸跡（東）

外縁部の郭群の外側には、城域西・北・東にかけて延々と横堀が巡らされ、強固な防御ラインを形成する。西側では、御加番郭下に設けられた方形郭の外側にも横堀が通り、二重に巡っている。城内に至るすべての尾根筋は堀切によって断ち切られ、先の横堀とで城域を画する。

宇陀松山城は、階層的かつ同心円的な構造をもち、比高差と郭配置との巧みな連関により極めて求心性の高い空間構造を実現した城郭といえる。いわゆる近世初期城郭の特徴をそなえているとともに、城割の具体的状況が把握できる希有な城郭でもあり、中世から近世にかけての宇陀地方の中核的な城郭と城下のあり方を知る上で欠くことのできない重要な遺跡である。

（柳澤一宏）

【参考文献】大宇陀町教育委員会編『宇陀松山城（秋山城）跡』遺構編（二〇〇二）、宇陀市教育委員会編『史跡宇陀松山城第七次〜十次発掘調査報告書』（二〇一三）、同編『鬼面百相』（二〇一三）

城郭用語一覧

＊本書に関する専門用語のうち、特に重要なものについて取り上げた。
＊おもに同時代史料のなかで使用されているものを「史料語彙」、近世期の軍学を引き継ぎ、現在研究用語として定着しているものを「研究用語」、現代の研究成果に基づき形成されてきた用語を「学術概念」と称し分類している。

1 資料

縄張り 〔研究用語・史料語彙〕

城の平面構造（グランドプラン）のことを指す。ただし、史料語彙としては、寺院その他の普請の際にも使用されている。

縄張り図 〔学術概念〕

地表面を観察して、曲輪《くるわ》や堀を図示する図面のこと。平面構造を復元的に記すことにより、城館《じょうかん》跡遺跡《いせき》の範囲を推定することができる。

地《ち》籍《せき》図《ず》 〔学術概念〕

土地台帳の付図のこと。公図などともいう。当初は一：六〇〇で作成され、近代の地割、地目、面積などが記されている。前近代の耕地状況が推定でき、地割の考察によって、平地城館跡や城下集落との関係を追究することができる。

2 曲輪

曲輪 〔研究用語・史料語彙〕

中世後期、おもに戦国時代以降に築かれた城の平坦地部分を指す。城兵のための建物、あるいは陣取る場を設定した。弥生時代の高地性集落がおもに建物単位で平坦地を築くのに対して、戦国期は尾根や斜面を掘削、あるいは盛土して曲輪を造成し、建築物を築いた。なお史料語彙としての「曲輪」は、基本的に東日本の城に多く使われた。

主郭 〔研究用語〕

城のなかで中心をなす曲輪のこと。山城の場合、もっとも高い場所の曲輪が主郭になる場合が多いが、基本的には曲輪の配置状況、主従関係で決定する。

丸 〔史料語彙〕

城において建物を建てる、あるいは兵の陣地とする平坦地のこと。西日本で、おもに使われた。

本　丸　〔史料語彙〕

城の中心部分を指す。おもに西日本で使われた表現である。

本　城　〔研究用語・史料語彙〕

研究用語としての本城とは二つの意味がある。第一に城の維持主体の間に上下関係がある場合、その拠点的城郭のことを指す。本城に対置されるのが支城となる。第二に城の中心部分を指し、「主郭」「本丸」と同義となる。史料語彙としても、ほぼ研究用語と準じており、第一に領域権力における拠点的城郭を指す。たとえば丹後守護一色氏の拠点、府中（今熊野城）を「本城」と呼んでいる（『丹後国御檀家帳』）。第二にやはり城の中心部を指しており、対置される周縁の曲輪は「外城」である。なお、「本城」は転じて「本城様」と称するなど、維持主体を指すこともある。

二の丸　〔研究用語〕

本丸の外側にある曲輪。本丸と並んで、規模が大きい場合がある。

帯曲輪　〔研究用語〕

曲輪の縁辺部を取り巻く長細い曲輪のこと。大型の建物などの建設は難しく、防御的意味合いが強い。腰曲輪などともいう。

3　土　塁

土　塁　〔研究用語〕

盛土をして堤状に築きあげたものが土塁である。おもに曲輪の外縁に築かれる。築造方法としては、第一に盛土をして築造するタイプ、第二に地山を削り込んで土塁に加工したタイプがある。前者は断面調査から砂利と粘土を交互に積んで築く事例が多い。後者は甲賀の館城など、尾根を削り込んだ場合が多い。

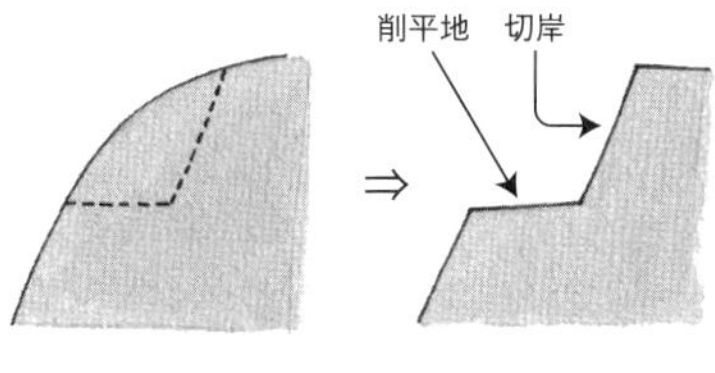

土　居　〔史料語彙〕

土塁の同時代表現である。枚方寺内町において背後の土居を築く用例がある（『私心記』）。ただし、防御施設のみならず、堤防などにも使われる。

石　塁　〔研究用語〕

土塁の内外両面から石を積み、塁線を築いた遺構。上部には柵や築地塀などが築かれたものと思われる。

竪土塁　〔研究用語〕

等高線に直交する土塁。斜面を仕切るために用い

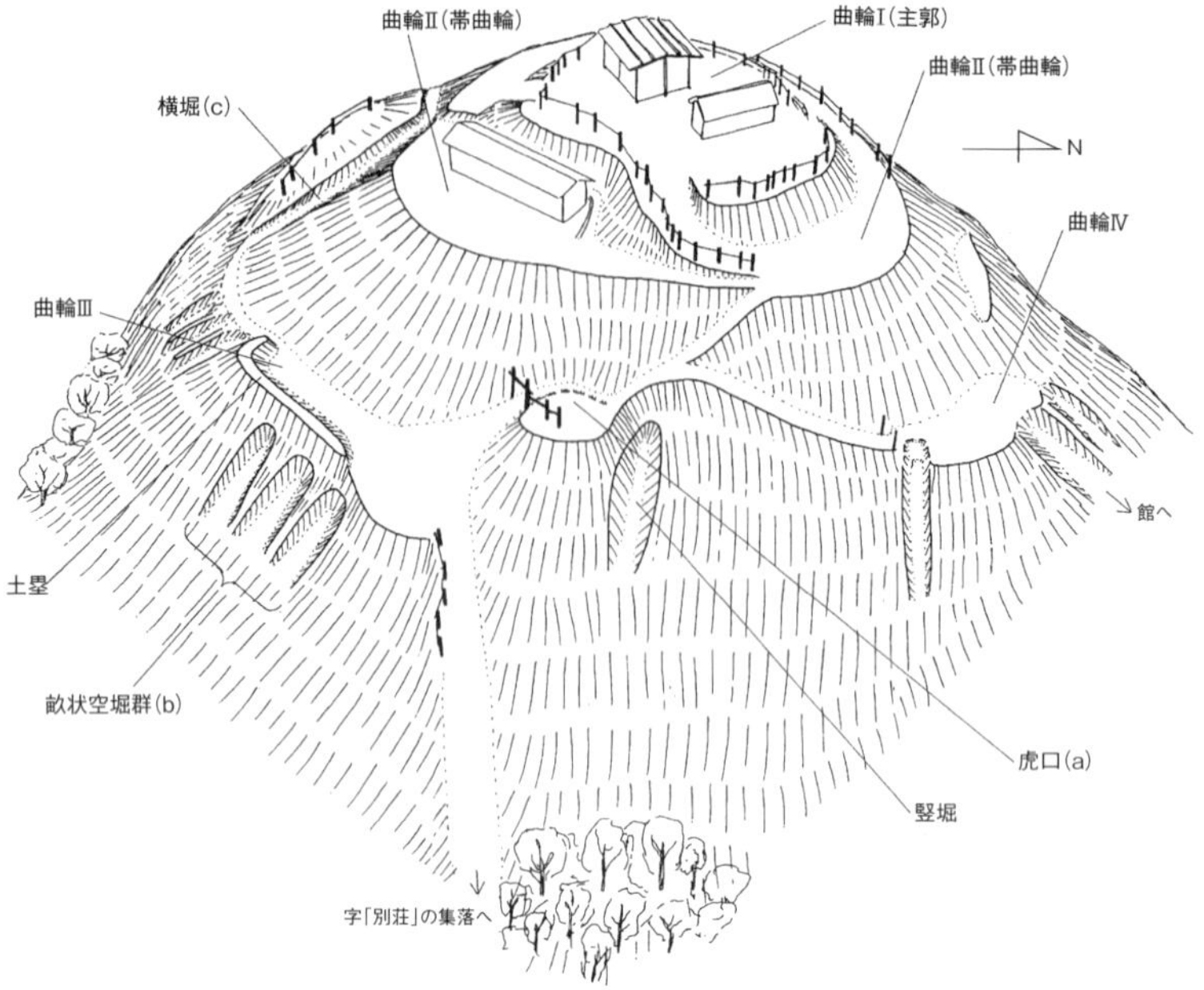

城域全体を発掘し、その姿が明らかになった大俣城跡（京都府舞鶴市、復元図、福島克彦作図）

る。竪堀に沿って築かれる場合がある。

竪石塁 〔研究用語〕

竪土塁のうち、両側を石で積んだ遺構。

登り石垣 〔研究用語〕

山上の城郭と中腹、ないし山麓を結ぶ階段状に築かれた石垣列、あるいは小曲輪。小曲輪の場合、側壁に石垣を側壁に設けている。

4 虎口

虎口 〔研究用語・史料語彙〕

小口とも書く。曲輪の出入口のこと。城兵は守るだけでなく、反撃の機会をうかがうため、打って出る機能も伴うようになった。城の構造のうち、もっとも発達を遂げた箇所。本来、史料語彙の「虎口」とは、激しい戦闘の場所を指し、特に軍法などに用語が使われた。「合戦」などの表現が広域の範囲を指すのに対して、虎口は点的意味合いを持つ。城の虎口も、こうした意味から転訛したものと思われる。

平虎口 〔研究用語〕

道筋に折れや空間を持たない虎口。土塁の開口部、あるいは堀に土橋が設けられた地点に設けられた。

食違虎口

土塁や堀が食い違い、折れを伴う虎口を指す。敵兵が直進できないように工夫したもの。〔研究用語〕

枡　形　〔研究用語〕

虎口のうち、塁を四角に囲み、区画を形成したタイプを指す。枡形虎口ともいう。枡の形をしているため、このような表現となった。敵兵の直進を防ぐとともに、城兵を待機させる機能も持つ。一つあるいは二つの木戸を持つ。中世城郭では地形に制約されるため、形状が判然としない時、枡形状～などと表現する場合がある。なお、虎口が空間化されており、馬出とともに、虎口空間と一括する場合がある。

内枡形　〔研究用語〕

枡形のうち、上位の曲輪の塁線の内部に位置しているものをいう。ただし、山城の場合、自然地形に左右されるため、塁線の内か外かを判断することが難しい場合がある。

外枡形　〔研究用語〕

枡形のうち、上位の曲輪の塁線の外部に張り出したものをいう。ただし、山城の場合、自然地形に左右されるため、塁線の内か外かを判断することが難しい場合がある。

馬　出　〔研究用語〕

曲輪の虎口前に置かれた小空間のことを指し、敵の攻撃から虎口を守るために築かれた。馬出の外縁にも土塁、堀が築かれている。枡形との相違は、上位の曲輪との間に堀を設け遮断している点である。また、馬出から外へ抜ける出入口は、上位曲輪から左右横側に展開し、上位の曲輪から側射できるようになっている。上位曲輪との機能分化から防御性に富んでいるが、城兵による反撃の機会などにも使われたものと思われる。なお、左右に展開するタイプは、おもに中世、近世に関わらず、東日本に多数分布する。畿内、近国では、近江玄蕃尾城跡、大和赤埴城跡などに見られるが、西へいけばいくほど少なくなる。また、枡形のように上位曲輪から正面に築く事例が見られる。近江土山城、佐久良城などが事例である。なお、枡形とあわせて虎口空間と呼ぶ場合がある。

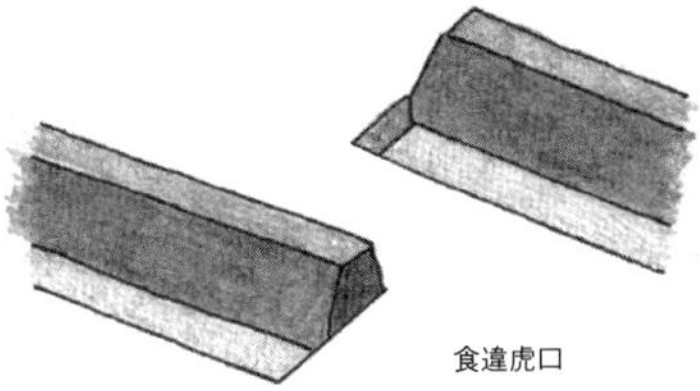

食違虎口

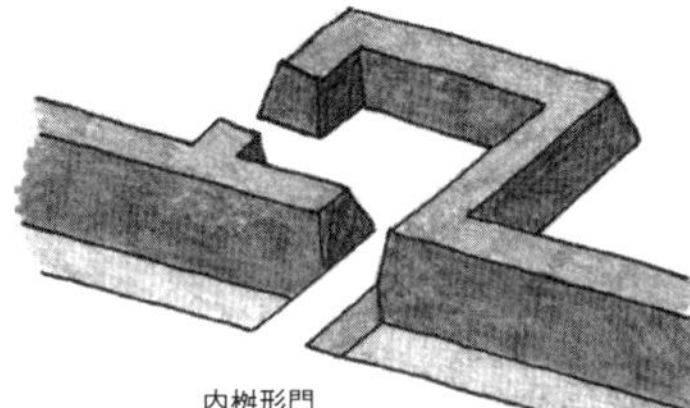

内桝形門

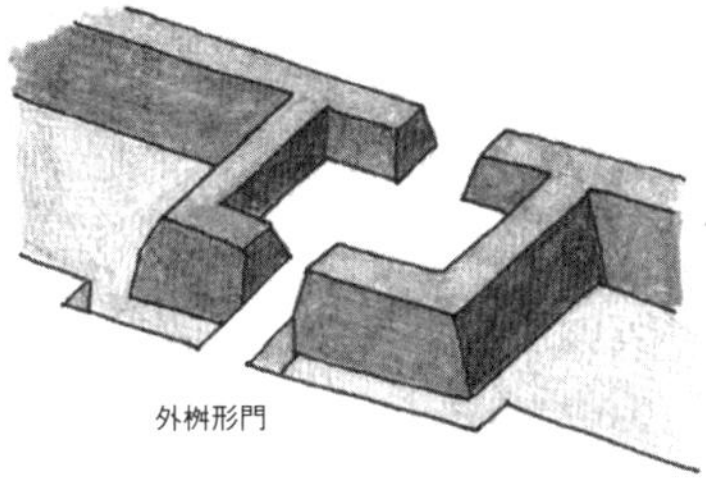

外桝形門

角馬出 〔研究用語〕

馬出のうち四角い形をしているタイプ。おもに関東地方に分布している。また、近畿地方では、聚楽、あるいは近世篠山城などに築かれている。

丸馬出 〔研究用語〕

馬出のうち外側が丸い形をしているタイプ。外縁には弧状になった堀があり、これを三日月堀ともいう。中部地方に分布している。

重馬出 〔研究用語〕

馬出が前後に重なるものをいう。より上位の曲輪、馬出が横矢を掛けられていた。稀有な遺構で、近畿地方では近江井元城に唯一残っている。

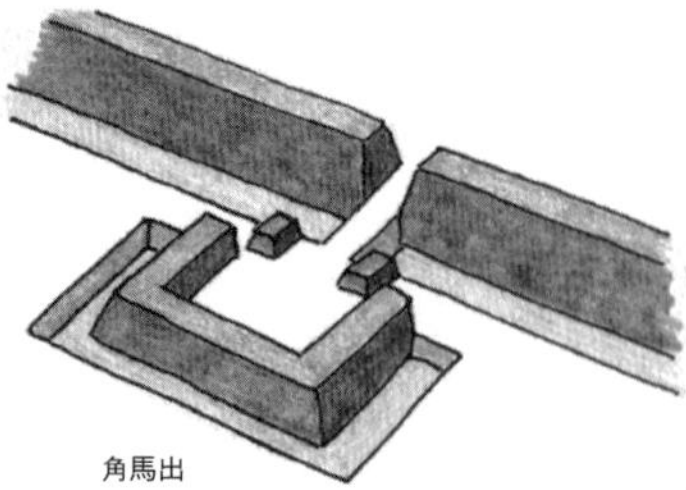
角馬出

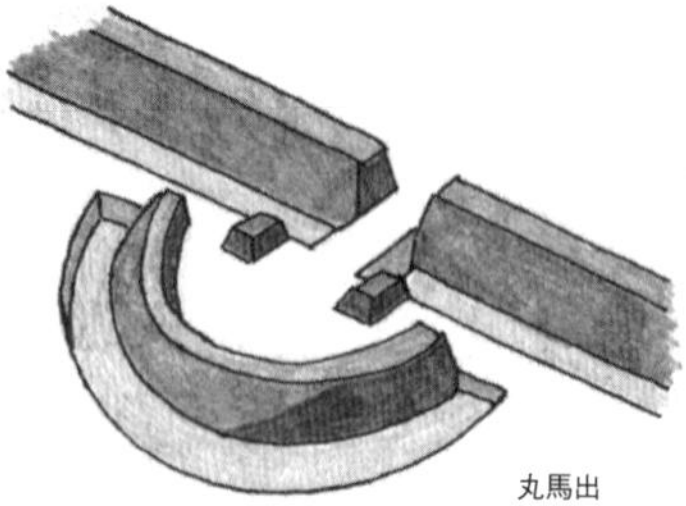
丸馬出

蔀 〔研究用語〕

城の内側を城外から見透かされないように築いた塀、土塁のこと。虎口の内側に築かれた。

5 堀

水堀 〔研究用語〕

文字通り、水を浸している堀のこと。山城の堀の場合、高低差があるため、堀底をせき止める土塁（土手）を用いて水を溜める場合がある。平地居館の水堀は、防御のみならず、用水、排水の用途が考えられる。

空堀 〔研究用語〕

水堀に対して、水を伴わない堀のこと。山城の場合、堀切、横堀、竪堀などは基本的に空堀である。水堀よりは簡易に築かれる施設だが、高低差があれば、転落した際のダメージが大きいと言われる。

堀切 〔研究用語〕

城の背後の尾根を遮断する堀状のくぼみを指す。尾根をつたって背後から攻めてくる敵を封鎖する。遺構論では城跡を確認する指標になっている。

横堀 〔研究用語〕

等高線に並行して築かれる堀のこと。斜面を登る敵兵を防ぐための遮断線とする場合と、城兵が堀底を通路にして塹壕として利用する場合がある。後者では、堀の側壁を土塁として身を伏せる塁線として活用する。横堀は曲輪単独で廻る場合と、複数の曲輪を廻る場合がある。

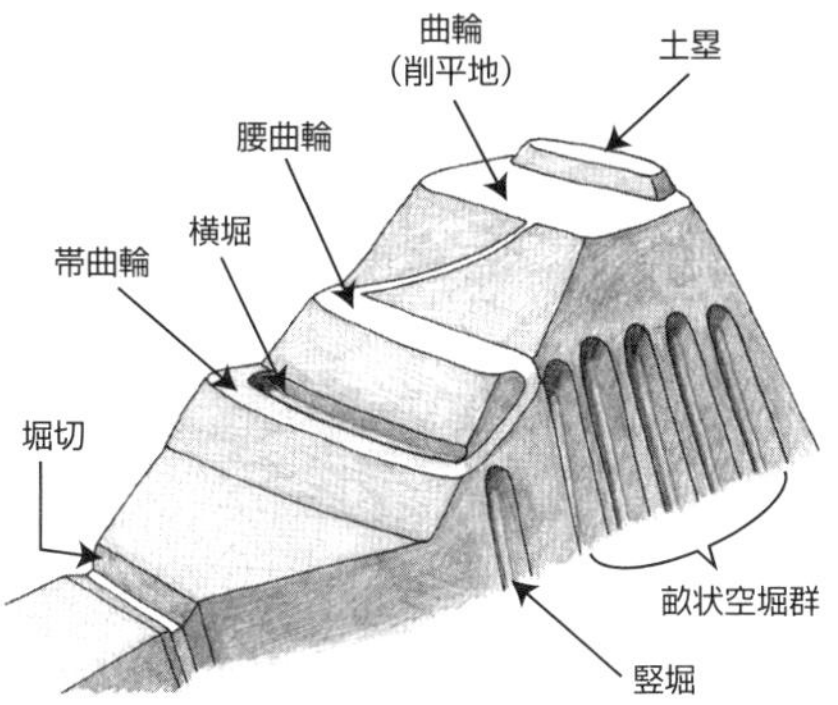

防御ライン 〔学術概念〕

複数の曲輪やその斜面を横堀や竪堀で連結させて、築造主体の一定の防御姿勢を捉えようとする考え方。織豊権力は陣城などの場合、こうした防御ラインを設定することで、高石垣に代用させていた。

竪　堀 〔研究用語〕

等高線に直交する形で築かれた堀のこと。斜面を登ってくる敵兵の横移動を封じる機能を持つ。堀切の横、あるいは曲輪の端などに設けられた。

畝状空堀群 〔学術概念・研究用語〕

畝状竪堀群、連続竪堀などともいわれる。おもに竪堀を複数配置して、斜面を登る敵兵の横移動を封じる機能を持つ。単独の竪堀と似通っているが、複数配置することで、斜面全体を使わせない効果を持つ。傾斜が緩い場所にも配置されることがあるため、畝状空堀群とも呼ぶ。おもに堀切に隣接して築かれることが多く、城域への遮断を強める効果があった。畿内、近国では十六世紀前半から中葉に使われたのに対して、九州などでは在地勢力が統一政権との抵抗時に築かれた。和泉根福寺城には、最大級の畝状空堀群が残存する。

堀障子 〔研究用語〕

堀の中に仕切りの土塁を設けて、内部で移動ができないようにした施設。複雑な形状になっていた。関東地方に多くみられるが、近年豊臣期大坂城の堀底でも確認されている。

薬　研 〔研究用語〕

堀の断面が薬研のように逆三角形となる堀。V字状になるため、堀底道がない。

6　櫓・天守

櫓・矢倉 〔研究用語・史料語彙〕

周囲を展望し、弓矢・鉄砲を射掛ける部位を指す。基本的に高低差を強調するため、高層建築物となっていく。古代から現れ、日本史上もっとも古い防御構築物である。戦時に応じて解体、移動する場合もある。一五世紀後半から屋根と土壁、狭間などを設け、防御性、居住性を高めた。さらに建築物を高層化する代わりに、土壇部分に櫓台を設け、固定化を進めた。

櫓台 〔研究用語〕

櫓を置く土壇のことを指す。土塁の中で上辺の幅が広くなっている箇所を指す。側面に石垣を設けて補強したものもある。中世城館の場合、櫓は簡易な建物であったが、こうした土壇の高低差を設けて、より防御性を高めた。

天守 〔研究用語・史料語彙〕

研究用語としての天守とは、城域中最大の櫓を指す。ただし、櫓とは相違して独自の発達を遂げたという考え方もある。基本的に主郭（本丸）など、中枢部に築かれた。近世城郭の象徴的な建築物で、後に望楼式や層塔式などへ分化した。史料語彙としては「天主」「天守」があり、義昭御所の「天主」が同時代史料としてもっとも古い（『元亀二年記』）。

天守台 〔研究用語〕

天守を置く土台部分。近畿地方の場合、四周に石垣を構築するタイプが大半である。内部に地階を設ける場合があり、織田信長が築いた近江安土城では、すでに穴蔵が成立していた。

7　その他の施設

横矢 〔研究用語〕

塁線に折れや歪みを設けて外部へ側射ができるように工夫した施設。

だし 〔史料語彙〕

外へ突き出た施設（『日葡辞書』）。横矢施設を指す。また、外枡形のような突出した虎口を指すという意見もある。荒木村重の側室だしは伊丹城（有岡城）の「だし」に居住していたため、名づけられた（『立入隆佐記』）。

外構 〔史料語彙〕

本丸の外側に広がる防衛施設のこと。同時代表現としては「とかまえ」と呼称する。研究用語の惣構と重なる。武家権力の城では織田権力まで、よく使用された。

惣構 〔研究用語・史料語彙〕

城域のもっとも外縁部分を指す。なかには武家屋敷や城下町を囲む場合がある。史料語彙としては、文明十二年

（一四八〇）に東寺境内で築かれた「惣構」が初見（『東寺百合文書』ち）。当初は寺院境内などにも使われた。一方、武家権力では「外城」「外構」が一般的に使用されてきたが、豊臣権力以降「惣構」表現が次第に定着した。なお、遺構として惣構と、史料語彙の「惣構」は合致しないこともあり、遺構を外郭線と呼んで区別する場合がある。

切　岸　〔研究用語〕

加工された曲輪の縁のこと。掘削、あるいは盛土をして、傾斜を急にして、防御性を高めた。

水の手　〔研究用語・史料語彙〕

城内の用水、あるいは井戸のこと。籠城の際、城兵の飲料水を確保するため、重視された。逆に攻城方は水の手を断って城兵の籠城意欲を削ごうとした。

城　主　〔研究用語・史料語彙〕

その城の維持主体のことを指す。史料語彙としては十四世紀後半から登場するが、一般化するのは十六世紀後半である。なお当時は「しろぬし」と呼んだ。類似した表現として、曲輪などを維持する「物主」や、城を預かる意味合いの強い「城督」などの表現がある。

8　城の種類・分類

山　城　〔研究用語・史料語彙〕

城の立地の分類の際、比高差のある山頂、あるいは尾根上にある城を指す。一九七〇年代までは山城から平城へという発達過程が重視されたが、近年は機能分化のなかで捉える必要があり、単純に山城＝古式とはいえない。なお、大和では十六世紀前半から、領域権力が「山ノ城」と呼ばれる山城を築いた。

平　城　〔研究用語・史料語彙〕

立地の分類の際、平地に築かれた城郭を指す。なお、大和では「山ノ城」に対置された表現として、居館や平地城郭を「平城」と呼んだ。

構　〔史料語彙〕

平地の集落や寺院を囲む堀などの防御施設。京都やその周辺に用例が見られる。ちなみに山城を指す事例も見られる。

釘　貫　〔史料語彙〕

集落などに設けられた門や柵のこと。洛中洛外に築かれた「構」などに設けられた。

外　城　〔史料語彙〕

二つの意味がある。第一におもに拠点的城郭である「本城」

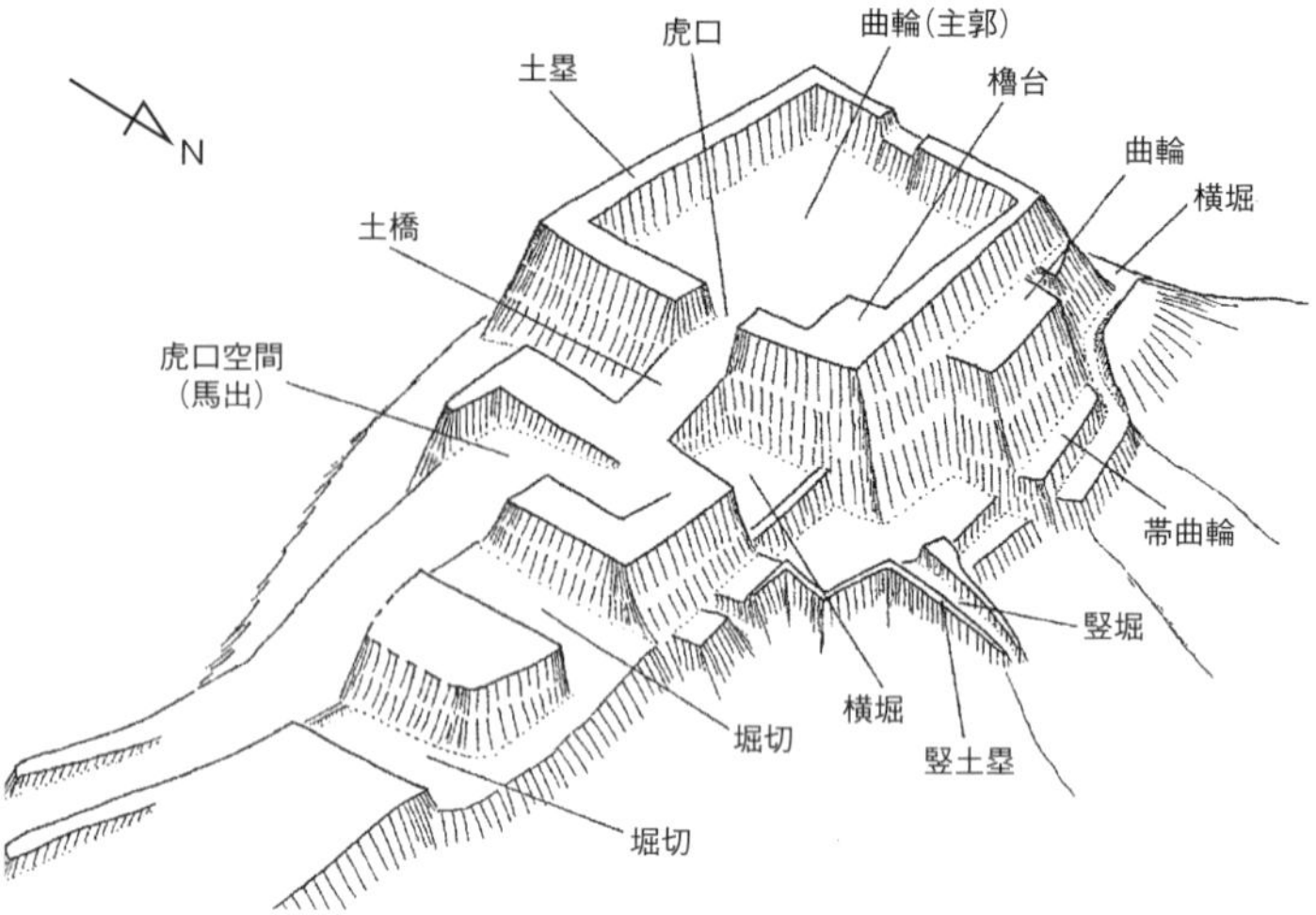

中世城館の構造（佐久良城跡〈滋賀県蒲生郡日野町〉俯瞰図、福島克彦作図）

に対し、これを守る距離をあけた支城のことを指す。第二に主郭を守る外縁部の曲輪のことを指す。

要害 〔史料語彙〕

「用害」とも書く。地勢が険しく守りによく攻めにくい場所を指す。転じて、山城のことを指す。

守護所 〔学術概念・史料語彙〕

鎌倉、室町時代に各国に設置された守護の居館の所在地を指す。十四世紀後半から守護が世襲となり、次第に守護分国における拠点化を指向した。前身の国衙機能を継承し、居館や山城、あるいは市場などが構築される場合があり、中世後期における政治都市の学術概念となっている。ただし、畿内・近国では、大半の守護が戦国期も存続しているため、戦国期城下町との分類が困難になりつつある。戦国期以前の十五世紀前半までの動向との比較検討が求められる。史料語彙としては、守護がいる場所、あるいは守護支配の機構が置かれた場所、集落を指している（『政基公旅引付』）。

政所屋敷 〔史料語彙〕

「政所」「政所屋」とも言う。荘園の現地経営を行う預所職の屋敷である。荘園の年貢や饗応道具を収納しているため、堀や塀、あるいは櫓をめぐらす場合があった。預所職の者が武家被官になり、居館化することもある。

寺内町 〔学術概念・史料語彙〕

おもに浄土真宗、あるいは法華宗の寺院を中心に形成された都市のこと。規格性に富んだ町割を設け、あるいは周囲を土塁や堀で区画する場合がある。なお史料語彙としては「寺内」表現が使われるが、必ずしも「寺内」＝寺内町ではない。

環濠集落　〔学術概念〕

大きく二つの意味がある。第一に弥生時代に築かれた堀を囲んだ集落、第二に中世後期に構築された堀で囲繞した集落。ともに防御性が重視されている。ただし後者については、現存遺構が、どこまで中世後期まで遡及し得るかが課題となっている。

館　城　〔研究用語〕

方形を指向した居館区画を尾根突端などに築造したタイプを指す。四周には地形を掘削して土塁・堀を築いている。方形を指向しているが、内部が狭く、生活空間ではない場合も見られる。甲賀（滋賀県）、伊賀（三重県）などに多くみられ、集落に密着した土豪が維持主体と想定されている。

支　城　〔学術概念〕

領域権力の拠点的城郭を本城と呼ぶのに対して、その家臣らが築いた城を呼ぶ。

詰　城　〔研究用語・史料語彙〕

武家が戦時の際、籠城する山城を指す。日常的に生活する屋敷や空間に対して、表現される場合がある。史料語彙としては「ツメ」（詰『日葡辞書』）と呼ばれ「城のもっとも高い所」とされ、城内のもっとも最高所とする。ただし、平地の場合、もっとも奥まった箇所を指す場合がある（『応仁別記』）。

陣　城　〔研究用語・史料語彙〕

陣城とは軍事行動の際し、臨時、あるいは緊急に築かれる城のこと。もっとも近年は中世城郭全般が臨時性を帯びているといわれているため、陣城は非在地系の意味合いが強い。軍事行動の後は放棄されるため、簡易な土の城が大半で、石垣は用いない。後世の改修を受けていないため、城の標準化石として使われている。三木城の付城や賤ヶ岳合戦の城塞群などが、こうした事例にあたる。当時の進展した縄張りを用いるため、標準化石としては適当でないという意見もある。ただし、恒久的な城、あるいは在地系城郭の標準化石としての考察や編年作業は行なわれておらず、陣城の標準化石としての地位は現状も揺らいでいない。なお陣城は史料語彙としても使われるが用例は少ない。

陣　屋　〔研究用語・史料語彙〕

大別して二つの意味があり、第一に陣を取る際の建物、第二に江戸時代において代官職、あるいは維持主体が城主格でなく、城の公称が許されなかったものが陣屋と呼ばれていた。

相　城　〔史料語彙〕

攻城軍が敵城を攻撃するために築いた城。「相城」を付けるという表現がある（『日葡辞書』）付城と類似するが、相城の方がやや用例が古い。

付　城　〔史料語彙〕

攻城軍が敵城を攻撃するために築いた城。敵城を監視するため「城を付ける」という表現からくる。『信長公記』に頻出する。相城と意味は類似するが、攻城側が優位に立っていることを示す使い方である。

織豊系城郭　〔学術概念〕

十六世紀後半、織田信長・豊臣秀吉の権力によって、構築・改修された城を指す。一九七〇年代まで城郭研究では、中世城郭＝土の城、近世城郭＝石垣の城と大別されてきたが、一九八〇年代後半から、織豊権力段階を独自で扱おうという考え方が起きてきた。それは、中近世移行期のうち、継承・発展する部分と、否定していく部分が明瞭に表れたことによる。直属の武家のみならず、傘下に服属した国衆の城を見る上でも有効な論点である。その考え方としては二つあり、第一に虎口部分の折れと空間に着目し、平虎口・枡形虎口・馬出と、発達を遂げる展開を重視する考え方がある（千田嘉博）。第二に織豊権力の城が次第に瓦・石垣・礎石建物の三点セットを使いこなすようになった過程を重視した考え方である（中井均）。前者は、土の城、石垣の城に関わらず評価できる点に長所がある。一方、後者は考古学に対応したもので、後世の改変によって平面構造の解明が困難な拠点的城郭に有効性を持つ。

村の城　〔学術概念〕

城主などの伝承のない山城遺構を武家領主ではなく、村落によって管理されていた可能性を模索する考え方。村の城論は、おもに東日本側で提唱された。しかし、すでに環濠集落論や寺内町論がさかんだった近畿地方では、さほど根付いていない。ちなみに、村落民衆が逃げ込む事例は、和泉雨山城や丹波の城などで推定されている。

9　城下町

短冊形地割　〔学術概念〕

町屋を建設するため、道路に直交した細長い地割のことを指す。道路を挟んで配置し、両側町を形成する場合がある。街道に短冊形地割が続くと一本街村状に都市集落が続くことになる。町屋、城下集落跡を考える指標となる。

長方形街区　〔学術概念〕

面的に短冊形地割を広げた街区のこと。格子状に設けられた道路の両側に、短冊形地割を重ね、長方形の町割を形成したものをいう。近世城下町化の指標のひとつとなっている。

ブロック状地割　〔学術概念〕

矩形の地割、区画を指し、武家屋敷地を想定する指標となる。周囲に土塁や堀を廻らす場合がある。

10　考古学

掘立柱建物　〔学術概念〕

曲輪に柱を据え付けて、組み立てられた建物のこと。中世城館は大半がこのタイプである。生活遺物や建物の間取りから、その機能を追究することができる。

礎石建物　〔学術概念〕

礎石に柱を載せて、建造された建物のこと。瓦葺きなど、重量のある建築物に使われた。やはり礎石の配置や間取りから、その機能を追究することができる。掘立柱と比較すると、柱の劣化の進行が遅いといわれている。

塼列《せんれつ》建物　〔学術概念〕

塼を建物の壁外面に並べた建築物。塼とは粘土を型に入れて乾かす、あるいは焼いて整形した建築材料のことで、奈良時代に日本へ伝わった。塼列建物の機能としては、塼列が風雨による損傷防止の機能を持つ考え方がある。一方で建物意匠に過ぎないという意見もある。都市遺跡で確認されていたが、近年山城や平地城郭などでも検出されている。感状山城跡、御着城跡、置塩城跡などで確認されている。

貿易陶磁器　〔学術概念〕

中国や朝鮮半島、東南アジアからもたらされた陶磁器のこと。青磁・白磁・染付などがある。日用品として使われるものがあるが、高級品もあり、権威性を持つ威信財として評価される場合がある。そのため伝世される可能性が指摘され、生産時期と使用時期のズレを意識する必要がある。

瀬戸美濃産陶器　〔学術概念〕

瀬戸・美濃周辺（愛知県・岐阜県）で焼かれた陶器。中世前期から東日本へ流入し、威信財として使用される場合があった。十五世紀後半から十六世紀は碗・皿・擂鉢などが生産され、東日本をはじめ各地の城跡などで出土している。また十六世紀後半には桃山茶陶が生産され、西日本の大都市圏へ搬入された。

常滑産陶器　〔学術概念〕

知多半島（愛知県）、特に常滑周辺で焼かれた陶器。大型の壺、甕が生産され、十二〜十三世紀には、平泉・博多・鎌倉まで供給された。十四世紀後半には他の生産地に押され、次第に減少した。

越前産陶器　〔学術概念〕

越前（福井県）で焼かれた陶器。中世前期から日本海側に流通していたが、十六世紀頃より生産の大量化が進んだ。壺・甕・擂鉢などの器種が生産されている。

信楽産陶器　〔学術概念〕

近江信楽（滋賀県）で焼かれた陶器。中世前期から十六世紀中までは、近江・伊賀と畿内の一部で流通し、使用されたが、十六世紀後半以降、茶陶生産が本格化すると大量に生産された。西日本の城跡でも確認されている。

丹波産陶器　〔学術概念〕

丹波（京都府・兵庫県）で焼かれた陶器。十六世紀から、壺・甕・擂鉢のほか、碗や鍋など、在地向けの用品も生産された。ただ、丹波は比較的狭い流通圏であり、出土事例も近畿地方北部・中部と限定的である。

備前産陶器　〔学術概念〕

備前伊部周辺（岡山県）で焼かれた陶器。やはり大型の壺・甕、そして擂鉢が生産された。十五世紀中葉に大甕が出現し、西日本各地の都市遺跡において貯蔵用として検出されている。山城跡においても、水・食料貯蔵容器として使われた。

かわらけ（土師皿）〔学術概念〕

在地で焼かれる素焼きの皿のこと。成形方法としては①手づくね、②ろくろがあり、①は近畿地方および日本海岸に分布し、京都や奈良で生産されたものがある。②は東海・関東と瀬戸内以西である。そのため地方における京都産のかわらけは、京都の文化を受け入れている可能性がある。

コビキA・B瓦　〔学術概念〕

コビキとは瓦の大きさに応じて粘土板を切り取る作業のこと。その際、丸瓦の凹面に残る取剥がし痕によって大きく分類できる。斜めに入るのが糸線引きによるものでコビキA、並行に入るのが鉄線引きによるものでコビキBである（森田克行）。コビキAからBへの変化は豊臣期に展開したといわれ、中世と近世瓦を区切る指標のひとつになっている。

転用石材　〔学術概念〕

十六世紀後半、城における石垣や礎石のうち、宝篋印塔《ほうきょういんとう》や五輪塔など、別な用途から転用してきた石材をいう。石材の需要の進展に対して、供給が追い付かなかったことが要因としてある。石材のうち、平面箇所が石垣面や井戸側壁に重宝された。豊臣期の石切場の整備によって次第に使われなくなった。

矢　穴　〔学術概念〕

石を割る際、楔を打ち込んで穴をあけた箇所を指す。石垣のなかに、こうした矢穴痕が残っており、石材加工を知る手掛かりとなる。

執筆者紹介（五十音順）

伊野近富（いの　ちかとみ）	1954年生まれ	京都府埋蔵文化財調査研究センター
馬瀬智光（うませ　ともみつ）	1966年生まれ	京都市文化市民局
太田三喜（おおた　みつよし）	1953年生まれ	天理大学附属天理参考館
訓原重保（くにはら　しげやす）	1965年生まれ	城館史料学会
笹木康平（ささき　こうへい）	1987年生まれ	札幌市教育委員会
下高大輔（しもたか　だいすけ）	1982年生まれ	織豊期城郭研究会
新谷和之（しんや　かずゆき）	1985年生まれ	和歌山市和歌山城整備企画課
髙橋順之（たかはし　のりゆき）	1962年生まれ	米原市教育委員会
高屋茂男（たかや　しげお）	1973年生まれ	島根県立八雲立つ風土記の丘
中井　均（なかい　ひとし）	1955年生まれ	滋賀県立大学
永惠裕和（ながえ　ひろかず）	1986年生まれ	兵庫県まちづくり技術センター
中川貴皓（なかがわ　たかあき）	1987年生まれ	奈良大学大学院・知立市教育委員会
長峰　透（ながみね　とおる）	1958年生まれ	甲賀市教育委員会
仁木　宏（にき　ひろし）	別掲	
馬部隆弘（ばべ　たかひろ）	1976年生まれ	大阪大谷大学
早川　圭（はやかわ　けい）	1978年生まれ	高槻市教育委員会
福島克彦（ふくしま　かつひこ）	別掲	
福永清治（ふくなが　きよはる）	1974年生まれ	野洲市教育委員会
藤岡英礼（ふじおか　ひでのり）	1969年生まれ	栗東市教育委員会
振角卓哉（ふりかど　たくや）	1969年生まれ	日野町教育委員会
松下　浩（まつした　ひろし）	1963年生まれ	滋賀県教育委員会
森島康雄（もりしま　やすお）	1961年生まれ	京都府立丹後郷土資料館
森本育寛（もりもと　いくひろ）	1948年生まれ	橿原市教育委員会
柳澤一宏（やなぎさわ　かずひろ）	1962年生まれ	宇陀市教育委員会
山川　均（やまかわ　ひとし）	1961年生まれ	大和郡山市教育委員会

編者略歴

仁木 宏

一九六二年、大阪府に生まれる。
一九九〇年、京都大学大学院文学研究科博士後期課程修了
現在、大阪市立大学大学院文学研究科教授

〔主要著書〕
『空間・公・共同体―中世都市から近世都市へ―』（青木書店、一九九七）、『守護所と戦国城下町』（共編、高志書院、二〇〇六）、『京都の都市共同体と権力』（思文閣出版、二〇一〇）

福島克彦

一九六五年、兵庫県に生まれる。
一九八八年、立命館大学文学部史学科西洋史学専攻卒業
現在、大山崎町歴史資料館館長

〔主要著書・論文〕
『畿内・近国の戦国合戦』（『戦争の日本史』一一、二〇〇九）、「中近世移行期城館論」（『歴史評論』六五七、二〇〇五）、「丹波内藤氏と内藤ジョアン」（『高山右近』宮帯出版社、二〇一四）

近畿の名城を歩く
滋賀・京都・奈良編

二〇一五年（平成二十七）六月二十日 第一刷発行

編者 仁《に》木《き》宏《ひろし》
福《ふく》島《しま》克《かつ》彦《ひこ》

発行者 吉川道郎

発行所 株式会社 吉川弘文館
郵便番号一一三―〇〇三三
東京都文京区本郷七丁目二番八号
電話〇三―三八一三―九一五一（代）
振替口座〇〇一〇〇―五―二四四番
http://www.yoshikawa-k.co.jp/

組版・製作＝有限会社 秋耕社
印刷＝株式会社 平文社
製本＝ナショナル製本協同組合
装幀＝河村 誠

ISBN978-4-642-08265-5

仁木　宏・福島克彦編

近畿の名城を歩く

―大阪・兵庫・和歌山編―　A5判・三三四頁／二四〇〇円

飯盛山城・三木城・竹田城・和歌山城…。精選した名城七九を紹介。

峰岸純夫・齋藤慎一編

関東の名城を歩く　北関東編

―茨城・栃木・群馬―　二二〇〇円

関東の名城を歩く　南関東編

―埼玉・千葉・東京・神奈川―　二三〇〇円

一都六県から精選した名城一二八を、豊富な図版を交えて紹介する。
好評の〈名城を歩く〉シリーズ関東編！　A5判・平均三一四頁